21 世纪高等院校教材

管理统计

主　编　程龙生
副主编　钟晓芳　包文彬
　　　　江文奇　安智宇

科学出版社
北 京

内 容 简 介

本书结合高等院校经济管理类专业的特点,系统地介绍了概率论和数理统计的基本思想、基本方法及其应用。全书分 10 章:第 1~5 章介绍了概率论的基本理论和方法,包括概率论基础、随机变量及其分布、多维随机变量及其分布、随机变量的数字特征和大数定律及中心极限定理等内容;第 6~9 章介绍了数理统计的有关知识和方法,包括样本及抽样分布、参数估计、假设检验、方差分析与回归分析等内容;最后一章特别介绍了 SPSS 软件的应用。本书内容涵盖了《全国硕士研究生入学统一考试数学考试大纲》中有关概率与统计的所有知识点。

本书可作为高等院校管理类、经济类专业本科生、研究生教材,也可供企事业单位工程技术人员和科技工作者阅读、参考。

图书在版编目(CIP)数据

管理统计/程龙生主编.—北京:科学出版社,2013

21 世纪高等院校教材

ISBN 978-7-03-037773-9

Ⅰ.①管… Ⅱ.①程… Ⅲ.①经济统计学-高等学校-教材 Ⅳ.①F222

中国版本图书馆 CIP 数据核字(2013)第 124127 号

责任编辑:兰 鹏 张 凯/责任校对:张怡君
责任印制:阎 磊/封面设计:蓝正设计

科 学 出 版 社 出版

北京东黄城根北街 16 号
邮政编码:100717
http://www.sciencep.com

北京市安泰印刷厂印刷
科学出版社发行 各地新华书店经销

*

2013 年 7 月第 一 版 开本:787×1092 1/16
2013 年 7 月第一次印刷 印张:18
字数:427 000

定价:38.00 元
(如有印装质量问题,我社负责调换)

前　言

　　管理统计学是一门以概率论为基础,以统计方法为工具,研究社会和经济管理的应用科学。它研究如何有效地分析和解释反映社会和经济管理实践的数据,以期认识数据的规律性及内在的社会和经济含义。管理统计学现在已被广泛应用于产品及服务质量改进、过程控制、顾客与市场分析、各类资源管理、风险分析、投资效益评估、经济指标分析和预测等方面,为管理者进行正确决策提供科学的依据。

　　全书共分为 10 章,其中第 1~5 章为概率论的基本理论和方法,该部分系统地介绍了概率论的基本概念、一维和多维随机变量及其分布、随机变量的数字特征以及大数定律和中心极限定理;第 6 章介绍了随机样本的概念、常用抽样分布及其性质,这一章是联系概率论和后续数理统计的纽带;第 7、8 章介绍了两类重要的统计推断方法:参数估计和假设检验,其中第 7 章着重介绍了总体参数的点估计和区间估计方法,第 8 章着重介绍了单个正态总体均值和方差的假设检验、两个正态总体均值差和方差比的假设检验、总体比例的假设检验、分布拟合检验以及秩和检验等;第 9 章介绍了两种常用的数理统计方法,即方差分析与回归分析;第 10 章介绍了常用的统计软件 SPSS 软件的应用。

　　本书参照经济管理的学科背景,从知识点引入例题、习题、案例等方面,对概率论及数理统计初步的有关知识和方法进行了系统介绍,这将更适合经济管理类本科生理解和掌握概率统计相关内容。与国内同类教材相比,本书有较强的经济管理专业特色,同时又增加了统计软件的应用,此外,本书内容涵盖了《全国硕士研究生入学统一考试数学考试大纲》中有关概率与统计的所有知识点,这也符合本科生的考研需求。该书凝聚了编著者多年来从事应用统计研究、教学与实践的成果与经验。本书具有如下特色:

　　(1) 系统性。本书既系统论述了管理统计的基本理论和方法,又介绍了概率论及统计方法在经济管理相关领域中的应用。

　　(2) 新颖性。本书借鉴国外的一些优秀教材的写法,在每一章的开头部分引入实践中的统计,以真实的案例、浅显易懂的语言,激发读者的兴趣。

　　(3) 先进性。本书介绍的案例以经济管理案例为主,在每一章节的最后特别加入了案例分析这一环节,同时摒弃了晦涩难懂的统计公式的推导,更加适合经济管理类专业的学生。

　　(4) 实践性。本书以实际案例为导向,强化实际应用能力,全程案例辅助理解,做到学以致用,同时以软件应用为导向,强化解决问题的能力。

　　本书可作为高等院校管理类、经济类和一般工科专业本科生、研究生教材,全书共需 4 个学分(64 个学时),第 1~8 章前半部分大约需要 3 个学分(48 学时),第 9 章大约需要 1 个学分(16 学时),第 10 章作为配套软件应用指导,可以选讲。本书也可供企事业单位工程技术人员和科技工作者阅读、参考。

　　本书由南京理工大学经济与管理学院的五位老师合作编写,具体分工是:第1章和第9章:包文彬;第2章和第8章:钟晓芳;第3章和第7章:程龙生;第4章和第10章:江文奇;第5章和第6章:安智宇。同时也对为本书的出版付出大量辛勤劳动的研究生和编辑一并致谢!

　　我们全体作者诚恳地希望广大师生和读者对本书提出宝贵意见,以便进一步加以改进。

编著者谨识

2013 年 4 月 28 日

目　　录

第1章 概率论基础

实践中的概率

　　某公司计划投资兴建一个休闲娱乐中心,项目投资约为1亿元,项目建设为期两年。在项目建成后,每年需投入流动资金500万元以维持正常运转。由于项目收益取决于客流量及平均每位顾客的消费量,因此其盈利能力具有不确定性。为了提高公司决策的科学性,公司对是否进行该项目的建设进行了市场调查和项目的经济可行性研究。结论是:如果该休闲娱乐中心每日的上座率能够达到70%以上,那么该项目就可盈利。该项目所在地离城市中心较远,该项目能盈利吗?这个项目值得投资吗?

　　企业的经营决策经常需要在一些不确定性的基础上进行。例如,如果我们降低产品价格,销售额将增加的概率是多少?某种新的工艺提高生产率的概率是多少?某一新投资将有利可图的概率是多少?在金融市场上,也存在许多的不确定性,如明天股票市场上涨还是下跌?银行贷款坏账发生的可能性是多大?一个月后汇率上升的概率是多少?

　　为了回答这些问题,有必要对这种不确定性现象进行系统的研究,利用概率论,可以帮助决策者进行各种决策分析,利用所得到的大量信息,可以大大降低决策的风险程度,使企业避免重大的经济损失。

　　在自然界和人类的社会经济生活中发生的现象可以分为两类:一类现象是人们可以准确预言其在一定条件下必然发生或不发生的现象。例如,太阳东升西落;在无外力作用下,运动的物体将仍保持匀速直线运动;在一个标准大气压下,纯净水在100℃时会沸腾;在利率不变的条件下,存入银行的资金收益是不变的;等等,这类现象称为确定性现象。另一类现象是在一定条件下,人们无法预言将会出现哪一种结果,如企业的投资是否可以按时收回,明天股票的涨跌,显像管的寿命,一个项目的投资收益率等,这种现象称为不确定性现象或随机现象。

　　虽然随机现象在一次观察或试验中可能发生也可能不发生,但大量的重复观察或实验会呈现某种规律性。例如,虽然每个项目的投资收益率是随机的,但大量同类项目的投资收益率呈现出一定规律性,因而项目管理中,某类项目就有基准的投资收益率;个别显像管的寿命是随机的,但大量实验发现显像管的寿命有一定的分布规律性;虽然个股的涨跌是随机的,但大量数据表明股票的价格与其经营业绩紧密相关等。概率论就是研究和揭示随机现象统计规律性的一门学科,为企业在不确定条件下的生产经营管理提供科学的决策依据。

1.1 随 机 试 验

在概率论中,人们通常将对随机现象的一次观察或进行的一次试验,称为随机试验(简称试验)。但严格意义下的随机试验应该满足以下三个条件:

(1) 试验可在相同条件下重复进行;

(2) 试验的所有结果事先是明确的,且不止一个;

(3) 每次试验总会出现也仅会出现这些结果中的一个,但试验前不能确切知道这次试验会出现哪一个结果。

随机试验我们用 E 来表示。

例如,在一批产品中抽取一件检验,合格或者不合格,可反复进行,抽到的合格品是非负整数的任意一个,但试验前无法确定究竟会出现哪种结果;某人买一只股票,收益可能无限大,却也有可能损失所有本金,每次投资都会出现损失或收益,但投资前并不知道会出现哪种结果,这些都是随机试验;其次还有一小时内到百货商店来的顾客数,观察市场上对某种商品的未来需求量,掷一枚硬币可能会出现"正面"或"反面"的不同结果等都是随机试验。

1.2 样本空间和随机事件

1.2.1 样本空间

对于每一个随机试验 E,虽然试验前不能知道该次试验会出现哪个结果,但试验可能出现结果集合是已知的。我们把随机试验 E 所有可能出现的结果的集合称为 E 的样本空间,记作 S,而样本空间中的每一个结果(也即试验的每一个结果),称为样本点,记作 e。

抽取一件产品检验,其样本空间为 $S = \{合格, 不合格\}$,检验 n 个产品中合格品的数量,其样本空间为 $S = \{0, 1, 2, \cdots, n\}$;用 m 元钱进行投资,投资收益的样本空间为 $S = \{r \mid -\infty \leqslant r < \infty\}$

1.2.2 随机事件

在研究随机现象中,人们往往关心满足某种条件的那些样本点组成的集合。例如,某笔贷款,银行关心的是其是否会发生损失,一批产品是否合格,一亩地的产量是否会高于500kg 等。

一般地,称随机试验中可能出现或可能不出现的事件称为随机事件,其是试验 E 的样本空间 S 的一个子集。随机事件常用字母 $A, B, C, \cdots$ 表示。随机试验中每个可能的结果 $\{e_i\}$ 称为该试验的一个基本事件,或称为该试验的一个样本点。

我们说一个事件发生,当且仅当这一子集中的一个样本点出现。

每次试验中必然发生的事件称为必然事件。由于样本空间 S 包括了所有的样本点,在每次试验中它必然发生,因而其为必然事件。将必然事件记为 S。

试验中不可能发生的事件(不含任何样本点集合)称为不可能事件,用字母 $\varnothing$ 表示。

市场上对某一商品的需求量超过 500 件/周,其可能发生也可能不发生;银行的一笔贷款可能损失也可能不发生损失;工厂产品的次品率可能小于 1‰ 也可能不小于 1‰,其都是随机事件。

1.2.3 事件的关系及运算

事件是一个集合,因而集合的关系及运算性质均可用于事件。

设随机试验为 E,其样本空间为 S,而 $A,B,C,A_k(k=1,2,\cdots)$ 均表示事件。

1) 事件的包含与相等

如果在一个随机试验中,事件 A 的发生必然导致事件 B 的发生,就称事件 B 包含事件 A,记作 $A \subset B$,见图 1.1。

若 $A \subset B$ 且 $B \subset A$,则称 A 与 B 相等,记为 $A=B$。

如事件 A 表示"合格品数量不超过 100",事件 B 表示"合格品数量不超过 200 个",于是 $A \subset B$。

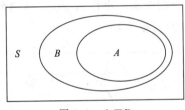
图 1.1 $A \subset B$

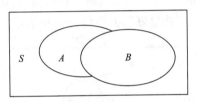
图 1.2 $A \cup B$

2) 事件的并(和)

如果在一次试验中,事件 A 或事件 B 至少发生一个,称为事件 A 与 B 的并,记作 $A \cup B$,见图 1.2。

若 $A_k,k=1,2,\cdots,n$ 中至少一个发生,则称其为 $A_1,A_2,\cdots,A_n$ 的和事件,记为 $\bigcup\limits_{k=1}^{n} A_k$;而称 $\bigcup\limits_{k=1}^{\infty} A_k$ 为可列个事件 $A_k,k=1,2,\cdots$ 的和事件。

例如,在库存管理问题中,事件 A 表示"A 产品存货不足",事件 B 表示"B 产品存货不足",于是用 $A \cup B$ 表示"产品 A 或产品 B 存货不足"。

3) 事件的交(积)

如果在一次试验中,事件 A 与事件 B 同时发生,称为事件 A 与事件 B 的交(积),记作 $A \cap B$ 或 AB,见图 1.3。

若 $A_k,k=1,2,\cdots,n$ 同时发生,则称其为 $A_1,A_2,\cdots,A_n$ 的交(积)事件,记为 $\bigcap\limits_{k=1}^{n} A_k$;$\bigcap\limits_{k=1}^{\infty} A_k$ 为可列个事件 $A_1,A_2,\cdots$ 的积(交)事件。

接上例,若产品 A 和产品 B 同时不足,则用 $A \cap B$ 表示。

4) 互斥(互不相容)事件

若 A、B 两个事件不能同时发生,即 $AB=\varnothing$,则称 A 与 B 互斥,见图 1.4。

例如，事件 A 表示"某时贾某在 A 地进行市场调研"，事件 B 表示"某时贾某在 B 地进行市场调研"，一个人不可能同时出现在两个地方，于是 $AB = \varnothing$。

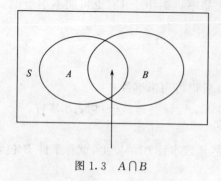

图 1.3　$A \cap B$　　　　　　　　　图 1.4　A 与 B 互斥

5）事件的差

若 A 发生而 B 不发生的事件，称为 A 与 B 的差，记为 $A - B$，见图 1.5。

例如，进行市场采购时，货物物美价廉才符合采购要求。事件 A 表示"价格便宜"，事件 B 表示"质量好"，差事件 $A - B$ 表示"价格便宜但质量不好"。

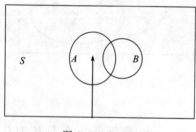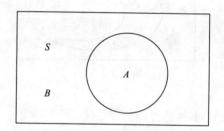

图 1.5　$A - B$　　　　　　　　　图 1.6　互逆事件

6）对立（逆）事件

若一次试验中，A 与 B 有一个且仅有一个发生，则称事件 A 与 B 互为对立事件。那么 A 与 B 应同时满足 $A \cup B = S$ 且 $AB = \varnothing$。记 A 的对立事件为 $\bar{A}$。例如，一个产品要么合格，要么就不合格，不可能同时发生，见图 1.6。

当 $AB = \varnothing$ 时，$A \cup B = A + B$。

1.2.4　事件运算的性质

交换律：
$$A \cup B = B \cup A, \quad A \cap B = B \cap A$$

结合律：
$$A \cup (B \cup C) = (A \cup B) \cup C$$
$$A \cap (B \cap C) = (A \cap B) \cap C$$

分配律：
$$A \cup (B \cap C) = (A \cup B) \cap (A \cup C)$$

$$A \cap (B \cup C) = (A \cap B) \cup (A \cap C)$$

德摩根律:

$$\overline{A \cup B} = \bar{A} \cap \bar{B}, \quad \overline{A \cap B} = \bar{A} \cup \bar{B}$$

$$\overline{\bigcup_{i=1}^{n} A_i} = \bigcap_{i=1}^{n} \overline{A_i}, \quad \overline{\bigcap_{i=1}^{n} A_i} = \bigcup_{i=1}^{n} \overline{A_i}$$

【例 1.1】(财务管理问题)　某部门对某企业的账务进行查询,在一叠账本中任取 3 本,A_i 表示第 i 本查到是假账,利用事件关系表达下列事件:

(1) 3 本都是假账:$A_1 A_2 A_3$;

(2) 至少有两本做了假账:$A_1 A_2 \bar{A_3} \cup \bar{A_1} A_2 A_3 \cup A_1 \bar{A_2} A_3 \cup A_1 A_2 \bar{A_3}$;

(3) 3 本都没有做假:$\bar{A_1} \cap \bar{A_2} \cap \bar{A_3}$;

(4) 至少有一本做了假账:$A_1 \cup A_2 \cup A_3$。

1.3　频率和概率

对一个随机事件,经常关心的不仅是它是否发生,而更关心的是其发生的概率有多大。例如,保险公司经常希望知道一笔保险需要赔付的可能性多大,赔付各种金额的概率有多少;银行经常关心的是一笔贷款损失的可能性多大,企业关心项目投资能够收益的可能性有多少,等等。因此,我们希望选择一个数来表示各事件发生的可能性大小。

1.3.1　频率

在相同条件下,进行了 n 次试验,事件 A 发生的次数 n_A 称为事件 A 发生的频数,而称比值 n_A/n 为事件 A 发生的频率,记作 $f_n(A)$。

频率具有下列性质:

(1) $0 \leqslant f_n(A) \leqslant 1$;

(2) $f_n(S) = 1, f_n(\varnothing) = 0$;

(3) 若 $A_1, A_2, \cdots, A_k$ 两两互不相容,则

$$f_n(A_1 \cup A_2 \cup \cdots \cup A_k) = f_n(A_1) + f_n(A_2) + \cdots + f_n(A_k)$$

频率表示了事件 A 发生的频繁程度,直观上看,事件 A 发生的可能性越大,其发生就应当越频繁。反之亦然。因此,频率是否可以表示事件 A 发生的概率呢?

历史上很多人进行了抛硬币试验,验证出现正面的频率大小,其结果如表 1.1 所示。

表 1.1　抛硬币试验

实验者	n	n_H	$f_n(H)$
德·摩根	2 048	1 061	0.518 1
蒲丰	4 040	2 048	0.506 9
K·皮尔逊	12 000	6 019	0.501 6
K·皮尔逊	24 000	12 012	0.500 5

从数据来看,随着试验次数的增加,频率 $f_n(H)$ 越来越接近 0.5。

大量试验表明,当试验次数 n 不断增加时,频率 $f_n(A)$ 会逐渐稳定于一常数。这种频率的稳定性就是所谓的统计规律性,以其来表征事件 A 发生的概率应当是合适的。

1.3.2　概率

概率的公理化理论由苏联数学家柯尔莫哥洛夫(A. H. Колмогоров)于 1933 年建立的。

定义 1.1(概率)　设 S 是随机试验 E 的样本空间,对于 E 的每一事件 A 赋予一个实数,记为 $P(A)$,称为事件 A 的概率(probability),如果这个集合函数 $P(\cdot)$ 满足下面三条公理:

(1) 非负性:对于任一事件 A,都有 $P(A) \geqslant 0$;

(2) 归一性:对必然事件 S,$P(S)=1$;

(3) 可列可加性:设 $A_1, A_2, \cdots$ 为两两互不相容事件,则有

$$P\left(\bigcup_{k=1}^{\infty} A_k\right) = \sum_{k=1}^{\infty} P(A_k)$$

由概率的公理化定义,可以得到概率的一些重要性质。

性质 1.1　$P(\varnothing)=0$

【证】　令 $A_k = \varnothing$,$k=1,2,\cdots$,则 $\bigcup_{k=1}^{\infty} A_k = \varnothing$,且 $A_i A_j = \varnothing$,$i \neq j$,$i,j=1,2,\cdots$,由公理化定义的可列可加性,得

$$P(\varnothing) = P\left(\bigcup_{k=1}^{\infty} A_k\right) = \sum_{k=1}^{\infty} P(A_k) = \sum_{k=1}^{\infty} P(\varnothing)$$

而由公理化定义 1.1(1)知,$P(\varnothing) \geqslant 0$,从而 $P(\varnothing)=0$。

性质 1.2　若 $A_1, A_2, \cdots, A_n$ 两两互斥,则

$$P\left(\bigcup_{k=1}^{n} A_k\right) = \sum_{k=1}^{n} P(A_k)$$

【证】　设 $A_k = \varnothing$,$k=n+1, n+2, \cdots$,则 $A_i A_j = \varnothing$,$i \neq j$,$i,j=1,2,\cdots$,由公理化定义的可列可加性有

$$P\left(\bigcup_{k=1}^{n} A_k\right) = P\left(\bigcup_{k=1}^{\infty} A_k\right) = \sum_{k=1}^{\infty} P(A_k) = \sum_{k=1}^{n} P(A_k) + 0 = \sum_{k=1}^{n} P(A_k)$$

性质 1.3　对任一事件 A,有

$$P(\bar{A}) = 1 - P(A)$$

【证】　由于 $A \cup \bar{A} = S$,且 $A \cap \bar{A} = \varnothing$,根据性质 1.2,得

$$1 = P(S) = P(A \cup \bar{A}) = P(A) + P(\bar{A})$$

即 $P(\bar{A}) = 1 - P(A)$。

性质 1.4　设 A、B 是两个事件,若 $A \subset B$,则

$$P(B - A) = P(B) - P(A)$$

$$P(A) \leqslant P(B)$$

【证】　由于 $A \subset B$，则有 $B = A \bigcup (B-A)$，且 $A \bigcap (B-A) = \varnothing$，根据有限可加性，得
$$P(B) = P(A \bigcup (B-A)) = P(A) + P(B-A)$$

从而，
$$P(B-A) = P(B) - P(A)$$

而又因概率的非负性，可知 $P(B-A) = P(B) - P(A) \geqslant 0$，所以 $P(A) \leqslant P(B)$。

性质 1.5　对于任一事件 A，有
$$P(A) \leqslant 1$$

【证】　因为 $A \subset S$，根据性质 1.4，有
$$P(A) \leqslant P(S) \leqslant 1$$

性质 1.6　设 A、B 是两个事件，则有
$$P(A \bigcup B) = P(A) + P(B) - P(AB)$$
$$P(A \bigcup B) \leqslant P(A) + P(B)$$

【证】　因为 $A \bigcup B = A \bigcup (B-AB)$，而 $A \bigcap (B-AB) = \varnothing$，$B \subset AB$，根据性质 1.2 和性质 1.4，得
$$P(A \bigcup B) = P(A) + P(B-AB) = P(A) + P(B) - P(AB)$$

上式可推广到多个事件的场合。设 A、B、C 为三个事件，则有
$$P(A \bigcup B \bigcup C) = P(A) + P(B) + P(C) - P(AB) - P(AC) - P(BC) + P(ABC)$$

一般地，设 $A_1, A_2, \cdots, A_n$ 为 n 个事件，则
$$P(\bigcup_{k=1}^{n} A_k) = \sum_{k=1}^{n} P(A_k) - \sum_{1 \leqslant i < j \leqslant n} P(A_i A_j) + \sum_{1 \leqslant i < j < k \leqslant n} P(A_i A_j A_k) + \cdots$$
$$+ (-1)^{n+1} P(A_1 A_2 \cdots A_n)$$

1.4　古典概率模型

历史上对概率的研究起源于欧洲中世纪的赌博或机会游戏。16 世纪意大利学者开始研究掷骰子等赌博中的一些问题；17 世纪中叶，法国数学家帕斯卡、荷兰数学家惠更斯基于排列组合的方法，研究了较复杂的赌博问题，解决了"合理分配赌注问题"（即得分问题）。在这些问题中，有两个共同的特点，即只有有限个不同的结果可能出现，并且各种不同的结果出现的机会相同。

理论上，称具有下列两个特点的随机试验 E 为古典概型（等可能概型）：

（1）试验结果只有有限多个；

（2）试验中每个结果出现的可能性是相同的。

用数学语言表示，即为
$$S = \{e_1, e_2, \cdots, e_n\}$$

且

$$P(\{e_i\}) = \frac{1}{n}, \quad i = 1, 2, \cdots, n$$

设 A 是一事件,若其包含 k 个基本事件,即 $A = \{e_{i_1}, e_{i_2}, \cdots, e_{i_k}\}$,则有

$$P(A) = P(\{e_{i_1}, e_{i_2}, \cdots, e_{i_k}\}) = P(\{e_{i_1}\}) + P(\{e_{i_2}\}) + \cdots + P(\{e_{i_k}\}) = \frac{k}{n}$$

$$= \frac{A\text{ 中包含的样本点数}(A\text{ 的有利场合数})}{\text{样本空间中的样本点总数}}$$

上式即为古典概型中事件 A 概率的计算公式。

【例 1.2】(质量管理问题) 设有 N 件产品,其中有 M 件次品,今从其中任取 n 件,问恰好有 $k(k \leq M)$ 件次品的概率是多少?

【解】 在 N 件产品中任取 n 件,可能的取法有 C_N^n 种。设 A 表示任取的 n 件中恰好有 k 件次品这一事件,则 A 的有利场合数为 $C_M^k C_{N-M}^{n-k}$,因而

$$P(A) = \frac{C_M^k C_{N-M}^{n-k}}{C_N^n}$$

该式即为超几何分布的概率公式。

【例 1.3】(市场调研问题) 某公司对其旗下的某产品进行市场满意度测试,在 100 份问卷中,有 90 份对此产品是满意的,现从中随意抽取 5 份,求正好有 4 份是满意的概率。

【解】 由超几何分布公式,从 100 份问卷中任取 5 份的总取法有 $n = C_{100}^5$ 种。

设 A 事件为所取的 5 份中正好有 4 份是满意的这一事件,A 的有利场合数为 $k = C_{90}^4 C_{10}^1$,从而所求事件 A 的概率为

$$P(A) = \frac{k}{n} = \frac{C_{90}^4 C_{10}^1}{C_{100}^5} = 0.3394$$

【例 1.4】(人力资源管理问题) 某公司进行人才招聘,共有应聘者 30 人,其中有 2 人是滥竽充数者,现从中招聘 5 人,求至少有一个滥竽充数者的概率。

【解】 30 人中任意选择 5 人的方法有 $n = C_{30}^5$ 种,设 A 表示任意挑选的 5 人中至少有一个滥竽充数者这一事件

$$P(A) = 1 - P(\bar{A}) = 1 - \frac{C_{28}^5}{C_{30}^5} = 0.1310$$

【例 1.5】(库存管理问题) 工厂对库存进行管理,库存有 a 只次品,b 只正品,它们外观没有任何差异。现将产品随机地一只只进行检验,求第 k 次拿到的产品是次品的概率。$(1 \leq k \leq a + b)$

【解】 第一种解法:将 a 只次品和 b 只正品都看成是不同的。若将摸出的产品依次放在排列成一直线的 $a + b$ 个位置上,则可能的排列总数为 $(a + b)!$,而有利场合数为 $a \times (a + b - 1)!$,这是因为第 k 次摸出次品有 a 种取法,而另外的 $a + b - 1$ 次抽取相当于将其余 $a + b - 1$ 个产品进行全排列。故所求概率为

$$p = \frac{a \times (a + b - 1)!}{(a + b)!} = \frac{a}{a + b}$$

第二种解法:把 a 只次品看作是无区别的,把 b 只正品也看作是无区别的。将摸出的产品依次放在排列成一直线的 $a+b$ 个位置上。因若将 a 只次品的位置固定,其他位置必然放正品。而次品的位置有 C_{a+b}^a 中放法。而有利场合数为 C_{a+b-1}^{a-1}。因而所求的概率便为

$$p = \frac{C_{a+b-1}^{a-1}}{C_{a+b}^a} = \frac{a}{a+b}$$

从此题也可以看出,如果考虑顺序,则分子分母都要考虑顺序;如果不考虑顺序,则分子分母都不考虑。

【例 1.6】(市场营销问题)　假设有 k 种不同的产品即将面世,每个产品等可能地放入 N 个展柜中($k \leqslant N$),试求下列事件的概率(设展柜的容积为有限):

(1) 某指定的 k 个展柜中各有一个产品;

(2) 某指定的一个展柜恰有 m 个产品($m \leqslant k$);

(3) 某指定的一个展柜没有产品;

(4) 恰有 k 个展柜中各有一个产品。

【解】　将 k 个产品放入 N 个展柜中,总的放法有 N^k。设所求的四个事件分别为 A_1, A_2, A_3, A_4。

(1) 事件 A_1 的有利场合数为 $k!$ 因而

$$P(A_1) = \frac{k!}{N^k}$$

(2) 事件 A_2 的有利场合数为 $C_k^m(N-1)^{k-m}$,即先从 k 个产品中任选 m 个放入指定的这个展柜中,其余的 $k-m$ 个产品每个产品的放法都有 $N-1$ 种。因而

$$P(A_2) = \frac{C_k^m(N-1)^{k-m}}{N^k}$$

(3) 事件 A_3 的有利场合数为 $(N-1)^k$,即每个产品的放法只有 $N-1$ 种。因而

$$P(A_3) = \frac{(N-1)^k}{N^k}$$

(4) 事件 A_4 的有利场合数为 $C_N^k k!$,即先从 N 个展柜中选定 k 个展柜,并使每一个展柜中恰好有一个产品。从而

$$P(A_4) = \frac{C_N^k k!}{N^k}$$

该问题是一个经典的概率问题。假若将每个人的生日看成是产品,而将一年的 365 天看成是展柜,那么选取 k 个人,他们生日均不相同的概率为

$$p = \frac{C_{365}^k k!}{365^k}$$

$k=64$ 时,$p \approx 0.003$,即任取 64 个人,任何两人生日都不相同的概率接近于 0。

【例 1.7】(市场营销问题)　商场举办促销活动,消费一定金额的顾客可以从装有 0,1,2,3 这四个数字球的盒子中先后不放回地摸球三次,如果第一次不摸到 0,且最后一次

摸到偶数号球,则可以中奖,求某顾客按游戏规则能中奖的概率。

【解】 设 A 表示事件"第一次不摸到 0 且最后一次摸到偶数",以 A_1 表示"最后一次摸到 0",以 A_2 表示"第一次不摸到 0 且最后一次摸到 2"。所以

$$P(A_1) = \frac{3!}{4!} = \frac{1}{4}, \quad P(A_2) = \frac{2 \times 2}{4!} = \frac{1}{6}$$

而 $A = A_1 \bigcup A_2$,且 $A_1 \bigcap A_2 = \varnothing$,所以

$$P(A) = P(A_1) + P(A_2) = \frac{1}{4} + \frac{1}{6} = \frac{5}{12}$$

1.5　条件概率

1.5.1　定义

某一事件的发生常常会影响与之相关的事件的发生。例如,美国股票市场的涨跌会影响欧洲股票市场;股票涨跌会影响基金的收益;经济形势会对电影业产生影响等。我们经常关心的是,如果知道某一事件已经发生的条件下,与其相关的另一事件发生的可能性有多大。例如,在一批产品中任取一件,已知其为合格品,问其是优质品的概率;已知某人成绩及格,问其是优秀的概率等均为条件概率问题。

【例 1.8】(质量管理问题)　设 100 件产品中有 70 件一等品,20 件二等品,规定一、二等品均为合格品。从中任取一件,求:(1)取得一等品的概率;(2)已知取得的是合格品,求它是一等品的概率。

【解】 设 A 为取得一等品,B 为取得合格品,则由于 100 件产品中有 70 件一等品,因而

$$P(A) = \frac{70}{100}$$

因为 90 件合格品中有 70 件一等品,所以已经知道取得的一件产品是合格品的条件下,它是一等品的概率(记作 $P(A \mid B)$)

$$P(A \mid B) = \frac{70}{90}$$

从上例可以看出,给出一个事件 B 已经发生的条件下,A 事件发生的概率与不给出任何条件下 A 发生的概率是不同的。

对上式进行简单的变换,得

$$P(A \mid B) = \frac{70}{90} = \frac{\text{在 } B \text{ 发生的条件下 } A \text{ 包含的样本点数}}{\text{在 } B \text{ 发生的条件下样本点数}}$$

$$= \frac{AB \text{ 包含的样本点数}}{B \text{ 包含的样本点数}}$$

$$= \frac{AB \text{ 包含的样本点数 / 总数}}{B \text{ 包含的样本点数 / 总数}}$$

$$= \frac{70/100}{90/100} = \frac{P(AB)}{P(B)}$$

对于一般古典概型问题,上式总是成立。因而,将上式定义为条件概率。

定义 1.2(条件概率) 设 A、B 是两个事件,且 $P(B)>0$,定义事件 B 已经发生的条件下事件 A 发生的条件概率(conditional probability)为

$$P(A \mid B) = \frac{P(AB)}{P(B)}$$

条件概率与普通概率有相似的性质,其也符合概率公理化定义的三个条件:

(1) 对于任意事件 A,有 $P(A|B) \geqslant 0$;

(2) 对于必然事件 S,有 $P(S|B)=1$;

(3) 满足可列可加性,即,若 $A_1, A_2, \cdots$ 为两两互不相容事件,则有

$$P(\bigcup_{k=1}^{\infty} A_k \mid B) = \sum_{k=1}^{\infty} P(A_k \mid B)$$

从而,概率的其他性质对条件概率也适合。例如,

$$P(\varnothing \mid B) = 0$$

$$P(A \mid B) \leqslant 1$$

$$P(A_1 \bigcup A_2 \mid B) = P(A_1 \mid B) + P(A_2 \mid B) - P(A_1 A_2 \mid B)$$

$$P(\bar{A} \mid B) = 1 - P(A \mid B)$$

若 $A_1, A_2, \cdots, A_n$ 两两互斥,则 $P(\bigcup_{k=1}^{n} A_k \mid B) = \sum_{k=1}^{n} P(A_k \mid B)$。

【例 1.9】(投资收益问题) 某人进行一项投资,能获得 1000 元以上收益的概率为 0.8,能获得 1500 元以上收益的概率为 0.6,求已获得 1000 元收益后能继续获益,达到获益 1500 元以上的概率。

【解】 设 A 表示"收益达到 1500 元以上",B 表示"收益达到 1000 元以上",则

$$P(A) = 0.6, \quad P(B) = 0.8$$

而 $A \subset B$,故 $AB = A$,从而

$$P(A \mid B) = \frac{P(AB)}{P(B)} = \frac{P(A)}{P(B)} = \frac{0.6}{0.8} = 0.75$$

1.5.2 乘法公式

由条件概率的定义,即可得乘法公式。

乘法公式 设 $P(B)>0$,则有

$$P(AB) = P(B)P(A \mid B)$$

上式可推广到多个事件的场合。设 A、B、C 是三个事件,且 $P(BC)>0$,则有

$$P(ABC) = P(C)P(B \mid C)P(A \mid BC)$$

一般地,若 $A_1, A_2, \cdots, A_n$ 是 n 个事件,且 $P(A_1 A_2 \cdots A_{n-1})>0$,则有

$$P(A_1 A_2 \cdots A_n) = P(A_1) P(A_2 \mid A_1) \cdots P(A_n \mid A_1 A_2 \cdots A_{n-1})$$

【例 1.10】(质量管理问题)　一批零件共 100 个,次品率为 10%,每次从其中任取一个零件,取出的零件不再放回。求:

(1) 第三次才取得合格品的概率;

(2) 如果取得一个合格品后,就不再继续取零件,求三次内取得合格品的概率。

【解】　设 A_i 表示"第 i 次取得合格品"$(i=1,2,3)$。

(1) 所求事件为 $\bar{A}_1 \bar{A}_2 A_3$

$$P(\bar{A}_1 \bar{A}_2 A_3) = P(\bar{A}_1) P(\bar{A}_2 \mid \bar{A}_1) P(A_3 \mid \bar{A}_1 \bar{A}_2) = \frac{10}{100} \times \frac{9}{99} \times \frac{90}{98} = 0.0083$$

(2) 设 A 表示事件"三次内取得合格品",则 A 有下列三种情况:

① 第一次取得合格品,A_1;

② 第二次才取得合格品,$\bar{A}_1 A_2$;

③ 第三次才取得合格品,$\bar{A}_1 \bar{A}_2 A_3$。

$$A = A_1 + \bar{A}_1 A_2 + \bar{A}_1 \bar{A}_2 A_3$$

$$
\begin{aligned}
P(A) &= P(A_1 + \bar{A}_1 A_2 + \bar{A}_1 \bar{A}_2 A_3) \\
&= P(A_1) + P(\bar{A}_1 A_2) + P(\bar{A}_1 \bar{A}_2 A_3) \\
&= P(A_1) + P(\bar{A}_1) P(A_2 \mid \bar{A}_1) + P(\bar{A}_1) P(\bar{A}_2 \mid \bar{A}_1) P(A_3 \mid \bar{A}_1 \bar{A}_2) \\
&= \frac{90}{100} + \frac{10}{100} \times \frac{90}{99} + \frac{10}{100} \times \frac{9}{99} \times \frac{90}{98} \\
&= 0.9993
\end{aligned}
$$

【例 1.11】(金融问题)　从 1950 年起,1 月份的走势就以其惊人的准确性预示了股市的年度走向。1950～1997 年间,股市在 1 月份上涨的情况发生了 31 次;在年度间上涨的情况发生了 36 次;在年度间上涨且发生在 1 月份的情况发生了 29 次。

(1) 估计股市将在 1 月份上涨的概率。

(2) 估计股市将在年度间上涨的概率。

(3) 假定股市在某年的 1 月份上涨,则该年度股市上涨的概率是多少?

【解】　设 A 表示"股市在 1 月份上涨",B 表示"股市将在年度间上涨",则

(1) 所求事件的概率是

$$P(A) = \frac{31}{48}$$

(2) 所求事件的概率是

$$P(B) = \frac{36}{48}$$

(3) 由于 $P(AB) = \frac{29}{48}$,因而所求事件的概率为

$$P(B \mid A) = \frac{P(AB)}{P(A)} = \frac{29/48}{31/48} = 0.9355$$

1.5.3　全概率公式和贝叶斯公式

有些事件比较复杂,仅借助于加法定理和乘法公式是不能计算出其概率的。在这种情况下,通常是将复杂的事件分解为一系列较简单的事件,首先计算出这些简单事件的概率,然后通过加法及乘法公式计算出所要求的概率。全概率公式是计算复杂事件的常用公式。

定义 1.3(完备事件组)　设试验 E 的样本空间为 S,$A_1,A_2,\cdots,A_n$ 为 E 的一组事件,若

(1) $A_1 \bigcup A_2 \bigcup \cdots \bigcup A_n = S$;

(2) $A_i A_j = \varnothing$,$i \neq j$;

(3) $P(A_i) > 0$,$i = 1,2,\cdots,n$,

则称其为样本空间 S 的一个完备事件组,或称为样本空间 S 的一个划分(分割)。

定理 1.1(全概率公式)　设试验 E 的样本空间为 S,$A_1,A_2,\cdots,A_n$ 是 S 的一个完备事件组,则有

$$P(B) = \sum_{k=1}^{n} P(B \mid A_k) P(A_k)$$

【证】　因为

$$B = BS = B(A_1 \bigcup A_2 \bigcup \cdots \bigcup A_n) = BA_1 \bigcup BA_2 \bigcup \cdots \bigcup BA_n$$

由于 $(BA_i) \bigcap (BA_j) = \varnothing$,因而

$$P(B) = P(BA_1) + P(BA_2) + \cdots + P(BA_n)$$

$$= \sum_{k=1}^{n} P(B \mid A_k) P(A_k)$$

根据全概率公式、条件概率公式及乘法公式,即可得贝叶斯公式。

定理 1.2(贝叶斯公式)　设试验 E 的样本空间为 S,$A_1,A_2,\cdots,A_n$ 是 S 的一个完备事件组,且 $P(B) > 0$,则有

$$P(A_i \mid B) = \frac{P(A_i) P(B \mid A_i)}{\sum_{j=1}^{n} P(A_j) P(B \mid A_j)}$$

【证】　由条件概率的定义、乘法公式和全概率公式,有

$$P(A_i \mid B) = \frac{P(BA_i)}{P(B)} = \frac{P(A_i) P(B \mid A_i)}{\sum_{j=1}^{n} P(A_j) P(B \mid A_j)}$$

通常将 $P(A_i)$ 称为先验概率,而将 $P(A_i \mid B)$ 称为后验概率。把事件 B 看成是某一过程的结果,将 $A_1,A_2,\cdots,A_n$ 看成是该过程的若干原因,通常先从过去的经验或分析师(参谋人员、咨询人员)的知识给出每一原因发生的概率($P(A_i)$,即先验概率),而且每一

原因对结果的影响程度已知，即 $P(B|A_i)$ 已知。如果已知事件 B 已经发生，这时需对每一个原因发生的概率进行重新修正，此概率便被称为后验概率（图 1.7）。

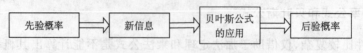

图 1.7　用贝叶斯公式修改概率

【例 1.12】（金融问题）　某投资管理公司旗下的理财产品的损失率有两大类，甲类产品的损失率为 4%，乙类产品的损失率为 7%，且甲类理财产品的数量是乙类的 2 倍。某客户在不知道产品种类的情况下随机投资某一理财产品，问其盈利的概率是多少？

【解】　设 B 表示事件"投资盈利"，A_1 表示事件"购买的是甲类产品"，A_2 表示事件"购买的是乙类产品"。

$$P(A_1)=\frac{2}{3},P(A_2)=\frac{1}{3};\quad P(B\mid A_1)=0.96,\quad P(B\mid A_2)=0.93$$

由全概率公式，得

$$P(B)=\sum_{k=1}^{2}P(B\mid A_k)P(A_k)$$

$$=\frac{2}{3}\times0.96+\frac{1}{3}\times0.93$$

$$=0.95$$

【例 1.13】（生产运作管理问题）　某仪器由甲、乙、丙三个部件组装而成，假设各部件的质量互不影响，且优质品率都是 0.8，如果三个部件全是优质品，那么组装后的仪器一定合格；如果有两个优质品，那么仪器合格率为 0.9；如果仅有一个优质品，那么仪器合格的概率为 0.5；如果三个都不是优质品，那么仪器合格的概率为 0.2。

（1）试求仪器的不合格率；

（2）已知某仪器不合格，试求它的三个部件中恰有一个不是优质品的概率。

【解】　设 A_i 表示事件"所取的 3 个部件中含有 i 个优质品"，$i=0,1,2,3$，B 表示事件"仪器不合格"。

（1）由已知条件，得

$$P(B\mid A_0)=0.8,\quad P(B\mid A_1)=0.5,\quad P(B\mid A_2)=0.1,\quad P(B\mid A_3)=0$$

而

$$P(A_i)=C_3^i 0.8^i(1-0.8)^{3-i},\quad i=0,1,2,3$$

由全概率公式，得

$$P(B)=\sum_{k=1}^{3}P(B\mid A_k)P(A_k)=0.0928$$

（2）由贝叶斯公式得所求概率为

$$P(A_2 \mid B) = \frac{P(A_2)P(B \mid A_2)}{\sum\limits_{j=1}^{3}P(A_j)P(B \mid A_j)} = \frac{0.384 \times 0.1}{0.0928} = 0.414$$

【例 1.14】（采购管理问题）　某家制造公司收到两家供应商发来的零件。当前,公司购买的零件有 65% 来自供应商 1,其余的 35% 来自供应商 2。供货来源不同,所购零件的质量就不同。根据历史信息,供应商 1 质量较好的零件所占的比例为 98%,供应商 2 质量较好的零件所占的比例为 95%,现从公司购买的零件中,任取一件,发现质量较差,问该零件来自供应商 1 和来自供应商 2 的概率各是多少?

【解】　设 A_1 表示事件"零件来自供应商 1",A_2 表示事件"零件来自供应商 2",B 表示"零件质量较差",则

$$P(A_1) = 0.65, \quad P(A_2) = 0.35$$
$$P(B \mid A_1) = 0.02, \quad P(B \mid A_2) = 0.05$$

所求事件的概率分别为

$$P(A_1 \mid B) = \frac{P(A_1)P(B \mid A_1)}{P(A_1)P(B \mid A_1) + P(A_2)P(B \mid A_2)}$$
$$= \frac{0.65 \times 0.02}{0.65 \times 0.02 + 0.35 \times 0.05} = 0.4262$$

$$P(A_2 \mid B) = \frac{P(A_2)P(B \mid A_2)}{P(A_1)P(B \mid A_1) + P(A_2)P(B \mid A_2)}$$
$$= \frac{0.35 \times 0.05}{0.65 \times 0.02 + 0.35 \times 0.05} = 0.5738$$

【例 1.15】（金融问题）　某证券公司以往的数据表明,当基金经理处于最佳工作状态下,当天该基金盈利的可能性为 98%,而当经理工作状态不佳时,盈利的可能性仅为 40%。每天早晨醒来时,基金经理处于最佳状态的可能性为 90%。某日该基金盈利时,求基金经理处于最佳状态的概率。

【解】　设 A_1 表示事件"基金经理处于最佳状态",A_2 表示事件"基金经理工作状态不佳",B 表示"基金盈利",则

$$P(A_1) = 0.90, \quad P(A_2) = 0.10$$
$$P(B \mid A_1) = 0.98, \quad P(B \mid A_2) = 0.40$$

由贝叶斯公式,得

$$P(A_1 \mid B) = \frac{P(A_1)P(B \mid A_1)}{P(A_1)P(B \mid A_1) + P(A_2)P(B \mid A_2)}$$
$$= \frac{0.90 \times 0.98}{0.90 \times 0.98 + 0.10 \times 0.40} = 0.9566$$

1.6　独　立　性

一般而言,条件概率 $P(B \mid A)$ 并不等于 $P(B)$。也即事件 A 的发生对事件 B 的发生

是有影响的。但有的情况下，两个概率是相等的，也即事件 A 发生与否对事件 B 无影响。

【例 1.16】（人力资源管理问题）　某公司有员工 100 名，其中 35 岁以下的青年人 60 名，该公司每天从所有员工中随机抽取一人为当天的值班员，而不论其是否前一天刚好值过班。

（1）已知第一天抽取的是青年人，试求第二天抽取的仍是青年人的概率；

（2）试求第二天抽取的是青年人的概率。

【解】　设 A、B 分别表示事件"第一天抽取的是青年人"和"第二天抽取的是青年人"。

$$P(A)=0.6, \quad P(\bar{A})=0.4, \quad P(AB)=0.6 \times 0.6=0.36,$$
$$P(\bar{A}B)=0.4 \times 0.6=0.24$$

（1）$P(B|A)=\dfrac{P(AB)}{P(A)}=0.6$。

（2）$P(B|\bar{A})=\dfrac{P(\bar{A}B)}{P(\bar{A})}=0.6$；

$$P(B)=P(A)P(B|A)+P(\bar{A})P(B|\bar{A})=0.6 \times 0.6+0.4 \times 0.6=0.6$$

从而 $P(B)=P(B|A)$，即 A 的发生对 B 没有影响。

定义 1.4（两事件的独立性）　设 A、B 是两个事件，如果成立

$$P(AB)=P(A)P(B)$$

则称 A、B 是相互独立的（independent）。

容易证明，若 $P(A)>0, P(B)>0$，则 A、B 相互独立与 A、B 互不相容不能同时成立。

定理 1.3　若事件 A、B 相互独立，则下列多对事件也相互独立：

$$A \text{ 与 } \bar{B}, \quad \bar{A} \text{ 与 } B, \quad \bar{A} \text{ 与 } \bar{B}$$

【证】　仅证明 $\bar{A}$ 与 $\bar{B}$ 相互独立，其余留给学生自己证明。

$$
\begin{aligned}
P(\bar{A}\bar{B}) &= 1-P(A \cup B) \\
&= 1-[P(A)+P(B)-P(AB)] \\
&= 1-[P(A)+P(B)-P(A)P(B)] \\
&= 1-P(A)-P(B)[1-P(A)] \\
&= [1-P(A)][1-P(B)] \\
&= P(\bar{A})P(\bar{B})
\end{aligned}
$$

也即 $\bar{A}$ 与 $\bar{B}$ 相互独立。

定理 1.4　若 $P(A)>0$，则事件 A、B 相互独立与 $P(B|A)=P(B)$ 是等价的。

在实际应用中，还经常遇到多个事件之间的相互独立问题，对三个事件的相互独立定义如下：

定义 1.5（三事件的独立性）　设 A、B、C 是三个事件，如果它们满足下列等式，则称它们相互独立。

$$P(AB) = P(A)P(B)$$
$$P(AC) = P(A)P(C)$$
$$P(BC) = P(B)P(C)$$
$$P(ABC) = P(A)P(B)P(C)$$

从定义 1.5 的前三个等式可知,若 A、B、C 三个事件相互独立,则 A、B、C 两两相互独立。

定义 1.6(n 个事件的独立性)　设 $A_1, A_2, \cdots, A_n$ 为 n 个事件,若它们满足下列 $2^n - n - 1$ 个等式,则称它们相互独立。

$$P(A_i A_j) = P(A_i)P(A_j), \quad 1 \leqslant i < j \leqslant n$$
$$P(A_i A_j A_k) = P(A_i)P(A_j)P(A_k), \quad 1 \leqslant i < j < k \leqslant n$$
$$\cdots\cdots$$
$$P(A_1 A_2 \cdots A_n) = P(A_1)P(A_2)\cdots P(A_n)$$

由定义可知:

(1) 若事件 $A_1, A_2, \cdots, A_n$ 相互独立,则其中任意 $k(1 \leqslant k \leqslant n)$ 个事件也相互独立。

(2) 若事件 $A_1, A_2, \cdots, A_n$ 相互独立,则将 $A_1, A_2, \cdots, A_n$ 中任意多个事件换成它们的对立事件,所得的 n 个事件也相互独立。

【例 1.17】(项目管理问题)　要完成某一项目有三个部分,设各个部分无法完成的概率分别是 2%、3% 和 5%。假设各个部分互不影响。求该项目无法完成的概率。

【解】　设 A_i 表示事件"第 i 部分无法完成",设 B 表示"该项目无法完成",则

$$B = A_1 \bigcup A_2 \bigcup A_3$$

而

$$P(A_1) = 0.02, \quad P(A_2) = 0.03, \quad P(A_3) = 0.05$$

因而,

$$\begin{aligned}
P(B) &= P(A_1 \bigcup A_2 \bigcup A_3) \\
&= 1 - P(\bar{A}_1 \bar{A}_2 \bar{A}_3) \\
&= 1 - P(\bar{A}_1)P(\bar{A}_2)P(\bar{A}_3) \\
&= 1 - 0.98 \times 0.97 \times 0.95 \\
&= 0.097
\end{aligned}$$

【例 1.18】(可靠性问题)　设下列系统中第 i 号元件的可靠度,即正常工作的概率为 $p_i, i = 1, 2, 3$,而且各元件的工作状态相互独立,试分别求两个系统的可靠度(图 1.8)。

【解】　(1) 设 S_1 表示"系统 1 正常工作",A_1, A_2, A_3 分别表示第一个系统中的 3 个 1 号元件正常工作;B_1, B_2, B_3 分别表示第一个系统中的 3 个 2 号元件正常工作;$C_1, C_2,$ C_3 分别表示第一个系统中的 3 个 3 号元件正常工作,则有

$$S_1 = A_1 B_1 C_1 + A_2 B_2 C_2 + A_3 B_3 C_3$$

由于 $A_1, B_1, C_1, A_2, B_2, C_2, A_3, B_3, C_3$ 工作相互独立,因而

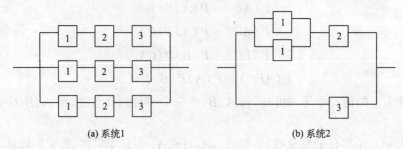

(a) 系统1　　　　　　　　　　　　(b) 系统2

图 1.8　系统图

$$P(S_1) = P(A_1B_1C_1 + A_2B_2C_2 + A_3B_3C_3)$$
$$= 1 - P(\overline{A_1B_1C_1}\ \overline{A_2B_2C_2}\ \overline{A_3B_3C_3})$$
$$= 1 - P(\overline{A_1B_1C_1})P(\overline{A_2B_2C_2})P(\overline{A_3B_3C_3})$$
$$= 1 - [1 - P(A_1B_1C_1)][1 - P(A_2B_2C_2)][1 - P(A_3B_3C_3)]$$
$$= 1 - (1 - p_1p_2p_3)^3$$

(2) 设 S_2 表示"系统 2 正常工作", A_1, A_2 分别表示第二个系统中的 2 个 1 号元件正常工作; B, C 分别表示第二个系统中的 2 号和 3 号元件正常工作,则有

$$S_2 = (A_1 \bigcup A_2)B \bigcup C$$
$$P(S_2) = P((A_1 \bigcup A_2)B \bigcup C)$$
$$= 1 - P(\overline{(A_1 \bigcup A_2)B \bigcup C})$$
$$= 1 - P(\overline{(A_1 \bigcup A_2)B})P(\overline{C})$$
$$= 1 - [1 - P((A_1 \bigcup A_2)B)][1 - P(C)]$$
$$= 1 - [1 - P(A_1 \bigcup A_2)P(B)][1 - P(C)]$$
$$= 1 - [1 - (1 - P(\bar{A}_1\bar{A}_2))P(B)][1 - P(C)]$$
$$= 1 - [1 - (1 - p_1)^2 p_2](1 - p_3)$$
$$= p_3 + p_1p_2(2 - p_1)(1 - p_3)$$

【例 1.19】(信息管理问题)　某公司信息管理中心有甲、乙、丙三台计算机独立工作,由一个技术人员维护,某段时间内它们不需维护的概率分别是 0.9、0.85 和 0.8。求:

(1) 在这段时间内有计算机需要技术人员维护的概率;

(2) 计算机因无人维护而瘫痪的概率。

【解】　设 A 表示事件"甲计算机不需要维护", B 表示事件"乙计算机不需要维护", C 表示事件"丙计算机不需要维护"。根据题意, A、B、C 相互独立,且

$$P(A) = 0.9, \quad P(B) = 0.85, \quad P(C) = 0.8$$

(1) 有计算机需要维护的概率为

$$P(\bar{A} \bigcup \bar{B} \bigcup \bar{C})$$

$$=P(\overline{ABC})$$
$$=1-P(ABC)$$
$$=1-P(A)P(B)P(C)$$
$$=1-0.9\times0.85\times0.8$$
$$=0.388$$

(2) 计算机因无人维护而瘫痪,即指至少同时有两台计算机需要人维护,因而,所求概率为

$$P(\overline{A}\overline{B}\cup\overline{A}\overline{C}\cup\overline{B}\overline{C})$$
$$=P(\overline{A}\overline{B})+P(\overline{A}\overline{C})+P(\overline{B}\overline{C})-2P(\overline{A}\overline{B}\overline{C})$$
$$=0.1\times0.15+0.1\times0.2+0.15\times0.2-2\times0.1\times0.15\times0.2$$
$$=0.059$$

关键术语

随机试验(random experiment)　把符合①试验的结果不止一个,且能事先明确试验的所有可能结果;②进行一次试验之前无法确定哪一个结果会出现;③可以在同一条件下重复进行,这三个特点的试验叫做随机试验。

随机事件(random event)　在随机试验中,可能出现也可能不出现,而在大量重复试验中具有某种规律性的事件叫做随机事件,简称事件。随机事件通常用大写英文字母 A、B、C 等表示。

样本空间(sample space)　将随机实验 E 的一切可能基本结果组成的集合称为 E 的样本空间,记为 S。

概率(probability)　表征随机事件发生可能性大小的量,是事件本身所固有的不随人的主观意愿而改变的一种属性。

古典概型(the classical probability model)　同时具备有限性和等可能性两个特点的概型是古典概型。

条件概率(conditional probability)　在事件 B 发生的条件下事件 A 发生的条件概率 $P(A\mid B)$。

独立性(independence)　设 A、B 是两个事件,如果成立 $P(AB)=P(A)P(B)$ 则称 A、B 是相互独立。

重要公式

1. 古典概型公式。设①试验结果只有有限多个;②试验中每个结果出现的可能性是相同的。

$$P(A)=\frac{A\text{ 中包含的样本点数}(A\text{ 的有利场合数})}{\text{样本空间中的样本点总数}}=\frac{k}{n}$$

2. 条件概率公式。设 A、B 是两个事件,且 $P(B)>0$,则事件 B 已经发生的条件下

事件 A 发生的条件概率为

$$P(A \mid B) = \frac{P(AB)}{P(B)}$$

3. 乘法公式。设 $P(B) > 0$，则有

$$P(AB) = P(B)P(A \mid B)$$

4. 全概率公式。设试验 E 的样本空间为 S，$A_1, A_2, \cdots, A_n$ 是 S 的一个完备事件组，则有

$$P(B) = \sum_{k=1}^{n} P(B \mid A_k)P(A_k)$$

5. 贝叶斯公式。设试验 E 的样本空间为 S，$A_1, A_2, \cdots, A_n$ 是 S 的一个完备事件组，且 $P(B) > 0$，则有

$$P(A_i \mid B) = \frac{P(A_i)P(B \mid A_i)}{\sum\limits_{j=1}^{n} P(A_j)P(B \mid A_j)}$$

案例

【案例 1.1】(人寿保险问题)　有 2500 个同一年龄段同一社会阶层的人参加某保险公司的人寿保险。根据以前资料统计，在一年里每个人死亡的概率是 0.0001. 每个参加保险的人 1 年付给保险公司 120 元保险费，而在死亡时其家属从保险公司领取 20 000 元，保险公司亏本的概率多大呢(不计利息)？又保险公司一年内获利不少于十万的概率是多少呢？

设这 2500 人中有 k 个人死亡。则保险公司亏本当且仅当 $20\,000k > 2500 \times 120$，即 $k > 15$。又由二项概率公式知，1 年中有 k 个人死亡的概率为

$$C_{2500}^{k}(0.0001)^{k}(0.9999)^{2500-k}, \quad k = 0, 1, 2, \cdots, 2500$$

所以，保险公司亏本的概率为

$$P(A) = \sum_{k=16}^{2500} C_{2500}^{k}(0.0001)^{k}(0.9999)^{2500-k} \approx 0.000\,001$$

由此可见保险公司亏本几乎是不可能的。又因保险公司 1 年获利不少于十万元等价于

$$2500 \times 120 - 20\,000k \geqslant 10^{5}, \quad k \leqslant 10$$

所以保险公司 1 年获利不少于十万元的概率为

$$P(B) = \sum_{k=0}^{10} C_{2500}^{k}(0.0001)^{k}(0.9999)^{2500-k} \approx 0.999\,936\,62$$

由此可见保险公司 1 年获利十万元几乎是必然的。对保险公司来说，保险费收太少了获利将减少，收太多了，参保人数将减少。因此当死亡率不变与参保对象已知的情况下，为了保证公司利益，收多少保险费就是很重要的问题。从而提出如下问题：

对 2500 个参保对象(每人死亡概率为 0.0001)每年每人至少收多少保险费才能使公

司以不少于 0.99 概率每年获利不少于 10 万元。（赔偿不变）

由上面知，当设 x 为每人每年所交保险费时，由 $2500x - 20\ 000k \geqslant 10^5$ 得 $x \geqslant 8k + 40$，这是一个不定方程。又因

$$\sum_{k=0}^{2} C_{2500}^{k}(0.0001)^k(0.9999)^{2500-k} = 0.997\ 84 > 0.99$$

即当 2500 个人中死亡不超过 2 人时公司获利十万元的概率不小于 0.99，故 $x \geqslant 56$，即 2500 个人每人每年交 56 元保费保险公司将以不小于 0.99 的概率获利不少于 10 万元。

由于保险公司之间竞争激烈，为了吸引参保者，挤垮对手，保险费还可以再降低，比如 20 元，只要不亏本就行。因此保险公司会考虑如下的问题：

在死亡率与赔偿费不变的情况下，每人每年交 20 元保费，保险公司至少需要吸引多少个参保者才能以不小于 0.99 的概率不亏本？

设 y 为参保人数，k 仍为死亡人数，类似地有 $20y - 20\ 000k \geqslant 0$，即 $y \geqslant 1000k$，此仍是一个不定方程。当 $k = 1$ 时，$y \geqslant 1000$，$C_{1000}^{1}(0.0001)^1(0.9999)^{1000-1} = 0.090\ 49$ 又因 $(0.9999)^{1000} = 0.904\ 83$，从而

$$\sum_{k=0}^{1} C_{1000}^{k}(0.0001)^k(0.9999)^{1000-k} = 0.995\ 32$$

所以保险公司只需吸引 1000 个人参保就能以不小于 0.99 的概率不亏本。

【案例 1.2】（营销管理问题） 南方某市某实业公司于今夏秋之交来我市举办了一次"免费抽奖"让利大酬宾活动，具体活动如下：袋中有 20 个球，其中标 10 分、5 分的各 10 个，您随心所欲从中抽出 10 个球，加起来的分数就是您所得我公司送礼品分数，即中即送，见表 1.2。

表 1.2 具体奖项

分数	礼品或购物	价值/元
50	VCD 一台	1080
55	石英钟一台	50
60	摩丝一瓶	10
65	洗衣粉一袋	4
70	牙刷一支	2
75	按优惠价购买一瓶高级洗发露	15
80	同上	15
85	牙膏一盒	3
90	高级洗发膏一瓶	15
95	录音机一台	80
100	彩电一台	2280

这个活动对于公司的利润和消费者的收益分别有着怎样的影响呢？进行如下分析：

把每次取出 10 个球作为一次试验，那么这 10 个球的分数之和是一个随机变量，记为

x,显然 x 的所有取值可能为 $\{50,55,60,65,70,75,80,85,90,95,100\}$,且概率分布如下(精确到 $0.000\,001$):

$$P\,(x=50)=P\,(x=100)=\frac{C_{10}^{10}\,C_{10}^{0}}{C_{20}^{10}}\approx 0.000\,005,$$

$$P\,(x=55)=P\,(x=95)=\frac{C_{10}^{9}\,C_{10}^{1}}{C_{20}^{10}}\approx 0.000\,541$$

$$P\,(x=60)=P\,(x=90)=\frac{C_{10}^{8}\,C_{10}^{2}}{C_{20}^{10}}\approx 0.010\,960,$$

$$P\,(x=65)=P\,(x=85)=\frac{C_{10}^{7}\,C_{10}^{3}}{C_{20}^{10}}\approx 0.077\,941$$

$$P\,(x=70)=P\,(x=80)=\frac{C_{10}^{6}\,C_{10}^{4}}{C_{20}^{10}}\approx 0.238\,693,\quad P\,(x=75)=\frac{C_{10}^{5}\,C_{10}^{5}}{C_{20}^{10}}\approx 0.343\,718$$

假设有 10 万人次参加了这项活动,那么该公司应付出的奖金及购物收入金额如表 1.3 所示:

表 1.3　公司付出的奖金及购物收入

分数	人次	每人应得金额/元	每人应付金额/元	总应付金额/元	销售商品收入金额/元
50	1	1 080	—	1 080	—
55	54	50	—	2 700	—
60	1 096	10	—	10 960	—
65	7 794	4	—	31 176	—
70	23 869	2	—	47 738	—
75	34 372	—	15	—	515 580
80	23 869	—	15	—	358 035
85	7 794	3	—	23 382	—
90	1 096	15	—	16 440	—
95	54	80	—	4 320	—
100	1	2 280	—	2 280	—
合计	100 000	—	—	140 076	873 615

假定出售商品的利润是销售收入的 20%,那么所售出的商品可获利润为

$$873\,615\times 20\%=174\,723(元)$$

从而纯利润为

$$174\,723-140\,076=34\,647(元)$$

也就是说:如果有 10 万人次参加了抽奖活动,所售出的商品获取的利润是销售收入的 20%,那么该公司可得纯利润约 34 000 余元,平均从每一人次抽奖者身上得利润 3 角 4 分。

习 题 1

1. 某一企业与甲、乙两家公司签订某物资长期供货关系的合同,由以往的统计得知,甲公司能按时供货的概率为 0.9,乙公司能按时供货的概率为 0.75,两家公司都能按时供货的概率为 0.7. 求至少有一家公司能按时供货的概率。

2. 将 15 名新员工随机分配到三个部门,每个部门 5 人。已知这 15 人中有 3 人工作能力特别强,试求下列事件的概率。

(1) $A = \{$每一个部门分到一个工作能力特别强的人$\}$;

(2) $B = \{$将这三个工作能力特别强的人分配到同一个部门$\}$。

3. 将 n 个球放入有标号 $1, 2, \cdots, N$ 的 N 个盒子中,求有球盒子的最大号码恰为 k 的概率($1 \leqslant k \leqslant N$)。

4. 某建筑物按设计要求,使用寿命超过 50 年的概率为 0.8,超过 60 年的概率为 0.6。试问该建筑物在 50~60 年间倒塌的概率是多少? 在经历了 50 年后,它将在 10 年内倒塌的概率又将为多少?

5. 某实验室在器皿中繁殖成 k 个细菌的概率为 $p_k = \dfrac{\lambda^k}{k!} e^{-\lambda}, \lambda > 0, k = 0, 1, 2, \cdots$. 设所繁殖成的每个细菌为甲类菌或乙类菌的概率相等。求下列事件的概率:

(1) 器皿中所繁殖的全部为甲类菌;

(2) 求所繁殖的细菌中有 i 个甲类菌。

6. 袋中装有编上号码 $1, 2, \cdots, 9$ 的九个性质相同的球,从袋中任取 5 个球,以 X 表示所取的 5 个球中偶数号球的个数,求其中至少有两个偶数号球的概率。

7. 某保险公司将被保险人分为两类:甲类人易出交通事故,乙类人较谨慎。由以往资料表明:"在一年内出一次事故",甲类人的概率为 0.4,乙类人的概率为 0.2。而且还知道一般甲类人占投保人的30%。如果一个新投保人在申请保险后的一年内出了事故,(1)问他是甲类人的概率是多少? (2)他投保后第二年内又出一次事故的概率是多少?

8. 已知 $P(A) = P(B) = P(C) = \dfrac{1}{4}, P(AB) = 0, P(AC) = P(BC) = \dfrac{1}{6}$,则事件 A、B、C 全部发生的概率是多少?

9. 某市有《金融时报》、《第一财经日报》和《21 世纪经济报道》三种财经类报纸,订每种报纸的人数分别占全体市民人数的 30%,其中有 10% 的人同时订《金融时报》和《第一财经日报》。没有人同时订《金融时报》和《21 世纪经济报道》或《第一财经日报》和《21 世纪经济报道》,求从该市任选一人,他至少订有一种财经报纸的概率。

10. 袋中有 50 个乒乓球其中 20 个是黄球,30 个是白球,今有两人一次随机地从袋中各取一球,取后不放回,则第二个人取得黄球的概率是多少?

11. 某公司甲、乙、丙三人独立地寻找目标客户出售保险产品,设找到目标客户出售的概率分别是0.4、0.5、0.7,若只有一人找到目标客户,则成功出售的概率为 0.2;若有两人找到同一目标客户,则成功出售的概率为 0.6;若三人都能找到该目标客户,则一定会成功,求成功出售保险给目标客户的概率。

12. 设工厂 A 和工厂 B 的产品次品率分别为 1% 和 2%,现从由 A 和 B 的产品分别占 60% 和 40% 的一批产品中随机抽取一件,发现是次品,则该次品属于 A 生产的概率是多少?

13. 在一个包装箱中有三类产品,其中产品甲、乙和丙分别占 40%、50% 和 10%。产品处于合格和不合格两种状态之一。现已知产品甲、乙和丙的合格率分别为 90%、80% 和 95%。问:

(1) 如果随机从包装箱中抽取一个产品,它是合格品的概率为多少?

（2）如果抽取的是一个合格品,则它是产品甲的概率为多少?

14. 某公司希望通过一种能力测试来帮助公司选择合适的理财工作人员。历史的数据表明:在所有申请理财经理一职的人中,仅有 60％ 的人在实际工作中"符合要求",其余则"不符合要求"。符合要求的人在能力测试中有 80％ 成绩合格,"不符合要求"的人中,合格的仅 30％。在这些信息的基础上,如果一申请者在能力测试中成绩合格,那么,他将是一个"符合要求"的理财工作人员的概率是多少?

15. 一家洗衣机制造商从三家不同的供应厂商购买电子元件:天问公司供应的电子元件占 30％,大地公司供应的电子元件占 50％,古鼎公司供应的电子元件占 20％。在进行检测和安装之前,这些电子元件被混合装在一个零部件箱中。根据过去的经验,天问公司电子元件次品率为 10％,大地公司电子元件次品率为 5％,古鼎公司电子元件次品率为 4％。一位生产线上的工人随机选择一个电子元件进行安装,试问:这一电子元件是由天问公司生产的概率是多少?

16. 甲、乙、丙三个机床生产一批产品,它们的产量分别占总产量的 0.25、0.35、0.40,甲乙丙三个机床中的废品率分别为 0.05、0.04、0.02。问:

（1）从这批产品中随机地取出 1 件产品为废品,求所取的废品是甲机床生产的概率。

（2）求从这批产品中随机地取出的 1 件产品为合格品的概率。

17. 一门金融应用统计学课程有 7 位男生和 3 位女生选修。担任这门课程的教授打算随机选取 2 位学生帮助他进行一个项目的研究。试问:选取的 2 位学生都是女生的概率是多少?

18. 华夏基金公司研发部的两个组独立工作以攻克某技术难关,若两个组独立攻克该技术难关的概率分别为 40％ 与 30％,问该公司能攻克该技术难关的可能性有多大?

19. 为什么市场上有些共同基金的管理者更加出色? 一种可能的因素是因为他们在什么样的商学院获得 MBA 学位。假定一位投资者考察了共同基金的市场业绩与 MBA 学位之间的关系,他的分析结果见下面的关于共同基金管理者与市场业绩列联表（表1.4）。

表 1.4　MBA 学位与市场业绩关系表

类别	优异的市场业绩	一般的市场业绩
拥有一流商学院 MBA 学位	0.11	0.29
拥有其他商学院 MBA 学位	0.06	0.54

（1）求事件之交的概率,即联合概率;

（2）求单一事件的概率,即边际概率;

（3）求基金具有优异的市场业绩时,基金经理拥有一流商学院的 MBA 学位的概率;

（4）拥有一流商学院的 MBA 学位与优异的市场业绩是相互独立的吗?

20. 设 A、B 是任意二件事,其中 A 的概率不等于 0 或 1,证明 $P(B|A)=P(B|\overline{A})$ 是事件 A 和 B 独立的充分必要条件。

21. 设两两相互独立的三事件 A、B、C 满足条件:$ABC=\varnothing$,$P(A)=P(B)=P(C)<\dfrac{1}{2}$,且已知 $P(A\cup B\cup C)=\dfrac{9}{16}$,则 $P(A)$ 为多少?

22. 设两个相互独立事件 A 和 B 都不发生的概率为 $\dfrac{1}{9}$,A 发生 B 不发生的概率与 B 发生 A 不发生的概率相等,则 $P(A)$ 为多少?

23. 某公司下属三个分厂中的职工人数分别是甲厂 400 人,乙厂 900 人,丙厂 1100 人。公司计划从所有的员工(2400)人中,抽调 48 人参加技术培训,抽调方案有两种:(1)从三个分厂内各随机抽选 16 人;(2)从甲厂随机抽调 8 人,乙厂 18 人,丙厂 22 人。现从全公司 2400 人中随机抽出一人,以 A 表示某人参加培训这件事,以 B 表示事件属于乙厂。试在(1),(2)两种方案下,判断 A,B 两事件的独立性。

24. 假设一厂家生产的每台仪器,以概率 0.7 可以出厂;以概率 0.3 需进一步调试,经调试后以概率 0.8 可以出厂;以概率 0.2 定为不合格品不能出厂。现该厂新生产了 $n(n \geqslant 2)$ 台仪器(假设各台仪器的生产过程相互独立)。求:

(1) 全部能出厂的概率 α;

(2) 其中恰好有两件不能出厂的概率 β;

(3) 其中至少有两件不能出厂的概率 θ。

第 2 章　随机变量及其分布

实践中的概率

　　某供应商提供一批产品,检验员对这批产品进行检验以决定是否接收。现从中随机抽取 100 件产品,如果没发现次品,则接收;如果发现 1 件或 2 件次品,则采取降价接收;如果发现 3 件或 3 件以上次品,则坚决拒收,问这批货物能否被接收?

　　按照第 1 章事件表示方法,{发现 1 件次品}、{发现 2 件次品}、{发现 3 件次品}、{发现 3 件以上次品}等随机事件需用大写字母 A、B、C、D 等表示,但是如果一旦随机事件很多(譬如次品数有可能是 0~100 中任何一个数),那么仍然沿用大写字母表示各种随机事件将显得极其不方便;另外,在现实生活中,我们也经常需要研究一项试验结果的某项取值,如购买福利彩票,关心中了几等奖? 人口普查,进行性别登记,某个网站某段时间上网的点击次数,等等。事实上,通过进一步分析发现,尽管在一项试验中,随机事件有很多,但都是由于某个变量发生变化引起的,如抽查 100 个产品,记录其次品数,尽管随着次品数不同,代表不同的随机事件,但归根结底是由于次品数发生变化引起的;如果某个网站某段时间上网的点击次数,由于点击次数不同,所代表的随机事件也不同,这样的随机事件成百上千,但归根结底也是由于点击次数的不同引起的。

　　因此,可以考虑引入某种变量,这种变量代表某种试验结果,通过变量取不同的值代表不同的随机事件,这种变量就是我们这一章所要讨论的随机变量。这样通过随机变量的引入,计算不同随机事件的概率也就转化为某种变量取不同的值的概率,有助于进一步分析。

　　随机变量的引入是对随机事件研究的进一步深化,概率论之所以能从计算一些孤立事件的概率发展为一个更高的理论体系,其基础概念是随机变量。本章将重点介绍随机变量的基础知识,随后将介绍离散型随机变量、分布函数、连续型随机变量及一些重要的概率分布。

2.1　随　机　变　量

　　从第 1 章中对样本空间、随机事件的表述可以看出,试验结果有可能本身就是定量数据,如检验一批产品,观察出现的次品数;从检验批中任抽取一只灯泡,观察灯泡的寿命等;也有可能试验结果本身是用文字来描述的,如进行人口普查,登记人口性别;购买福利彩票,中一等奖、二等奖或三等奖;等等。下面将按试验结果为定量数据和定性数据分别介绍其随机变量的引入。

2.1.1 随机变量的引入

1. 随机事件的取值为定量数据时

【例 2.1】(质量管理问题) 检验员对供应商提供的产品进行检验以决定这批产品是否接收,为此抽查其中 100 件产品,观察其次品数。

分析:其样本空间

$$S = \{e\} = \{k \mid 0 \leqslant k \leqslant 100\}$$

以 X 记次品数,那么对于样本空间 $S = \{e\}$ 中的每一个样本点 e,X 都有一个值与之相对应。因此,X 是一个函数,它的定义域是样本空间,值域是整个实数轴或实数轴上的某个区间,记作

$$X = X\{e\} = k, \quad 0 \leqslant k \leqslant 100, e \in S$$

这样,若随机事件 $A = \{$次品数为 $4\}$,可记作 $\{X = 4\}$,求 A 事件的概率 $P(A)$ 则转化为求 $P\{X = 4\}$;

随机事件 $B = \{$次品数小于等于 $4\}$,可记作 $\{X \leqslant 4\}$,求 B 事件的概率 $P(B)$ 则转化为求 $P\{X \leqslant 4\}$,其余情形依此类推。

2. 随机事件的取值为定性数据时

当随机事件的取值为定性数据时,这时由于变量 X 的取值是实数轴上的点,因此对于定性数据不可以直接转化,而应该通过某种数字化处理进行转化。

【例 2.2】(人口统计问题) 人口普查,进行性别登记。

分析:其样本空间

$$S = \{e\} = \{男性、女性\}$$

以 X 记性别,那么对于样本空间 $S = \{e\}$ 中的每一个样本点 e,X 同样都有一个实数值与之相对应。记作

$$X = X\{e\} = \begin{cases} 0, & e \text{ 为女性} \\ 1, & e \text{ 为男性} \end{cases}$$

这样,若随机事件 $A = \{$女性$\}$,可记作 $\{X = 0\}$,求 A 事件的概率 $P(A)$ 则转化为求 $P\{X = 0\}$;

随机事件 $B = \{$女性$\}$,可记作 $\{X = 1\}$,求 B 事件的概率 $P(B)$ 则转化为求 $P\{X = 1\}$。

这样就可以把对事件的研究转化为对随机变量的研究。

2.1.2 随机变量的定义

定义 2.1(随机变量) 设随机试验 E 的样本空间为 $S = \{e\}$,$X = X(e)$ 是定义在样本空间 S 上的实值单值函数,即对于样本空间 S 上的每一个样本点 e 都有一个实数 X 与之对应,则称 X 为随机变量(random variable,简记为 r. v)。

简言之,随机变量 $X(e)$ 是一个函数,是一个定义在样本空间 S 上的、取值为实数的单值函数,是随机事件的数量表示。可用图 2.1 所示。

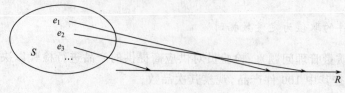

图 2.1 随机变量示意图

随机变量常用 X、Y、Z 或 ξ、η、ζ 等表示。

它与普通函数相比,具有以下特点:

(1) 随机变量 X 的取值有一定的概率,且 X 的部分取值用以描述随机事件;

(2) X 的全部可能取值是互斥且完备的;

(3) 随机变量 X 是按照一定的统计规律性取值的,这种统计规律叫随机变量的分布。

随机变量可以分为离散型随机变量和连续型随机变量,随机变量的引入使我们能用随机变量来描述各种随机事件,并能用数学分析的方法对随机现象进行深入的研究。

下面重点介绍离散型随机变量和连续型随机变量。

2.2　离散型随机变量及其概率分布

定义 2.2　离散型随机变量(discrete random variable)指 X 只能取有限个或可列个值的变量。

如 2.1 节中例 2.1 中随机变量 X,它可能的取值为 $0,1,2,\cdots,100$,它是一个离散型随机变量。某网站某个时期上网点击次数可能的取值为 $0,1,\cdots$,也是一个离散型随机变量,而某电子元件的寿命,若以 T 表示,它所可能的取值将充满一个区间,无法一一列举出来,因而它是一个非离散型的随机变量。本节讨论的是离散型变量,对于非离散型变量将在后续章节中介绍。

2.2.1　离散型随机变量的概率分布

定义 2.3　离散型随机变量概率分布——是离散型随机变量的分布形式,主要采用列举法,用分布律描述或以表格的形式表示。

分布律:

$$P\{X=x_k\}=p_k, \quad k=1,2,\cdots$$

或以表格的形式

$$X\sim$$

X	x_1	x_2	$\cdots$	x_n	$\cdots$
p_k	p_1	p_2	$\cdots$	p_n	$\cdots$

分布律必须满足两条性质:

（1）非负性：$p_k \geqslant 0$；

（2）归一性：$\sum_k p_k = 1$。

【例 2.3】（质量管理问题）　设某产品的出厂需经过三道主要工序的检验。每道工序以 90% 的概率通过并进入下一道工序，一旦某道工序未能通过，则视为次品，以 X 表示产品通过的工序道数，且三道工序的检验完全独立，求 X 的分布律。

【解】　以 p 表示每道工序未被通过的概率，X 的取值为 0,1,2,3。

X 的分布律为

X	0	1	2	3
p_k	p	$(1-p)p$	$(1-p)^2 p$	$(1-p)^3$

或

$$P\{X=k\} = (1-p)^k p, \quad k=0,1,2$$
$$P\{X=3\} = (1-p)^3$$

以 $p = 1 - 90\% = 0.1$ 代入得

X	0	1	2	3
p	0.1	0.09	0.081	0.729

可见最终通过三道工序成为合格品的概率为 0.729。

根据问题的实际意义引入随机变量，确定随机变量的分布，是概率论的重要问题之一。下面介绍几种常见的离散型随机变量。

2.2.2　几种重要的离散型随机变量的概率分布

1. 0-1 分布

定义 2.4（0-1 分布）　设随机变量 X 只可能取 0 与 1 两个值，它的分布律是
$$P\{X=k\} = p^k (1-p)^{1-k} \quad (k=0,1)$$
或

X	0	1
p_k	$1-p$	p

则称 X 服从 0-1 分布（0-1 distribution）或两点分布。

一般情况下的两点分布律为

X	x_1	x_2
p_k	$1-p$	p

0-1 分布通常用来描述随机试验的两种结果或者是可以归结为两种结果的情形。例如，人口统计中性别的登记，是男还是女？产品检验中产品是合格品还是次品？是接收还是拒绝？试验成功还是失败？股票上升还是下降？经济增长还是下降？体育彩票中一等奖还是其他等等，都可以用 0-1 分布来模拟。

2. 二项分布

定义 2.5（n 重伯努利试验）　设试验 E 只有两个结果：A 和 $\bar{A}$，则称 E 为伯努利（Bernoulli）试验。将 E 独立地重复进行 n 次，则称这一串重复的独立试验为 n 重伯努利试验。

n 重伯努利试验具有以下特点：

（1）n 次试验之间是独立的；

（2）每次试验结果只有两个，即 A 和 $\bar{A}$；

（3）每次试验事件 A 发生的可能性相同。

n 重伯努利试验是一种很重要的数学模型，也是应用最广、研究最多的模型之一。

如将一枚硬币抛一次，观察得到正面或反面，这是一个伯努利试验，如将硬币抛 n 次，就是 n 重伯努利试验；

如产品检验，做有放回的抽取，每次取到要么正品要么次品，如果连续抽取 n 次，就是一个 n 重伯努利试验；但如果是做不放回的抽取，由于各次试验不独立，因此就不再是一个 n 重伯努利试验。

定义 2.6（二项分布）　在 n 重伯努利试验中，若 $P(A)=p$，$P(\bar{A})=1-p$，记随机变量 X 表示 n 次试验中事件 A 出现的次数，则有

$$P\{X=k\}=\mathrm{C}_n^k p^k (1-p)^{n-k} \quad (k=0,1,2,\cdots,n)$$

并称 X 服从参数为 n,p 的二项分布（binomial distribution），记为 $X\sim b(n,p)$。上式就是它的分布律。

【证】　以 X 表示 n 次试验中事件 A 出现的次数，则 X 的所有可能取值为 $0,1,2,\cdots,n$。

由于各次试验是独立的，则事件 A 在指定的 $k(0\leqslant k\leqslant n)$ 次试验中发生，在其他 $n-k$ 次试验中 A 不发生，假设在前 k 次试验中 A 发生，在其他 $n-k$ 次试验中 A 不发生，其概率为

$$P(\underbrace{AA\cdots A}_{k\text{个}}\ \underbrace{\bar{A}\bar{A}\cdots\bar{A}}_{n-k\text{个}})=\underbrace{p\cdot p\cdots p}_{k\text{个}}\cdot\underbrace{(1-p)\cdot(1-p)\cdots(1-p)}_{n-k\text{个}}=p^k(1-p)^{n-k}$$

这种指定的方式共有 C_n^k 种，且它们是两两互不相容的，故在 n 次试验中事件 A 发生 k 次的概率为 $\mathrm{C}_n^k p^k(1-p)^{n-k}$，即

$$P\{X=k\}=\mathrm{C}_n^k p^k(1-p)^{n-k} \quad (k=0,1,2,\cdots,n)$$

显然

$$P\{X=k\}\geqslant 0, \quad k=0,1,2,\cdots,n$$

$$\sum_{k=0}^{n} P\{X=k\}=\sum_{k=0}^{n}\mathrm{C}_n^k p^k(1-p)^{n-k}=(p+(1-p))^n=1$$

即满足分布律的两条性质。

注意到 $C_n^k p^k (1-p)^{n-k}$ 正好是二项式 $(p+(1-p))^n$ 的展开式中出现 p^k 的那一项，因此称随机变量 X 服从参数为 n,p 的二项分布。

注　当 $n=1$ 时，二项分布转化为

$$P\{X=k\}=p^k(1-p)^{1-k}\quad(k=0,1)$$

即为 0-1 分布。

【例 2.4】（金融问题）　设某投资者拥有五只股票，且其涨跌相互独立，假设这五种股票在某时期内上涨的概率相等，均为 0.3，求：

(1) 该投资者在某时期内有三只股票同时上涨的概率；

(2) 该投资者在某时期内至少有三只股票同时上涨的概率。

【解】　可以将该投资者的五只股票视为五次试验，每只股票的结果只有上涨和不上涨两种情况，每只股票上涨的可能性相同，因此，完全符合 5 重伯努利试验的特点，因此，以 X 表示某时期内该投资者的股票上涨的数目，X 服从参数为 $n=5,p=0.3$ 的二项分布。X 的取值为 $0,1,2,3,\cdots,5$，X 的分布律为 $X\sim b(5,0.3)$。

$$P\{X=k\}=C_5^k 0.3^k(1-0.3)^{5-k}\quad(k=0,1,2,\cdots,5)$$

(1) $P\{X=3\}=C_5^3 0.3^3(1-0.3)^{5-3}=0.1323$。

(2) $P\{X\geqslant 3\}=1-P\{X<3\}=1-P\{X=0\}-P\{X=1\}-P\{X=2\}=0.16308$。

3. 泊松分布

定义 2.7（泊松分布）　设随机变量 X 的所有可能取值为 $0,1,2,\cdots$。其分布律为

$$P\{X=k\}=\frac{\lambda^k e^{-\lambda}}{k!}\quad(k=0,1,2,\cdots)$$

其中 $\lambda>0$ 是常数，则称 X 服从参数为 λ 的泊松分布（Poisson distribution），记为 $X\sim\pi(\lambda)$。

实际应用中，泊松分布常用来模拟一些取值为离散型，且取值为无穷大的情形。如前述某网站在某时期内上网点击的次数；银行在某天接待顾客的人数；医院在上午看病的人数；大桥在 10 点到 11 点之间的车流量等，都可以近似用泊松分布来模拟。

【例 2.5】（市场调研问题）　通过调研得知，某声讯台电话每分钟收到的呼叫次数服从参数为 10 的泊松分布，求：

(1) 某一分钟呼叫次数为 8 的概率；

(2) 某一分钟呼叫次数小于 2 的概率。

【解】　由于某声讯台电话每分钟收到的呼叫次数服从参数为 10 的泊松分布，以 X 表示某一分钟收到的呼叫次数，$X\sim\pi(10)$，X 的取值为 $0,1,2,3,\cdots$。其分布律为

$$P\{X=k\}=\frac{10^k e^{-10}}{k!}\quad(k=0,1,2,\cdots)$$

(1) $P\{X=8\}=\dfrac{10^8 e^{-10}}{8!}$。

(2) $P\{X \geqslant 3\} = 1 - P\{X < 2\} = 1 - P\{X = 0\} - P\{X = 1\} = 1 - 11\mathrm{e}^{-10}$。

定理 2.1(泊松定理)　设有常数 $\lambda > 0$，n 为正整数。记 $\lambda = np_n$，则对任意的非负整数 k，有

$$\lim_{n \to +\infty} \mathrm{C}_n^k p_n^k (1 - p_n)^{n-k} = \frac{\lambda^k \mathrm{e}^{-\lambda}}{k!}$$

这个定理说明，泊松分布是二项分布的极限分布。

在实践中，对确定的 n 和 p，如果 n 很大，而 np 不太大（比如 $n \geqslant 50$，$np \leqslant 10$）时，二项分布可以用泊松分布近似，即

$$P\{X = k\} = \mathrm{C}_n^k p^k (1 - p)^{n-k} \approx \frac{\lambda^k \mathrm{e}^{-\lambda}}{k!} \quad (\text{其中 } \lambda = np)$$

【例 2.6】(市场调研问题)　某路口为事故多发地段，设一辆汽车在一天的某段时间内出事故的概率为 0.001，设某天该时段内有 1000 辆汽车通过该路口，问出事故的车辆数不小于 2 的概率是多少？

【解】　以 X 表示该路口在某天该时段内出事故的车辆数，由题意

$$X \sim b(1000, 0.001)$$

$$P\{X \geqslant 2\} = 1 - P\{X = 0\} - P\{X = 1\}$$

$$= 1 - (0.999)^{1000} - \mathrm{C}_{1000}^1 0.001 \cdot (0.999)^{999} \approx 0.264\,241\,1$$

利用泊松定理计算，

$$\lambda = 1000 \times 0.001 = 1$$

$$P\{X = k\} = \mathrm{C}_{1000}^k 0.001^k 0.999^{1000-k} \approx \frac{1^k \mathrm{e}^{-1}}{k!}$$

$$P\{X \geqslant 2\} = 1 - P\{X = 0\} - P\{X = 1\}$$

$$\approx 1 - \mathrm{e}^{-1} - \mathrm{e}^{-1} \approx 0.264\,241\,1$$

显然利用泊松定理计算较为方便。一般，当 $n \geqslant 20$，$p \leqslant 0.05$ 时，用泊松定理计算效果较好。

4. 几何分布

定义 2.8(几何分布)　设随机变量 X 的分布律为

$$P\{X = k\} = p(1 - p)^{k-1} \quad (k = 0, 1, 2, \cdots)$$

则称 X 服从参数为 p 的几何分布(geometric distribution)。记为 $X \sim G(p)$。

注　几何分布常用来描述首次成功的模型。即进行独立重复试验，设每次试验成功的概率为 p，将试验进行到第一次成功为止，以 X 表示所需的试验次数，此时 X 即服从几何分布，如机械中疲劳寿命试验、产品营销中卖出第一件产品的时间等。

5. 超几何分布

定义 2.9(超几何分布)　设随机变量 X 的分布律为

$$P\{X=k\}=\frac{C_N^k C_M^{n-k}}{C_{N+M}^n} \quad (k=0,1,2,\cdots,l,l\leqslant \min(N,n))$$

则称 X 服从参数为 M,N,n 的超几何分布（hypergeometric distribution），记为 $X\sim H(M,N,n)$

注　超几何分布适用于不放回地抽取的情形，如下例所示。

【**例 2.7**】（产品检验）　一批灯泡共有 40 只，其中有 3 只坏的，其余 37 只是好的。现从中随机地抽取 4 只进行检验（等同于不放回地随机抽取 4 次），令 X 表示 4 只灯泡中坏的只数，试写出 X 的分布。

【**解**】　由题意知，X 服从超几何分布，这里，$N=40,M=3,n=4,l=\min(M,n)=3$，所以，$X$ 的概率分布是

$$P\{X=k\}=\frac{C_3^k C_{37}^{4-k}}{C_{40}^4} \quad (k=0,1,2,3)$$

注　如果此题其他条件不变，仅将不放回地随机抽取 4 次改为有放回地随机抽取 4 次，那此时 X 又服从何种分布呢？

此时 X 服从二项分布，$n=4,p=\dfrac{3}{40}$（即每次取到坏灯泡的概率）。即

$$P\{X=k\}=C_4^k\left(\frac{3}{40}\right)^k\left(1-\frac{3}{40}\right)^{4-k} \quad (k=0,1,2,3)$$

因此，应注意区分两种不同抽取方式下，所服从的分布将不同。

2.3　随机变量的分布函数

离散型变量由于其取值是离散的，可以一个一个地列举出来，但对于非离散型的变量，由于其取值不能一一地列举出来，因此就不可能再像离散型随机变量那样用分布律的形式来描述它，而且对于非离散型变量，由于其取某一指定的实数值的概率都等于 0（可以证明得到），所以对于此类非离散型变量，讨论其在某一点处的取值已变得毫无意义，因此，转而研究随机变量所取的值落在某一区间内的概率 $P\{x_1<X\leqslant x_2\}$，但由于

$$P\{x_1<X\leqslant x_2\}=P\{X\leqslant x_2\}-P\{X\leqslant x_1\}$$

所以只需计算 $P\{X\leqslant x_2\}$ 和 $P\{X\leqslant x_1\}$ 就可以了，而 $P\{X\leqslant x_2\}$ 和 $P\{X\leqslant x_1\}$ 具有相类似的结构 $P\{X\leqslant x\}$，其取值仅随着 x 的取值不同而不同，因此可以考虑引入一个函数 $F(x)$，使之等于 $P\{X\leqslant x\}$。

2.3.1　分布函数的定义

定义 2.10（分布函数）　设 X 为随机变量，x 为普通变量（$-\infty<x<+\infty$），对任意实数 x，概率 $P\{X\leqslant x\}$ 称为随机变量 X 的分布函数，记为

$$F(x)=P\{X\leqslant x\}$$

分布函数 $F(x)$ 是 x 的一元函数，其定义域为全体实数 **R**，它的值域是事件

$\{X \leqslant x\}$ 的概率,由于概率取值于 0 到 1 之间,因此其值域为 $[0,1]$。如果将 X 看成是一维实数轴上的随机点的坐标,那么,分布函数 $F(x)$ 在 x 处的值就表示 X 落在区间$(-\infty, x]$上的概率,见图 2.2。

图 2.2　分布函数几何示意图

分布函数完整地描述了随机变量 X 的统计规律性。

注　对于离散型随机变量 X,若已知分布律为

$$P\{X = x_k\} = p_k, \quad k = 1, 2, \cdots$$

则 X 的分布函数为

$$F(x) = \sum_{x_k \leqslant x} p\{X = x_k\} = \sum_{x_k \leqslant x} p_k$$

表示将满足$\{x_k \leqslant x\}$范围内所有 X 等于 x_k 的概率相加即得到离散型随机变量 X 的分布函数 $F(x)$。

即若 X 的分布律为

X	x_1	x_2	x_3	$\cdots$	x_{n-1}	x_n
p	p_1	p_2	p_3	$\cdots$	p_{n-1}	p_n

则 X 的分布函数为

$$F(x) = \begin{cases} 0, & x < x_1 \\ p_1, & x_1 \leqslant x < x_2 \\ p_1 + p_2, & x_2 \leqslant x < x_3 \\ \cdots\cdots \\ p_1 + \cdots + p_{n-1}, & x_{n-1} \leqslant x < x_n \\ 1, & x_n \leqslant x \end{cases}$$

2.3.2　分布函数的性质

分布函数 $F(x)$ 具有以下基本性质:

(1) $0 \leqslant F(x) \leqslant 1$,且

$$F(-\infty) = \lim_{x \to -\infty} F(x) = 0, \quad F(+\infty) = \lim_{x \to +\infty} F(x) = 1;$$

(2) $F(x)$ 是 x 的单调非降函数,即对任何 $x_1 < x_2$,恒有 $F(x_1) \leqslant F(x_2)$;

(3) $F(x)$ 是 x 的右连续函数,即对任何点 x_0,恒有 $\lim_{x \to x_0^+} F(x) = F(x_0)$,记为

$$F(x_0^+) = F(x_0)$$

反之可证,具备性质(1),(2),(3)的函数 $F(x)$ 必是某个随机变量的分布函数;

（4）用分布函数表示概率，有

$$P\{a < X \leqslant b\} = F(b) - F(a)$$

$$P\{a \leqslant X \leqslant b\} = F(b) - F(a^-)$$

$$P\{a < X < b\} = F(b^-) - F(a)$$

$$P\{a \leqslant X < b\} = F(b^-) - F(a^-)$$

注 事实上，对于离散型随机变量，计算它落在某个区间上的概率采用它落在这个区间上的点的概率之和更方便些；如果对于连续型随机变量，那就更不需要严格区分此区间在端点处有没有等号了，因为本身连续型随机变量在其端点处的概率为 0，其分布函数是连续函数（这在 2.4 节中会讲到）。

对离散型随机变量还要特别补充以下两条性质：

（5）$F(x)$ 的图形是右升的阶梯形（图 2.3）

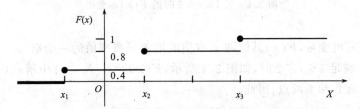

图 2.3 离散型随机变量分布函数的图形

（6）$P\{X = x_k\} = p_k =$ 分布函数的图形在 x_k 点的跳跃度。

根据第（6）条性质，由分布函数的图形可以很方便地求出 X 的分布律。

【例 2.8】（市场营销问题） 某商场进行市场促销，策划购物中奖的营销手段，假设不中奖的概率为 0.6，一等奖的概率为 0.1，二等奖的概率为 0.3，如果设 X 为中奖奖项（不中奖设为 0，一等奖设为 1，二等奖设为 2），则 X 为离散型随机变量，且取值为 0,1,2，其概率分布律为

X	0	1	2
P_r	0.6	0.1	0.3

求：

（1）X 的分布函数；

（2）不中奖和中一等奖的概率 $P\{X \leqslant 1\}$，中奖的概率 $P\{0 < X \leqslant 2\}$ 以及 $P\{2 \leqslant X \leqslant 3\}$。

【解】 （1）$F(x) = P\{X \leqslant x\} = \begin{cases} 0, & x < 0 \\ P\{X = 0\}, & 0 \leqslant x < 1 \\ P\{X = 0\} + P\{X = 1\}, & 1 \leqslant x < 2 \\ P\{X = 0\} + P\{X = 1\} + P\{X = 2\} = 1, & x \geqslant 2 \end{cases}$

$$= \begin{cases} 0, & x<0 \\ 0.6, & 0 \leqslant x<1 \\ 0.7, & 1 \leqslant x<2 \\ 1, & x \geqslant 2 \end{cases}$$

(2) $P\{X \leqslant 1\} = F(1) = 0.7$

$P\{0 < X \leqslant 2\} = P\{X \leqslant 2\} - P\{X \leqslant 0\} = F(2) - F(0) = 1 - 0.6 = 0.4$

$P\{2 \leqslant X \leqslant 3\} = P\{X=2\} + P\{2 < X \leqslant 3\} = P\{X=2\} + F(3) - F(2)$

$\qquad = 0.3 + 1 - 1 = 0.3$

注　$F(x) = P\{X \leqslant x\}$ 表示 X 的取值落在区间 $(-\infty, x]$ 上的概率,见图 2.4。

图 2.4　当 $1 \leqslant x<2$ 时的 $F(x)$ 示意图

对离散型随机变量,$F(x)$ 其值随 x 取值的增大是概率值的一个累加。

当实数 x 满足 $1 \leqslant x<2$ 时,如图 2.4 所示,$F(x) = P\{X \leqslant x\}$ 中落在 $(-\infty, x]$ 区间上的取值点只有 0 和 1 两点,因此,

$$F(x) = P\{X \leqslant x\} = P\{X=0\} + P\{X=1\} = 0.6 + 0.1 = 0.7$$

注　这要与 $P\{1 \leqslant X<2\}$ 中随机变量 X 本身落在区间 $[1,2)$ 上要区分开,此时随机变量 X 落在 $[1,2)$ 上的取值点只有 1 这一点,所以 $P\{1 \leqslant X<2\} = P\{X=1\} = 0.1$。

从此题(2)中可以看出,对于离散型随机变量计算其落在某个区间上的概率,可直接观察落在此区间上随机变量 X 的取值点,然后对其对应概率求和,不需要套用分布函数基本性质中的(4)。

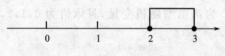

图 2.5　$P\{2 \leqslant X \leqslant 3\}$ 示意图

例如,$P\{2 \leqslant X \leqslant 3\} = P\{X=2\} = 0.3$,因为在区间 $[2,3]$ 上只有 $\{X=2\}$ 这一点,如图 2.5 所示。

同样,计算 $P\{0 < X \leqslant 2\}$ 时,因为在区间 $\{0 < X \leqslant 2\}$ 上,包含 1 和 2 这两个取值点,因此

$$P\{0 < X \leqslant 2\} = P\{X=1\} + P\{X=2\} = 0.6 + 0.3 = 0.9$$

由此可以看出,由分布律求分布函数的一般步骤:

(1) 由取值概率为非 0 的点判断分布函数将分成几段(如本例中 0,1,2 将整个实数轴分成了四个区域);

(2) 其中当 x 落在第一个区域时,$F(x)$ 始终等于 0(或趋向于 0),当 x 落在最后一个区域时,$F(x)$ 始终等于 1(或趋向于 1)。

(3) 当 x 落在其余区域中时,按照概率累加的原理分区域一一进行累加即可。

【例 2.9】(人力资源管理问题)　某企业对员工实行绩效考核,按月对员工进行考核并按考核结果发放奖金。设 X 代表员工每月的奖金额,X 的分布函数

$$F(x) = \begin{cases} 0, & x < -500 \\ 0.4, & -500 \leqslant x < 1000 \\ 0.8, & 1000 \leqslant x < 3000 \\ 1, & x \geqslant 3000 \end{cases}$$

求 X 的分布律。

【解】　这是一个反过来由分布函数求分布律的问题,可以先画出 X 的分布函数的图形(图 2.6),

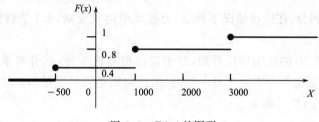

图 2.6　$F(x)$ 的图形

从图 2.6 中我们可以看出,分布函数在 $x = -500, 1000, 3000$ 这三点处有跳跃,因此,X 只在这三点处有大于 0 的概率,且其取值概率即为分布函数在这三点处的跳跃值。因此,X 的分布律为

X	-500	1000	3000
P_r	0.4	0.4	0.2

【例 2.10】(市场调研问题)　某人将在 $[0,1]$ 时间段内随机到达,以 X 表示到达时刻,假定其在 $[0,1]$ 内任一子区间内到达的概率与该区间长度成正比,求 X 的分布函数。

【解】　$F(x) = P\{X \leqslant x\}$,当 $x < 0$ 时,$F(x) = 0$;当 $0 \leqslant x \leqslant 1$ 时,

$$F(x) = P\{X \leqslant x\} = P\{X < 0\} + P\{0 \leqslant X \leqslant x\}$$
$$= 0 + P\{0 \leqslant X \leqslant x\} = P\{0 \leqslant X \leqslant x\} = kx$$

当 $x > 1$ 时,

$$F(x) = P\{X \leqslant x\} = P\{X < 0\} + P\{0 \leqslant X \leqslant 1\} + P\{1 < X \leqslant x\}$$
$$= 0 + P\{0 \leqslant X \leqslant 1\} + 0 = P\{0 \leqslant X \leqslant 1\} = k \cdot 1 = 1$$

所以

$$F(x) = P\{X \leqslant x\} = \begin{cases} 0, & x < 0 \\ x, & 0 \leqslant x \leqslant 1 \\ 1, & x > 1 \end{cases}$$

其图形是一条连续曲线如图 2.7 所示。

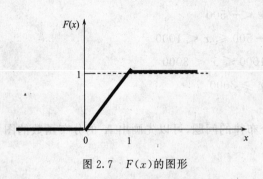

图 2.7　$F(x)$ 的图形

另外可以看出,本例中分布函数 $F(x)$ 对于任意 x 可以写成

$$F(x) = \int_{-\infty}^{x} f(t)\,\mathrm{d}t$$

其中

$$f(t) = \begin{cases} 1, & 0 \leqslant x \leqslant 1 \\ 0, & \text{其他} \end{cases}$$

即分布函数 $F(x)$ 恰是非负函数 $f(t)$ 在区间 $(-\infty, x]$ 上的积分,在这种情况下称 X 为连续型随机变量,2.4 节将给出连续型随机变量的一般定义。

注　在定义 2.10 的注中可以看到,对于离散型随机变量,其分布函数 $F(x)$ 是其概率分布的累加,累加与积分本质上是一致的,因此离散型随机变量与连续型随机变量可以通过分布函数 $F(x)$ 统一起来。

2.4　连续型随机变量及其密度函数

如例 2.10 所示,如果对于随机变量 X,其分布函数可以写成一个非负函数 $f(t)$ 在区间 $(-\infty, x]$ 上的积分的形式,则称 X 为连续型随机变量,连续型随机变量的概率分布与离散型随机变量不同,它不能用列举法,即不能用分布律描述。需引入一个新的概念:密度函数。

2.4.1　连续型随机变量及其密度函数的定义

定义 2.11(密度函数)　设随机变量 X 的分布函数为 $F(x)$,存在非负函数 $f(x)$,使对于任意实数 x,如果 $F(x) = \int_{-\infty}^{x} f(t)\,\mathrm{d}t$,则称 X 为连续型随机变量,函数 $f(x)$ 为 X 的概率密度函数,简称为**密度函数或密度**(density function)。

可以证明,连续型随机变量的概率分布是用密度函数及其积分来描述的,其分布函数是连续函数。

2.4.2　连续型随机变量及其密度函数的性质

2.3 节分布函数性质中的(1),(2),(3)都满足,且有

(1) $f(x) \geqslant 0$;

(2) 归一性, $\int_{-\infty}^{+\infty} f(x)\,\mathrm{d}x = 1$;

(3) $F(x)$ 在 $(-\infty, +\infty)$ 上是 x 的连续函数;

(4) 在 $f(x)$ 的连续点, $F(x)$ 可导,且 $F'(x) = f(x)$;

(5) 对任何实数值 a,恒有 $P\{X = a\} = 0$;

(6) 对任何值 a, b 都有

$$P\{a < X \leqslant b\} = P\{a \leqslant X \leqslant b\} = P\{a < X < b\}$$
$$= P\{a \leqslant X < b\} = F(b) - F(a)$$
$$= \int_a^b f(x) \mathrm{d}x$$

即对连续型随机变量,已不用再区分区间端点有没有等号,是开区间还是闭区间了。

注 在实际解题时

$$P\{a < X < b\} = \int_a^b f(x) \mathrm{d}x = \int_{(a,b) \cap 非零表达式所在的区间} 非零表达式\, \mathrm{d}x$$

【证】 (5) 设 X 的分布函数为 $F(x)$, $\Delta x > 0$, 则由 $\{X = a\} \subset \{a - \Delta x < X \leqslant a\}$ 得

$$0 \leqslant P\{X = a\} \leqslant P\{a - \Delta x < X \leqslant a\} = F(a) - F(a - \Delta x)$$

在上述不等式中令 $\Delta x \to 0$, 并注意到 X 为连续型随机变量, 其分布函数 $F(x)$ 是连续的, 即得 $P\{X = a\} = 0$。

由此可以得到性质(6)。

注 (1) 对连续型随机变量, 区间上的个别点, 甚至有限个点上密度函数值的改变不影响区间上的概率值;

(2) 对同一个分布函数 $F(x)$, 其密度函数不是唯一的。

【例 2.11】(工业工程问题) 某新型材料耐热温度 X 服从概率密度函数为

$$f_X(x) = C\mathrm{e}^{-|x|}, \quad -\infty < x < \infty$$

试求:(1) 常数 C;(2) X 落在$(0,1)$内概率;(3) X 的分布函数。

【解】 (1) 由密度函数性质归一性知

$$1 = \int_{-\infty}^{+\infty} C\mathrm{e}^{-|x|} \mathrm{d}x = 2C \int_0^{+\infty} \mathrm{e}^{-x} \mathrm{d}x = 2C$$

所以, 有 $C = \dfrac{1}{2}$。

(2) $P\{0 < X < 1\} = \int_0^1 f_X(x)\mathrm{d}x = \int_0^1 \dfrac{1}{2}\mathrm{e}^{-|x|} \mathrm{d}x$

$$= \frac{1}{2} \int_0^1 \mathrm{e}^{-x} \mathrm{d}x = \frac{1}{2}(-\mathrm{e}^{-x}) \Big|_0^1 = \frac{1}{2}(1 - \mathrm{e}^{-1})$$

(3) $F(x) = \int_{-\infty}^x \dfrac{1}{2}\mathrm{e}^{-|x|} \mathrm{d}x$

当 $x < 0$ 时,

$$F(x) = \frac{1}{2} \int_{-\infty}^x \mathrm{e}^x \mathrm{d}x = \frac{1}{2}\mathrm{e}^x$$

当 $x \geqslant 0$ 时,

$$F(x) = \frac{1}{2} \int_{-\infty}^0 \mathrm{e}^x \mathrm{d}x + \frac{1}{2} \int_0^x \mathrm{e}^{-x} \mathrm{d}x = 1 - \frac{1}{2}\mathrm{e}^{-x}$$

故 X 的分布函数为

$$F(x) = \begin{cases} \dfrac{1}{2}e^x, & x < 0 \\ 1 - \dfrac{1}{2}e^{-x}, & x \geqslant 0 \end{cases}$$

可以看出,连续型随机变量 X 的分布函数是连续函数。

注　在求随机变量 X 的分布函数时一定要牢记定义:$F(x) = P(X \leqslant x)$,并且对 $x \in (-\infty, \infty)$ 上每一点都要讨论到。分布函数通常是分段函数,因此,其不同的定义域一定要明确标明,为了不致遗漏,可让 x 从 $-\infty$ 向 $+\infty$ 移动,从而观察 $P(X \leqslant x)$ 的变化。

2.4.3　几种重要的连续型随机变量

1. 均匀分布

定义 2.12(均匀分布)　设连续型随机变量 X 具有密度函数:

$$f(x) = \begin{cases} \dfrac{1}{b-a}, & a < x < b \\ 0, & 其他 \end{cases}$$

则称 X 在区间 (a,b) 上服从均匀分布(uniform distribution),记为 $X \sim U(a,b)$。

密度函数的图形见图 2.8(a)。

其分布函数为

$$F(x) = \begin{cases} 0, & x \leqslant a \\ \dfrac{x-a}{b-a}, & a < x < b \\ 1, & 其他 \end{cases}$$

分布函数的图形见图 2.8(b)。

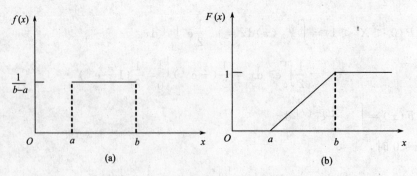

图 2.8　均匀分布密度函数及分布函数

性质 2.1　设 $X \sim U(a,b)$,若 $(c,d) \subset (a,b)$,则有

$$P\{c \leqslant X \leqslant d\} = \frac{d-c}{b-a}$$

并称均匀分布满足几何概率。即 X 在 $[a,b]$ 的任一子区间取值的概率与该子区间的长度成正比,而与子区间的位置无关,这就是均匀分布的几何意义。

由均匀分布可以对第 1 章的古典概型进行推广:

定义 2.13(几何概型)　若 S 为某几何空间中的一个区域,在 S 中任何度量相等的区域里发生的可能性都相等且 $A \subset S$,则

$$P(A) = \frac{A \text{ 的几何测度}}{S \text{ 的几何测度}}$$

注　几何测度对应一维、二维、三维分别为长度、面积和体积。几何概型是古典概型的推广,它取消了有限性的限制。

因此上述性质 $P\{c \leqslant X \leqslant d\} = \dfrac{d-c}{b-a}$ 中,其实质即为长度之比。

【例 2.12】(市场调研问题)　某公共汽车站从上午 7 时起每 15 分钟发一班车,即在 $7:00,7:15,7:30,\cdots$ 有汽车发出。如果乘客在 $7:00 \sim 7:30$ 任意时刻随机地到达此车站,试求乘客在车站等候

(1) 不到 5 分钟的概率;

(2) 超过 10 分钟的概率。

【解】　若将 $7:00$ 作为时间起点,则乘客到达时刻 X 服从区间 $[0,30]$ 上的均匀分布,即 $X \sim U[0,30]$。为使等候时间不到 5 分钟,乘客要在 $7:10$ 到 $7:15$ 之间或 $7:25$ 到 $7:30$ 之间到汽车站。故

(1) 所求的概率为

$$P\{10 < X < 15\} + P\{25 < X < 30\} = \int_{10}^{15} \frac{1}{30} \mathrm{d}x + \int_{25}^{30} \frac{1}{30} \mathrm{d}x = \frac{1}{3}$$

类似地,当乘客在 $7:00$ 到 $7:05$ 之间或 $7:15$ 到 $7:20$ 之间到达汽车站时,将等候 10 分钟以上,故

(2) 所求概率为

$$P\{0 < X < 5\} + P\{15 < X < 20\} = \int_{0}^{5} \frac{1}{30} \mathrm{d}x + \int_{15}^{20} \frac{1}{30} \mathrm{d}x = \frac{1}{3}$$

注　此例中(1)与(2)的答案相同,这并非偶然,因为 $(10,15)$,$(25,30)$ 这两个区间都包含在区间 $[0,30]$ 内,$(0,5)$,$(15,20)$ 这两个区间也都包含在区间 $[0,30]$ 内,且前两个区间长度之和与后两个区间长度之和相等,由均匀分布的性质,其概率也必然相等。

2. 指数分布

定义 2.14(指数分布)　设连续型随机变量 X 的密度函数为

$$f(x) = \begin{cases} \dfrac{1}{\theta} \mathrm{e}^{-\frac{1}{\theta}x}, & x > 0 \\ 0, & x \leqslant 0 \end{cases}$$

其中 $\theta > 0$ 为常数,则称 X 服从参数为 θ 的指数分布(exponential distribution),记为 $X \sim E(\theta)$

指数分布也有以 λ 为参数的,其密度函数为

$$f(x) = \begin{cases} \lambda e^{-\lambda x} & x > 0 \\ 0, & x \leqslant 0 \end{cases} \quad (\lambda > 0)$$

即 $\lambda = \dfrac{1}{\theta}$。

指数分布的密度函数图形见图 2.9(a)。

分布函数

$$F(x) = \begin{cases} 0, & x \leqslant 0 \\ 1 - e^{-\frac{1}{\theta}x}, & x > 0 \end{cases}$$

分布函数的图形见图 2.9(b)。

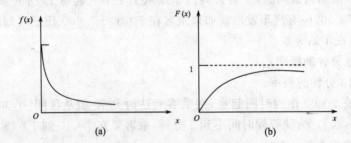

图 2.9　指数分布密度函数及分布函数

性质 2.2(无记忆性)　设 X 服从指数分布,对任何正数 x_0, x,必有

$$P\{X > x_0 + x \mid X > x_0\} = P\{X > x\}$$

上式表明:已知元件已使用了 x_0 小时,它总共能使用至少 $x_0 + x$ 小时的条件概率,与从开始使用时算起它至少能使用 x 小时的概率相等。这就是说,元件对它已使用过 x_0 小时没有记忆。

【例 2.13】(工业工程问题)　某电子元件的寿命 X(单位:kh)服从参数 θ 为 0.1 的指数分布,求:

(1) 该电子元件在未来 1kh 内损坏的概率。

(2) 已知该电子元件已使用了 2kh,求在未来 1kh 内损坏的概率。

【解】

$$f(x) = \begin{cases} 10e^{-10x}, & x > 0 \\ 0, & x \leqslant 0 \end{cases}$$

所以

$$P\{X < 1\} = \int_0^1 10e^{-10x}\, dx = 1 - e^{-10}$$

$$P\{X<3\mid X>2\}=\frac{P\{X<3,X>2\}}{P\{X>2\}}=\frac{\int_2^3 10e^{-10x}\,dx}{\int_2^{+\infty}10e^{-10x}\,dx}$$

$$=\frac{e^{-20}-e^{-30}}{e^{-20}}=1-e^{-10}$$

注　从此题中再一次地验证了指数分布的"无记忆性"。

3. 正态分布

正态分布(normal distribution)最初是由 C. F. 高斯(Carl Friedrich Gauss,1777~1855)作为描述误差相对频数分布的模型而提出来的。正态分布在概率论和数理统计中具有十分重要的地位。在现实生活中,有许多现象都可以用正态分布来描述,如正常人的身高、体重、学生的智力水平等,从第 5 章大数定律还可以看到,很多其他一些分布(如二项分布)在大样本的情况下,也近似服从正态分布

定义 2.15(正态分布)　设连续型随机变量 X 的密度函数为

$$f(x)=\frac{1}{\sqrt{2\pi}\sigma}e^{-\frac{(x-\mu)^2}{2\sigma^2}}\quad(-\infty<x<+\infty)$$

其中 $\mu,\sigma\,(\sigma>0)$ 为常数,则称 X 服从参数为 μ,σ^2 的正态分布,记为 $X\sim N(\mu,\sigma^2)$,见图 2.10。

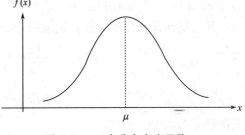

图 2.10　正态分布密度函数

从图 2.10 可以看出,正态分布 $N(\mu,\sigma^2)$ 具有以下性质:

(1) 曲线关于直线 $x=\mu$ 对称;

(2) 当 $x=\mu$ 时取到最大值 $\dfrac{1}{\sqrt{2\pi}\sigma}$;

(3) 在 $x=\mu\pm\sigma$ 处曲线有拐点,曲线以 Ox 轴为渐近线;

(4) 如果固定 σ,改变 μ 的值,则图形沿着 Ox 轴平移,而不改变其形状,可见正态分布的密度函数曲线的位置完全由参数 μ 所确定,μ 称为位置参数(图 2.11);

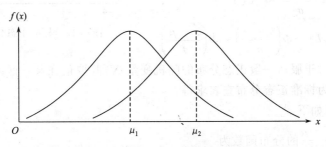

图 2.11　μ 对正态分布密度函数曲线位置的影响

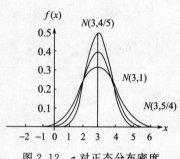

图 2.12　σ 对正态分布密度
函数曲线形状的影响

（5）如果固定 μ，改变 σ 的值，由于最大值 $f(\mu)=\dfrac{1}{\sqrt{2\pi}\,\sigma}$，可知当 σ 越小，图形变得越尖，可见正态分布的密度函数曲线的形状完全由参数 σ 所确定，σ 称为形状参数（图 2.12）；

（6）其分布函数为

$$F(x)=\frac{1}{\sqrt{2\pi}\,\sigma}\int_{-\infty}^{x}\mathrm{e}^{-\frac{(t-\mu)^2}{2\sigma^2}}\mathrm{d}t$$

显然，此积分没有原函数表达式，当 $X\sim N(\mu,\sigma^2)$，计算

$$P\{a\leqslant X\leqslant b\}=F(b)-F(a)=\frac{1}{\sqrt{2\pi}\,\sigma}\int_{a}^{b}\mathrm{e}^{-\frac{(t-\mu)^2}{2\sigma^2}}\mathrm{d}t$$

将很不方便。为此引入标准正态分布。

定义 2.16（标准正态分布）　当正态分布中 $\mu=0,\sigma=1$ 时，称 X 服从标准正态分布（standard normal distribution），记为 $X\sim N(0,1)$。

其密度函数和分布函数特别地用 $\varphi(x),\Phi(x)$ 表示，即

$$\varphi(x)=\frac{1}{\sqrt{2\pi}}\mathrm{e}^{-\frac{x^2}{2}}\quad(-\infty<x<+\infty)$$

$$\Phi(x)=\frac{1}{\sqrt{2\pi}}\int_{-\infty}^{x}\mathrm{e}^{-\frac{t^2}{2}}\mathrm{d}t$$

其图形见图 2.13。

$\Phi(x)$ 已编制成表，可供查用（见附表）。

为此，当 $X\sim N(0,1)$ 时，

$$P\{a\leqslant X\leqslant b\}=\Phi(b)-\Phi(a)$$

可通过查表计算得出。

$\Phi(x)$ 性质：

（1）$\Phi(-x)=1-\Phi(x)$；

（2）若 $X\sim N(\mu,\sigma^2)$，则

$$Z=\frac{X-\mu}{\sigma}\sim N(0,1)$$

$$P\{a<X\leqslant b\}=\Phi\left(\frac{b-\mu}{\sigma}\right)-\Phi\left(\frac{a-\mu}{\sigma}\right)$$

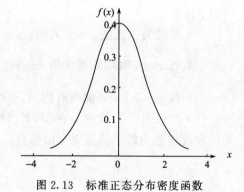

图 2.13　标准正态分布密度函数

由性质（3）可知，对于服从一般正态分布的随机变量 X，其取值在某一区间上的概率都可以通过上式转化为标准正态分布查表求得。

性质（2）证明如下：

【证】　$Z=\dfrac{X-\mu}{\sigma}$ 的分布函数为

$$P\{Z\leqslant x\}=P\left\{\frac{X-\mu}{\sigma}\leqslant x\right\}=P\{X\leqslant\mu+\sigma x\}$$

$$= \frac{1}{\sqrt{2\pi}\,\sigma} \int_{-\infty}^{\mu+\sigma x} \mathrm{e}^{-\frac{(t-\mu)^2}{2\sigma^2}} \, \mathrm{d}t$$

令 $\dfrac{t-\mu}{\sigma}=u$,得

$$P\{Z \leqslant x\} = \frac{1}{\sqrt{2\pi}} \int_{-\infty}^{x} \mathrm{e}^{-\frac{u^2}{2}} \, \mathrm{d}t = \Phi(x)$$

由此可知,

$$Z = \frac{X-\mu}{\sigma} \sim N(0,1)$$

于是,当 $X \sim N(\mu,\sigma^2)$,则

$$P\{a < X \leqslant b\} = P\left\{\frac{a-\mu}{\sigma} < \frac{X-\mu}{\sigma} \leqslant \frac{b-\mu}{\sigma}\right\}$$

$$= \Phi\left(\frac{b-\mu}{\sigma}\right) - \Phi\left(\frac{a-\mu}{\sigma}\right)$$

结论　如果随机变量 $X \sim N(\mu,\sigma^2)$,则

$$P\{\mu-\sigma \leqslant X \leqslant \mu+\sigma\} = 0.683$$

$$P\{\mu-2\sigma \leqslant X \leqslant \mu+2\sigma\} = 0.955$$

$$P\{\mu-3\sigma \leqslant X \leqslant \mu+3\sigma\} = 0.997$$

以 $P\{\mu-3\sigma \leqslant X \leqslant \mu+3\sigma\}$ 为例

$$P\{\mu-3\sigma \leqslant X \leqslant \mu+3\sigma\} = \Phi\left(\frac{\mu+3\sigma-\mu}{\sigma}\right) - \Phi\left(\frac{\mu-3\sigma-\mu}{\sigma}\right)$$

$$= \Phi(3) - \Phi(-3) = 2\Phi(3) - 1 = 0.997$$

可以看到,尽管正态变量的取值范围是 $(-\infty,+\infty)$,但它的取值落在 $(\mu-3\sigma,\mu+3\sigma)$ 内的概率几乎为 100%,这就是人们所说的"3σ"法则,在质量管理中,休哈特控制图正是利用了正态分布的"3σ"法则,以此来判断生产过程是否出现了异常。

理论研究表明:如果某项指标受到很多项随机因素的干扰,而每项干扰都很小的话,则所有干扰影响的综合结果将导致此项指标的分布近似服从于正态分布。

【**例 2.14**】(工业工程问题)　设某仪器测量误差 Z 服从标准正态分布,即 $Z \sim N(0,1)$,求测量误差落在以下区间的概率分别是多少?

(1) $P\{0.00 \leqslant Z \leqslant 1.00\}$;

(2) $P\{-1.5 \leqslant Z \leqslant 1.5\}$;

(3) $P\{Z \geqslant 1.65\}$ 。

【**解**】(1) $P\{0.00 \leqslant Z \leqslant 1.00\} = \Phi(1.00) - \Phi(0.00) = 0.8413 - 0.5000 = 0.3413$ 。

(2) $\quad P\{-1.5 \leqslant Z \leqslant 1.5\} = \Phi(1.5) - \Phi(-1.5)$

$$= \Phi(1.5) - (1 - \Phi(1.5))$$

$$= 2\Phi(1.5) - 1 = 2 \times 0.9332 - 1 = 0.8664$$

(3) $P\{Z\geqslant1.65\}=1-P\{Z<1.65\}=1-\Phi(1.65)=1-0.9505=0.0495$。

【例 2.15】（人力资源问题）　假定某公司职员工资 X 服从正态分布 $N(8000,3000^2)$（单位:元),求:

(1) 公司职员工资不低于 3000 元的概率;

(2) 公司职员工资与平均收入 8000 元之间差距在 1000 元以内的概率是多少?

(3) 如果要想保证有 80％以上的人在基本工资线以上,那这个基本工资应定在多少比较合适?

【解】　(1)

$$P\{X\geqslant3000\}=1-P\{X<3000\}=1-\Phi\left(\frac{3000-8000}{3000}\right)$$

$$=1-\Phi(-1.67)=\Phi(1.67)=0.9525$$

(2)

$$P\{|X-8000|<1000\}=P\{7000<X<9000\}$$

$$=\Phi\left(\frac{9000-8000}{3000}\right)-\Phi\left(\frac{7000-8000}{3000}\right)$$

$$=\Phi(0.33)-\Phi(-0.33)=2\Phi(0.33)-1=0.2586$$

(3) 假设基本工资为 C,由 $P\{X\geqslant C\}\geqslant0.80$ 得

$$P\{X\geqslant C\}=1-P\{X<C\}=1-\Phi\left(\frac{C-8000}{3000}\right)\geqslant0.80$$

即

$$\Phi\left(-\frac{C-8000}{3000}\right)\geqslant0.80$$

查表得 $\Phi(0.84)=0.7995$ 较接近于 0.8,由分布函数的单调不减性,$-\frac{C-8000}{3000}\geqslant0.84$,

解出 $C\leqslant5480$。

2.5　随机变量的函数的分布

有时已知销售量 X 服从某种正态分布,销售额 $Y=pX$(p 为销售单价),问销售额 Y 服从何种分布? 这种问题可归纳成以下问题:

问题:已知 X 的分布,Y 是 X 的连续函数 $Y=g(X)$,求 Y 的分布。

1. X 为离散型随机变量

已知 X 的分布律,可用列举法求出 Y 的分布律。即由列表

X	x_1	x_2	$\cdots$	x_n
$Y=g(X)$	$g(x_1)$	$g(x_2)$	$\cdots$	$g(x_n)$
p_k	p_1	p_2	$\cdots$	p_n

如果其中 $g(x_i)$ 有相同的,再进行适当合并,即将取值相同的对应概率相加。

【例 2.16】(工业工程问题)　已知输入信号相位角 X 的概率分布为

X	0	$\dfrac{\pi}{2}$	π	$\dfrac{3}{2}\pi$
p_i	$\dfrac{1}{4}$	$\dfrac{1}{2}$	$\dfrac{1}{8}$	$\dfrac{1}{8}$

分别求输出信号相位角 $Y=\dfrac{2}{3}X+2$,$Z=\cos(X)$ 的概率分布。

【解】　显然有

Y	2	$\dfrac{\pi}{3}+2$	$\dfrac{2\pi}{3}+2$	$\pi+2$
p_k	$\dfrac{1}{4}$	$\dfrac{1}{2}$	$\dfrac{1}{8}$	$\dfrac{1}{8}$

Z	1	0	-1	0
p_k	$\dfrac{1}{4}$	$\dfrac{1}{2}$	$\dfrac{1}{8}$	$\dfrac{1}{8}$

因 Z 中有相同的取值,因此需对其进行合并处理,即相同的取值,其对应的概率相加。

Z	1	0	-1
p_k	$\dfrac{1}{4}$	$\dfrac{5}{8}$	$\dfrac{1}{8}$

2. X 为连续型随机变量

通常分两种情况考虑。

(1) 定义法:已知 X 的分布函数 $F_X(x)$,$Y=g(X)$,求 Y 的分布函数 $F_Y(y)$。

可由分布函数定义

$$F_Y(y)=P\{Y\leqslant y\}=P\{g(X)\leqslant y\}$$
$$=\begin{cases}P\{X\leqslant g^{-1}(y)\}, & g(X)\text{ 单调递增时}\\ P\{X\geqslant g^{-1}(y)\}, & g(X)\text{ 单调递减时}\end{cases}$$
$$=\begin{cases}F_X[g^{-1}(y)], & g(X)\text{ 单调递增时}\\ 1-F_X[g^{-1}(y)], & g(X)\text{ 单调递减时}\end{cases}$$

然后对 $F_Y(y)$ 关于 y 求导,即可得 Y 的密度函数 $f_Y(y)$,应注意在求 $F_Y(y)$ 前,先由 $g(x)$ 出发,讨论 y 在何范围内 $F_Y(y)=0$,在何范围内 $F_Y(y)=1$。

(2) 公式法:已知 X 的密度函数 $f_X(x)$,$Y=g(X)$,求 Y 的密度函数 $f_Y(y)$ 可用下面

定理的结论。

定理 2.2　已知 X 的密度函数 $f_X(x),x\in(a,b),Y=g(X)$ 连续,若 $y=g(x)$ 在 (a,b) 上单调、可导,且 $g'(x)\neq0$,则 Y 的密度函数为

$$f_Y(y)=\begin{cases}f_X[g^{-1}(y)]\,|[g^{-1}(y)]'_y|, & y\in(a,\beta)\\0, & \text{其他}\end{cases}$$

其中

$$\alpha=\min[g(a),g(b)],\quad \beta=\max[g(a),g(b)]$$

推广　如果 $y=g(x)$ 的定义域可划分成若干个不重叠的区间 $I_i(i=1,2,\cdots,n)$,在各个区间 I_i 上,$y=g(x)$ 是单调函数,有反函数 $x=h_i(y)$,且 $h'_i(y)$ 连续,那么,$Y=g(X)$ 的密度函数为

$$f_Y(y)=\sum_{i=1}^{n}f_X[h_i(y)]\,|[h_i(y)]'_y|$$

【例 2.17】（工业工程问题）　设某电子元器件寿命 X 的密度函数为

$$f_X(x)=\begin{cases}e^{-x}, & x\geqslant0\\0, & x<0\end{cases}$$

求随机变量 $Y=e^X$ 的密度函数 $f_Y(y)$。

【解】　由 $x\geqslant0$ 求得 Y 的值域为 $[1,+\infty)$。

$$F_Y(y)=P\{Y\leqslant y\}=P\{e^X\leqslant y\}$$
$$=\begin{cases}0, & y<1\\P\{X\leqslant\ln y\}, & y\geqslant1\end{cases}$$

故 $y>1$ 时,

$$f_Y(y)=P\{X\leqslant\ln y\}=F_X(\ln y)=\int_0^{\ln y}e^{-x}dx\quad(积分项可写可不写)$$

$$f_Y(y)=F'_Y(y)=F'_X(\ln y)=f_X(\ln y)(\ln y)'=e^{-\ln y}\frac{1}{y}$$

因此

$$f_Y(y)=\begin{cases}0, & y<1\\e^{-\ln y}\dfrac{1}{y}, & y\geqslant1\end{cases}$$

注　此题也可直接用公式法。

【例 2.18】（工业工程问题）　设某电阻器工作寿命 X 服从的密度函数为

$$f(x)=\begin{cases}0, & x<0\\\dfrac{1}{2}x^2e^{-x}, & x\geqslant0\end{cases}$$

试求:(1) $Y=2X+3$;　(2) $Y=X^2$。

【解】　(1) $Y=2X+3$,于是

$$y=2x+2\Rightarrow x=\frac{y-3}{2}\Rightarrow x'=\frac{1}{2}$$

故

$$f_Y(y) = \begin{cases} \dfrac{1}{4}\left(\dfrac{y-3}{2}\right)^2 \mathrm{e}^{-\left(\frac{y-3}{2}\right)}, & y \geqslant 3 \\ 0, & y < 3 \end{cases}$$

(2) $Y = X^2$,于是 $y = x^2$,$x_1 = \sqrt{y}$ 或 $x_2 = -\sqrt{y} < 0$,

$$x_1' = \frac{1}{2\sqrt{y}}, \quad x_2' = -\frac{1}{2\sqrt{y}}$$

故

$$f_Y(y) = f_X(\sqrt{y})(\sqrt{y})_y' + f_X(-\sqrt{y})\left|(-\sqrt{y})_y'\right|$$

$$= \frac{1}{2\sqrt{y}}\frac{1}{2}(\sqrt{y})^2 \mathrm{e}^{-\sqrt{y}} + 0\frac{1}{2\sqrt{y}}$$

$$= \begin{cases} \dfrac{1}{4}\sqrt{y}\,\mathrm{e}^{-\sqrt{y}}, & y > 0 \\ 0, & y \leqslant 0 \end{cases}$$

关键术语

随机变量(random variable) $X,Y,Z,\cdots$ 描述各种随机现象,其取值随试验的结果而定。

离散型随机变量(discrete random variable) 只能取有限个或可列个值的变量。

伯努利试验(Bernoulli experience) 试验结果只有两个:A 和 $\bar{A}$ 的试验。

n 重伯努利试验(n-ple Bernoulli experience) 将伯努利试验独立地重复进行 n 次。

0-1 分布(0-1 distribution) 随机变量 X 只可能取 0 与 1 两个值,其分布律是

$$P\{X = k\} = p^k(1-p)^{1-k} \quad (k = 0,1)$$

二项分布(binomial distribution) 在 n 重伯努利试验中,若 $P(A) = p$,$P(\bar{A}) = 1 - p$,随机变量 X 表示 n 次试验中事件 A 出现的次数,则 X 服从参数为 n,p 的二项分布,记为 $X \sim b(n,p)$。

泊松分布(Poisson distribution) 随机变量 X 的所有可能取值为 $0,1,2,\cdots$,其分布律为

$$P\{X = k\} = \frac{\lambda^k \mathrm{e}^{-\lambda}}{k!} \quad (k = 0,1,2,\cdots)$$

其中 $\lambda > 0$ 是常数,则称 X 服从参数为 λ 的泊松分布,记为 $X \sim \pi(\lambda)$。

分布函数(distribution function) 设 X 为随机变量,x 为普通变量($-\infty < x < +\infty$),对任意实数 x,概率 $P\{X \leqslant x\}$ 称为随机变量 X 的分布函数,记为

$$F(x) = P\{X \leqslant x\}$$

连续型随机变量(continuous random variable) 设随机变量 X 的分布函数为 $F(x)$,

存在非负函数 $f(x)$，使对于任意实数 x，如果 $F(x)=\int_{-\infty}^{x}f(t)\,\mathrm{d}t$，则称 X 为连续型随机变量。

密度函数（density function） 描述连续型随机变量分布律的函数，记为 $f(x)$。

均匀分布（uniform distribution） 设连续型随机变量 X 在区间 (a,b) 上任一子区间取值的概率与该子区间的长度成正比，而与子区间的位置无关，则称 X 在区间 (a,b) 上服从均匀分布，记为 $X\sim U(a,b)$。

指数分布（exponential distribution） 设连续型随机变量 X 的密度函数为

$$f(x)=\begin{cases}\dfrac{1}{\theta}\mathrm{e}^{-\frac{1}{\theta}x}, & x>0 \\ 0, & x\leqslant 0\end{cases}$$

其中 $\theta>0$ 为常数，则称 X 服从参数为 θ 的指数分布。

正态分布（normal distribution） 设连续型随机变量 X 的密度函数为

$$f(x)=\frac{1}{\sqrt{2\pi}\sigma}\mathrm{e}^{-\frac{(x-\mu)^2}{2\sigma^2}} \quad (-\infty<x<+\infty)$$

其中 $\mu,\sigma(\sigma>0)$ 为常数，则称 X 服从参数为 μ,σ^2 的正态分布，记为 $X\sim N(\mu,\sigma^2)$。

重要公式

1. 几种重要的随机变量及其分布

0-1 分布	$P\{X=x\}=p^x(1-p)^{1-x}, \quad x=0,1$
二项分布 $b(n,p)$	$P\{X=x\}=C_n^x p^x(1-p)^{n-x}, \quad x=0,1,2,\cdots,n$
泊松分布 $\pi(\lambda)$	$P\{X=x\}=\dfrac{\lambda^x\mathrm{e}^{-\lambda}}{x!}, \quad x=0,1,2,\cdots$
均匀分布 $U(a,b)$	$f(x)=\begin{cases}\dfrac{1}{b-a}, & a<x<b \\ 0, & \text{其他}\end{cases}$
指数分布 $E(\lambda)$	$f(x)=\begin{cases}\dfrac{1}{\theta}\mathrm{e}^{-\frac{1}{\theta}x}, & x>0 \\ 0, & \text{其他}\end{cases}$
正态分布 $N(\mu,\sigma^2)$	$f(x)=\dfrac{1}{\sqrt{2\pi\sigma^2}}\mathrm{e}^{-\frac{(x-\mu)^2}{2\sigma^2}}$

2. 当 $X\sim N(\mu,\sigma^2)$，则

$$P\{a<X<b\}=\Phi\left(\frac{b-\mu}{\sigma}\right)-\Phi\left(\frac{a-\mu}{\sigma}\right)$$

3. 已知 X 的密度函数 $f_X(x)$，$x\in(a,b)$，$Y=g(X)$ 连续，若 $y=g(x)$ 在 (a,b) 上单调、可导，且 $g'(x)\neq 0$，则 Y 的密度函数为

$$f_Y(y) = \begin{cases} f_X[g^{-1}(y)] \big| [g^{-1}(y)]'_y \big|, & y \in (a, \beta) \\ 0, & \text{其他} \end{cases}$$

其中

$$a = \min[g(a), g(b)], \quad \beta = \max[g(a), g(b)]$$

案例

【案例 2.1】(产品检验问题)　某供应商提供一批产品,检验员对这批产品进行检验以决定是否接收。现从中随机抽取 100 件产品,如果没发现次品,则接收;如果发现 1 件次品,则将次品调换为正品,然后接收;如果发现 2 件或 3 件次品,则采取降价接收;如果发现 4 件或 4 件以上次品,则坚决拒收,问这批货物被接收的概率?(设次品率为 1%)

【解】　设 X 为 100 件产品中次品数,则 $X \sim b(100, 0.01)$

$$P = P\{X < 4\} = P\{X = 0\} + P\{X = 1\} + P\{X = 2\} + P\{X = 3\}$$
$$= C_{100}^0 0.99^{100} 0.01^0 + C_{100}^1 0.99^{99} 0.01^1 + C_{100}^2 0.99^{98} 0.01^2 + C_{100}^3 0.99^{97} 0.01^3$$
$$= 0.3660 + 0.3697 + 0.1848 + 0.0610$$
$$= 0.9815$$

因此这批货物被接收的概率为 0.9815。

【案例 2.2】(自主招生问题)　某学校准备通过自主招生考试招收 300 名优秀学生,其中 A 类招收 280 名,B 类 20 名,报考的人数是 1657 人,考试满分是 400 分,考试后得知考试总平均成绩 $\mu = 166$ 分,360 分以上的高分考生 31 人,某考生甲得 256 分,问他能否被录取? 能否被录取为 A 类?

【解】　第 1 步　预测最低分数线。设最低分数线为 x,考生成绩为 ξ,理想情形下,考生成绩应服从正态分布,由题意可知 $\xi \sim N(166, \sigma^2)$,因为高于 360 分的考生的人数是 31,故 $P\{\xi > 360\} \approx \dfrac{31}{1657}$。因此

$$P\{\xi > 360\} = 1 - P\{\xi \leqslant 360\} = 1 - \Phi\left(\frac{360 - 166}{\sigma}\right) \approx 1 - \frac{31}{1657} \approx 0.981$$

查表可得 $\dfrac{360 - 166}{\sigma} \approx 2.08$,即 $\sigma \approx 93$,故 $\xi \sim N(166, 93^2)$。因为最低分数线的确定应使录取的人数等于 300,即 $P\{\xi > x\} \approx \dfrac{300}{1657}$,于是 $P\{\xi > x\} = 1 - \Phi\left(\dfrac{x - 166}{93}\right) \approx \dfrac{300}{1657}$,查表得 $\dfrac{x - 166}{93} \approx 0.91$,由此有 $x \approx 251$。

第 2 步　预测考生甲的考试名次,这样就能确定该考生能否被录取。考生甲的成绩为 256,排在该考生前面的概率为

$$P\{\xi > 256\} = 1 - P\{\xi \leqslant 256\} = 1 - \Phi\left(\frac{256 - 166}{93}\right) \approx 1 - 0.8315 = 0.1685$$

这表明考试成绩高于考生甲的人数大约占总考生的 16.85%,所以排在考生甲前面的考

生大约有 $1657 \times 16.85\% = 280$，即考生甲大约排在 281 名，由于一共招收 300 名，因此考生甲能被录取，但由于 A 类只招 280 名，因此考生录取为 B 类的可能性比较大。

【案例 2.3】（人力资源管理问题）　某单位由 12 名专家组成面试小组，如被录取，必须其中至少 8 名专家投票同意。假定各位专家的判断是相互独立的，且在面试中某应聘人员被任一专家同意的概率为 80%，求该应聘人员能被录取的概率。

分析：可以将 12 名专家的判断看成 12 次独立试验，则每次试验中事件"同意录取该应聘人员"的概率均为 0.8，故可将专家组的投票看作 12 重伯努利试验。

【解】　设 X 为 12 名专家中同意录取该应聘人员的人数，由题意 $X \sim b(12, 0.8)$，

$$P\{X \geqslant 8\} = P\{X = 8\} + P\{X = 9\} + \cdots + P\{X = 12\} = \sum_{k=8}^{12} C_{12}^k 0.8^k 0.2^{12-k} = 0.9274$$

【案例 2.4】（决策问题）　某人家住市区西郊，工作单位在东郊，上班有两条路线可选择，一条是横穿市区，路程近，花费时间少，但堵塞严重，所需时间服从 $N(30, 100)$。另一条路线沿环城公路，路程远，花费时间多，但堵塞较少，所需时间服从 $N(40, 16)$，问：

(1) 如果上班前 50min 出发，应选哪一路线？

(2) 若上班前 45min 出发，又应选哪一条路线？

【解】　选择路线的标准是使准时上班的概率越大越好。

(1) 有 50min 可用，准时上班的概率分别为：

按第一条路线 $N(30, 100)$

$$P\{X \leqslant 50\} = P\left\{\frac{X - 30}{10} \leqslant \frac{50 - 30}{10}\right\} = \Phi(2) = 0.9772$$

按第二条路线 $N(40, 16)$

$$P\{X \leqslant 50\} = P\left\{\frac{Y - 40}{4} \leqslant \frac{50 - 40}{4}\right\} = \Phi(2.5) = 0.9938$$

故应选第二条路线。

(2) 只有 45min 可用，准时上班的概率分别为：

按第一条路线

$$P\{X \leqslant 45\} = \Phi\left(\pi \frac{45 - 30}{10}\right) = \Phi(1.5) = 0.9332$$

按第二条路线

$$P\{Y \leqslant 45\} = \Phi\left(\pi \frac{45 - 40}{4}\right) = \Phi(1.25) = 0.8944$$

故应选第一条路线。

习　题　2

1. 盒中有 10 个合格品，3 个次品，从盒中一件一件的抽取产品检验，每件检验后不再放回盒中，以 X 表示直到取到第一件合格品为止所需检验次数，求 X 的分布律，并求概率 $P\{X < 3\}$。

2. 袋中装有编上号码 1, 2, …, 9 的九个性质相同的球，从袋中任取 5 个球，以 X 表示所取的 5 个球中偶数号球的个数，求 X 的分布律，并求其中至少有两个偶数号球的概率。

3. 射手对目标独立射击 5 发,单发命中概率为 0.6,求:(1) 恰好命中两发的概率;(2) 至多命中 3 发的概率;(3) 至少命中一发的概率。

4. 汽车沿街道行驶,需要通过三个均设有红绿信号灯的路口,每个信号灯为红或绿与其他信号灯为红或绿相互独立,且红绿两种信号显示的时间相等. 以 X 表示该汽车首次遇到红灯前已通过的路口的个数,求 X 的概率分布.

5. 假设某汽车站在任何长为 t(单位:min)的时间内到达的候车人数 $N(t)$ 服从参数为 $3t$ 的泊松分布。(1) 求在相邻两分钟内至少来 3 名乘客的概率;(2) 求在连续 5 分钟内无乘客到达的概率。

6. 某种疾病的发病率为 0.01,求下列概率的近似值。

(1) 100 个人中恰有一人发病的概率为多少?

(2) 100 个人中至少有一人发病的概率为多少?

7. 设随机变量 X 的所有可能取值为 1,2,3,4,已知 $P\{X=k\}$ 正比于 k 值,求 X 的分布律及分布函数,并求 $P\{X<3\}$,$P\{X=3\}$,$P\{X\leqslant3\}$。

8. 已知 X 为离散型随机变量,其概率分布律为

X	-1	2	3
P_r	0.3	0.5	0.2

求:(1) X 的分布函数;(2) $P\{X>\frac{1}{2}\}$,$P\{0<X\leqslant\frac{5}{2}\}$,$P\{1\leqslant X\leqslant3\}$。

9. 设离散型随机变量 X 的分布函数为

$$F(x) = \begin{cases} A, & x<2 \\ \dfrac{1}{8}, & 2\leqslant x<4 \\ \dfrac{3}{8}, & 4\leqslant x<6 \\ B, & x\geqslant6 \end{cases}$$

求(1) 参数 A,B;(2) X 的分布律。

10. 设某一设备由三大部件构成,设备运转时,各部件需调整的概率为 0.1,0.2,0.3,若各部件的状态相互独立,求同时需调整的部件数 X 的分布函数。

11. 设随机变量 X 的分布函数为

$$F(x) = A + B\arctan x, \quad -\infty<x<+\infty$$

试求:(1) 系数 A 与 B;(2) X 落在$(-1,1)$内的概率。

12. 已知随机变量 X 的分布函数为

$$F(x) = \begin{cases} A, & x<0 \\ \dfrac{x}{2}, & 0\leqslant x<1 \\ \dfrac{2}{3}, & 1\leqslant x<2 \\ \dfrac{11}{12}, & 2\leqslant x<3 \\ B, & x\geqslant3 \end{cases}$$

(1) 问 X 是离散型随机变量吗?

(2) 求 $P\{X\leqslant 3\},P\{X=1\},P\{X>0.5\},P\{2\leqslant X<4\}$。

13. 设连续型随机变量 X 的分布函数为

$$F(x)=\begin{cases}0, & x<0 \\ Ax^2, & 0\leqslant x<1 \\ 1, & x\geqslant 1\end{cases}$$

试求：(1) 系数 A；(2) X 落在 $\left(-1,\dfrac{1}{2}\right)$ 及 $\left(\dfrac{1}{3},2\right)$ 内的概率；(3) X 的密度函数。

14. 设连续型随机变量 X 的密度函数为

$$f(x)=\begin{cases}Ax, & 0\leqslant x\leqslant 1 \\ A(2-x), & 1<x\leqslant 2 \\ 0, & 其他\end{cases}$$

试求：(1) 常数 A；

(2) X 的分布函数 $F(x)$；

(3) $P\left\{\dfrac{1}{2}\leqslant X\leqslant\dfrac{3}{2}\right\}$；

(4) 若 $P\{X>a\}=P\{X<a\}$，确定常数 a。

15. 某种晶体管寿命服从参数 λ 为 $\dfrac{1}{1000}$ 的指数分布（单位：h）。电子仪器装有此种晶体管 5 个，并且每个晶体管损坏与否相互独立。试求此仪器在 1000h 内恰好有两个晶体管损坏的概率。

16. 测量某目标的距离时，误差 X（单位：m），且知 $X\sim N(20,40^2)$，求三次测量中至少有一次误差绝对值不超过 30m 的概率．

17. 已知 X 的概率分布为

X	0	$\dfrac{\pi}{2}$	$-\dfrac{\pi}{2}$
P_i	$\dfrac{1}{4}$	$\dfrac{1}{2}$	$\dfrac{1}{4}$

分别求 $Y=2X^2+1,Z=\cos(X)$ 的概率分布。

18. 已知 X 的密度函数为 $f(x)=\begin{cases}\dfrac{3}{8}x^2, & 0<x<2 \\ 0, & 其他\end{cases}$，求 $Y=X^2+1$ 的分布函数和密度函数。

19. 设随机变量 X 服从 $(0,1)$ 上的均匀分布，求：(1) $Y=e^X$ 的密度函数；(2) $Y=-2\ln X$ 的密度函数。

20. 已知 X 的密度函数为 $f(x)=\begin{cases}\dfrac{50}{x^2}, & |x|>100 \\ 0, & |x|\leqslant 100\end{cases}$，设 $Y=1-X^2,Z=e^{-X}$，求 Y 与 Z 的密度函数。

21. 设 $X\sim N(0,1)$，求：(1) $Y=2X^2+1$ 的密度函数；(2) $Y=|X|$ 的密度函数。

22. 已知随机变量 X 的分布律为

$$P\{X=k\}=\dfrac{1}{2^{k+1}}\quad(k=0,1,2,\cdots)$$

试求 $Y=\cos(\pi X)$ 的分布律。

23. 设电压 $V = A\sin\Theta$，其中 A 是一个已知的正常数，相角 Θ 是一个随机变量，在区间 $(0,\pi)$ 上服从均匀分布，试求电压 V 的密度函数。

24. 设随机变量 X 的密度函数为

$$f_X(x) = \begin{cases} 2x/\pi^2, & 0 < x < \pi \\ 0, & \text{其他} \end{cases}$$

求 $Y = \sin X$ 的密度函数。

25. 设随机变量 X 的密度函数为

$$f(x) = \begin{cases} \dfrac{1}{3\sqrt[3]{x^2}}, & x \in [1,8] \\ 0, & \text{其他} \end{cases}$$

$F(x)$ 是 X 的分布函数。求随机变量 $Y = F(X)$ 的分布函数。

26. 设一设备开机后无故障工作的时间 X 服从指数分布 $E\left(\dfrac{1}{5}\right)$（单位：h），出现故障时自动关机，而在无故障的情况下工作 2h 便关机，试求该设备每次开机无故障工作的时间 Y 的分布函数 $F_Y(y)$.

第 3 章　多维随机变量及其分布

实践中的概率

在经济管理领域中,仅用一个随机变量来刻画现象通常是不够的,随机试验的结果需要多个随机变量才能清晰地表达出来,因此要引进多个随机变量来描述和研究实际问题。比如,一个生产企业加工轴和轴套两种产品,两种产品要配合成套。在轴的直径和轴套内径这两个随机变量的分布特征以及二者公差均确定的情况下,生产管理人员就可以分析出轴和轴套能很好配套的概率,并指导生产。又如,物流业的发展与区域经济增长有密切关系,某地为制定针对性的物流业发展规划,要结合多年里该地区货运量的数据研究未来几年该地区的物流业成长性。而与货运量关联性大的因素很多,如工业总产值、农业总产值、居民非商品支出、人均道路面积等。这里的货运量及其方方面面的影响因素都是随机变量,因此,该地区物流规划的研究必须运用多维随机变量的相关知识。

多维随机变量是一维随机变量的推广,本章将重点介绍二维随机变量的相关知识,仅在最后一节进一步推广到多维随机变量情形。

3.1　二维随机变量

3.1.1　二维随机变量的定义

定义 3.1(二维随机变量)　设 E 为一随机试验,其样本空间为 $S = \{e\}$。若 $X = X(e)$ 和 $Y = Y(e)$ 是定义在 S 上的随机变量,则它们构成的向量 (X, Y) 称为二维随机变量或二维随机向量。

第 2 章介绍的单个随机变量也称为一维随机变量。

二维随机变量 (X, Y) 的性质不仅与 X 及 Y 有关,而且还依赖于这两个随机变量的相互关系。因此,逐个研究 X 或 Y 的性质是不够的,还需将 (X, Y) 作为一个整体来进行研究。

二维随机变量也可以区分为离散型和连续型。当 X 和 Y 都是离散型随机变量时,(X, Y) 是二维离散型随机变量;当 X 和 Y 都是连续型随机变量时,(X, Y) 是二维连续型随机变量。

当 X 和 Y 类型不一致时,(X, Y) 是混合型二维随机变量。本章不考虑这一情形。

3.1.2　二维随机变量的分布

分布函数、分布律和密度函数统称为随机变量的分布,是随机变量整体分布规律的不同表达形式。第 2 章中已明确：分布函数适用于描述任何类型随机变量的分布规律，分布律和密度函数则分别是离散型随机变量和连续型随机变量分布规律的另一种表达形式。

类似于一维随机变量的情形，二维随机变量的分布也有分布函数、分布律和密度函数几种形式。

1. 分布函数

1）概念

定义 3.2（二维随机变量分布函数）　设 (X, Y) 是二维随机变量，对于任意实数 x, y，二元函数

$$F(x, y) = P\{X \leqslant x, Y \leqslant y\}$$

称为二维随机变量 (X, Y) 的分布函数，或称为随机变量 X 和 Y 的联合分布函数。

分布函数 $F(x, y)$ 是一类随机事件的概率，其定义域是二维实空间 $\mathbf{R}^2$，值域是 $[0, 1]$。

2）直观解释

某一点 (x, y) 上的分布函数值可以在平面坐标系中直观地考察。将二维随机变量 (X, Y) 看作在平面上取值的随机点，则随机事件一般表示为 $\{(X, Y) \in G\}$，其中 G 为平面上某一区域（以下简称为事件区域）。从定义可知，分布函数 $F(x, y)$ 是一类乘积事件 $\{X \leqslant x\} \bigcap \{Y \leqslant y\} = \{(X, Y) \in G\}$ 的概率，这里的事件区域 G 是以 (x, y) 为顶点且包含两个边界的**左下向无穷矩形域**，如图 3.1 所示。因此点 (x, y) 处的分布函数值 $F(x, y)$ 就是随机点 (X, Y) 落入以该点为顶点的**左下向无穷矩形域** G 中的概率大小。

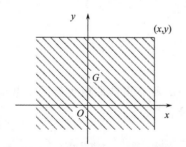

图 3.1　分布函数对应的事件区域

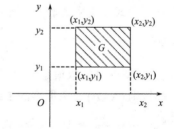

图 3.2　边界平行于坐标轴的
矩形事件区域

3）用分布函数求概率

分布函数 $F(x, y)$ 反映的是二维随机变量整体分布规律，因而可据此求解出相关随机事件发生的概率。对于图 3.2 中的矩形域 $G = \{(x, y) \mid x_1 < x \leqslant x_2, y_1 < y \leqslant y_2\}$，因为可分解出四个**左下向无穷矩形域**，随机事件 $\{(X, Y) \in G\}$ 即可依此分解为四个（随机点落入左下向无穷矩形域）同类型事件的代数和，因此有

$$P\{(X,Y)\in G\}=P\{x_1<X\leqslant x_2,y_1<Y\leqslant y_2\}$$

$$=F(x_2,y_2)-F(x_2,y_1)+F(x_1,y_1)-F(x_1,y_2) \qquad (3.1)$$

当 G 为一般区域时,可按照后面介绍的分布间关系。将分布函数转换成分布律或者密度函数,然后求解出概率。

4) 基本性质

分布函数 $F(x,y)$ 具有以下的基本性质:

(1) 取值为 $[0,1]$:$0\leqslant F(x,y)\leqslant 1$。

(2) 单调性:$F(x,y)$ 是变量 x 和 y 的不减函数,即对于任意固定的 y,当 $x_2>x_1$ 时有 $F(x_2,y)\geqslant F(x_1,y)$;而对于任意固定的 x,当 $y_2>y_1$ 时,$F(x,y_2)\geqslant F(x,y_1)$。

(3) 极限性:对于任意固定的 x 及 y,有

$$F(x,-\infty)=0, \quad F(-\infty,y)=0,$$

此外有

$$F(-\infty,-\infty)=0, \quad F(\infty,\infty)=1$$

上面四个等式可以从直观上加以说明。例如,在图 3.1 中将分布函数对应的左下向无穷矩形域 G 的右边界向左无限平移(即 $x\to-\infty$),则"随机点 (X,Y) 落在 G 内"即 $\{(X,Y)\in G\}$ 这一事件趋于不可能事件,故其概率趋于 0,因此 $F(-\infty,y)=0$;又如当 $x\to\infty,y\to\infty$ 时图 3.1 中的左下向无穷矩形域 G 扩展到整个平面,$\{(X,Y)\in G\}$ 趋于必然事件,故其概率趋于 1,即有 $F(\infty,\infty)=1$。

(4) 右连续性:对任何点 x_0,y_0,有 $F(x_0^+,y)=F(x_0,y)$,$F(x,y_0^+)=F(x,y_0)$,即 $F(x,y)$ 关于 x 右连续,关于 y 也右连续。

(5) 对于任意数对 (x_1,y_1),(x_2,y_2),若 $x_1<x_2,y_1<y_2$,则下述不等式成立:

$$F(x_2,y_2)-F(x_2,y_1)+F(x_1,y_1)-F(x_1,y_2)\geqslant 0.$$

这一性质由(3.1)式及概率的非负性即可得。

2. 分布律

二维随机变量的可能取值是数对,如果 (X,Y) 的所有可能取值为有限个数对或可列无穷多个数对,则 (X,Y) 是离散型的二维随机变量。

1) 概念

定义 3.3(二维随机变量分布律)　设二维离散型随机变量 (X,Y) 所有可能取值为 (x_i,y_j),$i,j=1,2,\cdots$. 则 (X,Y) 在各个可能取值上的取值概率的全体

$$P\{X=x_i,Y=y_j\}\overset{\triangle}{=}p_{ij}, \quad i,j=1,2,\cdots$$

称为二维离散型随机变量 (X,Y) 的分布律,或随机变量 X 和 Y 的联合分布律。

上述定义给出了分布律的一种表现形式——表达式形式。分布律也可以有另一种表现形式——表格形式,如表 3.1 所示。

表 3.1 分布律表

Y \ X	x_1	x_2	...	x_i	...
y_1	p_{11}	p_{21}	...	p_{i1}	...
y_2	p_{12}	p_{22}	...	p_{i2}	...
$\vdots$	$\vdots$	$\vdots$		$\vdots$	$\vdots$
y_i	p_{1j}	p_{2j}	...	p_{ij}	...
$\vdots$	$\vdots$	$\vdots$		$\vdots$	$\vdots$

2）基本性质

分布律有非负性和归一性。结合分布律定义式，即有

（1）非负性：$p_{ij} \geqslant 0$；

（2）归一性：$\displaystyle\sum_{i=1}^{\infty} \sum_{j=1}^{\infty} p_{ij} = 1$。

3）用分布律求概率

联合分布律是二维离散型随机变量 (X,Y) 整体取值规律的一种描述，据此可以得出任何给定随机事件发生的概率。考虑随机点 (X,Y) 落入平面上某区域 G 的随机事件 $\{(X,Y) \in G\}$，则有

$$P\{(X,Y) \in G\} = \sum_{(x_i, y_j) \in G} p_{ij} \tag{3.2}$$

区域 G 含有部分可能取值 (x_i, y_j)，因此 $\{(X,Y) \in G\} = \bigcup_{(x_i, y_j) \in G} \{X = x_i, Y = y_j\}$，随机点 (X,Y) 取到特定点 (x_i, y_j) 是两两互不相容事件，因此（3.2）随机事件的概率应该是将随机点取这些可能值的概率相加。

【例 3.1】（产品检验问题） 某产品由四个部件组成。对部件的检验分为粗检（目视检验）和精检（仪器检验）两种形式，且精检是在粗检基础上进行的。记 X 为粗检部件数，Y 为精检部件数。试求：

（1）(X,Y) 的分布律；

（2）粗检部件数不超过 3 且精检部件数不超过 2 的概率。

【解】 据题意可知，随机变量 X 在 $1,2,3,4$ 四个整数中等可能地取一个值，随机变量 Y 在 $1 \sim X$ 中等可能地取一整数值。因此随机事件 $\{X=i, Y=j\}$ 的取值情况是：$i=1$，$2,3,4$，j 取不大于 i 的正整数。

（1）由乘法公式可得 (X,Y) 的分布律为

$$P\{X=i, Y=j\} = P\{Y=j \mid X=i\} P\{X=i\}$$
$$= \frac{1}{4i}, \quad i=1,2,3,4, j \leqslant i$$

而 (X,Y) 的分布律表格为

Y \ X	1	2	3	4
1	$\frac{1}{4}$	$\frac{1}{8}$	$\frac{1}{12}$	$\frac{1}{16}$
2	0	$\frac{1}{8}$	$\frac{1}{12}$	$\frac{1}{16}$
3	0	0	$\frac{1}{12}$	$\frac{1}{16}$
4	0	0	0	$\frac{1}{16}$

(2) 要考虑的随机事件是 $\{X \leqslant 3, Y \leqslant 2\} = \{(X, Y) \in G\}$，其中 $G = \{(x, y) \mid x \leqslant 3, y \leqslant 2\}$。显然在 G 中有 $(1,1)$，$(2,1)$，$(2,2)$，$(3,1)$，$(3,2)$ 共 5 个可能取值，由式 (3.2) 和上述分布律表得所求概率为

$$P\{(X, Y) \in G\} = \frac{1}{4} + \frac{1}{8} + \frac{1}{8} + \frac{1}{12} + \frac{1}{12} = \frac{2}{3}$$

3. 密度函数

1) 概念

定义 3.4（二维随机变量密度函数） 若对于任意的 x, y，二维连续型随机变量 (X, Y) 的分布函数能表示成非负二元函数 $f(x, y)$ 如下形式的积分：

$$F(x, y) = \int_{-\infty}^{y} \int_{-\infty}^{x} f(u, v) \, \mathrm{d}u \, \mathrm{d}v$$

则称 (X, Y) 为二维连续型随机变量，称 $f(x, y)$ 为 (X, Y) 的密度函数，或随机变量 X 和 Y 的联合密度函数。

直观地看，密度函数 $z = f(x, y)$ 的图像是三维空间中的一张曲面。

2) 基本性质

按定义，密度函数 $f(x, y)$ 具有非负性和归一性，即

(1) 非负性：$f(x, y) \geqslant 0$；

(2) 归一性：$\int_{-\infty}^{\infty} \int_{-\infty}^{\infty} f(x, y) \, \mathrm{d}x \, \mathrm{d}y = F(\infty, \infty) = 1$。

结合基本性质可知，密度函数曲面应该位于 xOy 平面上方，且该曲面与 xOy 平面所夹立体的体积大小正好为 1。

3) 用密度函数求概率

密度函数是二维连续型随机变量 (X, Y) 整体取值规律的一种描述，据此可以计算任何给定随机事件发生的概率。设 G 是平面上的区域，随机点 (X, Y) 落在 G 内的概率为

$$P\{(X, Y) \in G\} = \iint\limits_{G} f(x, y) \, \mathrm{d}x \, \mathrm{d}y \tag{3.3}$$

对照二重积分的几何解释，事件概率大小正好等于密度函数曲面为顶面而事件区域 G 为底的柱体的体积。

运用式(3.3)求概率时,首先要确定事件区域 G 和密度函数 $f(x,y)$ 非零值定义域 D 的公共区域 $G \cap D$。当在 xOy 平面画出区域 G 和 D 后,公共区域即可明确,如图 3.3 所示。然后要结合公共区域 $G \cap D$ 分别确定 x,y 的取值范围,将公式中的二重积分转化为二次积分,继而计算出概率值。

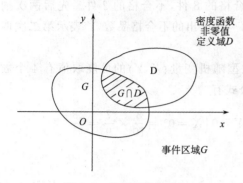

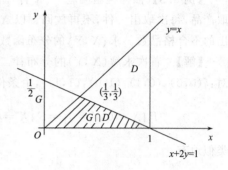

　　　　图 3.3　公共区域 $G \cap D$　　　　　　　　　　图 3.4　积分区域 $G \cap D$

【例 3.2】　设 X 与 Y 的联合密度函数为

$$f(x,y) = \begin{cases} A(2-x)y, & 0 \leqslant x \leqslant 1, 0 \leqslant y \leqslant x \\ 0, & \text{其他} \end{cases}$$

求:(1) 系数 A 的值,(2) $P\{X+2Y<1\}$。

【解】　(1) 利用密度函数归一性建立一元方程来求 A 的值。$f(x,y)$ 的非零值定义域为 $D = \{(x,y) \mid 0 \leqslant x \leqslant 1, 0 \leqslant y \leqslant x\}$,$D$ 是图 3.4 中直角三角形部分。

$$1 = \iint\limits_{R^2} f(x,y)\mathrm{d}x\mathrm{d}y = \iint\limits_{D} A(2-x)y\mathrm{d}x\mathrm{d}y + \iint\limits_{R^2-D} 0\mathrm{d}x\mathrm{d}y$$

$$= \int_0^1 \int_0^x A(2-x)y\mathrm{d}y\mathrm{d}x = A\int_0^1 (2-x)\frac{x^2}{2}\mathrm{d}x = A\frac{5}{24}$$

由此得 $A=4.8$。

　　(2) 本题的随机事件是 $\{(X,Y) \in G\} = \{X+2Y<1\}$,事件区域 G 为 xOy 平面上直线 $x+2y=1$ 左侧部分。公共区域 $G \cap D$ 如图 3.4 中阴影所示,其一顶点坐标为 $\left(\dfrac{1}{3}, \dfrac{1}{3}\right)$。于是

$$P\{X+2Y<1\} = P\{(X,Y) \in G\} = \iint\limits_{G} f(x,y)\mathrm{d}x\mathrm{d}y = \int_0^{\frac{1}{3}} \int_y^{1-2y} 4.8(2-x)y\mathrm{d}x\mathrm{d}y$$

$$= 2.4\int_0^{\frac{1}{3}} (3y - 8y^2 - 3y^3)\mathrm{d}y = 0.141$$

3.1.3　不同分布概念间的联系

1. 分布函数与分布律

对于二维离散型随机变量,分布函数 $F(x,y)$ 的事件区域 G(图 3.1)内若有部分可能

取值 $\{(x_i, y_j) \mid x_i \leqslant x, y_j \leqslant y\}$，则有

$$F(x, y) = \sum_{x_i \leqslant x} \sum_{y_j \leqslant y} p_{ij} \qquad (3.4)$$

这里和式是指将 (X, Y) 取到 G 内各可能值的概率 p_{ij} 相加。

【例 3.3】(抽样检验问题)　十件产品中有合格的 8 件，不合格的 2 件。先后两次抽取产品，每次取出一件，不再放回。以 X 表示第一次取出的不合格品数，Y 表示第二次取出的不合格品数。求 (X, Y) 的分布函数。

【解】　首次求解 (X, Y) 的分布律二维离散型随机变量 (X, Y) 的可能取值有 4 个数对：$\{(0,0), (0,1), (1,0), (1,1)\}$，由条件概率公式有

$$P\{X=0, Y=0\} = P\{X=0\} \cdot P\{Y=0 \mid X=0\} = \frac{8}{10} \times \frac{7}{9} = \frac{28}{45}$$

类似地有

$$P\{X=0, Y=1\} = \frac{8}{45}, \quad P\{X=1, Y=0\} = \frac{8}{45}, \quad P\{X=1, Y=1\} = \frac{1}{45}$$

即 (X, Y) 的分布律为

X＼Y	0	1
0	28/45	8/45
1	8/45	1/45

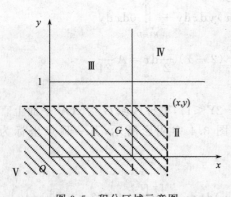

图 3.5　积分区域示意图

下面利用分布函数与分布律的关系求解 $F(x, y)$。结合 (X, Y) 的四个可能取值，可将平面划分为九块(不含其自身的上边界和右边界)：第一象限分出 Ⅰ，Ⅱ，Ⅲ，Ⅳ 四块，另外有第二象限两块，第三象限自成一块，第四象限两块。但二、三、四象限各块内任何一点作为顶点的左下向矩形域中均不含有可能取值，因此可合并到一起并记为 Ⅴ。于是整个平面划分成五块，如图 3.5 所示。

显然，当 $(x, y) \in$ Ⅴ 时，分布函数的事件域 G 中不含可能取值，因此 $F(x, y) = 0$；

当 $(x, y) \in$ Ⅰ 时，G 中含可能取值 $\{(0,0)\}$，则 $F(x, y) = p_{11} = \dfrac{28}{45}$；

当 $(x, y) \in$ Ⅱ 时，G 中含可能取值 $\{(0,0), (1,0)\}$，则

$$F(x, y) = p_{11} + p_{21} = \frac{28}{45} + \frac{8}{45} = \frac{4}{5}$$

当 $(x,y)\in$ Ⅲ 时, G 中含可能取值 $\{(0,0),(0,1)\}$, 则

$$F(x,y)=p_{11}+p_{12}=\frac{28}{45}+\frac{8}{45}=\frac{4}{5}$$

当 $(x,y)\in$ Ⅳ 时, 四个可能取值全在 G 中, 因此 $F(x,y)=p_{11}+p_{21}+p_{12}+p_{22}=1$。
即二维离散型随机变量 (X,Y) 的分布函数为

$$F(x,y)=\begin{cases}\dfrac{28}{45}, & 0\leqslant x,y<1\\[2mm]\dfrac{4}{5}, & 0\leqslant x<1,y>1\\[2mm]\dfrac{4}{5}, & x\geqslant 1,0\leqslant y<1\\[2mm]1, & x,y\geqslant 1\\[2mm]0, & 其他\end{cases}$$

2. 分布函数与密度函数

对二维连续型随机变量, 分布函数和密度函数可互相转换。一方面, 密度函数定义式

$$F(x,y)=\int_{-\infty}^{y}\int_{-\infty}^{x}f(u,v)\mathrm{d}u\,\mathrm{d}v$$

显示可由密度函数求解分布函数; 另一方面, 若 $f(x,y)$ 在点 (x,y) 连续, 则有

$$\frac{\partial F(x,y)}{\partial x\partial y}=f(x,y) \tag{3.5}$$

【例 3.4】(可靠性管理问题)　一电子部件含两个主要元件, 它们的寿命(单位:h)分别为 X 与 Y。设 (X,Y) 的分布函数为

$$F(x,y)=\begin{cases}1-\mathrm{e}^{-0.01x}-\mathrm{e}^{-0.01y}+\mathrm{e}^{-0.01(x+y)}, & x\geqslant 0,y\geqslant 0\\0, & 其他\end{cases}$$

求两元件寿命都超过 120h 的概率。

【解】　先求 (X,Y) 的密度函数

$$f(x,y)=\frac{\partial^2 F(x,y)}{\partial x\partial y}=\begin{cases}0.01^2\mathrm{e}^{-0.01(x+y)}, & x\geqslant 0,y\geqslant 0\\0, & 其他\end{cases}$$

$$P\{X>120,Y>120\}=P\{(X,Y)\in G\}=\iint_{G}f(x,y)\mathrm{d}x\,\mathrm{d}y$$

$$=\int_{120}^{\infty}0.01\mathrm{e}^{-0.01x}\mathrm{d}x\int_{120}^{\infty}0.01\mathrm{e}^{-0.01y}\mathrm{d}y=(\mathrm{e}^{-1.2})^2=0.0907$$

3.2　边缘分布与独立性

3.2.1　边缘分布

1. 边缘分布的概念

在二维随机变量场合中, X 及 Y 各自的分布依次统称为二维随机变量 (X,Y) 关于 X 及 Y 的边缘分布(或边际分布, 或边沿分布)。这包括边缘分布函数 $F_X(x)$, $F_Y(y)$; 边缘密度函数(对连续型随机变量) $f_X(x)$, $f_Y(y)$ 和边缘分布律(对离散型随机变量) $P\{X=x_i\}=p_i.$, $(i=1,2,\cdots)$, $P\{Y=y_j\}=p._j$, $(j=1,2,\cdots)$。

边缘分布可以从 X 和 Y 的联合分布求得。

2. 边缘分布的计算

1) 边缘分布函数

因为 $F_X(x)=P\{X\leqslant x\}=P\{X\leqslant x,Y<\infty\}$, 于是 (X,Y) 关于 X 的边缘分布函数为

$$F_X(x)=F(x,\infty) \tag{3.6}$$

同理 (X,Y) 关于 Y 的边缘分布函数为

$$F_Y(y)=F(\infty,y) \tag{3.7}$$

可见, 只要在联合分布函数 $F(x,y)$ 中分别令 $y\to\infty$ 和 $x\to\infty$ 即可得到 $F_X(x)$ 和 $F_Y(y)$。

2) 边缘分布律

对于离散型随机变量 (X,Y), 仍记其分布律为 p_{ij}, 由(3.6)式、(3.4)式可得

$$F_X(x)=F(x,\infty)=\sum_{x_i\leqslant x}\sum_{j=1}^{\infty}p_{ij}$$

于是对照 2.3.1 节给出的 X 的分布函数及其分布律的关系可知, (X,Y) 关于 X 的边缘分布律为

$$P\{X=x_i\}=\sum_{j=1}^{\infty}p_{ij}\stackrel{\triangle}{=}p_i.,\quad i=1,2,\cdots \tag{3.8}$$

同样由于有 $F_Y(y)=F(\infty,y)=\sum_{y_j\leqslant y}\sum_{i=1}^{\infty}p_{ij}$, 因此 (X,Y) 关于 Y 的边缘分布律为

$$P\{Y=y_j\}=\sum_{i=1}^{\infty}p_{ij}\stackrel{\triangle}{=}p._j,\quad j=1,2,\cdots \tag{3.9}$$

记号 $p_i.$ 中的"．"表示 $p_i.$ 是由 p_{ij} 关于 j 求和后得到的, $p._j$ 是由 p_{ij} 关于 i 求和后得到的。

【例 3.5】(质量管理问题)　续例 3.1, 试求粗检部件数 X 及精检部件数 Y 的分布律。

【解】　在例 3.1 中已求出 (X,Y) 的分布律。进一步由式(3.8)、(3.9)计算出两个边缘分布律, 可将计算结果列于 (X,Y) 分布律表的右边一列及下边一行中:

X \ Y	1	2	3	4	$p \cdot {}_j$
1	$\frac{1}{4}$	$\frac{1}{8}$	$\frac{1}{12}$	$\frac{1}{16}$	$\frac{25}{48}$
2	0	$\frac{1}{8}$	$\frac{1}{12}$	$\frac{1}{16}$	$\frac{13}{48}$
3	0	0	$\frac{1}{12}$	$\frac{1}{16}$	$\frac{7}{48}$
4	0	0	0	$\frac{1}{16}$	$\frac{1}{16}$
$p_i \cdot$	$\frac{1}{4}$	$\frac{1}{4}$	$\frac{1}{4}$	$\frac{1}{4}$	

即粗检部件数 X 的分布律为

X	1	2	3	4
$p_i \cdot$	$\frac{1}{4}$	$\frac{1}{4}$	$\frac{1}{4}$	$\frac{1}{4}$

而精检部件数 Y 的分布律为

Y	1	2	3	4
$p \cdot {}_j$	$\frac{25}{48}$	$\frac{13}{48}$	$\frac{7}{48}$	$\frac{1}{16}$

因为过去人们习惯于将边缘分布律写在联合分布律表格的边缘,这正是"边缘分布律"这个名词的来源。

3) 边缘密度函数

对于连续型随机变量 (X,Y),设其密度函数为 $f(x,y)$。由于

$$F_X(x) = F(x,\infty) = \int_{-\infty}^{x} \left[\int_{-\infty}^{+\infty} f(\mu,y)\mathrm{d}y \right] \mathrm{d}\mu$$

对照一维随机变量密度函数定义式知,(X,Y) 关于 X 的边缘密度函数为

$$f_X(x) = \int_{-\infty}^{+\infty} f(x,y)\mathrm{d}y \tag{3.10}$$

又因为 $F_Y(y) = F(\infty,y) = \int_{-\infty}^{y} \left[\int_{-\infty}^{+\infty} f(x,\nu)\mathrm{d}x \right] \mathrm{d}\nu$,则 (X,Y) 关于 Y 的边缘密度函数为

$$f_Y(y) = \int_{-\infty}^{+\infty} f(x,y)\mathrm{d}x \tag{3.11}$$

【例 3.6】　设二维随机变量 (X,Y) 的密度函数为

$$f(x,y) = \begin{cases} cx^2 y, & x^2 \leqslant y \leqslant 1 \\ 0, & \text{其他} \end{cases}$$

(1) 试确定常数 c ;(2) 求边缘密度函数。

【解】 (1) 由归一性有

$$1 = \int_{-\infty}^{+\infty}\int_{-\infty}^{+\infty} f(x,y)\mathrm{d}x\mathrm{d}y = \int_{-1}^{1}\int_{x^2}^{1} cx^2 y\mathrm{d}y\mathrm{d}x$$

$$= \int_{-1}^{1}\left[\frac{cx^2(1-x^4)}{2}\right]\mathrm{d}x = \frac{c}{2}\left(\frac{x^3}{3}-\frac{x^7}{7}\right)\Bigg|_{-1}^{1} = \frac{4c}{21}$$

得到 $c = \dfrac{21}{4}$ 。

(2) 联合密度函数 $f(x,y)$ 的非零值定义域 D 为图 3.6 中阴影部分区域。按(3.10) 式求解 $f_X(x)$ 时,首先要确定自变量 x 的范围,其次结合 D 的形状对 y 分段定限。

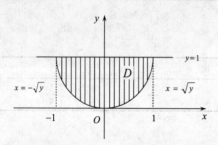

图 3.6　联合密度函数的非零值定义域

当 $-1 \leqslant x \leqslant 1$ 时,可得到

$$f_X(x) = \int_{-\infty}^{+\infty} f(x,y)\mathrm{d}y$$

$$= \int_{-\infty}^{x^2} 0\mathrm{d}y + \int_{x^2}^{1}\frac{21x^2 y}{4}\mathrm{d}y + \int_{1}^{+\infty} 0\mathrm{d}y$$

$$= \frac{21x^2}{8} - \frac{21x^6}{8} = \frac{21x^2(1-x^4)}{8}$$

当 $x < -1$ 或 $x > 1$ 时,因 $f(x,y) = 0$,故 $f_X(x) = 0$。因而

$$f_X(x) = \begin{cases} \dfrac{21x^2(1-x^4)}{8}, & -1 \leqslant x \leqslant 1 \\[2mm] 0, & \text{其他} \end{cases}$$

当 $0 \leqslant y \leqslant 1$ 时,得到

$$f_Y(y) = \int_{-\infty}^{+\infty} f(x,y)\mathrm{d}x$$

$$= \int_{-\infty}^{-\sqrt{y}} 0\mathrm{d}x + \int_{-\sqrt{y}}^{\sqrt{y}}\frac{21}{4}x^2 y\mathrm{d}x + \int_{\sqrt{y}}^{+\infty} 0\mathrm{d}x$$

$$= \frac{7}{2}y^{\frac{5}{2}}$$

当 $y < 0$ 或 $y > 1$ 时,因 $f(x,y) = 0$,故 $f_Y(y) = 0$。因而

$$f_Y(y) = \begin{cases} \dfrac{7}{2}y^{\frac{5}{2}}, & 0 \leqslant y \leqslant 1 \\[2mm] 0, & \text{其他} \end{cases}$$

【例 3.7】 设二维随机变量 (X,Y) 的密度函数为

$$f(x,y) = \frac{1}{2\pi\sigma_1\sigma_2\sqrt{1-\rho^2}}\exp\left\{\frac{-1}{2(1-\rho^2)}\left[\frac{(x-\mu_1)^2}{\sigma_1^2} - 2\rho\frac{(x-\mu_1)(y-\mu_2)}{\sigma_1\sigma_2} + \frac{(y-\mu_2)^2}{\sigma_2^2}\right]\right\}$$

$$-\infty < x < \infty, \quad -\infty < y < \infty$$

其中 $\mu_1,\mu_2,\sigma_1,\sigma_2,\rho$ 都是常数,且 $\sigma_1>0,\sigma_2>0,-1<\rho<1$。称 (X,Y) 为服从参数为 μ_1,$\mu_2,\sigma_1,\sigma_2,\rho$ 的二维正态分布,记为 $(X,Y)\sim N_2(\mu_1,\mu_2,\sigma_1^2,\sigma_2^2,\rho)$。试求二维正态随机变量的边缘密度函数。

【解】 $f_X(x)=\displaystyle\int_{-\infty}^{+\infty}f(x,y)\mathrm{d}y$,由于

$$\frac{(y-\mu_2)^2}{\sigma_2^2}-2\rho\frac{(x-\mu_1)(y-\mu_2)}{\sigma_1\sigma_2}=\left(\frac{y-\mu_2}{\sigma_2}-\rho\frac{x-\mu_1}{\sigma_1}\right)^2-\rho^2\frac{(x-\mu_1)^2}{\sigma_1^2}$$

于是

$$f_X(x)=\frac{1}{2\pi\sigma_1\sigma_2\sqrt{1-\rho^2}}e^{-\frac{(x-\mu_1)^2}{2\sigma_1^2}}\int_{-\infty}^{\infty}e^{\frac{-1}{2(1-\rho^2)}\left(\frac{y-\mu_2}{\sigma_2}-\rho\frac{x-\mu_1}{\sigma_1}\right)^2}\mathrm{d}y$$

令 $t=\dfrac{1}{\sqrt{1-\rho^2}}\left(\dfrac{y-\mu_2}{\sigma_2}-\rho\dfrac{x-\mu_1}{\sigma_1}\right)$,则有

$$f_X(x)=\frac{1}{\sqrt{2\pi}\sigma_1}e^{-\frac{(x-\mu_1)^2}{2\sigma_1^2}}\int_{-\infty}^{\infty}\frac{1}{\sqrt{2\pi}}e^{\frac{-t^2}{2}}\mathrm{d}t$$

即

$$f_X(x)=\frac{1}{\sqrt{2\pi}\sigma_1}e^{-\frac{(x-\mu_1)^2}{2\sigma_1^2}},\quad-\infty<x<\infty$$

同理

$$f_Y(y)=\frac{1}{\sqrt{2\pi}\sigma_1}e^{-\frac{(y-\mu_2)^2}{2\sigma_2^2}},\quad-\infty<y<\infty$$

此例显示二维正态分布的两个边缘分布都是一维正态分布,并且都不依赖于参数 ρ,亦即对于给定的 $\mu_1,\mu_2,\sigma_1,\sigma_2$,不同的 ρ 对应不同的二维正态分布,但两个边缘分布却都不因参数 ρ 的大小而改变。这一事实表明,能由联合分布求解边缘分布,但一般不能由边缘分布确定联合分布。

3.2.2　二维随机变量的独立性

本节将利用两个事件相互独立的概念引出两个随机变量相互独立的概念,这是一个十分重要的概念。

定义 3.5(二维随机变量的独立性)　设 $F(x,y)$ 及 $F_X(x),F_Y(y)$ 分别是二维随机变量 (X,Y) 的分布函数及边缘分布函数。若对于任意实数 x,y

$$P\{X\leqslant x,Y\leqslant y\}=P\{X\leqslant x\}P\{Y\leqslant y\}\tag{3.12}$$

即

$$F(x,y)=F_X(x)F_Y(y)\tag{3.13}$$

则称随机变量 X 和 Y 相互独立。

设 (X,Y) 是连续型随机变量,$f(x,y)$,$f_X(x)$,$f_Y(y)$ 分别为 (X,Y) 的密度函数和边

缘密度函数,则 X 和 Y 相互独立的条件(3.13)等价于:

$$f(x,y) = f_X(x)f_Y(y) \tag{3.14}$$

在平面上几乎处处成立。

当 (X,Y) 是离散型随机变量时,X 和 Y 相互独立的条件(3.13)等价于:对于 (X,Y) 的所有可能取的值 (x_i,y_j) 有

$$P\{X=x_i, Y=y_j\} = P\{X=x_i\}P\{Y=y_j\} \tag{3.15}$$

在实际中,用(3.14)或(3.15)式要比使用(3.13)式方便。

例如,对例 3.5 中的随机变量 X 和 Y,由于 $P\{X=1, Y=1\} = \dfrac{1}{4} \neq P\{X=1\} \cdot P\{Y=1\}$,因而 X 和 Y 不相互独立。

对例 3.6 中的随机变量 X 和 Y,由于

$$f_X(x) = \begin{cases} \dfrac{21x^2(1-x^4)}{8}, & -1 \leqslant x \leqslant 1 \\ 0, & \text{其他} \end{cases}, \quad f_Y(y) = \begin{cases} \dfrac{7}{2}y^{\frac{5}{2}}, & 0 \leqslant y \leqslant 1 \\ 0, & \text{其他} \end{cases}$$

故有 $f(x,y) \neq f_X(x)f_Y(y)$,因而 X,Y 也不相互独立。

又如,若 X,Y 具有联合分布律

Y＼X	0	1	$P\{Y=j\}$
1	1/6	2/6	1/2
2	1/6	2/6	1/2
$P\{X=i\}$	1/3	2/3	1.000

则有

$$P\{X=0, Y=1\} = \frac{1}{6} = P\{X=0\} \cdot P\{Y=1\}$$

$$P\{X=0, Y=2\} = \frac{1}{6} = P\{X=0\} \cdot P\{Y=2\}$$

$$P\{X=1, Y=1\} = \frac{2}{6} = P\{X=1\} \cdot P\{Y=1\}$$

$$P\{X=1, Y=2\} = \frac{2}{6} = P\{X=1\} \cdot P\{Y=2\}$$

因而 X,Y 是相互独立的。

下面考察二维正态随机变量 (X,Y),由例 3.7 知道,边缘密度 $f_X(x),f_Y(y)$ 的乘积为

$$f_X(x)f_Y(y) = \frac{1}{2\pi\sigma_1\sigma_2}\exp\left\{-\frac{1}{2}\left[\frac{(x-\mu_1)^2}{\sigma_1^2} + \frac{(y-\mu_2)^2}{\sigma_2^2}\right]\right\}$$

因此,如果 $\rho=0$,则对于所有 x,y,有 $f(x,y)=f_X(x)f_Y(y)$,即 X 和 Y 相互独立。反之,如果 X 和 Y 相互独立,则对于任意 x,y,$f(x,y)=f_X(x)f_Y(y)$。特别取 $x=\mu_1$,$y=\mu_2$,得到 $f(\mu_1,\mu_2)=f_X(\mu_1)f_Y(\mu_2)$,即

$$\frac{1}{2\pi\sigma_1\sigma_2\sqrt{1-\rho^2}}=\frac{1}{2\pi\sigma_1\sigma_2}$$

于是 $\sqrt{1-\rho^2}=1,\rho=0.$

综上所述,得到以下的结论:

对于二维正态随机变量 (X,Y),X 和 Y 相互独立的充要条件是参数 $\rho=0$。

【例 3.8】(人力资源管理问题)　一负责人到达办公室的时间均匀分布在 8～12 时,他的秘书到达办公室的时间均匀分布在 7～9 时,设他们两人到达的时间相互独立,求他们到达办公室的时间相差不超过 5 分钟($1/12$ 小时)的概率。

【解】　设 X 和 Y 分别是负责人和他的秘书到达办公室的时间,由假设知 X 和 Y 的密度函数分别为

$$f_X(x)=\begin{cases}1/4,&8<x<12\\0,&\text{其他}\end{cases},\quad f_Y(y)=\begin{cases}1/2,&7<y<9\\0,&\text{其他}\end{cases}$$

因为 X,Y 相互独立,故 (X,Y) 的密度函数为

$$f(x,y)=f_X(x)f_Y(y)=\begin{cases}1/8,&8<x<12,7<y<9\\0,&\text{其他}\end{cases}$$

按题意需求概率 $P\left\{|X-Y|\leqslant\dfrac{1}{12}\right\}$。画出事件

区域 $G:\left\{|x-y|\leqslant\dfrac{1}{12}\right\}$,以及联合密度函数非零值

定义域 D:长方形 $[8<x<12,7<y<9]$,它们的公共部分 $G\cap D$ 是如图 3.7 中的四边形 $BCC'B'$。

所求概率为

$$P\{|X-Y|\leqslant 1/12\}$$
$$=\iint\limits_{G\cap D}f(x,y)\mathrm{d}x\mathrm{d}y=\frac{1}{8}\times S_{G\cap D}$$

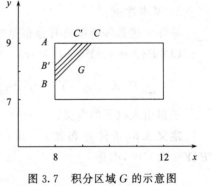

图 3.7　积分区域 G 的示意图

而

$$G\cap D(\text{四边形 }BCC'B')\text{ 的面积}=\Delta ABC\text{ 的面积}-\Delta AB'C'\text{ 的面积}$$
$$=\frac{1}{2}\left(\frac{13}{12}\right)^2-\frac{1}{2}\left(\frac{11}{12}\right)^2=\frac{1}{6}.$$

于是

$$P\{|X-Y|\leqslant 1/12\}=1/48$$

即负责人和他的秘书到达办公室的时间相差不超过 5 分钟的概率为 $1/48$。

3.3 条 件 分 布

1. 条件分布律

1) 条件概率分布

由条件概率很自然地引出条件概率分布的概念。

设(X,Y)是二维离散型随机变量,其分布律为

$$P\{X=x_i,Y=y_j\}=p_{ij},\quad i,j=1,2,\cdots$$

(X,Y)关于X和关于Y的边缘分布律分别为

$$P\{X=x_i\}=p_{i\cdot}=\sum_{j=1}^{\infty}p_{ij},\quad i=1,2,\cdots$$

$$P\{Y=y_j\}=p_{\cdot j}=\sum_{i=1}^{\infty}p_{ij},\quad j=1,2,\cdots$$

设$p_{\cdot j}>0$,考虑在事件$\{Y=y_j\}$已发生的条件下事件$\{X=x_i\}$发生的概率,也就是来求事件

$$\{X=x_i\,|\,Y=y_j\},\quad i=1,2,\cdots$$

的概率。由条件概率公式,可得

$$P\{X=x_i\mid Y=y_j\}=\frac{P(X=x_i,Y=y_j)}{P(Y=y_j)}=\frac{p_{ij}}{p_{\cdot j}},\quad i=1,2,\cdots$$

2) 基本性质

易知上述条件概率具有分布律的性质:

(1) $P\{X=x_i\,|\,Y=y_j\}\geqslant0$;

(2) $\displaystyle\sum_{i=1}^{\infty}P\{X=x_i\mid Y=y_j\}=\sum_{i=1}^{\infty}\frac{p_{ij}}{p_{\cdot j}}=\frac{1}{p_{\cdot j}}\sum_{i=1}^{\infty}p_{ij}=\frac{p_{\cdot j}}{p_{\cdot j}}=1$。

于是引入以下的定义。

定义 3.6(条件分布律)　设(X,Y)是二维离散型随机变量,对于固定的j,若$P\{Y=y_j\}>0$,则称

$$P\{X=x_i\mid Y=y_j\}=\frac{P\{X=x_i,Y=y_j\}}{P\{Y=y_j\}}=\frac{p_{ij}}{p_{\cdot j}},\quad i=1,2,\cdots \qquad(3.16)$$

为在$Y=y_j$条件下随机变量X的条件分布律。

同样对于固定的i,若$P\{X=x_i\}>0$,则称

$$P\{Y=y_j\mid X=x_i\}=\frac{P\{X=x_i,Y=y_j\}}{P\{X=x_i\}}=\frac{p_{ij}}{p_{i\cdot}},\quad j=1,2,\cdots \qquad(3.17)$$

为在$X=x_i$条件下随机变量Y的条件分布律。

【例 3.9】(生产运营管理问题)　某个产品的生产分为八道工序,需要由甲、乙两位操作者合作完成,其中甲负责 5 道工序,乙负责 3 道工序。以 X 表示由甲操作的工序中出现失误的数目,以 Y 表示由乙操作的工序出现失误的数目。据积累的资料知(X,Y)具有

分布律：

Y \ X	0	1	2	3	4	5	$P\{Y=j\}$
0	0	0.01	0.03	0.05	0.07	0.09	0.25
1	0.01	0.02	0.04	0.05	0.06	0.08	0.26
2	0.01	0.03	0.05	0.05	0.05	0.06	0.25
3	0.01	0.02	0.04	0.06	0.06	0.05	0.24
$P\{X=i\}$	0.03	0.08	0.16	0.21	0.24	0.28	1.000

(1) 求在甲操作的工序没有失误（即 $X=0$）的条件下，乙操作工序失误数目 Y 的条件分布律；(2) 求在乙操作工序出现失误的数目 $Y=2$ 的条件下，甲工序操作失误数目 X 的条件分布律。

【解】　边缘分布律已求出并且列在上表中。在 $X=0$ 的条件下，Y 的条件分布律为

$$P\{Y=0 \mid X=0\}=\frac{P\{X=0,Y=0\}}{P\{X=0\}}=\frac{0}{0.03}$$

$$P\{Y=1 \mid X=0\}=\frac{P\{X=0,Y=1\}}{P\{X=0\}}=\frac{0.01}{0.03}$$

$$P\{Y=2 \mid X=0\}=\frac{P\{X=0,Y=2\}}{P\{X=0\}}=\frac{0.01}{0.03}$$

$$P\{Y=3 \mid X=0\}=\frac{P\{X=0,Y=3\}}{P\{X=0\}}=\frac{0.01}{0.03}$$

或写成

$Y=k$	0	1	2	3
$P\{Y=k \mid X=0\}$	0	1/3	1/3	1/3

同样可得在 $Y=2$ 的条件下 X 的条件分布律为

$X=k$	0	1	2	3	4	5
$P\{X=k \mid Y=2\}$	1/25	3/25	1/5	1/5	1/5	6/25

【例 3.10】　一射击手进行射击，击中目标的概率为 $p\,(0<p<1)$，射击直至击中目标两次为止。设 X 表示首次击中目标所进行的射击次数，Y 表示总共进行的射击次数，试求 X 和 Y 的联合分布律及条件分布律。

【解】　按题意 $Y=n$ 表示在第 n 次射击时击中目标，且在第 1 次，第 2 次，……，第 $n-1$ 次射击中恰有一次击中目标。已知各次射击相互独立，于是不管 $m\,(m<n)$ 是多少，概率 $P\{X=m,Y=n\}$ 都应等于

$$p \cdot p \cdot \underbrace{q \cdot q \cdot \cdots \cdot q}_{n-2\text{个}} = p^2 q^{n-2} \quad (\text{这里 } q = 1 - p)$$

即得 X 和 Y 的联合分布律为

$$P\{X = m, Y = n\} = p^2 q^{n-2}, \quad n = 2, 3, \cdots; m = 1, 2, \cdots, n-1$$

又

$$P\{X = m\} = \sum_{n=m+1}^{\infty} P\{X = m, Y = n\} = \sum_{n=m+1}^{\infty} p^2 q^{n-2}$$

$$= p^2 \sum_{n=m+1}^{\infty} q^{n-2} = \frac{p^2 q^{m-1}}{1 - q} = pq^{m-1}, \quad m = 1, 2, \cdots$$

$$P\{Y = n\} = \sum_{m=1}^{n-1} P\{X = m, Y = n\} = \sum_{m=1}^{n-1} p^2 q^{n-2} = (n-1) p^2 q^{n-2}, \quad n = 2, 3, \cdots$$

于是由(3.16)式,(3.17)式得到所求的条件分布律为

当 $n = 2, 3, \cdots$ 时,

$$P\{X = m \mid Y = n\} = \frac{p^2 q^{n-2}}{(n-1) p^2 q^{n-2}} = \frac{1}{n-1}, \quad m = 1, 2, \cdots, n-1$$

当 $m = 1, 2, \cdots$ 时,

$$P\{Y = n \mid X = m\} = \frac{p^2 q^{n-2}}{pq^{m-1}} = pq^{n-m-1}, \quad n = m+1, m+2, \cdots$$

例如,

$$P\{X = m \mid Y = 3\} = \frac{1}{2}, \quad m = 1, 2$$

$$P\{Y = n \mid X = 3\} = pq^{n-4}, \quad n = 4, 5, \cdots$$

2. 条件分布函数

现设 (X, Y) 是二维连续型随机变量,这时由于对任意 x, y 有 $P\{X = x\} = 0$, $P\{Y = y\} = 0$,因此就不能直接用条件概率公式引入"条件分布函数"了。

设 (X, Y) 的密度函数为 $f(x, y)$,(X, Y) 关于 Y 的边缘密度函数为 $f_Y(y)$。给定 y 和任意固定的 $\varepsilon > 0$,对于任意 x,考虑条件概率

$$P\{X \leqslant x \mid y < Y \leqslant y + \varepsilon\} = \frac{P\{X \leqslant x, y < Y \leqslant y + \varepsilon\}}{P\{y < Y \leqslant y + \varepsilon\}}$$

$$= \frac{\displaystyle\int_{-\infty}^{x} \left[\int_{y}^{y+\varepsilon} f(\mu, \nu) \mathrm{d}\nu \right] \mathrm{d}\mu}{\displaystyle\int_{y}^{y+\varepsilon} f_Y(\nu) \mathrm{d}\nu}$$

在某些条件下,当 ε 很小时,上式右端分子、分母分别近似于 $\varepsilon \displaystyle\int_{-\infty}^{x} f(\mu, y) \mathrm{d}\mu$ 和 $\varepsilon f_Y(y)$,于是当 ε 很小时,有

$$P\{X \leqslant x \mid y < Y \leqslant y + \varepsilon\} \approx \frac{\varepsilon \int_{-\infty}^{x} f(\mu, y) \mathrm{d}\mu}{\varepsilon f_Y(y)} = \int_{-\infty}^{x} \frac{f(\mu, y)}{f_Y(y)} \mathrm{d}\mu \qquad (3.18)$$

可以给出以下定义：

定义 3.7（条件分布函数）　设二维连续型随机变量 (X, Y) 的密度函数为 $f(x, y)$，(X, Y) 关于 Y 的边缘密度函数为 $f_Y(y)$。若对于固定的 y，$f_Y(y) > 0$，则称 $\dfrac{f(x, y)}{f_Y(y)}$ 为在 $Y = y$ 的条件下 X 的条件密度函数，记为

$$f_{X|Y}(x \mid y) = \frac{f(x, y)}{f_Y(y)} \qquad (3.19)$$

称 $\displaystyle\int_{-\infty}^{x} f_{X|Y}(\mu \mid y) \mathrm{d}\mu = \int_{-\infty}^{x} \frac{f(\mu, y)}{f_Y(y)} \mathrm{d}\mu$ 为在 $Y = y$ 的条件下，X 的条件分布函数，记为 $P\{X \leqslant x \mid Y = y\}$ 或 $F_{X|Y}(x|y)$，即

$$F_{X|Y}(x \mid y) = P\{X \leqslant x \mid Y = y\} = \int_{-\infty}^{x} \frac{f(\mu, y)}{f_Y(y)} \mathrm{d}\mu \qquad (3.20)$$

类似地，可以定义条件密度函数 $f_{Y|X}(y|x) = \dfrac{f(x, y)}{f_X(x)}$ 和条件分布函数

$$F_{Y|X}(y \mid x) = \int_{-\infty}^{y} \frac{f(x, \nu)}{f_X(x)} \mathrm{d}\nu$$

【例 3.11】　设 G 是平面上的有界区域，其面积为 A。若二维随机变量 (X, Y) 具有密度函数

$$f(x, y) = \begin{cases} \dfrac{1}{A}, & (x, y) \in G \\ 0, & \text{其他} \end{cases}$$

则称 (X, Y) 在 G 上服从均匀分布。现设二维随机变量 (X, Y) 在圆域 $x^2 + y^2 \leqslant 1$ 上服从均匀分布，求条件密度 $f_{X|Y}(x|y)$。

【解】　由假设，随机变量 (X, Y) 具有密度函数

$$f(x, y) = \begin{cases} \dfrac{1}{\pi}, & x^2 + y^2 \leqslant 1 \\ 0, & \text{其他} \end{cases}$$

且具有边缘密度函数

$$f_Y(y) = \int_{-\infty}^{+\infty} f(x, y) \mathrm{d}x = \begin{cases} \dfrac{1}{\pi} \displaystyle\int_{-\sqrt{1-y^2}}^{\sqrt{1-y^2}} \mathrm{d}x = \dfrac{2}{\pi}\sqrt{1-y^2}, & -1 < y < 1 \\ 0, & \text{其他} \end{cases}$$

于是当 $-1 < y < 1$ 时，有

$$f_{X|Y}(x \mid y) = \begin{cases} \dfrac{1/\pi}{(2/\pi)\sqrt{1-y^2}} = \dfrac{1}{2\sqrt{1-y^2}}, & -\sqrt{1-y^2} < x < \sqrt{1-y^2} \\ 0, & \text{其他} \end{cases}$$

当 $y=0$ 和 $y=1/2$ 时，$f_{X|Y}(x|y)$ 的图形分别如图 3.8 和图 3.9 所示。

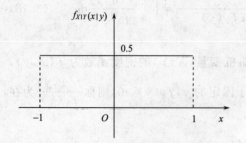

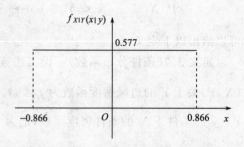

图 3.8　$y=0$ 时 $f_{X|Y}(x|y)$ 的图形　　　　图 3.9　$y=1/2$ 时 $f_{X|Y}(x|y)$ 的图形

【例 3.12】　设随机变量 X 密度函数为

$$f_X(x)=\begin{cases}3x^2, & 0<x<1 \\ 0, & \text{其他}\end{cases}$$

当观察到 $X=x\,(0<x<1)$ 时，变量 Y 在区间 $(0,x)$ 上随机地取值。求 Y 的密度 $f_Y(y)$。

【解】　按题意，对于任意给定的值 $x\,(0<x<1)$，在 $X=x$ 的条件下，Y 的条件密度函数为

$$f_{Y|X}(y\mid x)=\begin{cases}\dfrac{1}{x}, & 0<y<x \\ 0, & \text{其他}\end{cases}$$

于是得 X 和 Y 的联合密度为

$$f(x,y)=f_{Y|X}(y\mid x)f_X(x)=\begin{cases}3x, & 0<y<x<1 \\ 0, & \text{其他}\end{cases}$$

进而得 Y 的密度为

$$f_Y(y)=\int_{-\infty}^{+\infty}f(x,y)\mathrm{d}x=\begin{cases}\displaystyle\int_y^1 3x\,\mathrm{d}x=\dfrac{3(1-y^2)}{2}, & 0<y<1 \\ 0, & \text{其他}\end{cases}$$

3.4　随机变量函数的分布

一些经济管理问题往往归结为由两个随机变量特定函数的分布来分析。两个随机变量函数的形式多种多样，较常见的有和函数、商函数、极值函数等。本节仅讨论和函数与极值函数的分布的求解。

3.4.1　和函数的分布

$Z=X+Y$ 的分布

设 (X,Y) 的密度函数为 $f(x,y)$，则 $Z=X+Y$ 的分布函数为

$$F_Z(z) = P\{Z \leqslant z\} = \iint\limits_{x+y \leqslant z} f(x,y)\mathrm{d}x\mathrm{d}y$$

这里积分区域 $G: x+y \leqslant z$ 是直线 $x+y=z$ 及其左下方的半平面(图 3.10),化成累次积分,得

$$F_Z(z) = \int_{-\infty}^{+\infty} \left[\int_{-\infty}^{z-y} f(x,y)\mathrm{d}x \right] \mathrm{d}y$$

固定 z 和 y,对积分 $\int_{-\infty}^{z-y} f(x,y)\mathrm{d}x$ 作变量变换,令 $x=u-y$,得

$$\int_{-\infty}^{z-y} f(x,y)\mathrm{d}x = \int_{-\infty}^{z} f(u-y,y)\mathrm{d}u$$

于是

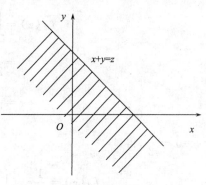

图 3.10　$Z=X+Y$ 积分区域示意图

$$F_Z(z) = \int_{-\infty}^{+\infty} \int_{-\infty}^{z} f(u-y,y)\mathrm{d}u\mathrm{d}y$$

$$= \int_{-\infty}^{z} \left[\int_{-\infty}^{+\infty} f(u-y,y)\mathrm{d}y \right] \mathrm{d}u$$

由密度函数的定义,即得 Z 的密度函数为

$$f_Z(z) = \int_{-\infty}^{+\infty} f(z-y,y)\mathrm{d}y \tag{3.21}$$

由 X,Y 的对称性,$f_Z(z)$ 又可写成

$$f_Z(z) = \int_{-\infty}^{+\infty} f(x,z-x)\mathrm{d}x \tag{3.22}$$

(3.21)式、(3.22)式是两个随机变量和的密度函数一般公式。

特别,当 X 和 Y 相互独立时,设 (X,Y) 关于 X,Y 的边缘密度函数分别为 $f_X(x)$,$f_Y(y)$,则(3.21)式、(3.22)式分别化为

$$f_Z(z) = \int_{-\infty}^{+\infty} f_X(z-y)f_Y(y)\mathrm{d}y \tag{3.23}$$

$$f_Z(z) = \int_{-\infty}^{+\infty} f_X(x)f_Y(z-x)\mathrm{d}x \tag{3.24}$$

这两个公式称为卷积公式,记为 $f_X * f_Y$,即

$$f_X * f_Y = \int_{-\infty}^{+\infty} f_X(z-y)f_Y(y)\mathrm{d}y = \int_{-\infty}^{+\infty} f_X(x)f_Y(z-x)\mathrm{d}x$$

【**例 3.13**】(生产管理问题)　在一汽车制造企业中,一辆汽车有两道工序是由两机器人独立完成的,其一是紧固螺栓,其二是焊接焊点。以 X 表示由机器人紧固螺栓花费的时间,以 Y 表示由机器人焊接花费的时间。它们都服从 $N(0,1)$ 分布,其密度函数为

$$f_X(x) = \frac{1}{\sqrt{2\pi}} \mathrm{e}^{-x^2/2}, \quad -\infty < x < \infty$$

$$f_Y(y) = \frac{1}{\sqrt{2\pi}} \mathrm{e}^{-y^2/2}, \quad -\infty < y < \infty$$

求完成这两道工序花费的总时间 $Z = X + Y$ 的密度函数。

【解】 由(3.24)式知

$$f_Z(z) = \int_{-\infty}^{+\infty} f_X(x) f_Y(z-x) \mathrm{d}x$$

$$= \frac{1}{2\pi} \int_{-\infty}^{+\infty} \mathrm{e}^{-\frac{x^2}{2}} \mathrm{e}^{-\frac{(z-x)^2}{2}} \mathrm{d}x$$

$$= \frac{1}{2\pi} \mathrm{e}^{-\frac{z^2}{4}} \int_{-\infty}^{+\infty} \mathrm{e}^{-\left(x-\frac{z}{2}\right)^2} \mathrm{d}x$$

令 $t = x - \dfrac{z}{2}$，得

$$f_Z(z) = \frac{1}{2\pi} \mathrm{e}^{-\frac{z^2}{4}} \int_{-\infty}^{+\infty} \mathrm{e}^{-t^2} \mathrm{d}t = \frac{1}{2\pi} \mathrm{e}^{-\frac{z^2}{4}} \sqrt{\pi} = \frac{1}{2\sqrt{\pi}} \mathrm{e}^{-\frac{z^2}{4}}$$

即 Z 服从 $N(0,2)$ 分布。

一般地，设 X,Y 相互独立且 $X \sim N(\mu_1, \sigma_1^2)$，$Y \sim N(\mu_2, \sigma_2^2)$。由(3.24)式经过计算知 $Z = X + Y$ 仍然服从正态分布，且有 $Z \sim N(\mu_1+\mu_2, \sigma_1^2+\sigma_2^2)$。

这个结论还能推广到 n 个独立正态随机变量之和的情况。即若 $X_i \sim N(\mu_i, \sigma_i^2)$ $(i=1,2,\cdots,n)$，且它们相互独立，则它们的和 $Z = X_1 + X_2 + \cdots + X_n$ 仍服从正态分布，且有 $Z \sim N(\mu_1+\mu_2+\cdots+\mu_n, \sigma_1^2+\sigma_2^2+\cdots+\sigma_n^2)$。

更一般地，可以证明有限个相互独立的正态随机变量的线性组合仍然服从正态分布。

【例 3.14】 某种商品第一周的需求量和第二周的需求量是相互独立的，它们的密度函数为

$$f(x) = \begin{cases} x\mathrm{e}^{-x}, & x > 0 \\ 0, & \text{其他} \end{cases}$$

求两周的需求量之和 R 的密度函数。

【解】 由(3.24)式知两周的需求量 Z 的密度函数为

$$f_Z(z) = \int_{-\infty}^{+\infty} f(x) f(z-x) \mathrm{d}x$$

易知仅当

$$\begin{cases} x > 0 \\ z - x > 0 \end{cases} \quad \text{即} \quad \begin{cases} x > 0 \\ z > x \end{cases}$$

时上述积分的被积函数不等于零，即

$$f_Z(z) = \begin{cases} \displaystyle\int_0^z f(x) f(z-x) \mathrm{d}x, & z > 0 \\ 0, & \text{其他} \end{cases}$$

将 $f(x)$ 的表达式代入上式得

$$f_Z(z) = \begin{cases} \displaystyle\int_0^z x\mathrm{e}^{-x}(z-x)\mathrm{e}^{-(z-x)} \mathrm{d}x = \frac{z^3 \mathrm{e}^{-z}}{3!}, & z > 0 \\ 0, & \text{其他} \end{cases}$$

【**例 3.15**】 设 X_1, X_2 相互独立且分别服从参数为 $\alpha_1, \beta; \alpha_2, \beta$ 的 Γ 分布（分别记成 $X_1 \sim \Gamma(\alpha_1, \beta), X_2 \sim \Gamma(\alpha_2, \beta)$），$X_1, X_2$ 的密度函数分别为

$$f_{X_1}(x) = \begin{cases} \dfrac{1}{\beta^{\alpha_1} \Gamma(\alpha_1)} x^{\alpha_1 - 1} \mathrm{e}^{-x/\beta}, & x > 0 \\ 0, & \text{其他} \end{cases}, \quad \alpha_1 > 0, \beta > 0$$

$$f_{X_2}(y) = \begin{cases} \dfrac{1}{\beta^{\alpha_2} \Gamma(\alpha_2)} y^{\alpha_1 - 1} \mathrm{e}^{-y/\beta}, & y > 0 \\ 0, & \text{其他} \end{cases}, \quad \alpha_2 > 0, \beta > 0$$

不同于 Γ 分布的记号，上述密度函数中的 $\Gamma(\alpha_1), \Gamma(\alpha_2)$ 是两个数量，是 Γ 函数 $\Gamma(\alpha)$ 的自变量取 α_1, α_2 时对应的函数值。Γ 函数形式为广义积分：$\Gamma(\alpha) = \displaystyle\int_0^\infty x^{\alpha-1} \mathrm{e}^{-x} \mathrm{d}x$。试证明 $X_1 + X_2$ 服从参数为 $\alpha_1 + \alpha_2, \beta$ 的 Γ 分布。

【**证**】 显然当 $z \leqslant 0$ 时，$Z = X_1 + X_2$ 的密度函数 $f_Z(z) = 0$。而当 $z > 0$ 时，$Z = X_1 + X_2$ 的密度函数为

$$\begin{aligned} f_Z(z) &= \int_{-\infty}^{+\infty} f_{X_1}(x) f_{X_2}(z-x) \mathrm{d}x \\ &= \int_0^z \frac{1}{\beta^{\alpha_1} \Gamma(\alpha_1)} x^{\alpha_1-1} \mathrm{e}^{-x/\beta} \frac{1}{\beta^{\alpha_2} \Gamma(\alpha_2)} (z-x)^{\alpha_2-1} \mathrm{e}^{-(z-x)/\beta} \mathrm{d}x \\ &= \frac{\mathrm{e}^{-z/\beta}}{\beta^{\alpha_1+\alpha_2} \Gamma(\alpha_1) \Gamma(\alpha_2)} \int_0^z x^{\alpha_1-1} (z-x)^{\alpha_2-1} \mathrm{d}x \quad (\text{令 } x = zt) \\ &= \frac{z^{\alpha_1+\alpha_2-1} \mathrm{e}^{-z/\beta}}{\beta^{\alpha_1+\alpha_2} \Gamma(\alpha_1) \Gamma(\alpha_2)} \int_0^1 t^{\alpha_1-1} (1-t)^{\alpha_2-1} \mathrm{d}t \\ &\xlongequal{\text{记成}} A z^{\alpha_1+\alpha_2-1} \mathrm{e}^{-z/\beta} \end{aligned}$$

其中

$$A = \frac{1}{\beta^{\alpha_1+\alpha_2} \Gamma(\alpha_1) \Gamma(\alpha_2)} \int_0^1 t^{\alpha_1-1} (1-t)^{\alpha_2-1} \mathrm{d}t \tag{3.25}$$

再由密度函数的归一性来求 A

$$\begin{aligned} 1 &= \int_{-\infty}^{\infty} f_Z(z) \mathrm{d}z = A \beta^{\alpha_1+\alpha_2} \int_0^\infty (z/\beta)^{\alpha_1+\alpha_2-1} \mathrm{e}^{-z/\beta} \mathrm{d}(z/\beta) \\ &= A \beta^{\alpha_1+\alpha_2} \Gamma(\alpha_1 + \alpha_2) \end{aligned}$$

即有

$$A = \frac{1}{\beta^{\alpha_1+\alpha_2} \Gamma(\alpha_1 + \alpha_2)} \tag{3.26}$$

于是

$$f_Z(z) = \begin{cases} \dfrac{1}{\beta^{\alpha_1+\alpha_2}\,\Gamma(\alpha_1+\alpha_2)}z^{\alpha_1+\alpha_2-1}\mathrm{e}^{-z/\beta}, & z > 0 \\ 0, & \text{其他} \end{cases}$$

亦即 $Z=X_1+X_2$ 服从参数为 $\alpha_1+\alpha_2,\beta$ 的 Γ 分布,即 $X_1+X_2\sim\Gamma(\alpha_1+\alpha_2,\beta)$。

上述结论还能推广到 n 个相互独立的 Γ 分布变量之和的情况。即若 $X_1,X_2,\cdots,X_n$ 相互独立,且 X_i 服从参数为 $\alpha_i,\beta(i=1,2,\cdots,n)$ 的 Γ 分布,则 $X_1+X_2+\cdots+X_n$ 服从参数为 $\sum\limits_{i=1}^{n}\alpha_i,\beta$ 的 Γ 分布。这一性质称为 Γ 分布的可加性。

3.4.2　极值函数的分布

$M=\max(X,Y)$ 及 $N=\min(X,Y)$ 的分布

设 X,Y 是两个相互独立的随机变量,它们的分布函数分别为 $F_X(x),F_Y(y)$。现在来求 $M=\max(X,Y)$ 和 $N=\min(X,Y)$ 的分布函数。

由于 $M=\max(X,Y)$ 不大于 z 等价于 X 和 Y 都不大于 z,故有

$$P\{M\leqslant z\}=P\{X\leqslant z,Y\leqslant z\}$$

又由于 X 和 Y 相互独立,得到 $M=\max(X,Y)$ 的分布函数为

$$F_{\max}(z)=P\{M\leqslant z\}=P\{X\leqslant z,Y\leqslant z\}=P\{X\leqslant z\}P\{Y\leqslant z\}$$

即有

$$F_{\max}(z)=F_X(z)F_Y(z) \tag{3.27}$$

类似地,可得 $N=\min(X,Y)$ 的分布函数为

$$F_{\min}(z)=P\{N\leqslant z\}=1-P\{N>z\}=1-P\{X>z,Y>z\}$$
$$=1-P\{X>z\}\cdot P\{Y>z\}$$

即

$$F_{\min}(z)=1-[1-F_X(z)][1-F_Y(z)] \tag{3.28}$$

以上结果容易推广到 n 个相互独立的随机变量的情况。

设 $X_1,X_2,\cdots,X_n$ 是 n 个相互独立的随机变量。它们的分布函数分别为 $F_{X_i}(x_i)$ $(i=1,2,\cdots,n)$,则 $M=\max(X_1,X_2,\cdots,X_n)$ 及 $N=\min(X_1,X_2,\cdots,X_n)$ 的分布函数分别为

$$F_{\max}(z)=F_{X_1}(z)F_{X_2}(z)\cdots F_{X_n}(z) \tag{3.29}$$

$$F_{\min}(z)=1-[1-F_{X_1}(z)][1-F_{X_2}(z)]\cdots[1-F_{X_n}(z)] \tag{3.30}$$

特别地,当 $X_1,X_2,\cdots,X_n$ 相互独立且具有相同分布函数 $F(x)$ 时有

$$F_{\max}(z)=[F_X(z)]^n$$

$$F_{\min}(z)=1-[1-F_X(z)]^n$$

【例 3.16】(可靠性问题)　设系统 L 由两个相互独立的子系统 L_1,L_2 连接而成,连接的方式为

(1)串联,(2)并联,(3)备用(当系统 L_1 损坏时,系统 L_2 开始工作),如图 3.11 所示。设 L_1,L_2 的寿命分别为 X,Y,已知它们的密度函数分别为

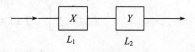

$$f_X(x)=\begin{cases}\alpha e^{-\alpha x}, & x>0 \\ 0, & x\leqslant 0\end{cases},$$

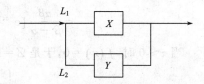

$$f_Y(y)=\begin{cases}\beta e^{-\beta y}, & y>0 \\ 0, & y\leqslant 0\end{cases}$$

其中 $\alpha>0,\beta>0$ 且 $\alpha\neq\beta$。试分别就以上三种连接方式写出 L 的寿命 Z 的密度函数。

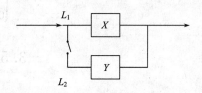

【解】 (1)串联的情况。由于 L_1,L_2 当中有一个损坏时,系统 L 就停止工作,所以 L 的寿命为

$$Z=\min(X,Y)$$

由 X,Y 的密度函数得到其分布函数分别为

图 3.11　系统串联、并联、备用三种情形

$$F_X(x)=\begin{cases}1-e^{-\alpha x}, & x>0 \\ 0, & x\leqslant 0\end{cases}, \quad F_Y(y)=\begin{cases}1-e^{-\beta y}, & y>0 \\ 0, & y\leqslant 0\end{cases}$$

由(3.28)式得 $Z=\min(X,Y)$ 的分布函数为

$$F_{\min}(z)=\begin{cases}1-e^{-(\alpha+\beta)z}, & z>0 \\ 0, & z\leqslant 0\end{cases}$$

于是 $Z=\min(X,Y)$ 的密度函数为

$$f_{\min}(z)=\begin{cases}(\alpha+\beta)e^{-(\alpha+\beta)z}, & z>0 \\ 0, & z\leqslant 0\end{cases}$$

(2)并联的情况。由于当且仅当 L_1,L_2 都损坏时,系统 L 才停止工作,所以这时 L 的寿命 Z 为

$$Z=\max(X,Y)$$

由(3.27)式得 $Z=\max(X,Y)$ 的分布函数为

$$F_{\max}(z)=\begin{cases}(1-e^{-\alpha z})(1-e^{-\beta z}), & z>0 \\ 0, & z\leqslant 0\end{cases}$$

于是 $Z=\max(X,Y)$ 密度函数为

$$f_{\max}(z)=\begin{cases}\alpha e^{-\alpha z}+\beta e^{-\beta z}-(\alpha+\beta)e^{-(\alpha+\beta)z}, & z>0 \\ 0, & z\leqslant 0\end{cases}$$

(3)备用的情况。由于这时当系统 L_1 损坏时 L_2 才开始工作,因此整个系统 L 的寿命是两者寿命之和,即

$$Z=X+Y$$

由(3.23)式,当 $z>0$ 时,$Z=X+Y$ 的密度函数为

$$f(z) = \int_{-\infty}^{+\infty} f_X(z-y) f_Y(y) \mathrm{d}y = \int_0^z \alpha e^{-\alpha(z-y)} \beta e^{-\beta y} \mathrm{d}y$$

$$= \alpha \beta e^{-\alpha z} \int_0^z e^{-(\beta-\alpha)y} \mathrm{d}y$$

$$= \frac{\alpha \beta}{\beta - \alpha} [e^{-\alpha z} - e^{-\beta z}]$$

当 $z \leqslant 0$ 时，$f(z) = 0$，于是 $Z = X + Y$ 的密度函数为

$$f(z) = \begin{cases} \dfrac{\alpha \beta}{\beta - \alpha} [e^{-\alpha z} - e^{-\beta z}], & z > 0 \\ 0, & z \leqslant 0 \end{cases}$$

3.5　多维随机变量

以上关于二维随机变量的讨论，不难推广到 $n (n > 2)$ 维随机变量的情况。

3.5.1　多维随机变量的分布

1. 概念

定义 3.8（联合分布函数）　一般地，设 E 是一个随机试验，它的样本空间是 $S = \{e\}$，设 $X_1 = X_1(e), X_2 = X_2(e), \cdots, X_n = X_n(e)$ 是定义在 S 上的随机变量，由它们构成的一个 n 维变量 $(X_1, X_2, \cdots, X_n)$ 叫做 n 维随机变量或 n 维随机向量。对于任意 n 个实数 $x_1, x_2, \cdots, x_n$，n 元函数

$$F(x_1, x_2, \cdots, x_n) = P\{X_1 \leqslant x_1, X_2 \leqslant x_2, \cdots, X_n \leqslant x_n\} \qquad (3.31)$$

称为 n 维随机变量 $(X_1, X_2, \cdots, X_n)$ 的分布函数或随机变量 $X_1, X_2, \cdots, X_n$ 的联合分布函数。它具有类似于二维随机变量的分布函数的性质。

定义 3.9（联合密度函数）　设 n 维随机变量 $(X_1, X_2, \cdots, X_n)$ 的分布函数为 $F(x_1, x_2, \cdots, x_n)$，如果存在非负的 n 元函数 $f(x_1, x_2, \cdots, x_n)$，使

$$F(x_1, x_2, \cdots, x_n) = \int_{-\infty}^{x_1} \int_{-\infty}^{x_2} \cdots \int_{-\infty}^{x_n} f(t_1, t_2, \cdots, t_n) \mathrm{d}t_1 \cdots \mathrm{d}t_n \qquad (3.32)$$

则称 $(X_1, X_2, \cdots, X_n)$ 是连续型的。$f(x_1, x_2, \cdots, x_n)$ 称为 $(X_1, X_2, \cdots, X_n)$ 的联合密度函数。

2. 密度函数的性质

n 维联合密度函数 $f(x_1, x_2, \cdots, x_n)$ 具有如下性质：
(1) 非负性：$f(x_1, x_2, \cdots, x_n) \geqslant 0$；
(2) 归一性：$\int_{-\infty}^{+\infty} \int_{-\infty}^{+\infty} \cdots \int_{-\infty}^{+\infty} f(x_1, x_2, \cdots, x_n) \mathrm{d}x_1 \cdots \mathrm{d}x_n = 1$。

3.5.2　多维随机变量的边缘分布与独立性

定义 3.10（边缘分布函数）　设 $(X_1, X_2, \cdots, X_n)$ 的分布函数 $F(x_1, x_2, \cdots, x_n)$ 为已

知,则$(X_1,X_2,\cdots,X_n)$任一个$k(1\leqslant k\leqslant n-1)$维子集的分布函数统称为边缘分布函数。

由于$(X_1,X_2,\cdots,X_n)$的子集有$C_n^1+C_n^2+\cdots+C_n^{n-1}=2^n-2$个,因此有$2^n-2$个边缘分布函数,类似于(3.6)和(3.7)式,它们均可由联合分布函数$F(x_1,x_2,\cdots,x_n)$来确定,如$(X_1,X_2,\cdots,X_n)$关于X_1、关于(X_1,X_2)的边缘分布函数分别为

$$F_{X_1}(x_1)=F(x_1,\infty,\infty,\cdots,\infty)$$

$$F_{X_1,X_2}(x_1)=F(x_1,x_2,\infty,\cdots,\infty)$$

定义 3.11(边缘密度函数) 若$f(x_1,x_2,\cdots,x_n)$是$(X_1,X_2,\cdots,X_n)$的密度函数,则$(X_1,X_2,\cdots,X_n)$任一个$k(1\leqslant k\leqslant n-1)$维子集的密度函数统称为边缘密度函数。

边缘密度函数可由联合密度函数$f(x_1,x_2,\cdots,x_n)$来确定,如$(X_1,X_2,\cdots,X_n)$关于X_1、关于(X_1,X_2)的边缘密度函数分别为

$$f_{X_1}(x_1)=\int_{-\infty}^{\infty}\int_{-\infty}^{\infty}\cdots\int_{-\infty}^{\infty}f(x_1,x_2,\cdots,x_n)\mathrm{d}x_2\mathrm{d}x_3\cdots\mathrm{d}x_n$$

$$f_{X_1X_2}(x_1,x_2)=\int_{-\infty}^{\infty}\int_{-\infty}^{\infty}\cdots\int_{-\infty}^{\infty}f(x_1,x_2,\cdots,x_n)\mathrm{d}x_3\mathrm{d}x_4\cdots\mathrm{d}x_n$$

定义 3.12(n 个随机变量的独立性) 若对于所有的$x_1,x_2,\cdots,x_n$有

$$F(x_1,x_2,\cdots,x_n)=F_{X_1}(x_1)F_{X_2}(x_2)\cdots F_{X_n}(x_n)$$

则称$X_1,X_2,\cdots,X_n$相互独立。

独立性概念还可以推广到随机向量及随机向量函数的情形:

(1) 若对于所有的$x_1,x_2,\cdots,x_m,y_1,y_2,\cdots,y_n$有

$$F(x_1,x_2,\cdots,x_m,y_1,y_2,\cdots,y_n)=F_1(x_1,x_2,\cdots,x_m)F_2(y_1,y_2,\cdots,y_n)$$

其中F_1,F_2,F依次为随机变量$(X_1,X_2,\cdots,X_m)$,$(Y_1,Y_2,\cdots,Y_n)$和$(X_1,X_2,\cdots,X_m,Y_1,Y_2,\cdots,Y_n)$的分布函数,则称随机向量$(X_1,X_2,\cdots,X_m)$和$(Y_1,Y_2,\cdots,Y_n)$相互独立。

(2) 设$(X_1,X_2,\cdots,X_m)$和$(Y_1,Y_2,\cdots,Y_n)$相互独立,又若h,g是连续函数,则$h(X_1,X_2,\cdots,X_m)$和$g(Y_1,Y_2,\cdots,Y_n)$相互独立。

此外,当$(X_1,X_2,\cdots,X_m)$和$(Y_1,Y_2,\cdots,Y_n)$相互独立时,两个随机向量的分量分别独立,即$X_i(i=1,2,\cdots,m)$和$Y_j(j=1,2,\cdots,n)$相互独立。

关键术语

联合分布函数(joint distribution function)$F(x,y)$ 描述任何类型的二维随机变量(X,Y)整体的分布规律。

联合分布律(joint probability distribution)p_{ij} 描述二维离散型随机变量(X,Y)整体的取值规律,是(X,Y)在各个可能取值上的取值概率的全体。

联合密度函数(joint probability density function)$f(x,y)$ 二维连续型随机变量(X,Y)整体分布规律的一种表达方式,据此可以计算任何给定随机事件发生的概率。

边缘分布函数(marginal distribution function)$F_X(x)$和$F_Y(y)$ 表示随机变量X和Y各自的分布函数,并且可以由(X,Y)的联合分布函数$F(x,y)$来确定。

边缘分布律(marginal probability distribution)$p_i.$($i=1,2,\cdots$)和$p._j$($j=1,2,\cdots$) 表

示离散型随机变量 X 和 Y 各自的分布律,可由联合分布律解得。

　　边缘密度函数(marginal probability density function)$f_X(x)$ 和 $f_Y(y)$　表示连续型随机变量 X 和 Y 各自的密度函数,可由联合密度函数解得。

　　条件分布函数(conditional distribution function)$F_{X|Y}(x|y)$ 或 $F_{Y|X}(y|x)$　是指在给定某一随机变量的条件下,另一随机变量的分布函数。

　　条件分布律(conditional probability distribution)$P\{X=x_i|Y=y_j\}$ 和 $P\{Y=y_j|X=x_i\}$是指在给定一个离散型随机变量取值的条件下另一个离散型随机变量的分布律。

　　条件密度函数(conditional probability density function)$f_{X|Y}(x|y)$ 和 $f_{Y|X}(y|x)$ (X,Y) 是二维连续型随机变量,给定 Y(或 X)条件下,X(或 Y)的密度函数。

　　随机变量的独立性(independence of random variables)　(X,Y) 的分布若能分解为 X 和 Y 各自分布的乘积,即若联合分布函数等于边缘分布函数的乘积,则这两个随机变量之间是相互独立的。

重要公式

　　1. 随机事件$\{(X,Y)\in G\}$的概率计算公式:

$$P\{(X,Y)\in G\}=\sum_{(x_i,y_j)\in G}p_{ij}\qquad（离散型情形）$$

$$P\{(X,Y)\in G\}=\iint\limits_{G}f(x,y)\mathrm{d}x\mathrm{d}y\quad（连续型情形）$$

　　2. 分布函数与分布律关系公式:

$$F(x,y)=\sum_{x_i\leqslant x}\sum_{y_j\leqslant y}p_{ij}$$

　　3. 分布函数与密度函数关系公式:

$$F(x,y)=\int_{-\infty}^{y}\int_{-\infty}^{x}f(u,v)\mathrm{d}u\mathrm{d}v,\quad\frac{\partial F(x,y)}{\partial x\partial y}=f(x,y)$$

　　4. 边缘分布函数计算公式:

$F_X(x)=F(x,\infty),\quad F_Y(y)=F(\infty,y)$

$$F_X(x)=\sum_{x_i\leqslant x}\sum_{j=1}^{\infty}p_{ij},\quad F_Y(y)=\sum_{y_j\leqslant y}\sum_{i=1}^{\infty}p_{ij}\qquad（离散型情形）$$

$$F_X(x)=\int_{-\infty}^{x}\left[\int_{-\infty}^{+\infty}f(\mu,y)\mathrm{d}y\right]\mathrm{d}\mu,\quad F_Y(y)=\int_{-\infty}^{y}\left[\int_{-\infty}^{+\infty}f(x,\nu)\mathrm{d}x\right]\mathrm{d}\nu\quad（连续型情形）$$

　　5. 边缘分布律计算公式:

$$p_{i\cdot}=\sum_{j=1}^{\infty}p_{ij}\quad(i=1,2,\cdots),\quad p_{\cdot j}=\sum_{i=1}^{\infty}p_{ij}\quad(j=1,2,\cdots)$$

　　6. 边缘密度函数计算公式:

$$f_X(x)=\int_{-\infty}^{+\infty}f(x,y)\mathrm{d}y,\quad f_Y(y)=\int_{-\infty}^{+\infty}f(x,y)\mathrm{d}x$$

　　7. 条件分布函数计算公式:

$$F_{X|Y}(x|y)=\int_{-\infty}^{x}\frac{f(\mu,y)}{f_Y(y)}\mathrm{d}\mu,\quad F_{Y|X}(y|x)=\int_{-\infty}^{y}\frac{f(x,\nu)}{f_X(x)}\mathrm{d}\nu$$

8. 条件分布律计算公式：

$$P\{X = x_i \mid Y = y_j\} = \frac{p_{ij}}{p_{\cdot j}} \quad (i = 1, 2, \cdots),$$

$$P\{Y = y_j \mid X = x_i\} = \frac{p_{ij}}{p_{i \cdot}} \quad (j = 1, 2, \cdots)$$

9. 条件密度函数计算公式：

$$f_{X|Y}(x \mid y) = \frac{f(x, y)}{f_Y(y)}, \quad f_{Y|X}(y \mid x) = \frac{f(x, y)}{f_X(x)}$$

10. 随机变量 X 和 Y 独立性判断公式：

$$\forall x, y, F(x, y) = F_X(x) F_Y(y)$$

$$\forall x, y, f(x, y) = f_X(x) f_Y(y) \quad \text{（连续型情形）}$$

$$\forall i, j, p_{ij} = p_{i \cdot} p_{\cdot j} \quad \text{（离散型情形）}$$

11. 和函数 $Z = X + Y$ 的分布

$$F_Z(z) = \int_{-\infty}^{z} \left[\int_{-\infty}^{+\infty} f(u - y, y) \, \mathrm{d}y \right] \mathrm{d}u$$

$$f_Z(z) = \int_{-\infty}^{+\infty} f(z - y, y) \, \mathrm{d}y$$

当 X 与 Y 独立时，有如下卷积公式

$$f_Z(z) = \int_{-\infty}^{+\infty} f_X(x) f_Y(z - x) \, \mathrm{d}x \stackrel{\text{或}}{=} \int_{-\infty}^{+\infty} f_X(z - y) f_Y(y) \, \mathrm{d}y$$

12. 极值函数 $M = \max(X, Y)$ 及 $N = \min(X, Y)$ 的分布
当 X 与 Y 独立时，

$$F_{\max}(z) = F_X(z) F_Y(z)$$

$$F_{\min}(z) = 1 - [1 - F_X(z)][1 - F_Y(z)]$$

13. 设 $X_1, X_2, \cdots, X_n$ 是 n 个相互独立的随机变量，则

$$F_{\max}(z) = F_{X_1}(z) F_{X_2}(z) \cdots F_{X_n}(z)$$

$$F_{\min}(z) = 1 - [1 - F_{X_1}(z)][1 - F_{X_2}(z)] \cdots [1 - F_{X_n}(z)]$$

案例

【**案例 3.1**】（生产管理问题）　一台机器制造直径为 X 的轴，另一台机器制造内径为 Y 的轴套。设 X 与 Y 的联合密度函数为

$$f(x, y) = \begin{cases} 2500, & 0.49 < x < 0.51, 0.51 < y < 0.53 \\ 0, & \text{其他} \end{cases}$$

如果轴套内径比轴直径大 0.004，但不大于 0.036，两者便能配合成套。现随机地选出轴与轴套各一个，它们能配合成套的概率如何？

【**解**】　根据题意，要考虑的事件是 $\{0.004 < y - x < 0.036\} = \{(x, y) \in G\}$，其中 G

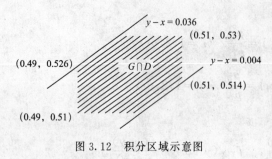

是不等式组 $\begin{cases} y-x>0.004 \\ y-x<0.036 \end{cases}$ 的解集合,即由直线 $y-x=0.004$ 和 $y-x=0.036$ 所夹的带形区域,见图 3.12。

此外,密度函数非零值定义域为正方形 $D=\{(x,y)|0.49<x<0.51,0.51<y<0.53\}$,公共区域 $G\bigcap D$ 如图中阴影部分。从而,

图 3.12 积分区域示意图

$P\{$配合成套$\}$

$=P\{(X,Y)\in G\}=\iint\limits_{G}f(x,y)\mathrm{d}x\mathrm{d}y$

$=\iint\limits_{G\cap D}f(x,y)\mathrm{d}x\mathrm{d}y=\iint\limits_{G\cap D}2500\mathrm{d}x\mathrm{d}y$

$=2500S(G\bigcap D)$ （其中,$S(G\bigcap D)$ 是 $G\bigcap D$ 的面积）

$=2500[0.02\times0.02-0.004^2]$

$=0.96$

【**案例 3.2**】（物流与经济发展） 根据国务院"十二五"期间《物流业调整和振兴规划》中的指导精神,某省在筹划 2011～2020 年物流业发展中长期规划中,大力提倡物流业与经济的协调发展,并提出了当年实现两者发展速度差距控制在 10% 以内的目标。现以 X 表示货运量增长率,Y 表示 GDP 的增长率。设 X 与 Y 的联合密度函数为

$$f(x,y)=\begin{cases} A\mathrm{e}^{-\alpha y}, & 0<x<y \\ A\mathrm{e}^{-\beta x}, & 0<y<x, \quad A \text{ 为某常数} \\ 0, & \text{其他} \end{cases}$$

（1）判断 X 与 Y 是否相互独立;

（2）求某省实现本年目标的可能性（即求 $P\{|Y-X|<10\%\}$）。

【**解**】 （1）根据边缘分布公式求得

$$f_X(x)=\int_{-\infty}^{+\infty}f(x,y)\mathrm{d}y=\begin{cases} Ax\mathrm{e}^{-\beta x}, & 0<y<x \\ A\dfrac{1}{\alpha}\mathrm{e}^{-\alpha x}, & 0<x<y \end{cases}$$

$$f_Y(y)=\int_{-\infty}^{+\infty}f(x,y)\mathrm{d}x=\begin{cases} Ay\mathrm{e}^{-\alpha y}, & 0<x<y \\ A\dfrac{1}{\beta}\mathrm{e}^{-\beta y}, & 0<y<x \end{cases}$$

$$f_X(x)f_Y(y)=\begin{cases} \dfrac{A^2}{\alpha}y\mathrm{e}^{-\alpha(x+y)}, & 0<x<y \\ \dfrac{A^2}{\beta}x\mathrm{e}^{-\beta(x+y)}, & 0<y<x \end{cases} \neq f(x,y)$$

所以,X 与 Y 不独立。

(2) 根据题意,要考虑的事件是 $\{-0.1<y-x<0.1\}=\{(x,y)\in G\}$,其中 G 是不等式组 $\begin{cases}y-x>-0.1\\y-x<0.1\end{cases}$ 的解集合,即由直线 $y-x=0.1$ 和 $y-x=-0.1$ 所夹的带形区域(图 3.13)。

此外,密度函数非零值定义域为区域 $D=\{(x,y)\mid 0<x<y,0<y<x\}$,公共区域 $G\cap D$ 为图中的阴影部分。那么,

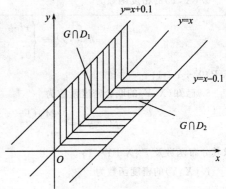

图 3.13　积分区域示意图

$$P\{|Y-X|<10\%\}$$
$$=P\{(x,y)\in G\}=\iint\limits_{G}f(x,y)\mathrm{d}x\mathrm{d}y$$
$$=\iint\limits_{G\cap D}f(x,y)\mathrm{d}x\mathrm{d}y$$
$$=\iint\limits_{G\cap D_1}A\mathrm{e}^{-\alpha y}\mathrm{d}x\mathrm{d}y+\iint\limits_{G\cap D_2}A\mathrm{e}^{-\beta x}\mathrm{d}x\mathrm{d}y$$
$$=\int_0^{+\infty}\int_0^y A\mathrm{e}^{-\alpha y}\mathrm{d}x\mathrm{d}y+\int_0^{+\infty}\int_0^x A\mathrm{e}^{-\beta x}\mathrm{d}y\mathrm{d}x$$
$$=\frac{A}{\alpha^2}+\frac{A}{\beta^2}$$

习　题　3

1. 设二维随机变量 (X,Y) 的密度函数为
$$f(x,y)=\begin{cases}A\mathrm{e}^{-(2x+y)},&x>0,y>0\\0,&\text{其他}\end{cases}$$
试求:(1) 系数 A;(2) 分布函数 $F(x,y)$;(3) 概率 $P\{Y\leqslant X\}$。

2. 二维随机变量 (X,Y) 在区域 $D=\{(x,y)\mid 0<x,y<1\}$ 上均匀分布,求方程
$$a^2+2Xa+Y=0$$
有实根的概率。

3. 设二维随机变量 (X,Y) 的分布函数为
$$F(x,y)=\begin{cases}(1-\mathrm{e}^{-ax})(1-\mathrm{e}^{-by}),&x>0,y>0\\0,&\text{其他}\end{cases}$$
试求:(1) $P\{X>1,Y<1\}$;(2) 密度函数 $f(x,y)$。

4. X 与 Y 的联合密度函数为
$$f(x,y)=\begin{cases}A\mathrm{e}^{-3x-4y},&x>0,y>0\\0,&\text{其他}\end{cases}$$
试求:(1) 常数 A;(2) $P\{0<X<1,0<Y<2\}$;(3) 分布函数 $F(x,y)$。

5.(X,Y)的密度函数为

$$f(x,y)=\begin{cases}x^2+\dfrac{xy}{3}, & 0\leqslant x\leqslant 1,0\leqslant y\leqslant 2\\ 0, & \text{其他}\end{cases}$$

求 $P\{X+Y\geqslant 1\}$。

6.已知(X,Y)的联合密度函数为

$$f(x,y)=\begin{cases}24y(1-x-y), & x>0,y>0,x+y<1\\ 0, & \text{其他}\end{cases}$$

求其分布函数及 $P\{X+Y<1\}$。

7.(X,Y)的密度函数为

$$f(x,y)=\begin{cases}A(R-\sqrt{x^2+y^2}), & x^2+y^2\leqslant R^2\\ 0, & \text{其他}\end{cases}$$

求:(1) 常数 A;(2) $P\{(X,Y)\in G\}$,其中 $G=\{(x,y)\mid x^2+y^2<r^2\}(r<R)$。

8.若二维随机变量(X,Y)的密度函数有如下四种不同情形,试在每一种情形下求边缘密度函数并判断两个随机变量是否有独立性:

(1) $f(x,y)=\begin{cases}2-x-y, & 0<x<1,0<y<1\\ 0, & \text{其他}\end{cases}$;

(2) $f(x,y)=\begin{cases}1, & -1<x<0,|y|<-x\\ 0, & \text{其他}\end{cases}$;

(3) $f(x,y)=\begin{cases}\dfrac{1}{\pi}, & x^2+y^2\leqslant 1\\ 0, & \text{其他}\end{cases}$;

(4) $f(x,y)=\begin{cases}2\mathrm{e}^{-(x+y)}, & 0<x\leqslant y\\ 0, & \text{其他}\end{cases}$ 。

9. 分别判断下列 $f(x,y)$(只写出非零值定义域上的表达式)为密度函数的(X,Y)的独立性:

(1) $f(x,y)=24y(1-x-y),x>0,y>0,x+y<1$;

(2) $f(x,y)=x+y,0<x<1,0<y<1$;

(3) $f(x,y)=3x,0<x<1,0<y<x$。

10. 设 X 和 Y 是相互独立的随机变量,密度函数分别为

$$f_X(x)=\begin{cases}\lambda\mathrm{e}^{-\lambda x}, & x>0\\ 0, & x\leqslant 0\end{cases},\quad f_Y(y)=\begin{cases}\mu\mathrm{e}^{-\mu y}, & y>0\\ 0, & y\leqslant 0\end{cases}$$

其中 $\lambda>0,\mu>0$ 是常数。引入随机变量

$$Z=\begin{cases}1, & X\leqslant Y\\ 0, & X>Y\end{cases}$$

(1) 求条件密度函数 $f_{X|Y}(x\mid y)$;

(2) 求 Z 的分布律和分布函数。

11.(X,Y)以下列函数 $f(x,y)$(零值定义域部分略而不写)为密度函数,求条件密度函数 $f_{X|Y}(x\mid y)$ 和 $f_{Y|X}(y\mid x)$:

(1) $f(x,y)=x\mathrm{e}^{-x(1+y)},x>0,y>0$;

(2) $f(x,y)=3x,0<x<1,0<y<x$;

(3) $f(x,y)=\dfrac{1}{8}(x^2-y^2)\mathrm{e}^{-x},0\leqslant x<\infty,|y|\leqslant x$

12. 设 X 的以 $Y=y$ 为条件的密度函数为

$$f_{X|Y}(x\mid y) = \begin{cases} \dfrac{3x^2}{y^3}, & 0 < x < y \\ 0, & \text{其他} \end{cases}$$

而 Y 的密度函数为

$$f_Y(y) = \begin{cases} 5y^4, & 0 < y < 1 \\ 0, & \text{其他} \end{cases}$$

求 $P\left\{X > \dfrac{1}{2}\right\}$。

13. 设 $X \sim N(0,1)$，Y 的以 $X=x$ 为条件的密度函数为 $N(\rho x, 1-\rho^2)$，$(0 < \rho < 1)$。求 (X,Y) 的密度函数。

14. (X,Y) 的密度函数为

$$f(x,y) = \begin{cases} 24y(1-x-y), & x > 0, y > 0, x+y < 1 \\ 0, & \text{其他} \end{cases}$$

求：(1) Y 的以 $X=0.5$ 为条件的密度函数；

(2) $f_{X|Y}\left(x\mid \dfrac{1}{4}\right)$。

15. 设 X 和 Y 是两个相互独立的随机变量，其密度函数分别为

$$f_X(x) = \begin{cases} 1, & 0 \leqslant x \leqslant 1 \\ 0, & \text{其他} \end{cases}, \qquad f_Y(y) = \begin{cases} \mathrm{e}^{-y}, & y > 0 \\ 0, & \text{其他} \end{cases}$$

求随机变量 $Z = X + Y$ 的密度函数。

16. 设 X, Y 是相互独立的随机变量，它们都是服从正态分布 $N(0,\sigma^2)$。试验证随机变量 $Z = \sqrt{X^2 + Y^2}$ 具有密度函数

$$f_Z(z) = \begin{cases} \dfrac{z}{\sigma^2}\mathrm{e}^{-\frac{z^2}{2\sigma^2}}, & z \geqslant 0 \\ 0, & \text{其他} \end{cases}$$

称 Z 服从参数为 $\sigma(\sigma > 0)$ 的瑞利(Rayleigh)分布。

17. 对某种电子装置的输出测量了 5 次，得到结果为：X_1, X_2, X_3, X_4, X_5。设它们是相互独立的随机变量且都服从参数 $\sigma = 2$ 的瑞利分布。

(1) 求 $Z = \max(X_1, X_2, X_3, X_4, X_5)$ 的分布函数；

(2) 求 $P\{Z > 4\}$。

18. 设 X 和 Y 是相互独立的随机变量，$X \sim \pi(\lambda_1)$，$Y \sim \pi(\lambda_2)$。证明：

$$Z = X + Y \sim \pi(\lambda_1 + \lambda_2)$$

19. 设 X 和 Y 是相互独立的随机变量，$X \sim b(n_1, p)$，$Y \sim b(n_2, p)$。证明：

$$Z = X + Y \sim b(n_1 + n_2, p)$$

20. 设随机变量 (X,Y) 的分布律为

Y ＼ X	0	1	2	3	4	5
0	0.00	0.01	0.03	0.05	0.07	0.09
1	0.01	0.02	0.04	0.05	0.06	0.08
2	0.01	0.03	0.05	0.05	0.05	0.06
3	0.01	0.02	0.04	0.06	0.06	0.05

(1) 求 $P\{X=2\,|\,Y=2\},P\{Y=3\,|\,X=0\}$；

(2) 求 $U=\max(X,Y)$ 的分布律；

(3) 求 $V=\min(X,Y)$ 的分布律；

(4) 求 $W=X+Y$ 的分布律。

21. 设随机变量 (X,Y) 的密度函数为

$$f_X(x)=\begin{cases}be^{-(x+y)}, & 0<x<1,0<y<\infty \\ 0, & \text{其他}\end{cases}$$

(1) 求常数 b；

(2) 求边缘密度函数 $f_X(x),f_Y(y)$；

(3) 求函数 $U=\max(X,Y)$ 的分布函数。

22. X 与 Y 的联合密度函数为

$$f(x,y)=\begin{cases}\dfrac{1}{2}, & 0\leqslant x\leqslant 1,0\leqslant y\leqslant 2 \\ 0, & \text{其他}\end{cases}$$

求 X 与 Y 至少有一个小于 $\dfrac{1}{2}$ 的概率。

第4章 随机变量的数字特征

实践中的概率

在经济管理问题中,人们不仅需要知道随机变量的分布情况,可能更关心随机变量的一些综合性指标。例如,某公司考虑一项投资计划,实施投资计划时,考虑到存在三种市场状态,不同的市场状态下投资收益不同。在市场状况良好时,可能获利 100 万元;市场状况一般时,获利 30 万元;市场状况较差时,将亏损 50 万元。公司通过市场调查,分析得知明年市场状况良好、一般、较差的概率分别为 0.5、0.3、0.2。试问该投资计划的期望收益是多少? 因此在投资计划实施之前,都要对未来的期望收益有所分析才能做出正确的判断。

当然投资者在投资决策时,不但关心投资的期望收益,还关心各种投资的实际结果与期望收益之间的偏离程度(即投资风险)。随机变量的平均值和偏离程度,反映了随机变量的重要特性,称为数字特征。

随机变量的数字特征在理论和实践上都具有重要的意义。本章将重点介绍随机变量的几个常用数字特征:数学期望、方差、相关系数和矩。

4.1 数 学 期 望

4.1.1 随机变量的数学期望

1. 离散型随机变量的数学期望

思考下面案例:

【例 4.1】(生产管理问题) 设某工厂产品共有 6000 件,其中一等品 3000 件,二等品 2000 件,次品 1000 件,如果一件一等品获利 2 元,一件二等品获利 1 元,而一件次品工厂要损失 1 元,试问平均一件产品获利为多少元?

【解】 要求平均一件产品获利多少元,即用获利总额÷产品总数

$$\frac{2 \times 3000 + 1 \times 2000 + (-1) \times 1000}{6000} = 2 \times \frac{3000}{6000} + 1 \times \frac{2000}{6000} + (-1) \times \frac{1000}{6000}$$

而 $\frac{3000}{6000}$、$\frac{2000}{6000}$ 和 $\frac{1000}{6000}$ 正好为一等品、二等品和次品出现的频率。

如果令产品利润为随机变量 X,取值分别为一等品、二等品和次品各自的获利情况,则可以写为

产品利润 X	一等品获利 2 元	二等品获利 1 元	次品获利 —1 元
频率	3000/6000	2000/6000	1000/6000

假设一等品、二等品和次品各自的获利、件数分别写为 x_k，a_k（$k=1,2,3$），总的件数为 N，因此，一件产品平均获利可以写为

$$2 \times \frac{3000}{6000} + 1 \times \frac{2000}{6000} + (-1) \times \frac{1000}{6000} = \sum_{k=1}^{3} x_k \frac{a_k}{N} = 2 \times 0.5 + 1 \times \frac{1}{3} + (-1) \times \frac{1}{6} = \frac{7}{6}(\text{元})$$

在第 5 章将会讲到，当 N 很大时，频率 $\dfrac{a_k}{N}$ 在一定意义上接近事件 $\{X=x_k\}$ 的概率 p_k。即在试验次数很大时，随机变量 X 的观察值的算术平均值 $\sum\limits_{k=1}^{3} x_k \dfrac{a_k}{N}$ 在一定意义下接近于 $\sum\limits_{k=1}^{3} x_k p_k$，称 $\sum\limits_{k=1}^{3} x_k p_k$ 为随机变量 X 的数学期望或均值，一般地，有如下定义：

定义 4.1（离散型随机变量数学期望）　设 X 为离散型随机变量，其分布律为 $p_k = P\{X=x_k\}$，$k=1,2,\cdots$。若级数 $\sum\limits_{k=1}^{\infty} x_k p_k$ 绝对收敛，则称级数 $\sum\limits_{k=1}^{\infty} x_k p_k$ 的和为随机变量 X 的数学期望，记为 $E(X)$，即

$$E(X) = \sum_{k=1}^{\infty} x_k p_k \tag{4.1}$$

简称期望（expectation）或均值（mean）。

注　上述和式 $\sum\limits_{i=1}^{\infty}$ 表示对所有可能取值求和。当可能取值为无穷个时，要求无穷级数绝对收敛（不仅是收敛），以确保任意改变 x_i，$i=1,2,\cdots$ 的次序，均不影响级数的收敛性及其和值。

【例 4.2】（投资计划问题）　某公司考虑一项投资计划，实施投资计划时，存在三种市场状态，不同的市场状态下投资收益不同。在市场状况良好时，可能获利 100 万元；市场状况一般时，获利 30 万元；市场状况较差时，将亏损 50 万元。公司通过市场调查，分析得知明年市场状况良好、一般、较差的概率分别为 0.5、0.3、0.2。试问该投资计划的期望收益是多少？

【解】　投资收益 X 的分布律如下表：

获利 X/万元	100	30	—50
概率 p	0.5	0.3	0.2

按数学期望定义，其期望收益为

$$E(X) = 100 \times 0.5 + 30 \times 0.3 + (-50) \times 0.2 = 49(\text{万元})$$

注　上述例子的计算结果表明，对于离散型随机变量，$E(X)$ 并非随机变量的最可能出现的取值，甚至连可能取值也不是，而只是一个综合平均值。它是由概率分布完全确定

的,故亦可称为概率分布的期望。

2. 连续型随机变量的数学期望

定义 4.2(连续型随机变量数学期望)　设 X 为连续型随机变量,其密度函数为 $f(x)$,若广义积分 $\int_{-\infty}^{+\infty} xf(x)\,dx$ 绝对收敛(即 $\int_{-\infty}^{+\infty} |x|f(x)\,dx < \infty$),称 X 有数学期望存在,并记为

$$E(X) = \int_{-\infty}^{+\infty} xf(x)\,dx \tag{4.2}$$

称 $E(X)$ 为随机变量 X 的数学期望,简称期望或均值。

【例 4.3】(质量管理问题)　已知某品牌电视机电流噪声为一随机变量 X,均匀分布在 0～4 分贝,其密度函数为

$$f(x) = \begin{cases} \dfrac{1}{4}, & 0 < x \leqslant 4 \\ 0, & \text{其他} \end{cases}$$

求平均噪声 $E(X)$。

【解】　$E(X) = \int_{-\infty}^{+\infty} xf(x)\,dx = \int_0^4 \dfrac{1}{4}x\,dx = \dfrac{x^2}{8}\Big|_0^4 = 2$

【例 4.4】(生产管理问题)　某种品牌的电视机按规定实行"三包",若寿命不足 30 天,顾客可以退换,工厂则要亏损 500 元;若寿命为 30～365 天,顾客可以要求免费维修,工厂则要亏损 100 元;若寿命超过 365 天,电视机超过保修期,工厂获利 150 元。假设电视机的寿命 X(单位:天)的密度函数为 $f(x) = \begin{cases} \dfrac{1}{1000}e^{-x/1000}, & x \geqslant 0 \\ 0, & x < 0 \end{cases}$,试求工厂每生产一台电视机平均获利多少元?

【解】　X 的分布函数为

$$F(x) = \int_{-\infty}^{x} f(t)\,dt = \begin{cases} 1 - e^{-x/1000}, & x \geqslant 0 \\ 0, & x < 0 \end{cases}$$

用随机变量 Y 表示工厂生产一台电视机的获利,则 Y 可能取值为 -500、-100 和 150,且

$$P\{Y = -500\} = P\{X < 30\} = F(30) = 1 - e^{-30/1000} = 0.0296$$

$$P\{Y = -100\} = P\{30 \leqslant X \leqslant 365\} = F(365) - F(30) = 0.3058 - 0.0296 = 0.2762$$

$$P\{Y = 150\} = P\{X > 365\} = 1 - P\{X \leqslant 365\} = 1 - F(365) = 1 - 0.3058 = 0.6942$$

于是

$$E(Y) = \sum_{k=1}^{3} y_k p_k = -500 \times 0.0296 - 100 \times 0.2762 + 150 \times 0.6942 = 61.71(\text{元})$$

即,工厂每生产一台电视机平均获利 61.71 元。

4.1.2 随机变量的函数的数学期望

1. 单个随机变量函数的数学期望

定义 4.3(单个随机变量函数的数学期望) 设 X 为随机变量,其分布函数为 $F(x)$,$Y=g(X)$ 为一元实连续函数。若 $\int_{-\infty}^{+\infty}|g(x)|\,\mathrm{d}F(x)<\infty$,称随机变量 $g(X)$ 的期望存在,且 $E[g(X)]=\int_{-\infty}^{+\infty}g(x)\,\mathrm{d}F(x)$。

(1) 如果 X 为离散型随机变量,$p_i=P(X=x_i)$,$i=1,2,\cdots$,则有

$$E(X)=E[g(X)]=\sum_i g(x_i)p_i \tag{4.3}$$

(2) 如果 X 为连续型随机变量,其密度函数为 $f(x)$,且 $\int_{-\infty}^{+\infty}g(x)f(x)\mathrm{d}x$ 绝对收敛,有

$$E(X)=E[g(X)]=\int_{-\infty}^{+\infty}g(x)f(x)\,\mathrm{d}x \tag{4.4}$$

注 按照定义计算 $E[g(X)]$,首先应求出随机变量的函数 $g(X)$ 的概率分布,然后才能计算出期望值。这种途径往往比较困难,至少相当麻烦。上述结果提供了另一条捷径,即不必先求 $g(X)$ 的分布,直接用 X 的分布求和或求积分运算。上述结果可推广到多维随机变量的函数。

【例 4.5】 设随机变量 X 的分布律为

X	-2	2	3	4
P	$\frac{1}{8}$	$\frac{1}{4}$	$\frac{1}{2}$	$\frac{1}{8}$

求 $E(X^2-1)$,$E\left(\dfrac{1}{X+3}\right)$。

【解】 根据定义 4.3 得

$$E(X^2-1)=[(-2)^2-1]\times\frac{1}{8}+[2^2-1]\times\frac{1}{4}+[3^2-1]\times\frac{1}{2}+[4^2-1]\times\frac{1}{8}$$

$$=3\times\frac{1}{8}+3\times\frac{1}{4}+8\times\frac{1}{2}+15\times\frac{1}{8}=7$$

$$E\left(\frac{1}{X+3}\right)=\frac{1}{-2+3}\times\frac{1}{8}+\frac{1}{2+3}\times\frac{1}{4}+\frac{1}{3+3}\times\frac{1}{2}+\frac{1}{4+3}\times\frac{1}{8}=\frac{29}{105}$$

【例 4.6】(货源数量决策问题) 在国际市场上,每年我国所出口的某种商品的需求量是随机变量 X(单位:t),X 服从 $[2000,4000]$ 上的均匀分布。设每售出这种商品 1t,可以为国家挣得外汇 3 万元,但假如销售不出去而积压于仓库,则每吨浪费保养费 1 万元。试问,需要组织多少货源,才能使国家收益最大?

【解】 设 z 为预备出口的这种商品的数量,显然应取 $2000 \leqslant z \leqslant 4000$。设 Y 为国家获得的收益,则由题意得

$$Y = g(X) = \begin{cases} 3z, & x \geqslant z \\ 3X - (z - X), & x < z \end{cases}$$

因为 X 在 $[2000, 4000]$ 上服从均匀分布,所以 X 的密度函数为

$$f(x) = \begin{cases} \dfrac{1}{2000}, & 2000 \leqslant x \leqslant 4000 \\ 0, & \text{其他} \end{cases}$$

则有

$$E(Y) = \int_{-\infty}^{+\infty} g(x) f(x) \, \mathrm{d}x = \int_{2000}^{z} (4x - z) \frac{1}{2000} \mathrm{d}x + \int_{z}^{4000} 3z \frac{1}{2000} \mathrm{d}x$$

$$= -\frac{1}{1000} (z^2 - 7000z + 4 \times 10^6)$$

$$= -\frac{1}{1000} [(z - 3500)^2 - (3500^2 - 4 \times 10^6)]$$

所以,当 $z = 3500$ 时,$E(Y)$ 达到最大值。

2. 多维随机变量函数的数学期望

定义 4.4(多维随机变量函数的数学期望)　设 $(X_1, X_2, \cdots, X_n)$ 是 n 维随机变量,其联合分布函数为 $F(x_1, x_2, \cdots, x_n)$,$Y = g(X_1, X_2, \cdots, X_n)$ 为这 n 维随机变量的函数,则

$$E(Y) = E[g(X_1, X_2, \cdots, X_n)] = \int_R g(x_1, x_2, \cdots, x_n) \, \mathrm{d}F(x_1, x_2, \cdots, x_n)$$

以二维随机变量函数的数学期望为例:

(1) 如果 (X, Y) 为离散型随机变量,其联合分布律为

$$P\{X = x_i, Y = y_j\} = p_{ij}, \quad i, j = 1, 2, \cdots$$

则 $Z = g(X, Y)$ 的数学期望为

$$E(Z) = E(g(X, Y)) = \sum_{j=1}^{\infty} \sum_{i=1}^{\infty} g(x_i, y_j) p_{ij} \tag{4.5}$$

(这里假设右边级数绝对收敛)。

(2) 如果 (X, Y) 为连续型随机变量,其联合密度函数为 $f(x, y)$,则 $Z = g(X, Y)$ 的数学期望为

$$E(Z) = E(g(X, Y)) = \int_{-\infty}^{+\infty} \int_{-\infty}^{+\infty} g(x, y) f(x, y) \, \mathrm{d}x \mathrm{d}y \tag{4.6}$$

(这里假设右边积分绝对收敛)。

【例 4.7】　设随机变量 (X, Y) 的联合分布为

X \ Y	0	1	2	3
1	0	3/8	3/8	0
3	1/8	0	0	1/8

求 $E(X), E(Y), E(XY)$。

【解】　关于 X 和 Y 的边缘分布分别为

X	1	3
p_i	3/4	1/4

Y	0	1	2	3
p_i	1/8	3/8	3/8	1/8

于是

$$E(X) = 1 \times \frac{3}{4} + 3 \times \frac{1}{4} = \frac{3}{2}$$

$$E(Y) = 0 \times \frac{1}{8} + 1 \times \frac{3}{8} + 2 \times \frac{3}{8} + 3 \times \frac{1}{8} = \frac{3}{2}$$

$$E(XY) = (1 \times 0) \times 0 + (1 \times 1) \times \frac{3}{8} + (1 \times 2) \times \frac{3}{8} + (1 \times 3) \times 0 + (3 \times 0) \times \frac{1}{8}$$

$$+ (3 \times 1) \times 0 + (3 \times 2) \times 0 + (3 \times 3) \times \frac{1}{8} = \frac{9}{4}$$

【例 4.8】　设二维随机变量 (X, Y) 的密度函数为

$$f(x, y) = \begin{cases} \dfrac{3}{2x^3 y^2}, & \dfrac{1}{x} < y < x, x > 1 \\ 0, & \text{其他} \end{cases}$$

求 $E(Y), E\left(\dfrac{1}{XY}\right)$。

【解】　由 (4.6) 式有

$$E(Y) = \int_{-\infty}^{+\infty} y f_Y(y) \, dy = \int_{-\infty}^{+\infty} \int_{-\infty}^{+\infty} y f(x, y) \, dy \, dx$$

$$= \int_1^{+\infty} dx \int_{\frac{1}{x}}^{x} \frac{3}{2x^3 y} \, dy = \frac{3}{2} \int_1^{+\infty} \frac{1}{x^3} [\ln y]_{1/x}^{x} \, dx = \frac{3}{4}$$

$$E\left(\frac{1}{XY}\right) = \int_{-\infty}^{+\infty} \int_{-\infty}^{+\infty} \frac{1}{xy} f(x, y) \, dy \, dx = \int_1^{+\infty} dx \int_{\frac{1}{x}}^{x} \frac{3}{2x^4 y^3} \, dy = \frac{3}{5}$$

4.1.3　数学期望的重要性质

(1) 若 c 是常数,则有 $E(c)=c$;

(2) $E(cX)=cE(X)$;

(3) $E(X+Y)=E(X)+E(Y)$。这个性质可以推广到有限个随机变量和的情形;

(4) 如果 X,Y 相互独立,则 $E(XY)=E(X)E(Y)$,这个性质可以推广到有限个相互独立的随机变量之积的情况。

【证】　不失一般性,设 X 和 Y 为连续型随机变量,密度函数分别为 $f(x)$ 和 $f(y)$,则

(1) $E(c)=\displaystyle\int_{-\infty}^{+\infty} cf(x)\,\mathrm{d}x=c$。

(2) $E(cX)=\displaystyle\int_{-\infty}^{+\infty} cxf(x)\,\mathrm{d}x=c\int_{-\infty}^{\infty} xf(x)\,\mathrm{d}x=cE(X)$。

$$(3)\ E(X+Y)=\int_{-\infty}^{+\infty}\int_{-\infty}^{+\infty}(x+y)f(x,y)\mathrm{d}x\mathrm{d}y$$
$$=\int_{-\infty}^{+\infty} x\left(\int_{-\infty}^{+\infty} f(x,y)\,\mathrm{d}y\right)\mathrm{d}x+\int_{-\infty}^{+\infty} y\left(\int_{-\infty}^{+\infty} f(x,y)\,\mathrm{d}x\right)\mathrm{d}y$$
$$=\int_{-\infty}^{+\infty} x\cdot f_X(x)\mathrm{d}x+\int_{-\infty}^{+\infty} y\cdot f_Y(y)\mathrm{d}y$$
$$=E(X)+E(Y)$$

(4) (仅对 $n=2$ 的情形证明)。

$$E(XY)=\int_{-\infty}^{+\infty}\int_{-\infty}^{+\infty} XYf(x,y)\mathrm{d}x\mathrm{d}y$$

如果 X,Y 相互独立,有 $f(x,y)=f_X(x)f_Y(y)$,因此

$$E(XY)=\int_{-\infty}^{+\infty}\int_{-\infty}^{+\infty} xyf_X(x)f_Y(y)\mathrm{d}x\mathrm{d}y=\int_{-\infty}^{+\infty} xf_X(x)\mathrm{d}x\int_{-\infty}^{+\infty} yf_Y(y)\mathrm{d}y=E(X)E(Y)$$

【例 4.9】　设二维随机变量的 (X,Y) 的密度函数为

$$f(x,y)=\begin{cases}0.25x(1+3y^2), & 0<x<2,0<y<1\\ 0, & 其他\end{cases}$$

求 $E(X),E(Y),E(X+Y),E(XY)$。

【解】　由边缘分布的定义可知

$$f_X(x)=\int_0^1 \frac{1}{4}x(1+3y^2)\mathrm{d}y=0.5x, \quad f_Y(y)=\int_0^2 \frac{1}{4}x(1+3y^2)\mathrm{d}x=0.5(1+3y^2)$$

所以

$$E(X)=\int_0^2 0.5x^2\mathrm{d}x=\frac{4}{3}, \quad E(Y)=\int_0^1 \frac{1}{2}y(1+3y^2)\mathrm{d}y=\frac{5}{8}$$

$$E(X+Y)=E(X)+E(Y)=\frac{4}{3}+\frac{5}{8}=\frac{47}{24}$$

由于 $f(x,y)=f_X(x)f_Y(y)$,因此 X 与 Y 独立,

$$E(XY)=E(X)E(Y)=\frac{4}{3}\times\frac{5}{8}=\frac{5}{6}$$

【例 4.10】（服务管理问题）　一民航送客车载有 20 位旅客自机场开出，旅客有 10 个车站可以下车。如到达一个车站没有旅客下车就不停车。以 X 表示停车的次数，求 $E(X)$。（设每位旅客在各个车站下车是等可能的，并设各旅客是否下车是相互独立的）

【解】　引入仅取 0,1 两个可能值的随机变量 X_i，$i=1,2,\cdots,10$. 且 $X_i=0$ 表示第 i 站无人下车，$X_i=1$ 表示第 i 站有人下车。易见

$$X = X_1 + X_2 + \cdots + X_{10}$$

按题意，任一旅客在第 i 站不下车的概率为 $\dfrac{9}{10}$，因此，20 位旅客都不在第 i 站下车的概率为 $\left(\dfrac{9}{10}\right)^{20}$，故在第 i 站有人下车的概率为 $1-\left(\dfrac{9}{10}\right)^{20}$。即

$$P\{X_i=0\} = \left(\frac{9}{10}\right)^{20}, \quad P\{X_i=1\} = 1-\left(\frac{9}{10}\right)^{20}, \quad i=1,2,\cdots,10$$

$$E(X_i) = 1-\left(\frac{9}{10}\right)^{20}, \quad i=1,2,\cdots,10$$

因而

$$E(X) = E(X_1 + X_2 + \cdots + X_{10}) = E(X_1) + E(X_2) + \cdots + E(X_{10})$$

$$= 10\left[1-\left(\frac{9}{10}\right)^{20}\right] = 8.784（次）$$

4.2　方　　差

4.2.1　随机变量的方差

评判一批水泥板的质量，若它们平均承受力较大，如 1000kg，但是却出现其中有一部分水泥板的承受力在 1800kg 以上，而另一部分的承受力不足 200kg。这批水泥板的承受力关于平均值 1000kg 的偏离程度较大，质量不稳定，因此不能用于建造房屋，否则很可能会发生事故。那么，用什么量来衡量这个偏离程度呢？对于随机变量 X，$E\{|X-E(X)|\}$ 来度量 X 与其均值之间的偏离程度，能反映真实的偏离程度，但是因为带有绝对值，这又会带来分析上的不方便。

为了方便，通常使用 $E\{[X-E(X)]^2\}$ 来度量 X 与其均值 $E(X)$ 的偏离程度。

定义 4.5（方差）　设 X 为随机变量，如果 $E\{[X-E(X)]^2\}$ 存在，则称其为 X 的方差，记为 $D(X)$ 或 $\mathrm{Var}(X)$。即有

$$D(X) = \mathrm{Var}(X) = E\{[X-E(X)]^2\} \tag{4.7}$$

同时，$\sqrt{D(X)}$ 记为 $\sigma(X)$，称为标准差或均方差。

由定义可看出，方差实际上就是随机变量 X 的函数 $g(X)=(X-E(X))^2$ 的数学期望。因此，对于

（1）离散型随机变量的方差

$$D(X) = \sum_{k=1}^{\infty} [x_k - E(X)]^2 p_k$$

其中 $p_k = P\{X = x_k\}$, $k = 1, 2, \cdots$ 是 X 的分布律。

（2）连续型随机变量的方差

$$D(X) = \int_{-\infty}^{+\infty} [x - E(X)]^2 f(x) \mathrm{d}x$$

其中 $f(x)$ 为 X 的密度函数。

由方差 $D(X)$ 的定义，可以得到 $D(X)$ 的计算公式：

$$D(X) = E(X^2) - [E(X)]^2 \tag{4.8}$$

【例 4.11】（金融投资问题）　设投资一只股票，其结果要么赚钱，要么亏本，设其收益为随机变量 X，服从 0-1 分布，其分布律为 $P\{X = 0\} = 1 - p$, $P\{X = 1\} = p$，求 $E(X)$, $D(X)$。

【解】

$$E(X) = 0 \times (1 - p) + 1 \times p = p$$

$$E(X^2) = 0^2 \times (1 - p) + 1^2 \times p = p$$

故

$$D(X) = E(X^2) - [E(X)]^2 = p - p^2 = p(1 - p)$$

【例 4.12】（工业工程问题）　设某电子元器件寿命 X 服从指数分布，其密度函数为

$$f(x) = \begin{cases} \dfrac{1}{\theta} \mathrm{e}^{-\frac{1}{\theta}x}, & x > 0 \\ 0, & x \leqslant 0 \end{cases}$$

其中 $\theta > 0$ 为常数，求 $D(X)$。

【解】

$$E(X) = \int_{-\infty}^{+\infty} x f(x) \, \mathrm{d}x = \int_0^{+\infty} x \, \frac{1}{\theta} \mathrm{e}^{-\frac{x}{\theta}} \mathrm{d}x = \theta$$

$$E(X^2) = \int_{-\infty}^{+\infty} x^2 f(x) \, \mathrm{d}x = \int_0^{+\infty} x^2 \, \frac{1}{\theta} \mathrm{e}^{-\frac{x}{\theta}} \mathrm{d}x = 2\theta^2$$

$$D(X) = E(X^2) - [E(X)]^2 = 2\theta^2 - \theta^2 = \theta^2$$

4.2.2　方差的重要性质

（1）设 c 为常数，$D(c) = 0$；

（2）设 X 为随机变量，c 为常数，则 $D(cX) = c^2 D(X)$；

（3）设 X, Y 为随机变量，有

$$D(X + Y) = D(X) + D(Y) + 2E\{(X - E(X)(Y - E(Y))\}$$

如果 X, Y 相互独立，则有

$$D(X+Y)=D(X)+D(Y)$$

这一性质可以推广到任意有限多个相互独立的随机变量之和的情况。

(4) 若 $b\neq E(X)$，则 $D(X)<E((X-b)^2)$。说明随机变量对于其期望的偏离程度比对于其他任何点的偏离程度都要小，表明期望确实刻画了随机变量取值的中心位置（相当于质量重心）。

(5) $D(X)=0$ 的充要条件是 X 以概率 1 取常数 $E(X)$，即

$$P\{X=E(X)\}=1$$

【证】　(1) $D(c)=E\{[c-E(c)]^2\}=0$。

(2) $D(cX)=E\{[cX-E(cX)]^2\}=c^2E[X-E(X)]^2=c^2D(X)$。

(3) $D(X+Y)=E\{[(X+Y)-E(X+Y)]^2\}$
$$=E\{[(X-E(X))+(Y-E(Y))]^2\}$$
$$=E(X-E(X))^2+E(Y-E(Y))^2+2E\{(X-E(X))(Y-E(Y))\}$$
$$=D(X)+D(Y)+2E\{(X-E(X))(Y-E(Y))\}$$
$$=D(X)+D(Y)+2(E(XY)-E(X)E(Y))$$

如果 X,Y 相互独立，则有

$$E(XY)-E(X)E(Y)=0$$

因此

$$D(X+Y)=D(X)+D(Y)$$

(4) $D(X)=D(X-b)=E((X-b)^2)-(E(X-b))^2\leqslant E((X-b)^2)$

所以，当 $b\neq E(X)$ 时，

$$D(X)<E((X-b)^2)$$

(5) 因为 $D(X)=E(X-E(X))^2$，如果 $D(X)=0$，无论 X 是否为离散型或者连续型分布，按照数学期望的计算公式，均可以得到 $X=E(X)$，即

$$P\{X=E(X)\}=1$$

【例 4.13】　设 $X\sim b(n,p)$，则

$$E(X)=np,\quad D(X)=np(1-p)$$

【证】　由二项分布定义，随机变量 X 是 n 重伯努利试验中事件 A 发生的次数，且 $P(A)=p$，引入随机变量

$$X_i=\begin{cases}1,\quad A\text{ 在第 }i\text{ 次试验中发生}\\0,\quad A\text{ 在第 }i\text{ 次试验中不发生}\end{cases},\quad i=1,2,\cdots,n$$

$X_i(i=1,2,\cdots,n)$ 服从同一 0-1 分布，且相互独立，则

$$X=X_1+X_2+\cdots+X_n$$

由例 4.11 知 0-1 分布的数学期望和方差分别为

$$E(X_i)=p,\quad D(X_i)=p(1-p)$$

由数学期望和方差的性质知

$$E(X) = E\Big(\sum_{i=1}^{n} X_i\Big) = \sum_{i=1}^{n} E(X_i) = np$$

$$D(X) = D\Big(\sum_{i=1}^{n} X_i\Big) = \sum_{i=1}^{n} D(X_i) = np(1-p)$$

定义 4.6(切比雪夫不等式)　设随机变量 X 的数学期望 $E(X) = \mu$,方差 $D(X) = \sigma^2$,则对于任意正数 ε,不等式

$$P\{\,|X-\mu| \geqslant \varepsilon\,\} \leqslant \frac{\sigma^2}{\varepsilon^2} \tag{4.9}$$

成立,这一不等式称为切比雪夫(Chebyshev)不等式。

【证】　这里只就连续型随机变量的情况加以证明。设 X 的密度函数为 $f(x)$,则有

$$P\{\,|X-\mu| \geqslant \varepsilon\} = \int_{|x-\mu| \geqslant \varepsilon} f(x)\,\mathrm{d}x \leqslant \int_{|x-\mu| \geqslant \varepsilon} \frac{(x-\mu)^2}{\varepsilon^2} f(x)\,\mathrm{d}x$$

$$\leqslant \frac{1}{\varepsilon^2} \int_{-\infty}^{+\infty} (x-\mu)^2 f(x)\,\mathrm{d}x = \frac{\sigma^2}{\varepsilon^2}$$

切比雪夫不等式也可以等价地表示为

$$P\{\,|X-\mu| < \varepsilon\} \geqslant 1 - \frac{\sigma^2}{\varepsilon^2} \tag{4.10}$$

【例 4.14】(金融问题)　已知某种股票每股价格 X 的平均值为 1 元,标准差为 0.1 元,求 a 使股价超过 $1+a$ 元或低于 $1-a$ 元的概率小于 10%。

【解】　利用切比雪夫不等式,有

$$P\{\,|X-1| \geqslant a\} \leqslant \frac{0.01}{a^2}$$

令 $\dfrac{0.01}{a^2} \leqslant 0.1$,可以得到 $a^2 \geqslant 0.1$,即 $a \geqslant 0.32$。

4.3　几种常用的随机变量数学期望和方差

1. 二项分布

设 $X \sim b(n, p)$,则

$$E(X) = np, \quad D(X) = np(1-p)$$

证明见例 4.13。可见,二项分布 $B(n, p)$ 的期望与方差完全可由其两个参数 n, p 所确定。反之,给定 $E(X)$ 与 $D(X)$ 后,n, p 便被唯一地确定。

2. 泊松分布

设 $X \sim \pi(\lambda)$,即 $p_k = \dfrac{\lambda^k}{k!}\mathrm{e}^{-\lambda}$,$k = 0, 1, 2, \cdots, \lambda > 0$,则

$$E(X) = D(X) = \lambda$$

$$E(X) = \sum_{k=0}^{\infty} k \frac{\lambda^k}{k!} e^{-\lambda} = \lambda \sum_{k=1}^{\infty} \frac{\lambda^{k-1}}{(k-1)!} e^{-\lambda}$$

$$= \lambda \sum_{k^*=0}^{\infty} k \cdot \frac{\lambda^{k^*}}{k^*!} e^{-\lambda} = \lambda, \quad k^* = k - 1$$

而

$$E(X^2) = \sum_{k=0}^{\infty} k^2 \frac{\lambda^k}{k!} e^{-\lambda} = \sum_{k=0}^{\infty} (k^2 - k + k) \frac{\lambda^k}{k!} e^{-\lambda}$$

$$= \sum_{k=0}^{\infty} k \frac{\lambda^k}{k!} e^{-\lambda} + \sum_{k=0}^{\infty} k(k-1) \frac{\lambda^k}{k!} e^{-\lambda}$$

$$= \lambda + \sum_{k=2}^{\infty} \frac{\lambda^2 \lambda^{k-2}}{(k-2)!} e^{-\lambda} = \lambda + \lambda^2$$

从而

$$D(X) = E(X^2) - [E(X)]^2 = \lambda + \lambda^2 - \lambda^2 = \lambda$$

可见，$E(X) = D(X) = \lambda$。

泊松分布的参数 λ 就是其数学期望与方差，其分布律也由其数学期望或方差完全确定。

3. 几何分布

设随机变量 X 服从几何分布，记为 $X \sim G(p)$，其分布律为

$$p_k = P\{X = k\} = p q^{k-1}, \quad k = 1, 2, \cdots, q = 1 - p, 0 < p < 1$$

则有

$$E(X) = \frac{1}{p}, \quad D(X) = \frac{1-p}{p^2} \tag{4.11}$$

【证】

$$E(X) = \sum_{k=1}^{\infty} k p_k = \sum_{k=1}^{\infty} k q^{k-1} p = p(1 + 2q + 3q^2 + \cdots)$$

$$= p(q + q^2 + q^3 + \cdots)' = p\left(\frac{q}{1-q}\right)'$$

$$= p\left(\frac{1}{1-q} + q \frac{1}{(1-q)^2}\right) = \frac{1}{p}$$

又因为

$$E(X^2) = \sum_{k=1}^{\infty} k^2 q^{k-1} p = \sum_{k=1}^{\infty} k(k-1) q^{k-1} p + \sum_{k=1}^{\infty} k q^{k-1} p$$

$$= pq \sum_{k=2}^{\infty} k(k-1) q^{k-2} + \frac{1}{p}$$

$$= pq \left(\frac{1}{1-q}\right)'' + \frac{1}{p}$$

$$= pq\,\frac{2}{(1-q)^3} + \frac{1}{p} = \frac{2q}{p^2} + \frac{1}{p}$$

从而

$$D(X) = E(X^2) - [E(X)]^2 = \frac{2q}{p^2} + \frac{1}{p} - \left(\frac{1}{p}\right)^2 = \frac{q}{p^2}$$

4. 均匀分布

设 $X \sim U(a,b)$，

$$f(x) = \begin{cases} \dfrac{1}{b-a}, & x \in [a,b] \\ 0, & \text{其他} \end{cases}$$

则

$$E(X) = \int_{-\infty}^{+\infty} x \cdot f(x)\mathrm{d}x = \int_a^b \frac{x}{b-a}\mathrm{d}x = \frac{1}{b-a}\left.\frac{x^2}{2}\right|_a^b = \frac{(b^2-a^2)}{2(b-a)} = \frac{b+a}{2}$$

而

$$E(X^2) = \int_{-\infty}^{+\infty} x^2 f(x)\mathrm{d}x = \int_a^b x^2 \frac{1}{b-a}\mathrm{d}x = \frac{1}{b-a}\left.\frac{x^3}{3}\right|_a^b = \frac{1}{3}(b^2+ab+a^2)$$

所以

$$D(X) = E(X^2) - [E(X)]^2 = \frac{1}{3}(b^2+ab+a^2) - \left(\frac{b+a}{2}\right)^2 = \frac{(b-a)^2}{12}$$

5. 指数分布

密度函数为

$$f(x) = \begin{cases} \dfrac{1}{\theta}\mathrm{e}^{-\frac{x}{\theta}}, & x > 0 \\ 0, & x \leqslant 0 \end{cases}$$

其中 $\theta > 0$。

由例 4.12 可知

$$E(X) = \theta, \quad D(X) = \theta^2$$

6. 正态分布

设 $X \sim N(\mu,\sigma^2)$，$-\infty < \mu < +\infty$，$\sigma > 0$，$f(x) = \dfrac{1}{\sqrt{2\pi}\sigma}\mathrm{e}^{-\frac{(x-\mu)^2}{2\sigma^2}}$，则

$$E(X) = \int_{-\infty}^{+\infty} \frac{x}{\sqrt{2\pi}\sigma}\mathrm{e}^{-\frac{1}{2}\left(\frac{x-\mu}{\sigma}\right)^2}\mathrm{d}x \quad \left(\text{令 } y = \frac{x-\mu}{\sigma}\right)$$

$$= \frac{1}{\sqrt{2\pi}}\int_{-\infty}^{+\infty} (\sigma y + \mu)\mathrm{e}^{-\frac{1}{2}y^2}\mathrm{d}y = \mu\int_{-\infty}^{+\infty} \frac{1}{\sqrt{2\pi}}\mathrm{e}^{-\frac{1}{2}y^2}\mathrm{d}y = \mu$$

$$（奇函数在对称区间积分 \int_{-\infty}^{+\infty} \sigma y e^{-\frac{1}{2}y^2} dy = 0）$$

$$D(X) = \int_{-\infty}^{+\infty} (x-\mu)^2 \frac{1}{\sqrt{2\pi}\sigma} e^{-\frac{1}{2}\left(\frac{x-\mu}{\sigma}\right)^2} dx \quad \left（令 \frac{x-\mu}{\sigma} = y\right）$$

$$= \frac{\sigma^2}{\sqrt{2\pi}} \int_{-\infty}^{+\infty} y^2 e^{-\frac{y^2}{2}} dy = \frac{\sigma^2}{\sqrt{2\pi}} \left[-y e^{-\frac{y^2}{2}} \Big|_{-\infty}^{\infty} + \int_{-\infty}^{+\infty} e^{-\frac{y^2}{2}} dy \right]$$

$$= \sigma^2 \int_{-\infty}^{+\infty} \frac{1}{\sqrt{2\pi}} e^{-\frac{y^2}{2}} dy = \sigma^2$$

特别地,若 $X \sim N(0,1)$,则 $E(X)=0, D(X)=1$。可见正态分布 $N(\mu,\sigma^2)$ 的两个参数 μ, σ^2 恰好就是其数学期望与方差。

由上一章 3.4 节可以知道,若 $X_i \sim N(\mu_i, \sigma_i^2), i=1,2,\cdots,n$,且它们相互独立,则它们的线性组合: $c_1 X_1 + c_2 X_2 + \cdots + c_n X_n$ 仍然服从正态分布,于是由数学期望和方差的性质可得: $c_1 X_1 + c_2 X_2 + \cdots + c_n X_n \sim N\left(\sum_{i=1}^{n} c_i \mu_i, \sum_{i=1}^{n} c_i^2 \sigma_i^2\right)$

4.4 协方差和相关系数

定义 4.7(协方差) 定义 $E\{[X-E(X)][Y-E(Y)]\}$ 为随机变量 X 和 Y 的协方差,记为 $\text{Cov}(X,Y)$,即

$$\text{Cov}(X,Y) = E\{[X-E(X)][Y-E(Y)]\} = E(XY) - E(X)E(Y)$$

而

$$\rho_{XY} = \frac{\text{Cov}(X,Y)}{\sqrt{D(X)}\sqrt{D(Y)}}$$

称为随机变量 X 和 Y 的相关系数。

由协方差定义,可以得到如下性质:

(1) $\text{Cov}(X,Y) = \text{Cov}(Y,X), \text{Cov}(X,X) = D(X)$;

(2) $\text{Cov}(aX,bY) = ab\text{Cov}(X,Y), a,b$ 为常数;

(3) $\text{Cov}(X_1+X_2,Y) = \text{Cov}(X_1,Y) + \text{Cov}(X_2,Y)$;

(4) $D(X+Y) = D(X) + D(Y) + 2\text{Cov}(X,Y)$。

【证】 对随机变量 X 和 Y,有:

(1) 因为

$$\text{Cov}(X,Y) = E(XY) - E(X)E(Y), \quad \text{Cov}(Y,X) = E(XY) - E(X)E(Y)$$

所以

$$\text{Cov}(X,Y) = \text{Cov}(Y,X)$$

$$\text{Cov}(X,X) = E(X^2) - E(X)E(X) = D(X)$$

(2) $\text{Cov}(aX,bY) = E(aX \cdot xbY) - E(aX)E(bY) = ab[E(XY) - E(X)E(Y)] = ab\text{Cov}(X,Y)$,

(3) $\mathrm{Cov}(X_1+X_2,Y)=E((X_1+X_2)Y)-E(X_1+X_2)E(Y)$

$\qquad\qquad\qquad\quad =E(X_1Y)+E(X_2Y)-E(X_1)E(Y)+E(X_2)E(Y)$

$\qquad\qquad\qquad\quad =\mathrm{Cov}(X_1,Y)+\mathrm{Cov}(X_2,Y)$

(4) $D(X+Y)=E\{[(X+Y)-E(X+Y)]^2\}$

$\qquad\qquad\quad =E\{[(X-E(X))+(Y-E(Y))]^2\}$

$\qquad\qquad\quad =E\{(X-E(X))^2\}+E\{(Y-E(Y))^2\}+2E\{(X-E(X))(Y-E(Y))\}$

$\qquad\qquad\quad =D(X)+D(Y)+2E\{E(XY)-E(X)E(Y)\}$

相关系数 ρ_{XY} 具有如下性质：

(1) $|\rho_{XY}|\leqslant 1$；

(2) $|\rho_{XY}|=1$ 的充要条件是，存在常数 a,b，使 $P(Y=a+bX)=1$；

(3) 随机变量 X,Y 不相关的充要条件是 $\rho_{XY}=0$。

【证】　为了证明相关系数的上述性质，先考察下式：

$$e=E[(Y-a-bX)^2]$$

将其展开，得到

$$e=E(Y^2)+b^2E(X^2)+a^2-2bE(XY)+2abE(X)-2aE(Y)$$

显然，e 越小，表示 Y 与 $a+bX$ 之间的差异越小。为此，对 e 分别求 a,b 偏导，得到

$$\begin{cases} \dfrac{\partial e}{\partial a}=2a+2bE(X)-2E(Y)=0 \\[2mm] \dfrac{\partial e}{\partial b}=2bE(X^2)-2E(XY)+2bE(X)=0 \end{cases}$$

求解，得到

$$b=\frac{\mathrm{Cov}(X,Y)}{D(X)}$$

$$a=E(Y)-E(X)\times\frac{\mathrm{Cov}(X,Y)}{D(X)}$$

因此，有

$$\min_{a,b}E[(Y-a-bX)^2]=(1-\rho_{xy}^2)D(Y)$$

(1) 由于 e 的最小值和 $D(Y)$ 均大于 0，因此 $1-\rho_{xy}^2\geqslant 0$ 得证。

(2) 如果 $|\rho_{XY}|=1$，则 $0=E[(Y-a-bX)^2]$，得到

$$0=E[(Y-a-bX)^2]=D[(Y-a-bX)]+[E(Y-a-bX)]^2$$

于是

$$D[(Y-a-bX)]=0,\quad [E(Y-a-bX)]=0$$

因此有

$$P\{Y-a-bX=0\}=1$$

反之，如果存在 a^*,b^*，使得 $P\{Y-a^*-b^*X=0\}=1$。可以得到

$$E[(Y-a^*-b^*X)]^2=0$$

故有

$$0 = E[(Y-a-bX)^2] \geqslant \min_{a,b} E[(Y-a-bX)^2] = (1-\rho_{xy}^2)D(Y)$$

即得 $|\rho_{XY}| = 1$。

$|\rho_{XY}|$ 用来表明 Y 与 X 之间的线性关系紧密程度的量。当 $|\rho_{XY}|$ 较大的时候,表明线性关系较好,而较小的时候表明线性关系较差。

当 $\rho_{XY} = 0$,表明 X 与 Y 之间不相关

上述结果也表明:当 X 与 Y 之间相互独立时,有 $\mathrm{Cov}(X,Y) = 0$,从而 $\rho_{XY} = 0$。反之,如果 X 与 Y 之间不相关,则 X 与 Y 之间却不一定相互独立(见例 4.16)。

【例 4.15】 设 (X,Y) 的密度函数为

$$f(x,y) = \begin{cases} a(x+y) & 0 \leqslant x \leqslant 2, 0 \leqslant y \leqslant 2 \\ 0 & \text{其他} \end{cases}$$

求 $E(X), E(Y), \mathrm{Cov}(X,Y), D(X+Y), \rho_{XY}$。

【解】 $\displaystyle\int_0^2 \int_0^2 a(x+y)\mathrm{d}x\mathrm{d}y = 1 \Rightarrow a = \frac{1}{8}$

$$f_X(x) = \begin{cases} \displaystyle\int_0^2 \frac{1}{8}(x+y)\mathrm{d}y = \frac{x+1}{4}, & 0 \leqslant x \leqslant 2 \\ 0, & \text{其他} \end{cases}$$

$$f_Y(y) = \begin{cases} \displaystyle\int_0^2 \frac{1}{8}(x+y)\mathrm{d}x = \frac{y+1}{4}, & 0 \leqslant y \leqslant 2 \\ 0, & \text{其他} \end{cases}$$

$$E(X) = \int_0^2 x \cdot \frac{x+1}{4}\mathrm{d}x = \frac{7}{6}, \quad E(Y) = \int_0^2 y \cdot \frac{y+1}{4}\mathrm{d}y = \frac{7}{6}$$

$$E(X^2) = \int_0^2 x^2 \cdot \frac{x+1}{4}\mathrm{d}x = \frac{5}{3} \quad D(X) = \frac{5}{3} - \left(\frac{7}{6}\right)^2 = \frac{11}{36}, \quad D(Y) = \frac{11}{36}$$

$$E(XY) = \int_0^2 \int_0^2 xy \cdot \frac{x+y}{8}\mathrm{d}x = \frac{4}{3}$$

$$\mathrm{Cov}(X,Y) = E(X,Y) - E(X)E(Y) = -\frac{1}{36}$$

$$D(X+Y) = D(X) + D(Y) + 2\mathrm{Cov}(X.Y) = \frac{5}{9}, \quad \rho_{XY} = \frac{-\dfrac{1}{36}}{\sqrt{\dfrac{11}{36}} \times \sqrt{\dfrac{11}{36}}} = -\frac{1}{11}$$

【例 4.16】 设 (X,Y) 在 $D = \{(x,y) \mid x^2 + y^2 \leqslant 1\}$ 上服从均匀分布,求证:X 与 Y 不相关,但不是相互独立的。

【解】 $f(x,y) = \begin{cases} \dfrac{1}{\pi}, & x^2 + y^2 \leqslant 1 \\ 0, & \text{其他} \end{cases}$

$$E(X) = \int_{-1}^{1} x\,dx \int_{-\sqrt{1-x^2}}^{\sqrt{1-x^2}} \frac{1}{\pi}dy = 0, \quad E(XY) = \int_{-1}^{1} dx \int_{-\sqrt{1-x^2}}^{\sqrt{1-x^2}} \frac{xy}{\pi}dy = 0$$

$$\mathrm{Cov}(X,Y) = E(XY) - E(X)E(Y) = 0$$

所以 $\rho_{XY} = 0$ 即 X 与 Y 不相关

$$f_X(x) = \begin{cases} \int_{-\sqrt{1-x^2}}^{\sqrt{1-x^2}} \frac{1}{\pi}dy = \frac{2}{\pi}\sqrt{1-x^2}, & -1 \leqslant x \leqslant 1 \\ 0, & \text{其他} \end{cases}$$

$$f_Y(y) = \begin{cases} \int_{-\sqrt{1-y^2}}^{\sqrt{1-y^2}} \frac{1}{\pi}dy = \frac{2}{\pi}\sqrt{1-y^2}, & -1 \leqslant y \leqslant 1 \\ 0, & \text{其他} \end{cases}$$

在区域 $D = \{(x,y)\,|\,x^2+y^2 \leqslant 1\}$ 内,

$$f(x,y) \neq f_X(x)f_Y(y)$$

故 X 与 Y 不独立。

但当 (X,Y) 服从二维正态分布时,X 与 Y 不相关和 X 与 Y 相互独立是等价的(如下例)。

【例 4.17】　设 (X,Y) 服从二维正态分布,其密度函数为

$$f(x,y) = \frac{1}{2\pi\sigma_1\sigma_2\sqrt{1-\rho^2}}\exp\left\{\frac{-1}{2(1-\rho^2)}\left[\frac{(x-\mu_1)^2}{\sigma_1^2} - 2\rho\frac{(x-\mu_1)(y-\mu_2)}{\sigma_1\sigma_2} + \frac{(y-\mu_2)^2}{\sigma_2^2}\right]\right\}$$

求证:$\rho_{XY} = \rho$,且 X 与 Y 独立的充分必要条件是 X 与 Y 不相关。

【证】　由例 3.7,(X,Y) 的边缘密度函数为

$$f_X(x) = \frac{1}{\sqrt{2\pi}\sigma_1}e^{-\frac{(x-\mu_1)^2}{2\sigma_1^2}}, \quad -\infty < x < \infty$$

$$f_Y(y) = \frac{1}{\sqrt{2\pi}\sigma_2}e^{-\frac{(y-\mu_2)^2}{2\sigma_2^2}}, \quad -\infty < y < \infty$$

故知

$$E(X) = \mu_1, \quad E(Y) = \mu_2, \quad D(X) = \sigma_1^2, \quad D(Y) = \sigma_2^2$$

而

$$\mathrm{Cov}(X,Y) = \int_{-\infty}^{+\infty}\int_{-\infty}^{+\infty}(x-\mu_1)(y-\mu_2)f(x,y)\,dx\,dy$$

$$= \frac{1}{2\pi\sigma_1\sigma_2\sqrt{1-\rho^2}}\int_{-\infty}^{+\infty}\int_{-\infty}^{+\infty}(x-\mu_1)(y-\mu_2)$$

$$\times \exp\left[\frac{-1}{2(1-\rho^2)}\left(\frac{y-\mu_2}{\sigma_2} - \rho\frac{x-\mu_1}{\sigma_1}\right)^2 - \frac{(x-\mu_1)^2}{2\sigma_1^2}\right]dy\,dx$$

令

$$t = \frac{1}{\sqrt{1-\rho^2}}\left(\frac{y-\mu_2}{\sigma_2} - \rho\frac{x-\mu_1}{\sigma_1}\right), \quad u = \frac{x-\mu_1}{\sigma_1}$$

则有

$$\mathrm{Cov}(X,Y)=\frac{1}{2\pi}\int_{-\infty}^{+\infty}\int_{-\infty}^{+\infty}\left(\sigma_1\sigma_2\sqrt{1-\rho^2}\,tu+\rho\sigma_1\sigma_2u^2\right)\mathrm{e}^{-\frac{(u^2+t^2)}{2}}\mathrm{d}t\,\mathrm{d}u$$

$$=\frac{\rho\sigma_1\sigma_2}{2\pi}\left(\int_{-\infty}^{+\infty}u^2\mathrm{e}^{-\frac{u^2}{2}}\mathrm{d}u\right)\left(\int_{-\infty}^{+\infty}\mathrm{e}^{-\frac{t^2}{2}}\mathrm{d}t\right)+\frac{\sigma_1\sigma_2\sqrt{1-\rho^2}}{2\pi}\left(\int_{-\infty}^{+\infty}u\mathrm{e}^{-\frac{u^2}{2}}\mathrm{d}u\right)\left(\int_{-\infty}^{+\infty}t\mathrm{e}^{-\frac{t^2}{2}}\mathrm{d}t\right)$$

$$=\frac{\rho\sigma_1\sigma_2}{2\pi}\sqrt{2\pi}\sqrt{2\pi}\mathrm{Cov}(X,Y)=\rho\sigma_1^2\sigma_2^2,\quad \rho_{XY}=\frac{\mathrm{Cov}(X,Y)}{\sqrt{D(X)}\sqrt{D(Y)}}=\rho$$

由前面 3.2.2 节知道,对于二维正态随机变量 (X,Y),X 和 Y 相互独立的充要条件是参数 $\rho=0$,而现在知道 $\rho=\rho_{XY}$,故对于二维正态随机变量 (X,Y),X 和 Y 相互独立的充要条件是参数 $\rho_{XY}=0$,即 X 和 Y 相互独立与 X 和 Y 不相关是等价的。

4.5 矩、协方差矩阵

定义 4.8(矩)　设 X 和 Y 是随机变量,如果:

$$E(X^k),\quad k=1,2,\cdots$$

存在,称它为 X 的 k 阶原点矩,简称 k 阶矩。如果

$$E\{[X-E(X)]^k\},\quad k=2,3,\cdots$$

存在,称它为 X 的 k 阶中心矩。如果

$$E(X^kY^l),\quad k,l=1,2,\cdots$$

存在,称它为 X 和 Y 的 $k+l$ 阶混合原点矩。如果

$$E\{[X-E(X)]^k[Y-E(Y)]^l\},\quad k,l=1,2,\cdots$$

存在,称它为 X 和 Y 的 $k+l$ 阶混合中心矩。

显然,数学期望 $E(X)$ 是 X 的一阶原点矩,方差 $D(X)$ 是 X 的二阶中心矩,协方差 $\mathrm{Cov}(X,Y)$ 是 X 和 Y 的二阶混合中心矩。

定义 4.9(协方差矩阵)　如果二维随机变量 (X_1,X_2) 的四个二阶中心矩均存在,且分别记为

$$c_{11}=E\{[X_1-E(X_1)]^2\},\quad c_{12}=E\{[X_1-E(X_1)][X_2-E(X_2)]\}$$

$$c_{21}=E\{[X_2-E(X_2)][X_1-E(X_1)]\},\quad c_{22}=E\{[X_2-E(X_2)]^2\}$$

以这四个值为元素的二阶方阵

$$\begin{pmatrix} c_{11} & c_{12} \\ c_{21} & c_{22} \end{pmatrix}$$

称为随机变量 (X_1,X_2) 的协方差矩阵。

设 n 维随机变量 $(X_1,X_2,\cdots,X_n)$ 的二阶混合中心距

$$c_{ij}=\mathrm{Cov}(X_i,X_j)=E\{[X_i-E(X_i)][X_j-E(X_j)]\},\quad i,j=1,2,\cdots,n$$

都存在,则称 n 阶方阵

$$C = \begin{pmatrix} c_{11} & c_{12} & \cdots & c_{1n} \\ c_{21} & c_{22} & \cdots & c_{2n} \\ \vdots & \vdots & & \vdots \\ c_{n1} & c_{n2} & \cdots & c_{nn} \end{pmatrix}$$

为 n 维随机变量 $(X_1, X_2, \cdots, X_n)$ 的协方差矩阵。由于 $c_{ij} = c_{ji}, i \neq j, i, j = 1, 2, \cdots, n$，因而协方差阵 C 是一个对称矩阵。

关键术语

数学期望（mathematical expectation）$E(X)$ 随机变量 X 的期望均值。

方差（variance）$D(X)$ 度量各变量间变异程度的参数。

标准差（standard deviation） 方差的平方根 $\sqrt{D(X)}$，表示一组数据的变异程度的参数。

协方差（covariance，Cov）$\mathrm{Cov}(X, Y)$ 衡量两个变量的总体误差。

相关系数（correlation coefficient）ρ_{XY} 是变量之间相关程度的指标。

矩（moment） 描述随机变量概率分布的宏观特性的一类常用的量。

重要公式

1. 随机变量的数学期望的计算公式

$$E(X) = \sum_k x_k p_k \quad （离散型随机变量）$$

$$E(X) = \int_{-\infty}^{+\infty} x f(x) \mathrm{d}x \quad （连续型随机变量）$$

2. 随机变量函数的数学期望的计算公式

$$E(g(X)) = \sum_k g(x_k) p_k \quad （离散型随机变量）$$

$$E(g(X)) = \int_{-\infty}^{+\infty} g(x) f(x) \mathrm{d}x \quad （连续型随机变量）$$

$$E(g(X, Y)) = \sum_i \sum_j g(x, y) p_{i,j}$$

$$E(g(X, Y)) = \int_{-\infty}^{+\infty} \int_{-\infty}^{+\infty} g(x, y) f(x, y) \mathrm{d}x \mathrm{d}y$$

3. 随机变量的方差的计算公式

$$D(X) = \sum_i [x_i - E(X)]^2 \cdot p_i \quad （离散型随机变量）$$

$$D(X) = \int_{-\infty}^{+\infty} [x - E(X)]^2 f(x) \mathrm{d}x \quad （连续型随机变量）$$

由方差 $D(X)$ 的定义式不难推出其简化计算公式：

$$D(X) = E(X^2) - [E(X)]^2$$

4. 切比雪夫不等式

设随机变量具有数学期望 $E(X) = \mu$，方差 $D(X) = \sigma^2$，对于任意正数 ε，有不等式 $P\{|X - \mu| \geqslant \varepsilon\} \leqslant \dfrac{\sigma^2}{\varepsilon^2}$ 成立。

5. 协方差计算公式

$$Cov(X,Y) = E(XY) - E(X)E(Y)$$

6. 相关系数计算公式

$$\rho_{XY} = \frac{Cov(X,Y)}{\sqrt{D(X)}\,\sqrt{D(Y)}}$$

7. 矩计算公式

如果 $E(X^k)$，$k = 1, 2, \cdots$ 存在，称它为 X 的 k 阶原点矩，简称 k 阶矩。

如果 $E\{[X - E(X)]^k\}$，$k = 2, 3, \cdots$ 存在，称它为 X 的 k 阶中心矩。

如果 $E(X^k Y^l)$，$k, l = 1, 2, \cdots$ 存在，称它为 X 和 Y 的 $k + l$ 阶混合原点矩。

如果 $E\{[X - E(X)]^k [Y - E(Y)]^l\}$，$k, l = 1, 2, \cdots$ 存在，称它为 X 和 Y 的 $k + l$ 阶混合中心矩。

案例

【案例 4.1】（决策问题）　某唱片公司为了适应市场需求欲扩大生产，计划部门提出三种方案供公司考虑：(1)扩大现有工厂；(2)建立一个新工厂；(3)将部分产量转包给其他工厂生产。对公司来说，最大的不确定性是未来市场对产品的需求。经市场预测分析，需求量状态为高、中、低、失败（无需要）的概率分别为 0.2, 0.5, 0.2, 0.1。根据以往历史资料分析，预计三种方案在各种市场需求状态下，公司能获得利润值（单位：百万元）如下表所示。计算三种方案的期望利润并回答：哪一种方案对实现期望利润最大化的目标最优？

	方案 1（扩大）	方案 2（新建）	方案 3（转包）
高	500	750	300
中	250	300	150
低	−250	−400	−10
失败	−450	−800	−100

【解】　设第 k 个方案的利润为 X_k（$k = 1, 2, 3$），则：

$$E(X_1) = 500 \times 0.2 + 250 \times 0.5 - 250 \times 0.2 - 450 \times 0.1 = 130（百万元）$$
$$E(X_2) = 750 \times 0.2 + 300 \times 0.5 - 400 \times 0.2 - 800 \times 0.1 = 140（百万元）$$
$$E(X_3) = 300 \times 0.2 + 150 \times 0.5 - 10 \times 0.2 - 100 \times 0.1 = 123（百万元）$$

因为 $E(X_2)$ 最大，故第二个方案，即建立新工厂对实现期望利润最大化的目标最优。

【案例 4.2】（生产管理问题）　一学徒工用车床接连加工 10 个零件，设第 i 个零件报废的概率为 $\dfrac{1}{i+1}$，$i = 1, 2, \cdots, 10$，求报废零件个数的数学期望和方差。

【解】　设 X 表示该徒工加工零件中报废的个数，$X_i = 0$ 表示第 i 个零件未报废，$X_i = 1$ 表示第 i 个零件报废。则由题设知 $EX_i = \dfrac{1}{i+1}$。因为

$$X = \sum_{i=1}^{10} X_i, \quad EX = \sum_{i=1}^{10} EX_i$$

所以

$$EX = \sum_{i=1}^{10} \frac{1}{i+1} = \frac{1}{2} + \frac{1}{3} + \cdots + \frac{1}{11} = 2.02$$

由题意可知 $E(X_i^2) = \dfrac{1}{i+1}$，所以

$$D(X_i) = \frac{1}{i+1} - \left(\frac{1}{i+1}\right)^2 = \frac{i}{(i+1)^2}$$

由于不同零部件加工的报废事件独立，因此

$$D(X) = \sum_{i=1}^{10} \frac{i}{(i+1)^2} = \frac{1}{4} + \frac{2}{9} + \cdots + \frac{10}{121} = 1.46$$

习　题　4

1. 某种产品每件表面上的瑕点数服从参数 $\lambda = 0.8$ 的泊松分布，若规定瑕点数不超过一个为一等品，价值 10 元；瑕点数大于 1 个不多于 4 个为二等品，价值 8 元；瑕点数超过 4 个为废品，价值为 0 元。求：(1)产品的废品率；(2)产品价值的平均值。

2. 将编号为 $1 \sim n$ 的 n 只球随机放入编号为 $1 \sim n$ 的 n 个盒子中，若球的编号与盒子的编号恰好相同，则称球与盒子配对。以 X 表示总的配对数。求 $E(X)$。

3. 某工厂生产某种产品的次品率为 0.05，且各产品是否为次品是独立的。该厂检验员每天须检验 5 次。每次随机抽取 10 件产品检验，如发现其中有次品，则须对生产设备进行调整。以 X 表示一天中调整设备的次数，求 $E(X)$。

4. 设某离散变量 X 的分布律为

X	-3	1	5
P	0.2	0.5	0.3

试求：$E(X), E(2X-2), E(X^2+1)$。

5. 设随机变量 X 的概率分布为

$$f(x) = \begin{cases} e^{-x}, & x > 0, \\ 0, & x < 0 \end{cases}$$

且 $Y = 3X + 2, Z = e^{-(3X+2)}$。试求 Y, Z 的数学期望。

6. 设随机变量 X, Y 的密度函数分别为

$$f_X(x) = \begin{cases} e^{-x}, & x > 0 \\ 0, & x \leqslant 0 \end{cases}, \quad f_Y(x) = \begin{cases} 2e^{-2y}, & y > 0 \\ 0, & y \leqslant 0 \end{cases}$$

试求：(1)$E(X+Y), E(X-2Y^2)$；(2)X, Y 相互独立，求 $E(XY)$。

7. 某车间生产的圆盘直径 $X \sim U(a,b)$，试求圆盘面积的数学期望。

8. 若 n 把看上去相同样子的钥匙，其中只有一把能打开门上的锁，用它们试开门上的锁，设取到每把钥匙是等可能的。分别就下列两种情况，求试开次数 X 的数学期望和方差：

(1) 打不开的钥匙不放回；

(2) 打不开的钥匙仍放回。

9. 设一次试验成功的概率为 p，进行 100 次独立重复试验，当 p 为多少时，成功次数的标准差的值最大，其最大值为多少？

10. 对一批产品进行检查，每次取任意取一件产品，检查后放回，再取一件产品，如此继续进行，如果发现次品，则认为这批产品不合格而立即停止检查；如果任取 5 件产品都是合格品，则认为这批产品合格，也停止检查。设每批产品的次品率为 0.2，问平均每批要抽查多少件产品？

11. 设有 3 只球，4 只盒子，盒子的编号为 1、2、3、4，将球逐个随机地投入 4 只盒子中去，记 X 为其中至少有一只球的盒子的最小号码，求 $E(X)$。

12. 设 X 的密度函数为

$$f(x) = \begin{cases} kx^2, & -1 < x < 0 \\ \dfrac{1}{3}\cos x, & 0 \leqslant x \leqslant \dfrac{\pi}{2} \\ 0, & 其他 \end{cases}$$

试求：(1) k 的值，(2) $E(X)$，$D(X)$。

13. 设随机变量 X 服从瑞利分布，其密度函数为

$$f(x) = \begin{cases} \dfrac{x}{\sigma^2} e^{-x^2/2\sigma^2}, & x > 0 \\ 0, & x \leqslant 0 \end{cases}$$

其中 $\sigma > 0$ 是常数。求 $E(X)$，$D(X)$。

14. 设 (X,Y) 的分布律为

Y \ X	1	3	5
−2	0.1	0.0	0.1
0	0.2	0.2	0.1
2	0.0	0.2	0.1

令 $Z = Y/X$。试求 $E(X)$，$E(Y)$，$E(XY)$，$E(Z)$，$Cov(X,Y)$，ρ_{XY}。

15. 一辆公交车送 40 名乘客到 10 个站，假设每一位乘客都可能在任一站下车，并且他们下车与否相对独立。又知交通车只在有人下车时才停车。求该交通车停车次数的数学期望。

16. 设有 n 个人各持有一个球，球的颜色不同。现所有的人将球放入一个盒子。然后各从盒子中随机摸一个球。以 X 表示这些人中摸到自己原来的球的人数。求 $E(X)$。

17. 某工厂生产产品的寿命 X（单位：年）服从 $\theta = 5$ 的指数分布。工厂规定：出售的产品若在一年内损坏就以更换。若售出一件该产品赢利 200 元，更换则亏损 300 元，求工厂售出一件产品净赢利的数学期望。

18. 某种商品每周的需求量 X 是服从区间 $[10,30]$ 上均匀分布的随机变量，经销商店进货量为区间 $[10,30]$ 中的某一整数，商店每销售一单位商品可获利 500 元；若供大于求则销价处理，每处理 1 单位商

品亏损 100 元;若供不应求,则可从外部调剂供应,此时每件商品仅获利 300 元,为使商店所获得利润期望不小于 9280 元,试确定最少进货量。

19. 设 X,Y,Z 相互独立,$X\sim b(10,0.8),Y\sim\pi(3),Z\sim N(-2.5)$,且 $W=X-2Y+Z-4$. 求 $E(W),D(W)$。

20. 设 X,Y 相互独立,$X\sim N(0,\sigma^2),Y\sim N(0,\sigma^2),Z=\sqrt{X^2+Y^2}$. 求 $E(Z),D(Z)$

21. 设随机变量 X,Y 相互独立,且 $X\sim N(720,30^2),Y\sim N(640,25^2)$. 试求 $Z=2X+Y,W=X-Y$ 的分布,并求概率 $P\{X>Y\},P\{X+Y>1400\}$。

22. 已知 (X,Y) 的分布律为

Y＼X	0	1	2
0	0.1	0.25	0.15
1	0.15	0.2	0.15

求 $W=\min(X,Y),U=\max(X,Y),V=\sin\left[\dfrac{\pi}{2}(X+Y)\right]$ 的数学期望。

23. 卡车装运水泥,设每袋水泥的重量 $X\sim N(50,2.5^2)$。问若使水泥总重量超过 2000 的概率不大于 0.05,最多可装多少袋?

24. 设活塞的直径 $X\sim N(22.40,0.03^2)$,气缸的直径 $Y\sim N(22.50,0.04^2)$,X,Y 相互独立。现任取一只活塞和一只气缸,求活塞能够装入气缸的概率。

第 5 章 大数定律及中心极限定理

实践中的概率

保险公司是一个从事对损失理赔的行业，它的经营机制是将分散的不确定性集中起来，转变为大致的确定性以分摊损失，其最关心的是实际损失与预期损失概率的偏差。在开展新的业务前，必须通过大量的损失统计资料对风险损失概率进行精确地估算，根据大数定律，承保的风险单位(俗称保单)越多，实际损失与预期损失概率的偏差就越小；承保的风险单位越少，实际损失与预期损失概率的偏差就越大。而实际损失与预期损失概率的偏差又影响到保险公司的服务稳定和经营效益。另外中心极限定理也指出含有充分多个风险单位的随机样本的损失近似符合正态分布。这个结论对保险费率的厘定也极为重要。因此，保险公司在根据大量的损失统计资料精算出预期损失概率并制定出合理的保险费率的基础上应尽可能地多承保风险单位，也就越可能有足够的资金赔付保险期内发生的所有索赔，从而使保险公司运营更加平稳，也就越有利于投保人或被保险人。

概率论与数理统计是研究随机现象统计规律性的学科。随机现象的规律性只有在相同的条件下进行大量重复试验时才会呈现出来。也就是说，要从随机现象中去寻求必然的法则，应该研究大量随机现象，研究大量的随机现象，常常采用极限形式，由此导致对极限定理进行研究。极限定理的内容很广泛，其中最重要的有两种：大数定律和中心极限定理。

5.1 大 数 定 律

大数定律是指在随机试验中，每次出现的结果不同，但是大量重复试验出现的结果的平均值却几乎总是接近于某个确定的值。也就是说事件发生的频率具有稳定性，即随着试验次数的增加，事件发生的频率逐渐稳定于某个常数。除此之外人们还认识到大量测量值的算术平均值也具有稳定性。其原因是，在大量的观察试验中，由于个别的、偶然的因素影响而产生的差异将会相互抵消，从而使现象的必然规律性显示出来。例如，观察个别或少数家庭的婴儿出生情况，发现有的生男，有的生女，没有一定的规律性，但是通过大量的观察就会发现，男婴和女婴占婴儿总数的比重均会趋于 50%。

5.1.1 大数定律的定义

定理 5.1(大数定律) 设 $X_1, X_2, \cdots, X_n$ 是一列随机变量序列，如果存在常数列 a_1，

$a_2,\cdots,a_n,\cdots$，使得对任意的 $\varepsilon>0$，都有 $\lim\limits_{n\to\infty}P\{|\frac{1}{n}\sum\limits_{i=1}^{n}X_i-a_n|<\varepsilon\}=1$ 或者

$$\lim_{n\to\infty}P\{|\frac{1}{n}\sum_{i=1}^{n}X_i-a_n|\geqslant\varepsilon\}=0 \tag{5.1}$$

则称随机变量序列 $\{X_n\}$ 服从大数定律。

因此凡是断言随机变量序列的算术平均数稳定于一个常数（或者常数列）的一类定理被统称为大数定律。接下来介绍几个常见的大数定律，它们分别反映了算术平均值和频率的稳定性。

5.1.2　几个常见的大数定律

定理 5.2（切比雪夫大数定律）　设 $X_1,X_2,\cdots,X_n$ 是相互独立的随机变量序列，它们都有有限的方差，并且方差有共同的上界，即 $D(X_i)\leqslant C,i=1,2,\cdots$ 则对任意的 $\varepsilon>0$，有

$$\lim_{n\to\infty}P\{|\frac{1}{n}\sum_{i=1}^{n}X_i-\frac{1}{n}\sum_{i=1}^{n}E(X_i)|<\varepsilon\}=1 \tag{5.2}$$

证明切比雪夫大数定律主要的数学工具是切比雪夫不等式。

【证】　因为 $\{X_n\}$ 相互独立，且由它们的方差有界可以得到

$$D\left(\frac{1}{n}\sum_{k=1}^{n}X_k\right)=\frac{1}{n^2}\sum_{k=1}^{n}D(X_k)\leqslant\frac{C}{n}$$

利用切比雪夫不等式，有

$$P\{|\frac{1}{n}\sum_{k=1}^{n}X_k-\frac{1}{n}\sum_{k=1}^{n}E(X_k)|<\varepsilon\}\geqslant 1-\frac{D\left(\dfrac{1}{n}\sum\limits_{k=1}^{n}X_k\right)}{\varepsilon^2}\geqslant 1-\frac{C}{n\varepsilon^2}$$

从而有

$$1\geqslant P\{|\frac{1}{n}\sum_{k=1}^{n}X_k-\frac{1}{n}\sum_{k=1}^{n}E(X_k)|<\varepsilon\}\geqslant 1-\frac{C}{n\varepsilon^2}$$

故有以下极限成立

$$\lim_{n\to\infty}P\{|\frac{1}{n}\sum_{i=1}^{n}X_i-\frac{1}{n}\sum_{i=1}^{n}E(X_i)|<\varepsilon\}=1$$

在这里 $\left|\dfrac{1}{n}\sum\limits_{i=1}^{n}X_i-\dfrac{1}{n}\sum\limits_{i=1}^{n}E(X_i)\right|<\varepsilon$ 表示一个随机事件，它表明当 $n\to\infty$ 时这个事件的概率趋于 1，即对于任意正数 ε，当 n 充分大时，不等式 $\left|\dfrac{1}{n}\sum\limits_{i=1}^{n}X_i-\dfrac{1}{n}\sum\limits_{i=1}^{n}E(X_i)\right|<\varepsilon$ 成立的概率很大。

作为切比雪夫大数定律的特殊情况，有下面的定理：

定理 5.3（切比雪夫大数定律的特殊情况）　设随机变量 $X_1,X_2,\cdots,X_n,\cdots$ 相互独立，且具有相同的数学期望和方差：$E(X_k)=\mu,D(X_k)=\sigma^2(k=1,2,\cdots)$。作前 n 个随机

变量的算术平均 $\overline{X} = \dfrac{1}{n} \sum\limits_{k=1}^{n} X_k$ ，则对于任意正数 ε，有

$$\lim_{n \to \infty} P\{|\overline{X} - \mu| < \varepsilon\} = \lim_{n \to \infty} P\left\{\left|\frac{1}{n} \sum_{k=1}^{n} X_k - \mu\right| < \varepsilon\right\} = 1 \qquad (5.3)$$

【证】 由于

$$E\left[\frac{1}{n} \sum_{k=1}^{n} X_k\right] = \frac{1}{n} \sum_{k=1}^{n} E(X_k) = \frac{1}{n} \cdot n\mu = \mu$$

$$D\left[\frac{1}{n} \sum_{k=1}^{n} X_k\right] = \frac{1}{n^2} \sum_{k=1}^{n} D(X_k) = \frac{1}{n^2} \cdot n\sigma^2 = \frac{\sigma^2}{n}$$

由切比雪夫不等式可得

$$P\left\{\left|\frac{1}{n} \sum_{k=1}^{n} X_k - \mu\right| < \varepsilon\right\} \geqslant 1 - \frac{\dfrac{\sigma^2}{n}}{\varepsilon^2}$$

在上式中令 $n \to \infty$，并注意到概率不能大于 1，即得

$$\lim_{n \to \infty} P\left\{\left|\frac{1}{n} \sum_{k=1}^{n} X_k - \mu\right| < \varepsilon\right\} = 1$$

定理 5.4（伯努利大数定律） 设 n_A 是 n 次独立重复试验中事件 A 发生的次数。p 是事件 A 在试验中发生的概率，则对于任意正数 $\varepsilon > 0$，有

$$\lim_{n \to \infty} P\left\{\left|\frac{n_A}{n} - p\right| < \varepsilon\right\} = 1$$

或

$$\lim_{n \to \infty} P\left\{\left|\frac{n_A}{n} - p\right| \geqslant \varepsilon\right\} = 0 \qquad (5.4)$$

【证】 因为 $n_A \sim b(n, p)$，有 $n_A = X_1 + X_2 + \cdots + X_n$，其中，$X_1, X_2, \cdots, X_n$ 相互独立，

且都服从以 p 为参数的 0-1 分布，因而 $E(X_k) = p$，$D(X_k) = p(1-p)$（$k = 1, 2, \cdots, n$），由（5.3）式得

$$\lim_{n \to \infty} P\left\{\left|\frac{1}{n}(X_1 + X_2 + \cdots + X_n) - p\right| < \varepsilon\right\} = 1$$

即

$$\lim_{n \to \infty} P\left\{\left|\frac{n_A}{n} - p\right| < \varepsilon\right\} = 1 \quad \lim_{n \to \infty}\left\{\left|\frac{n_A}{n} - p\right| < \varepsilon\right\} = 1$$

伯努利大数定理表明事件发生的频率 $\dfrac{n_A}{n}$ "靠近"事件的概率 p。这个定理以严格的数字形式表达了频率的稳定性。就是说当 n 很大时，事件发生的频率与概率有较大偏差的可能性很小。伯努利大数定律提供了通过试验来确定事件概率的方法。即在实际应用中，当试验次数很大时，便可以用事件发生的频率来代替事件的概率。

可以看出伯努利大数定律是切比雪夫大数定律的特例，在他们的证明过程中都是以

切比雪夫不等式为基础的,所以要求随机变量 $X_1,X_2,\cdots$ 的方差存在。但在这些随机变量服从相同分布的场合,方差存在这个条件并不是必要的,以下介绍一个独立同分布时的大数定律。

定理 5.5(辛钦大数定律)　设随机变量 $X_1,X_2,\cdots,X_n,\cdots$ 相互独立,服从同一分布,且具有相同的数学期望 $E(X_k)=\mu(k=1,2,\cdots)$,则对于任意正数 ε,有

$$\lim_{n\to\infty}P\left\{\left|\frac{1}{n}\sum_{k=1}^{n}X_k-\mu\right|<\varepsilon\right\}=1 \tag{5.5}$$

证明略。

辛钦大数定律表明,当 n 很大时,随机变量在 n 次观察中的算术平均值 $\dfrac{1}{n}\sum_{i=1}^{n}X_i$ 会"接近"它的期望值,这就为寻找随机变量的期望值提供了一条实际可行的途径。例如,要估计某地区小麦的平均亩产量,只需收割一部分有代表性的地块,然后计算其平均亩产量,这个平均亩产量就是 $\dfrac{1}{n}\sum_{k=1}^{n}X_k$,当 n 比较大时,可用它作为整个地区平均亩产量,即亩产量期望值的一个近似。

5.1.3　随机变量序列的依概率收敛性

5.1.2 节的伯努利大数定律表明了当 n 很大时,事件发生的频率会"靠近"概率,而辛钦大数定律表明,当 n 很大时,随机变量在 n 次观察中的算术平均值 $\dfrac{1}{n}\sum_{i=1}^{n}X_i$ 会"接近"它的期望值,这种接近是在概率意义下的接近,并不是数学分析中的极限关系。借用数学分析中已为大家熟悉的"极限""收敛"这些术语,此处采用如下的描述:

设 $Y_1,Y_2,\cdots,Y_n,\cdots$ 是一个随机变量序列,a 是一个常数。若对于任意正数 ε,有 $\lim\limits_{n\to\infty}$ $P\{|Y_n-a|<\varepsilon\}=1$,则称序列 $Y_1,Y_2,\cdots,Y_n,\cdots$ 依概率收敛于 a,记为 $Y_n\xrightarrow{P}a$。

依概率收敛的序列还有以下的性质。

设 $X_n\xrightarrow{P}a,Y_n\xrightarrow{P}b$,又设函数 $g(x,y)$ 在点 (a,b) 连续,则 $g(x,y)\xrightarrow{P}g(a,b)$ 按照这一说法,伯努利大数定律表明了 $\dfrac{n_A}{n}\xrightarrow{P}p(n\to\infty)$,辛钦大数定律表明 $\overline{X}\xrightarrow{P}$ $\mu(n\to\infty)$。

5.2　中心极限定理

大数定律揭示了大量随机变量的平均结果的稳定性,但没有涉及随机变量的分布的问题。而以下要讨论的中心极限定理则说明在一定条件下,大量独立随机变量的和是以正态分布为极限分布的。

正态分布在概率论与数理统计中具有重要的地位和作用。我们常常假设许多随机变量服从正态分布,那么这种假设是否具有理论依据?自从高斯指出测量误差服从正态分

布之后,人们发现,正态分布在自然界中极为常见。事实上在客观实际中有许多随机变量,他们是由大量的相互独立的随机因素的综合影响所形成的。以炮弹射击误差为例,它会由于震动造成微小的误差,炮弹外形上的细小差别引起空气阻力的不同造成的误差,炮弹内炸药数量上的微小差别引起的误差,以及炮弹在前进过程中由于遇到空气气流的微小干扰造成的误差等诸多误差的总和构成。每一种误差都是随机的,有的正,有的负,并且在总的影响中所起的作用都是微小的。观察表明,如果一个量是由大量相互独立的随机因素的影响所造成,而每一个别因素在总影响中所起的作用不大,则这种变量一般都服从或近似服从正态分布。

中心极限定理是概率论中最著名的结果之一。它提出,大量的独立随机变量之和具有近似于正态的分布。因此,它不仅提供了计算独立随机变量之和的近似概率的简单方法,而且有助于解释为什么有很多自然群体的经验频率呈现出钟形(即正态)曲线这一事实,因此中心极限定理这个结论使正态分布在数理统计中具有很重要的地位,也使正态分布有了广泛的应用。以下介绍几个常用的中心极限定理。

定理 5.6(莱维-林德伯格(Levi-Lindeberg) 中心极限定理)设随机变量 $X_1, X_2, \cdots,$ $X_n, \cdots$ 相互独立,服从同一分布,且具有数学期望和方差:$E(X_k) = \mu, D(X_k) = \sigma^2 > 0$ $(k = 1, 2, \cdots)$,则随机变量

$$Y_n = \frac{\sum_{k=1}^n X_k - E(\sum_{k=1}^n X_k)}{\sqrt{D(\sum_{k=1}^n X_k)}} = \frac{\sum_{k=1}^n X_k - n\mu}{\sqrt{n}\sigma}$$

的分布函数 $F_n(x)$ 对于任意 x 满足

$$\lim_{n \to \infty} F_n(x) = \lim_{n \to \infty} P\left\{ \frac{\sum_{k=1}^n X_k - n\mu}{\sqrt{n}\sigma} \leqslant x \right\} = \int_{-\infty}^x \frac{1}{\sqrt{2\pi}} e^{\frac{-t^2}{2}} dt = \Phi(x) \qquad (5.6)$$

也称为独立同分布中心极限定理。

证明略。

在一般情况下,很难求出 n 个随机变量之和 $\sum_{k=1}^n X_k$ 的分布函数,而定理 5.6 表明,当 n 充分大时,可以通过 $\Phi(x)$ 给出其近似的分布,这样,就可以利用正态分布对 $\sum_{k=1}^n X_k$ 作理论分析或作实际计算。

【例 5.1】(质量管理问题) 根据以往经验,某种电器元件的寿命服从均值为 100 小时的指数分布。现随机地取 16 只,设它们的寿命是相互独立的。求这 16 只元件的寿命的总和大于 1920 小时的概率。

【解】 设第 i 只元件的寿命为 $X_i, i = 1, 2, \cdots, 16$,由题给条件知,各 X_i 独立,且 $E(X_i) = 100, D(X_i) = 10\,000$,16 只元件的寿命的总和为 $Y = \sum_{k=1}^{16} X_k$,依题意,所求为

$P(Y>1920)$，由于 $E(Y)=1600$，$D(Y)=160\,000$，由中心极限定理，$\dfrac{Y-1600}{400}$ 近似服从

$N(0,1)$，$P(Y>1920)=1-P(Y\leqslant 1920)\approx 1-\Phi(\dfrac{1920-1600}{400})=1-\Phi(0.8)=0.2119$ 因此，这 16 只元件的寿命总和大于 1920 小时的概率为 0.2119。

【例 5.2】(保险问题)　考虑一种 100 000 张同类医疗保单的组合，设被保险人的损失是相互独立的，保单规定保险人员赔付被保险人所发生损失的 80%（比例保险），设在保险期内可能发生的损失 X 都服从以下分布：

X	0	50	200	500	1000	10000
p	0.30	0.10	0.10	0.20	0.20	0.10

若要求所收取的保费总额低于理赔总额的概率不超过 5%，试确定安全附加保费。(提示:安全附加保费是保险公司在理赔总额的期望值基础上再额外收取的保费。设理赔总额为 S，安全附加费率为 θ，则收取的保费总额为 $G=(1+\theta)E(S)$)

【解】　设损失总量为 L，则 $L=\displaystyle\sum_{k=1}^{10\,000}X_k$，理赔总额为 $S=0.8L=0.8\displaystyle\sum_{k=1}^{10\,000}X_k$，又设安全附加费率为 θ，则收取的保费总额为 $G=(1+\theta)E(S)$，由题意有 $P\{G<S\}\leqslant 0.05$，即

$$P\{(1+\theta)E(S)\geqslant 0.8\sum_{k=1}^{10\,000}X_k\}\geqslant 0.95$$

按题意可求得

$$E(X_i)=1325,\quad D(X_i)=8\,498\,625$$

所以

$$E(S)=1325\times 0.8\times 100\,000=1060\times 100\,000$$

$$D(S)=8\,498\,625\times 0.64\times 100\,000=5\,439\,120\times 100\,000$$

由莱维-林德伯格中心极限定理得，理赔总额 S 的分布可由正态分布 $N(1060\times 100\,000,\,5\,439\,120\times 100\,000)$ 近似，因此有

$$P\{(1+\theta)E(S)\geqslant S\}\approx \varphi\left(\frac{(1+\theta)E(S)-E(S)}{\sqrt{D(S)}}\right)=\Phi\left(\frac{\theta E(S)}{\sqrt{D(S)}}\right)\geqslant 0.95$$

令 $\Phi\left(\dfrac{\theta E(S)}{\sqrt{D(S)}}\right)\geqslant 0.95$，$\dfrac{\theta E(S)}{\sqrt{D(S)}}=1.645$，所以安全附加费为

$$\theta E(S)=1.645\times\sqrt{5\,439\,120\times 100\,000}=1\,213\,193.9$$

定理 5.7(棣莫弗-拉普拉斯(De Moivre-Laplace)定理)　设随机变量 $\eta_n(n=1,2,\cdots)$ 服从参数为 $n,p(0<p<1)$ 的二项分布，则对于任意 x，有

$$\lim_{n\to\infty}P\left\{\frac{\eta_n-np}{\sqrt{np(1-p)}}\leqslant x\right\}=\int_{-\infty}^{x}\frac{1}{\sqrt{2\pi}}\mathrm{e}^{\frac{-t^2}{2}}\mathrm{d}t=\Phi(x) \tag{5.7}$$

【证】　将 η_n 分解成为 n 个相互独立，服从同一 0-1 分布的随机变量 $X_1,X_2,\cdots,X_n$

之和,即有 $\eta_n = \sum\limits_{k=1}^{n} X_k$, 其中 $X_k(k=1,2,\cdots,n)$ 的分布律为

$$P\{X_k = i\} = p^i(1-p)^{1-i}, \quad i = 0,1$$

由于

$$E(X_k) = p, D(X_k) = p(1-p) \quad (k=1,2,\cdots,n)$$

所以

$$\lim_{n \to \infty} P\left\{\frac{\eta_n - np}{\sqrt{np(1-p)}} \leqslant x\right\} = \lim_{n \to \infty} P\left\{\frac{\sum\limits_{k=1}^{n} X_k - np}{\sqrt{np(1-p)}} \leqslant x\right\} = \int_{-\infty}^{x} \frac{1}{\sqrt{2\pi}} e^{-\frac{t^2}{2}} dt = \Phi(x)$$

这个定理表明,当 n 充分大,$0 < p < 1$ 是一个定值时,二项变量的分布近似正态分布 $N(np, np(1-p))$ 。

【例5.3】(电力供应问题)　某车间有 200 台车床,在生产期间由于需要检修、调换刀具、变换位置及调换工件等常需停车。设开工率为 0.6,并设每台车床的工作是独立的,且在开工时需电力 1kW。问应供应多少电力就能以 99.9% 的概率保证该车间不会因供电不足而影响生产。

【解】　对每台车床的观察作为一次试验,每次试验观察该台车床在某时刻是否工作,工作的概率为 0.6,共进行 200 次试验,用 X 表示在某时刻工作着的车床数,依题意,$X \sim b(200, 0.6)$,设需 N 电力,现在的问题是:求满足 $P(X \leqslant N) \geqslant 0.999$ 的最小的 N 。

由棣莫弗-拉普拉斯中心极限定理 $\dfrac{X - np}{\sqrt{np(1-p)}}$ 近似服从 $N(0,1)$,于是

$$P\{X \leqslant N\} = P\{0 \leqslant X \leqslant N\} \approx \Phi\left(\frac{N-120}{\sqrt{48}}\right) - \Phi\left(\frac{-120}{\sqrt{48}}\right) \approx \Phi\left(\frac{N-120}{\sqrt{48}}\right)$$

由 $\Phi\left(\dfrac{N-120}{\sqrt{48}}\right) \geqslant 0.999$,查正态分布函数表得 $\Phi(3.1) = 0.999$,故 $\dfrac{N-120}{\sqrt{48}} \geqslant 3.1$ 。从中解得 $N \geqslant 141.5$,即所求 $N = 142$ 。也就是说,应供应 142kW 电力就能以 99.9% 的概率保证该车间不会因供电不足而影响生产。

【例5.4】(交通管理问题)　某地区要制定道路规划,对于该地区的一个交通路口,已知在每天的某一时间段遭遇交通阻塞的概率为 0.1,随机检查 100 天的同一时间段,问其中有 7~13 次出现交通阻塞的概率。

【解】　设 X_k 表示第 k 天遭遇交通阻塞与否,则 $X_k \sim (0-1)$ 分布,$p = 0.1$,$E(X_k) = 0.1$,在 100 天的检查中,发生交通阻塞的次数为 $\eta_n = \sum\limits_{k=1}^{100} X_k$,则 η_n 服从参数为 $(100, 0.1)$ 的二项分布,根据棣莫弗-拉普拉斯中心极限定理 $\dfrac{\sum\limits_{k=1}^{100} X_k - 10}{3}$ 近似服从 $N(0,1)$,则

$$P\left\{7 \leqslant \sum_{k=1}^{100} X_k \leqslant 13\right\} = P\left\{-1 \leqslant \frac{\sum\limits_{k=1}^{100} X_k - 10}{3} \leqslant 1\right\}$$

$$\approx \Phi(1) - \Phi(-1) = 2\Phi(1) - 1 = 0.6826$$

【例 5.5】(生产计划问题)　微科无线电厂生产某型号微机以满足某地区 1000 家客户的需求,若由以往的统计资料表明:每一用户对某一型号微机的年需求量服从 $\lambda = 3$ 的泊松分布,问:

(1) 该无线电厂一年内应至少生产多少台这种类型的微机,才能以 99.7% 的把握来满足客户需求?

(2) 现在该厂这种微机的年产量为 3000 台,求能以多大把握来满足客户的需求?

(3) 若该厂扩大生产规模后每年计划生产一万台某型号微机,(除内销外,其余出口)但其终端所用显示屏由外厂购入,并知道目前这种显示屏的正品率为 0.9,为了有 99.7% 的把握保证出厂的微机终端都装上正品显示屏,求该厂每年应该订购多少只终端显示屏?

【解】　(1) 假设这 1000 户客户对这种微机的年需求量依次为 $\xi_1, \xi_2, \cdots, \xi_{1000}$,则由统计资料表明:$\xi_k \sim \pi(\lambda = 3)$,即

$$P\{\xi_k = j\} = \frac{3^j}{j!}e^{-3} \quad (j = 0, 1, 2, \cdots; k = 1, 2, \cdots, 1000)$$

由泊松分布知 $E\xi_k = D\xi_k = \lambda = 3$,又设 η_{1000} 为这 1000 家客户对这种微机的年需求量,则 $\eta_{1000} = \sum\limits_{k=1}^{1000} \xi_k$,由于 n 较大,根据莱维-林德伯格中心极限定理有 η_{1000} 近似服从正态分布,即 $N(3000, 3000)$,再设该无线电厂应该安排年生产量为 M 台,则 M 应该满足下式

$$P\left\{\sum_{k=1}^{1000} \xi_k \leqslant M\right\} \geqslant 0.997$$

从而有

$$P\left\{\frac{\sum\limits_{k=1}^{1000}\xi_k - 3000}{\sqrt{3000}} \leqslant \frac{M - 3000}{\sqrt{3000}}\right\} \approx \Phi\left(\frac{M - 3000}{\sqrt{3000}}\right) \geqslant 0.997$$

查 $\Phi(x)$ 表得 $\Phi(2.75) = 0.997$,故有 $\dfrac{M - 3000}{\sqrt{3000}} \geqslant 2.75, M \geqslant 3150.62$,取 $M = 3151$ 台,即应该安排生产计划为 3151 台微机,才能以 99.7% 的把握保证满足客户需求。

(2) 现在年生产量为 3000 台,则能够满足需求的把握为($n = 1000, M = 3000$,求 β)

$$P\left\{\sum_{k=1}^{1000} \xi_k \leqslant 3000\right\} = P\left\{\frac{\sum\limits_{k=1}^{1000}\xi_k - 3000}{\sqrt{3000}} \leqslant \frac{3000 - 3000}{\sqrt{3000}}\right\} = \Phi(0) = 0.5$$

即能够满足需求的把握为 50%。

(3) 最后来求终端显示屏的订购量,设需订购 n 只显示屏才能够达到需求,又设 α_k 为第 K 只显示屏是否为次品,即 $\alpha_k = 1$ 表示次品;$\alpha_k = 0$ 表示正品。$\eta_n = \sum\limits_{k=1}^{n} \alpha_k$ 为 n 只管子中的次品总数,而 $n - \eta_n$ 为 n 只管子中的正品总数。它满足

$$P\{n - \eta_n \geqslant 10\ 000\} \geqslant 0.997,\text{可即 } P\{\eta_n \leqslant n - 10\ 000\} \geqslant 0.997$$

由题意知 $\eta_n \sim b(n, 0.1)$，从而 $E\eta_n = 0.1n$，$D\eta_n = 0.09n$，由棣莫弗-拉普拉斯中心极限定理知 η_n 近似服从 $N(0.1n, 0.09n)$ 于是

$$P\{\eta_n \leqslant n - 10\ 000\} = P\left\{\frac{\eta_n - 0.1n}{0.3\sqrt{n}} \leqslant \frac{n - 10\ 000 - 0.1n}{0.3\sqrt{n}}\right\} \approx \Phi\left(\frac{0.9n - 10\ 000}{0.3\sqrt{n}}\right) \geqslant 0.997$$

由于 $\Phi(2.75) = 0.997$，所以有 $\dfrac{0.9n - 10\ 000}{0.3\sqrt{n}} \geqslant 2.75$，解此不等式得 $n > 11\ 208.157\ 31$，取 $n = 11\ 209$。所以，在这种情况下应订购 11209 只终端显示屏才能有 99.7% 的把握保证出厂的微机终端都装上正品显示屏。

定理 5.8（李雅普诺夫（Liapunov）定理）　设随机变量 $X_1, X_2, \cdots, X_n, \cdots$ 相互独立，它们具有数字期望和方差：$E(X_k) = \mu$，$D(X_k) = \sigma_k^2 > 0$，$k = 1, 2, \cdots$，记

$$B_n^2 = \sum_{k=1}^{n} \sigma_k^2$$

若存在正数 δ，使得当 $n \to \infty$ 时，

$$\frac{1}{B_n^{2+\delta}} \sum_{k=1}^{n} E\{|X_k - \mu_k|^{2+\delta}\} \to 0$$

则随机变量之和 $\sum\limits_{k=1}^{n} X_k$ 的标准化变量

$$Z_n = \frac{\sum\limits_{k=1}^{n} X_k - E\left(\sum\limits_{k=1}^{n} X_k\right)}{\sqrt{D\left(\sum\limits_{k=1}^{n} X_k\right)}} = \frac{\sum\limits_{k=1}^{n} X_k - \sum\limits_{k=1}^{n} \mu_k}{B_n}$$

的分布函数 $F_n(x)$ 对于任意 x，满足

$$\lim_{n \to \infty} F_n(x) = \lim_{n \to \infty} P\left\{\frac{\sum\limits_{k=1}^{n} X_k - \sum\limits_{k=1}^{n} \mu_k}{B_n} \leqslant x\right\} = \int_{-\infty}^{x} \frac{1}{\sqrt{2\pi}} e^{\frac{-t^2}{2}} \, dt = \Phi(x) \qquad (5.8)$$

证明略。

定理 5.8 表明，在定理的条件下，随机变量

$$Z_n = \frac{\sum\limits_{k=1}^{n} X_k - \sum\limits_{k=1}^{n} \mu_k}{B_n}$$

当 n 很大时，近似地服从正态分布 $N(0, 1)$。由此，当 n 很大时，$\sum\limits_{k=1}^{n} X_k = B_n Z_n + \sum\limits_{k=1}^{n} \mu_k$ 近似地服从正态分布 $N\left(\sum\limits_{k=1}^{n} \mu_k, B_n^2\right)$。这就是说，无论各个随机变量 $X_k (k = 1, 2, \cdots)$ 服从什么分布，只要满足定理的条件，那么它们的和 $\sum\limits_{k=1}^{n} X_k$ 当 n 很大时，就近似地服从正态

分布。这就是为什么正态分布随机变量在概率论中占有重要位置的一个基本原因。在很多问题中，所考虑的随机变量可以表示成很多个独立的随机变量之和，例如，在任一指定时刻，一个城市的耗电量是大量用户耗电量的总和；在一个蓄水池中的储水量可以看做是极大数量的单独供水池的供水量的总和；一个物理实验的测量误差是由许多观察不到的、可加的微小误差所合成的，他们往往近似地服从正态分布。

关键术语

大数定律（law of large numbers）　在随机试验中，虽然每次出现的结果不同，但是大量重复试验出现的结果的平均值却几乎总是接近于某个确定的值。

中心极限定理（central limit theorems）　如果一个量是由大量相互独立的随机因素的影响之和所造成，而每一个别因素在总影响中所起的作用不大，则中心极限定理指出这种变量一般都服从或近似服从正态分布。

重要公式

1. 切比雪夫大数定律。设 $X_1, X_2, \cdots, X_n$ 是相互独立的随机变量序列，它们都有有限的方差，并且方差有共同的上界，即 $D(X_i) \leqslant C, i=1,2,\cdots$ 则对任意的 $\varepsilon > 0$，有

$$\lim_{n \to \infty} P\left\{\left|\frac{1}{n}\sum_{i=1}^{n}X_i - \frac{1}{n}\sum_{i=1}^{n}E(X_i)\right| < \varepsilon\right\} = 1$$

2. 伯努利大数定律。设 n_A 是 n 次独立重复试验中事件 A 发生的次数。p 是事件 A 在试验中发生的概率，则对于任意正数 $\varepsilon > 0$，有

$$\lim_{n \to \infty} P\left\{\left|\frac{n_A}{n} - p\right| < \varepsilon\right\} = 1 \quad \text{或} \quad \lim_{n \to \infty} P\left\{\left|\frac{n_A}{n} - p\right| \geqslant \varepsilon\right\} = 0$$

3. 辛钦大数定律。设随机变量 $X_1, X_2, \cdots, X_n, \cdots$ 相互独立，服从同一分布，且具有相同的数学期望 $E(X_k) = \mu (k=1,2,\cdots)$，则对于任意正数 ε，有

$$\lim_{n \to \infty} P\left\{\left|\frac{1}{n}\sum_{k=1}^{n}X_k - \mu\right| < \varepsilon\right\} = 1$$

4. 独立同分布中心极限定理。设随机变量 $X_1, X_2, \cdots, X_n, \cdots$ 相互独立，服从同一分布，且具有相同的数学期望和方差：$E(X_k) = \mu, D(X_k) = \sigma^2 > 0 (k=1,2,\cdots)$，则

（1）对于任意正数 ε，有 $\lim\limits_{n \to \infty} P\left\{\left|\dfrac{1}{n}\sum\limits_{k=1}^{n}X_k - \mu\right| < \varepsilon\right\} = 1$；

（2）$\lim\limits_{n \to \infty} P\left\{\dfrac{\sum\limits_{k=1}^{n}X_k - n\mu}{\sqrt{n}\sigma} \leqslant x\right\} = \int_{-\infty}^{x} \dfrac{1}{\sqrt{2\pi}} \mathrm{e}^{\frac{-t^2}{2}} \mathrm{d}t = \Phi(x)$。

5. 拉普拉斯中心极限定理。设 n_A 是 n 次独立重复试验中事件 A 发生的次数。p 是事件 A 在试验中发生的概率，

则

（1）对于任意正数 $\varepsilon > 0$，有 $\lim\limits_{n \to \infty} P\left\{\left|\dfrac{n_A}{n} - p\right| < \varepsilon\right\} = 1$；

(2) 对于任意 x，有 $\lim\limits_{n\to\infty}P\left\{\dfrac{n_A-np}{\sqrt{np(1-p)}}\leqslant x\right\}=\displaystyle\int_{-\infty}^{x}\dfrac{1}{\sqrt{2\pi}}e^{\frac{-t^2}{2}}\,\mathrm{d}t=\Phi(x)$

案例

【案例 5.1】 羊城晚报 2004 年 8 月 15 日报道：新的《道路交通安全法》5 月 1 日起实施，与之配套的《最高人民法院关于审理人身损害赔偿案件适用法律若干问题的解释》也同时生效。根据最高人民法院的司法解释，交通事故的伤亡赔付更加有利于受害者，死亡赔偿费可达 20 万元至近 50 万元。广州市一些车主或出租车公司已意识到交通事故伤残、死亡赔偿大幅度提高这一问题，而他们过去购买的第三者人身意外险保额仅 5 万元，显然杯水车薪，保障严重不足。他们决定加保（投保 20 万元以上），然而让他们感到诧异的是多家保险公司不约而同拒绝了这一要求，中国人寿、平安保险公司、太平洋保险公司和金盛人寿保险公司内部有规定：私家车最高只能投保 20 万元的保额，已在保监会备案。而金盛人寿保险公司一位罗小姐说"公司要保持一定的利润，加保太多会影响公司利益。"为什么加保太多反而会影响公司的利益？

保险体现了"人人为我，我为人人"的互助思想。保险业存在、发展的基础是大数定律，它是以数理计算为依据的，即依据大数定律（或大数法则）合理分摊，化整为零这一科学的数理计算方法。风险单位是指发生一次风险事故可能造成标的物损失的范围，也就是遭受损失的人、场所或事物。风险单位是保险公司确定其能够承担的最高保险责任的计算基础。理想状态下的风险单位应独立且同分布。这种现象的意义在于保险人可以据此向每个潜在的被保险人收取同样的保费。

大数定律表明，独立同分布风险单位的数目越大，对均值的实际偏差就会减少，实际结果越接近期望结果。而根据中心极限定理，含有 n 个风险单位的随机样本的损失符合正态分布。这个结论对保险费率的厘定极为重要。

保险公司各险种的交费标准是经过精算后，以同期银行利率比照制定的。第三者责任险属于法定（或强制）保险。除另有约定外，保险期限为一年，以保险单载明的起讫时间为准（表 5.1）。

表 5.1　人保家庭自用车第三者责任险费率表（方案 A）

座位	车龄	赔偿限额					
		5 万	10 万	20 万	50 万	100 万	100 万以上 1000 万以下
6 座以下	1 年以下	730 元	886 元	1021 元	1179 元	1287 元	标准保险费 $= A + A\times N\times$ $(0.05-0.00125N)$

注：式中 A 指同档次限额为 100 万元时第三者责任险费；$N=$（限额－100 万元）/50 万元，限额为 50 万的倍数，且不得超过 1000 万元。

以表 5.1 为例，假定有 10000 个车主购买同档次限额的人保家庭自用车第三者责任险，设 ξ 表示一年内该公司上述投保人因车祸造成第三者死亡的人数，则人保公司在该项业务的预期利润（暂不考虑免赔率）可由下式计算：

$$预期利润＝ 保费×10\,000－相应限额×\xi$$

由此得到下面人保家庭自用车第三者责任险预期利润表（表 5.2）和预亏表（表 5.3）。

表 5.2　人保家庭自用车第三者责任险预期利润表（方案 A）

死亡人数	预期利润/万元				
	限额 5 万	限额 10 万	限额 20 万	限额 50 万	限额 100 万
1	725	876	1001	1129	1187
2	720	866	981	1079	1087
3	715	856	961	1029	987
4	710	846	941	979	887
5	705	836	921	929	787
6	700	826	901	879	687
7	695	816	881	829	587
8	690	806	861	779	487
9	685	796	841	729	387
10	680	786	821	679	287
11	675	776	801	629	187
12	670	766	781	579	87
13	665	756	761	529	－13
14	660	746	741	479	－113
15	655	736	721	429	－213
16	650	726	701	379	－313
17	645	716	681	329	－413
18	640	706	661	279	－513
19	635	696	641	229	－613
20	630	686	621	179	－713
⋮	⋮	⋮	⋮	⋮	⋮

表 5.3　人保家庭自用车第三者责任险预亏表（方案 A）

限额/万元	5	10	20	50	100
亏本最少死亡人数	147	89	52	24	13

由表 5.3 可知，当死亡人数 $6 \leqslant \xi \leqslant 13$ 时，随着限额（不超过 20 万元）的逐渐增大，预期利润也逐渐增大；当限额为 20 万元时，保险公司的预期利润达到最大；然后随着限额（超过 20 万元）的逐渐增大，预期利润会逐渐减少。由表 5.3 可知，随着死亡人数的增加，保险限额越大，保险公司就越易亏本。当死亡人数为 13 时，限额为 20 万元对应的保险公司的预期利润达到最大（761 万元），而限额为 100 万元所对应的保险公司的预期利润为－13 万元（亏本）。也就是说，加保太多（超过 20 万元）反而会减少保险公司的利润。综上所述，若所有车主购买同档次限额（不超过 20 万元）的家庭自用车第三者责任险时，保险公司的预期利润最有保障。这就不难解释中国人寿、平安保险公司、太平洋保险公司和金盛人寿保险公司内部有规定：私家车最高只能投保 20 万元的保额。也不

难解释金盛人寿保险公司那位罗小姐所说"公司要保持一定的利润,加保太多会影响公司利益。"

习 题 5

1. 一本书共有一百万个印刷符号,排版时每个符号被排错的概率为 0.0001,校对时每个排版错误被改正的概率为 0.9,求在校对后错误不多于 15 个的概率。

2. 某保险公司多年统计资料表明,在索赔户中,被盗索赔户占 20%,以 θ 表示在随机抽查的 100 个索赔户中,因被盗向保险公司索赔的户数。

(1) 写出 θ 的概率分布;

(2) 利用中心极限定理,求被盗索赔户不少于 14 户且不多于 30 户的概率近似值。

3. 某灯泡厂生产的灯泡的平均寿命原为 2000h,标准差为 250h,经过革新采用新工艺使得平均寿命提高到 2250h,标准差不变,为了确认这一改革的成果,办法如下:任意挑选若干只灯泡,如果这些灯泡的平均寿命超过 2200h,就正式承认改革有效,批准采用新工艺,若欲使检查能通过的概率超过 0.997,问至少应该检查多少只灯泡?

4. 某矿区为井下工人开展人身保险。规定每人年初向保险公司交保险金 20 元,一年保险期内若工人死亡,保险公司向家属赔偿 2000 元。由历史资料知该矿井下工人的死亡率为 0.0036,现此矿区有 10000 名井下工人参加人身保险,试计算:

(1) 一年内井下工人死亡数不超过 30 人的概率;

(2) 保险公司一年获利不少于 86 000 元的概率。

5. 某电器商场同时有三款手机出售,由于手机的性能是相近的,因此售出哪一款手机是随机的,售出一款手机的价格是一个随机变量,它取 1000(元)、1200(元)、1500(元)各个值的概率分别为 0.3、0.2、0.5。若某月计划售出 300 个手机。

(1) 求商场收入至少 4(万元)的概率;

(2) 求售出价格为 1200(元)的手机多于 60 只的概率。

6. 现有一大批种子,其中良种占 1/6,今在其中任选 6000 粒,试分别用切比雪夫不等式估计和用中心极限定理计算在这些种子中良种所占的比例与 1/6 之差小于 1% 的概率是多少?

7. 某汽车销售点每天出售的汽车服从参数为 $\lambda=2$ 的泊松分布,若一年 365 天都经营汽车销售,且每天出售的汽车数是相互独立的,求一年中售出 700 辆以上汽车的概率。

8. 抽样检验产品质量时,如果发现次品个数多于 10 个,则拒绝接受这批产品,设某批产品的次品率为 10%,问至少应该抽取多少只检查,才能保证拒绝该产品的概率达到 0.9?

9. 随机的选取两组学生,每组 80 人,分别在两个地区调查某个经济指标的值,设每人所用的调查方式和指标计量方法相同,最终每人调查的结果是随机变量,它们相互独立,且服从同一分布,设期望为 5,方差为 0.3,以 $\overline{X},\overline{Y}$ 分别表示两组所得结果的算数平均。求:

(1) $P\{4.9<\overline{X}<5.1\}$;

(2) $P\{-0.1<\overline{X}-\overline{Y}<0.1\}$。

10. 某单位内部有 260 架电话分机,每个分机有 4% 的时间要用外线通话,可以认为各个电话分机用不用外线是相互独立的,问总机要备有多少条外线才能以 95% 的把握保证各个分机在用外线时不必等候。

11. 在一家保险公司里有 10000 个人参加保险,每人每年付 12 元保费,在一年内一个人死亡的概率为 0.006,死亡时其家属可向保险公司领得 1000 元,问:

(1) 保险公司亏本的概率有多大?

(2) 保险公司一年的利润不少于 40 000 元、60 000 元、80 000 元得概率有多大?

第6章 样本及抽样分布

实践中的统计

在没有提出统计质量管理以前,产品的质量是在每件产品完成后进行检查以判别它是否合格。在大批量、快速生产的现代工业中,如再采用这种检查,可能不合格品已大量形成,及至发现已为时太晚。于是迫切需要一种监测、预报的手段,使不合格品在即将形成或刚开始形成时能及时发现,予以阻止。由于现代工业生产通常是按照同一设计、采用同样的原料、在相同的设备和操作条件下进行的,产品质量在一定程度上是均匀的;又由于许多不可避免的随机因素的作用,产品质量又必然会有波动。若没有系统性因素的作用,则产品质量特征是服从一定的概率分布的。这使数理统计方法有可能应用到质量管理中去,从而产生了统计质量管理的理论和方法。

前面五章研究了概率论的基本内容,从中得知:概率论是研究随机现象统计规律性的一门数学分支。它是从一个数学模型出发(比如随机变量的分布)去研究它的性质和统计规律性;而下面将要研究的数理统计,也是研究大量随机现象的统计规律性,并且是应用十分广泛的一门数学分支。所不同的是数理统计是以概率论为理论基础,利用观测随机现象所得到的数据来选择、构造数学模型(即研究随机现象)。其研究方法是归纳法(部分到整体)。对研究对象的客观规律性做出种种合理性的估计、判断和预测,为决策者和决策行动提供理论依据和建议。数理统计的内容很丰富,这里主要介绍数理统计的基本概念,重点研究参数估计和假设检验。

6.1 随机样本

首先看下面一个问题:

丰收种子公司栽种了几种类别的鲜花,收获了大量的花籽,并把每25粒花籽扎成一小包出售。一个零售商批发了若干包,并向顾客保证:在每包25粒花籽中至少有22粒将能发芽,否则的话可免费调换另一包。此时零售商面临如下两种类型的不确定性。

(1) 他对种子公司出售的小包中可接受(即至少有22粒花籽将发芽)的包数所占比例 P 是不清楚的。这种类型的不确定性是由于对总体的真实状态无知所引起的不确定性。

(2) 由于种子公司出售的花籽的货单上,这类花籽共有100万包,而零售商只购买了200包,因此他又面临着另一类不确定性:尽管他知道了100万包中可接受的比例 P,但对他所购买的200包,其中可接受的比例仍旧没有"把握"。即使 P 是0.99,即种子公司出售的 100 万包中有 99 万包是可接受的,零售商购买的 200 包仍有可能"碰巧"是从不可接受的 1 万包中选取的,这样他就要损失一笔资金。这一类不确定性是由于"随机性"所引起的。在已知 P 的条件下,这种不肯定性的程度已在概率论部分作过讨论。

下面对第一类不确定性进行讨论:零售商对种子公司出售的小包中可接受(即至少有22 粒花籽将发芽)的包数所占比例 P 是多少并没有把握。但是零售商能够根据试验的方法(请公司进行发芽试验)来帮助他判断。这就是抽取部分花籽进行发芽试验,通过这部分中发芽数所占比例(频率)来对 P 的真值进行推断,虽然他不能精确地和肯定地确定P,但可以期望获得一个比较好的推断。

这就涉及如下问题:

(1) 怎样设计试验,决定观察的数目;

(2) 怎样利用试验观察的结果作出一个"好"的推断等。

以上是数理统计所要研究的问题。首先介绍一些相关概念。

1. 总体、个体

在数理统计学中,把所研究的全部元素组成的集合称为总体;而把组成总体的每个元素称为个体。上例中,种子公司出售的所有包的种子构成了总体,而其中的每一包种子就是个体。又如在研究某批灯泡的平均寿命时,该批灯泡的全体就组成了总体,而其中每个灯泡就是个体。但对于具体问题,由于我们关心的不是每个个体的种种具体特性,而仅仅是它的某一项或几项数量指标 X(可以是向量)和该数量指标 X 在总体的分布情况。在上述例子中 X 是表示灯泡的寿命。在试验中,抽取了若干个个体就观察到了 X 的这样或那样的数值,因而这个数量指标 X 是一个随机变量(或向量),而 X 的分布就完全描写了总体中我们所关心的那个数量指标的分布状况。由于我们关心的正是这个数量指标,因此以后就把总体和数量指标 X 可能取值的全体组成的集合等同起来。

定义 6.1(总体)　把研究对象的全体(通常为数量指标 X 可能取值的全体组成的集合)称为总体;总体中的每个元素称为个体。

对总体的研究,就是对相应的随机变量 X 的分布的研究,所谓总体的分布也就是数量指标 X 的分布,因此,X 的分布函数和数字特征分别称为总体的分布函数和数字特征。今后将不区分总体与相应的随机变量,笼统称为总体 X。根据总体中所包括个体的总数,将总体分为:有限总体和无限总体。

【例 6.1】(质量管理问题)　考察一批灯泡的寿命:$X =$ 所有灯泡寿命的全体;每个灯泡的寿命是个体,对应的分布:

$$F(x) = P\{X \leqslant x\} = \frac{\{寿命 \leqslant x\} 的灯泡数}{总灯泡数}, \quad 0 < x < +\infty$$

【例 6.2】(社会统计问题)　考察某一地区农民受教育情况:$X =$ 此地区所有农民受教育程度的全体;每个农民的受教育程度都是一个个体,将个体数量化,

$$X = \begin{cases} 1, & 接受九年义务教育 \\ 0, & 未接受九年义务教育 \end{cases}$$

1 表示在总体中的比例 p 为受教育比率;0 表示在总体中的比例 $1-p$ 为未受教育比率。总体 X 由无数个 0,1 构成,其分布为两点分布 $b(1,p)$,因此

$$P\{X=1\}=p, \quad P\{X=0\}=1-p$$

2. 简单随机样本

为了对总体的分布进行各种研究,就必须对总体进行抽样观察。抽样是从总体中按照一定的规则抽出一部分个体的行动。

一般地,都是从总体中抽取一部分个体进行观察,然后根据观察所得数据来推断总体的性质。按照一定规则从总体 X 中抽取的一组个体 $(X_1,X_2,\cdots,X_n)$ 称为总体的一个样本,显然,样本为一随机向量。

为了能更多更好地得到总体的信息,需要进行多次重复、独立的抽样观察(一般进行 n 次),若对抽样要求:①代表性,每个个体被抽到的机会一样,保证 $X_1,X_2,\cdots,X_n$ 的分布与总体一样;②独立性,$X_1,X_2,\cdots,X_n$ 相互独立。那么,符合"代表性"和"独立性"要求的抽样方法称为简单随机抽样。易知,对有限总体而言,有放回的抽样为简单随机抽样,无放回的抽样不能保证 $X_1,X_2,\cdots,X_n$ 的独立性;但对无限总体而言,无放回抽样也可以看成简单随机抽样。无特殊说明,以下主要研究简单随机抽样。

对每一次观察都得到一组数据 $(x_1,x_2,\cdots,x_n)$,由于抽样是随机的,所以观察值 $(x_1,x_2,\cdots,x_n)$ 也是随机的。为此,给出如下定义:

定义 6.2(简单随机样本)　设从总体 $X\sim F(x)$ 中抽取 n 个个体,得到 n 个随机变量 $X_1,X_2,\cdots,X_n$,若

(1) $X_1,X_2,\cdots,X_n$ 与总体 X 同分布;

(2) $X_1,X_2,\cdots,X_n$ 相互独立,

则称 $(X_1,X_2,\cdots,X_n)$ 为从总体 X 中得到的容量为 n 的简单随机样本,简称样本。把它们的观察值 $(x_1,x_2,\cdots,x_n)$ 称为样本观察值。

定义 6.3(样本的联合分布)　设总体 X 的分布函数为 $F(x)$,$(X_1,X_2,\cdots,X_n)$ 是 X 的一个样本,则其联合分布函数为

$$F^*(x_1,x_2,\cdots,x_n)=\prod_{i=1}^{n}F(x_i)$$

若 X 具有概率密度函数 $f(x)$,则 $X_1,X_2,\cdots,X_n$ 的联合密度函数为

$$f^*(x_1,x_2,\cdots,x_n)=\prod_{i=1}^{n}f(x_i)$$

【例 6.3】(商场管理问题)　恒客超市需要合理设置收银员数量以协调服务质量和运营成本,设收银台一小时内接待的顾客数 X 服从参数为 $\lambda,(\lambda>0)$ 的泊松分布,$X_1,X_2,\cdots,X_n$ 是来自总体的随机样本。求 $(X_1,X_2,\cdots,X_n)$ 的联合分布律。

【解】　由已知知总体 X 具有分布律为

$$P\{X=k\}=\frac{\lambda^k}{k!}e^{-\lambda}, \quad k=0,1,2,\cdots$$

则$(X_1, X_2, \cdots, X_n)$的联合分布律为

$$P\{X_1 = x_1\} P\{X_2 = x_2\} \cdots P\{X_n = x_n\} = \prod_{i=1}^{n} P\{X_i = x_i\}$$

$$= \prod_{i=1}^{n} \frac{\lambda^{x_i}}{x_i!} e^{-\lambda} = \frac{\lambda^{\sum_{i=1}^{n} x_i}}{x_1! \ x_2! \cdots x_n!} e^{-n\lambda}$$

其中 $x_i = 0, 1, 2, \cdots (i = 1, 2, \cdots, n)$。

6.2 统 计 量

统计学的一个主要任务是研究总体和样本之间的关系。这种关系可以从两个方向进行研究。第一个方向是从总体到样本的方向,需要根据研究对象的不同构造出样本的各种不同函数,研究其与原总体的关系。这就是本章所要讨论的抽样分布。第二个方向是从样本到总体的方向,即从总体中随机抽取样本,然后利用上述函数对总体的性质进行统计推断。这就是以后将要讨论的统计推断问题。抽样分布(sampling distribution)是统计推断的基础。

为此,首先介绍数理统计的一个重要概念——统计量。

定义 6.4(统计量)　设 $(X_1, X_2, \cdots, X_n)$ 是来自总体 X 的一个样本,$g(X_1, X_2, \cdots, X_n)$ 是样本的函数,若 g 中不含任何未知参数,则称 $g(X_1, X_2, \cdots, X_n)$ 是一个统计量。设 $(x_1, x_2, \cdots, x_n)$ 是对应于样本 $(X_1, X_2, \cdots, X_n)$ 的样本观察值,则称 $g(x_1, x_2, \cdots, x_n)$ 是 $g(X_1, X_2, \cdots, X_n)$ 的观察值。

下面列出几个常用的统计量,设$(X_1, X_2, \cdots, X_n)$是来自总体 X 的一个样本,

1) 样本均值与样本方差

样本均值

$$\overline{X} = \frac{1}{n} \sum_{i=1}^{n} X_i$$

样本方差

$$S^2 = \frac{1}{n-1} \sum_{i=1}^{n} (X_i - \overline{X})^2 = \frac{1}{n-1} \left(\sum_{i=1}^{n} X_i^2 - n\overline{X}^2 \right)$$

样本标准差

$$S = \sqrt{S^2} = \sqrt{\frac{1}{n-1} \sum_{i=1}^{n} (X_i - \overline{X})^2}$$

样本均值与样本方差分别刻画了样本的位置特征及样本的分散性特征。

2) 样本矩

设总体 X 的分布函数为 $F(x)$,则称 $m_k = E(X^k)$(假设它存在)为总体 X 的 k 阶原点矩;称 $\mu_k = E[(X - E(X))^k]$ 为总体 X 的 k 阶中心矩。把总体的各阶中心矩和原点矩统称为总体矩。特别地,$m_1 = E(X)$,$\mu_2 = D(x)$ 是总体 X 的期望和方差。

样本的 k 阶原点矩

$$A_k = \frac{1}{n} \sum_{i=1}^{n} X_i^k, \quad k = 1, 2, 3, \cdots$$

样本的 k 阶中心矩

$$B_k = \frac{1}{n} \sum_{i=1}^{n} (X_i - \overline{X})^k, \quad k = 1, 2, 3, \cdots$$

特别地，$A_1 = \overline{X}$，但 B_2 与 S^2 却不同，由 S^2 与 B_2 的计算式可知，$B_2 = \frac{n-1}{n} S^2$，当 $n \to \infty$ 时，$B_2 = S^2$，所以常利用 B_2 来计算 S（标准差）。

设 $(x_1, x_2, \cdots, x_n)$ 为样本 $(X_1, X_2, \cdots, X_n)$ 的观测值，则样本矩对应的观测值分别为

$$\overline{x} = \frac{1}{n} \sum_{i=1}^{n} x_i$$

$$s^2 = \frac{1}{n-1} \sum_{i=1}^{n} (x_i - \overline{x})^2, \quad s = \sqrt{s^2} = \sqrt{\frac{1}{n-1} \sum_{i=1}^{n} (x_i - \overline{x})^2}$$

$$a_k = \frac{1}{n} \sum_{i=1}^{n} x_i^k, \quad b_k = \frac{1}{n} \sum_{i=1}^{n} (x_i - \overline{x})^k, \quad k = 1, 2, 3, \cdots$$

在不至于混淆的情况下，这些值也分别称为样本均值、样本方差、样本标准差、样本 k 阶原点矩、样本 k 阶中心矩。

注　由辛钦定律有

$$A_k \xrightarrow{p} m_k (n \to \infty) \qquad k = 1, 2, \cdots$$

即样本 k 阶原点矩依概率收敛于相对应的总体 k 阶原点矩，这就是下一章要介绍的矩估计的理论根据。

6.3　抽样分布

统计量既然是依赖于样本的，而后者又是随机变量，故统计量也是随机变量，因而就有一定的分布，这个分布叫做统计量的"抽样分布"，抽样分布就是通常的随机变量函数的分布。这里只是强调这一分布是由一个统计量所产生的。研究统计量的性质和评价一个统计推断的优良性，取决于其抽样分布的性质。然而要求出一个统计量的精确分布是十分困难的。而在实际问题中，大多数总体都服从正态分布，下面对于正态分布总体介绍几种常用的抽样分布：χ^2 分布，t 分布，F 分布，它们统称为"统计三大分布"。

1. 来自标准正态总体的抽样分布

1）χ^2 分布

定义 6.5（χ^2 分布）　设 $(X_1, X_2, \cdots, X_n)$ 是来自总体 $X \sim N(0, 1)$ 的一个样本，则称统计量：

$$\chi^2 = \sum_{i=1}^{n} X_i^2$$

所服从的分布是自由度为 n 的 χ^2 分布,记作 $\chi^2 \sim \chi^2(n)$。

$\chi^2(n)$ 的密度函数(图 6.1)为

$$f(x,n) = \begin{cases} \dfrac{1}{2^{\frac{n}{2}} \Gamma\left(\dfrac{n}{2}\right)} x^{\frac{n}{2}-1} e^{-\frac{x}{2}}, & x > 0 \\ 0, & x \leqslant 0 \end{cases}$$

其中

$$\Gamma\left(\frac{n}{2}\right) = \int_0^\infty x^{\frac{n}{2}-1} e^{-x} dx, \quad \Gamma\left(\frac{1}{2}\right) = \sqrt{\pi}$$

显然,$f(x,n) \geqslant 0$,且 $\int_{-\infty}^{+\infty} f(x,n)dx = 1$,即符合密度函数性质。事实上,

$$X^2 = \sum_{i=1}^n X_i^2 \sim \Gamma\left(\frac{n}{2}, 2\right)$$

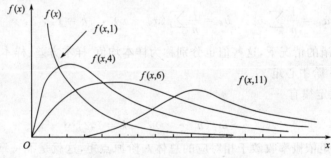

图 6.1　$\chi^2(n)$ 的密度函数图形

χ^2 分布的性质

(1) χ^2 分布的可加性。设 $\chi_1^2 \sim \chi^2(n_1)$,$\chi_2^2 \sim \chi^2(n_2)$,且 χ_1^2 与 χ_2^2 相互独立,则

$$\chi_1^2 + \chi_2^2 \sim \chi^2(n_1 + n_2)$$

(2) χ^2 分布的数学期望和方差。若 $\chi^2 \sim \chi^2(n)$,则

$$E(\chi^2) = n, \quad D(\chi^2) = 2n$$

事实上,因为 $X_i \sim N(0,1)$,则

$$E(X_i^2) = D(X_i) = 1$$

$$D(X_i^2) = E(X_i^4) - [E(X_i^2)]^2 = \frac{1}{\sqrt{2\pi}} \int_{-\infty}^{+\infty} x^4 e^{-\frac{x^2}{2}} dx - 1 = 3 - 1 = 2, \quad i = 1, 2, \cdots, n$$

所以

$$E(\chi^2) = E\left(\sum_{i=1}^n X_i^2\right) = \sum_{i=1}^n E(X_i^2) = n, \quad D(\chi^2) = D\left(\sum_{i=1}^n X_i^2\right) = \sum_{i=1}^n D(X_i^2) = 2n$$

2) t 分布

英国统计学家兼化学家戈塞特 (W.S.Gosset 1876~1937)于 1908 年用笔名 Student

发表了关于 t 分布的论文,这是一篇在统计学发展史上划时代的文章,它创立了小样本代替大样本的方法,开创了现代统计学的新纪元. Gosset、Student 的最后一个字母都是 t,故取名为"t 分布",又称为"学生氏分布".

定义 6.6(t 分布)　设 $X \sim N(0,1), Y \sim \chi^2(n)$,且 X 与 Y 相互独立,则称统计量 $T = X / \sqrt{\dfrac{Y}{n}}$ 所服从的分布是自由度为 n 的 t 分布,记为 $T \sim t(n)$。

t 分布的密度函数(图 6.2)为

$$t(x,n) = \frac{\Gamma\left(\dfrac{n+1}{2}\right)}{\sqrt{n\pi} \cdot \Gamma\left(\dfrac{n}{2}\right)} \left(1 + \frac{x^2}{n}\right)^{-\frac{n+1}{2}}, \quad -\infty < x < +\infty$$

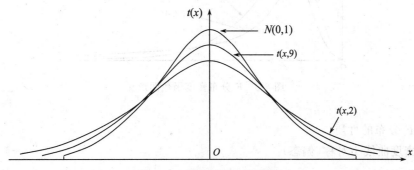

图 6.2　t 分布密度函数图形

t 分布的性质:

(1) $t(x,n)$ 关于 $x=0$ 对称;

(2) $t(x,n)$ 在 $x=0$ 达最大值;

(3) $t(x,n)$ 的 x 轴为水平渐近线;

(4) $\lim\limits_{n \to \infty} t(x,n) = \dfrac{1}{\sqrt{2\pi}} \mathrm{e}^{-\frac{x^2}{2}}$,即 $n \to \infty$ 时,t 分布 $\to N(0,1)$,一般地,当 $n > 30$ 时,t 分布与 $N(0,1)$ 非常接近;

(5) 当 n 较小时,t 分布与 $N(0,1)$ 有较大的差异,且对 $\forall t_0 \in \mathbf{R}$ 有

$$P\{|T| \geqslant t_0\} \geqslant P\{|X| \geqslant t_0\}$$

其中 $X \sim N(0,1)$。即 t 分布的尾部比 $N(0,1)$ 的尾部具有更大的概率;

(6) 若 $T \sim t(n)$,则 $n > 1$ 时,$E(T) = 0$;$n > 2$ 时,$D(T) = \dfrac{n}{n-2}$。

3) F 分布

定义 6.7(F 分布)　设 $X \sim \chi^2(m), Y \sim \chi^2(n)$,且 X 与 Y 相互独立,则称统计量 $F = \dfrac{X/m}{Y/n}$ 服从自由度为 (m,n) 的 F 分布,记作 $F \sim F(m,n)$,其中 m 为第一自由度,n 为第二自由度。

由定义知,若 $T \sim t(n)$,则 $T^2 \sim F(1,n)$。

$F(m,n)$ 的概率密度函数为

$$f(x;m,n) = \begin{cases} \dfrac{\Gamma\left(\dfrac{m+n}{2}\right)}{\Gamma\left(\dfrac{m}{2}\right)\Gamma\left(\dfrac{n}{2}\right)}\left(\dfrac{m}{n}\right)\left(\dfrac{m}{n}x\right)^{\frac{m}{2}-1}\left(1+\dfrac{m}{n}x\right)^{-\frac{m+n}{2}}, & x>0 \\ 0, & x \leqslant 0 \end{cases}$$

如图 6.3 所示,F 分布是为了纪念费希尔(R. A. Fisher 1890～1962)而命名的。

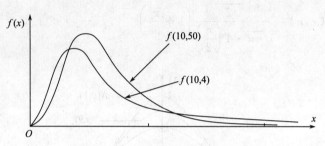

图 6.3　F 分布密度函数图形

F 分布的性质

(1) 密度曲线不对称(偏态)。

(2) 若 $F \sim F(m,n)$,则 $\dfrac{1}{F} \sim F(n,m)$。

(3) 当 $n>2$ 时,$E_F = \dfrac{n}{n-2}$;

当 $n>4$ 时,

$$E_{F^2} = \frac{n^2(m+2)}{(n-2)(n-4)}, \quad D_F = \frac{n^2(2m+2n-4)}{m(n-2)^2(n-4)}$$

(利用 $\Gamma_a = (\alpha-1)\Gamma_{(a-1)}$)

2. 来自一般正态总体的抽样分布

接下来讨论一般的正态总体,正态分布是现实问题中最常见的一类分布,通常知道总体 $X \sim N(\mu,\sigma^2)$,但参数 μ,σ 未知,因此需要通过样本 $X_1, X_2, \cdots, X_n$ 来推断 μ,σ 的值。对 μ,σ 的推断是通过构造统计量实现的,如何构造"好"的统计量 $g(X_1, X_2, \cdots, X_n)$ 以及 $g(X_1, X_2, \cdots, X_n)$ 服从什么分布成为首要问题。

由正态分布的性质,可得如下结论:若 $(X_1, X_2, \cdots, X_n)$ 是来自总体 $X \sim N(\mu,\sigma^2)$ 的一个样本,$\overline{X}$ 为样本均值,则 $\overline{X} \sim N\left(\mu, \dfrac{\sigma^2}{n}\right)$,由上述结论可知:$\overline{X}$ 的期望与 X 的期望相同,而 $\overline{X}$ 的方差却比 X 的方差小得多,即 $\overline{X}$ 的取值将更向 μ 集中。

定理 6.1　设 $(X_1, X_2, \cdots, X_n)$ 为来自总体 $X \sim N(\mu,\sigma^2)$ 的一个样本,$\overline{X}$ 是样本均值,则 $\overline{X} \sim N(\mu,\sigma^2/n)$

【例 6.4】(质量管理问题)　某厂生产滑动轴承,已知轴承直径 $X \sim N(75,100)$,现在按照下游采购商的要求对产品质量进行检验,需从中抽取一容量为 n 的样本,为使轴承直径的样本均值大于 74 的概率不小于 90%,问样本容量 n 至少应取多大?

【解】　因为 $X \sim N(75,100)$,所以

$$\frac{\overline{X}-75}{\dfrac{10}{\sqrt{n}}} \sim N(0,1)$$

于是

$$P\{\overline{X} > 74\} = P\left\{\frac{\overline{X}-75}{10/\sqrt{n}} > \frac{74-75}{10/\sqrt{n}}\right\} = P\left\{\frac{\overline{X}-75}{10/\sqrt{n}} > -0.1\sqrt{n}\right\}$$

$$= 1 - \Phi(-0.1\sqrt{n}) = \Phi(0.1\sqrt{n}) \geqslant 0.90$$

查表得 $0.1\sqrt{n} \geqslant 1.29$,因此 $n \geqslant 166.41$,所以样本容量至少应取 167。

定理 6.2　设 $(X_1,X_2,\cdots,X_n)$ 为来自总体 $X \sim N(\mu,\sigma^2)$ 的一个样本,μ,σ^2 为已知常数,则:

(1) 统计量

$$\chi^2 = \frac{1}{\sigma^2}\sum_{i=1}^{n}(X_i-\mu)^2 \sim \chi^2(n) \quad (\text{当 } \mu=0 \text{ 时也成立})$$

事实上,令 $Y_i = \dfrac{X_i-\mu}{\sigma}$,则 $Y_i \sim N(0,1)$,所以 $\chi^2 = \sum\limits_{i=1}^{n}Y_i^2 \sim \chi^2(n)$。

(2) 样本均值 $\overline{X}$ 与样本方差 S^2 相互独立,且统计量

$$\frac{(n-1)S^2}{\sigma^2} = \frac{1}{\sigma^2}\sum_{i=1}^{n}(X_i-\overline{X})^2 \sim \chi^2(n-1)$$

证明略。

定理 6.3　设 $(X_1,X_2,\cdots,X_n)$ 是来自总体 $X \sim N(\mu,\sigma^2)$ 的一个样本,则统计量

$$T = \frac{(\overline{X}-\mu)}{S/\sqrt{n}} \sim t(n-1)$$

【证】　由 $\overline{X} \sim N\left(\mu,\dfrac{\sigma^2}{n}\right) \Rightarrow \dfrac{\overline{X}-\mu}{\sigma/\sqrt{n}} \sim N(0,1)$,又 $\dfrac{(n-1)S^2}{\sigma^2} \sim \chi^2(n-1)$,且 $\overline{X}$ 与 S^2 相互独立,则 $\dfrac{\overline{X}-\mu}{\sigma}\sqrt{n}$ 与 $\dfrac{(n-1)}{\sigma^2}S^2$ 相互独立,由 t 分布的定义,所以

$$T = \frac{\dfrac{\overline{X}-\mu}{\sigma/\sqrt{n}}}{\sqrt{\dfrac{(n-1)S^2}{\sigma^2(n-1)}}} = \frac{(\overline{X}-\mu)}{S}\sqrt{n} \sim t(n-1)$$

定理 6.4　设 $(X_1,X_2,\cdots,X_{n1})$ 是来自总体 $X \sim N(\mu_1,\sigma_1^2)$ 的一个样本,$(Y_1,Y_2,\cdots,Y_{n2})$ 是来自总体 $Y \sim N(\mu_2,\sigma_2^2)$ 的一个样本,且 X 与 Y 相互独立,当 $\sigma_1^2 = \sigma_2^2 = \sigma^2$ 时,则统计量

$$\frac{(\overline{X}-\overline{Y})-(\mu_1-\mu_2)}{S_w\sqrt{\dfrac{1}{n_1}+\dfrac{1}{n_2}}}\sim t(n_1+n_2-2)$$

其中

$$S_w^2=\frac{(n_1-1)S_1^2+(n_2-1)S_2^2}{n_1+n_2-2}$$

【证】　因为 $\overline{X}\sim N\left(\mu_1,\dfrac{\sigma^2}{n_1}\right)$,$\overline{Y}\sim N\left(\mu_2,\dfrac{\sigma^2}{n_2}\right)$,且 $\overline{X}$ 与 $\overline{Y}$ 相互独立,所以

$$\overline{X}-\overline{Y}\sim N\left(\mu_1-\mu_2,\frac{\sigma^2}{n_1}+\frac{\sigma^2}{n_2}\right)$$

即

$$\frac{(\overline{X}-\overline{Y})-(\mu_1-\mu_2)}{\sigma\sqrt{\dfrac{1}{n_1}+\dfrac{1}{n_{21}}}}\sim N(0,1)$$

又因为

$$\frac{(n_1-1)S_1^2}{\sigma^2}\sim\chi^2(n_1-1),\quad \frac{(n_2-1)S_2^2}{\sigma^2}\sim\chi^2(n_2-1)$$

且它们相互独立,由 χ^2 分布的可加性,则

$$\frac{(n_1-1)S_1^2}{\sigma^2}+\frac{(n_2-1)S_2^2}{\sigma^2}\sim\chi^2(n_1+n_2-2)$$

由 t 分布的定义

$$\frac{(\overline{X}-\overline{Y})-(\mu_1-\mu_2)}{\sigma\sqrt{\dfrac{1}{n_1}+\dfrac{1}{n_{21}}}}\Bigg/\sqrt{\frac{(n_1-1)S_1^2+(n_2-1)S_2^2}{\sigma^2}\Big/n_1+n_2-2}$$

$$=\frac{(\overline{X}-\overline{Y})-(\mu_1-\mu_2)}{S_w\sqrt{\dfrac{1}{n_1}+\dfrac{1}{n_{21}}}}\sim t(n_1+n_2-2)$$

定理 6.5　设 $(X_1,X_2,\cdots,X_{n1})$ 是来自总体 $X\sim N(\mu_1,\sigma_1^2)$ 的一个样本, $(Y_1,Y_2,\cdots,Y_{n2})$ 是来自总体 $Y\sim N(\mu_2,\sigma_2^2)$ 的一个样本,且 X 与 Y 相互独立,则 $F=\dfrac{S_1^2/\sigma_1^2}{S_2^2/\sigma_2^2}\sim F(n_1-1,n_2-1)$。

【证】　因为 $\dfrac{(n_1-1)S_1^2}{\sigma_1^2}\sim\chi^2(n_1-1)$,$\dfrac{(n_2-1)S_2^2}{\sigma_2^2}\sim\chi^2(n_2-1)$,由 F 分布的定义,可得

$$F=\frac{\dfrac{(n_1-1)S_1^2}{\sigma_1^2}}{(n_1-1)}\Bigg/\frac{\dfrac{(n_2-1)S_2^2}{\sigma_2^2}}{(n_2-1)}=\frac{S_1^2/\sigma_1^2}{S_2^2/\sigma_2^2}\sim F(n_1-1,n_2-1)$$

其中,$S_1^2 = \dfrac{1}{m-1} \sum\limits_{i=1}^{n} (X_i - \bar{X})^2$, $S_2^2 = \dfrac{1}{n-1} \sum\limits_{i=1}^{n} (Y_i - \bar{Y})^2$

3. 分位点

定义 6.8(分位点) 设随机变量 X 的分布函数为 $F(x)$,对于给定的正数 $\alpha(0<\alpha<1)$,若有 x_α 满足 $P\{X > x_\alpha\} = \displaystyle\int_{x_\alpha}^{+\infty} f(x)\mathrm{d}x = \alpha$,则称 x_α 为 X 的上 α 分位点。

1) $N(0,1)$ 的上 α 分位点

$N(0,1)$ 的上 α 分位点 z_α 满足 $\displaystyle\int_{z_\alpha}^{+\infty} \dfrac{1}{\sqrt{2\pi}} \mathrm{e}^{-\frac{x^2}{2}} \mathrm{d}x = \alpha$。 如图 6.4 所示,由标准正态分布的对称性可知 $-z_\alpha = z_{1-\alpha}$。

例如查标准正态分布表可得 $z_{0.05}=1.645$, $z_{0.025}=1.96$, $z_{0.95}=-1.645$。

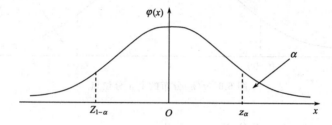

图 6.4　$N(0,1)$ 的上 α 分位点

2) $\chi^2(n)$ 分布的上 α 分位点

$\chi^2(n)$ 分布的上 α 分位点 $\chi_\alpha^2(n)$ 满足

$$P\{\chi^2 > \chi_\alpha^2(n)\} = \int_{\chi_\alpha^2(n)}^{+\infty} f(y)\mathrm{d}y = \alpha$$

如图 6.5 所示。由附表可查其值。

例如,查表可得 $\chi_{0.05}^2(12)=21.026$, $\chi_{0.95}^2(25)=14.611$。

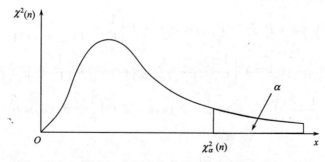

图 6.5　$\chi^2(n)$ 分布的上 α 分位点

3) $t(n)$ 分布的上 α 分位点

$t(n)$ 分布的上 α 分位点 $t_\alpha(n)$ 满足

$$P\{t > t_\alpha(n)\} = \int_{t_\alpha(n)}^{+\infty} f(x)\mathrm{d}x = \alpha$$

如图 6.6 所示。由附表可查出其值。由于 $n > 30$ 时,$t(n)$ 分布接近于 $N(0,1)$,所以当 $n > 45$ 时,可查 $N(0,1)$ 分布分位数表,即

$$f(x) \to \frac{1}{\sqrt{2\pi}} e^{-\frac{x^2}{2}} (n \to \infty), t_\alpha(n) \approx z_\alpha(n > 45)。 \quad 由\ t\ 分布的对称性可知$$
$-t_\alpha = t_{1-\alpha}$。

例如,$t_{0.05}(6) = 1.9432, t_{0.90}(12) = -t_{0.1}(12) = -1.3562, t_{0.05}(55) \approx z_{0.05} = 1.645$。

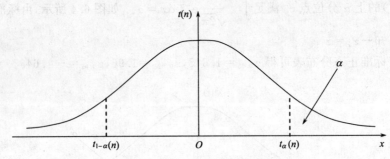

图 6.6　$t(n)$ 分布的上 α 分位点

4) $F(m,n)$ 分布的上 α 分位点

$F(m,n)$ 分布的上 α 分位点 $F_\alpha(m,n)$ 满足

$$P\{F > F_\alpha(m,n)\} = \int_{F_\alpha(n,m)}^{+\infty} \psi(y)\mathrm{d}y = \alpha$$

如图 6.7 所示。

由 $F_\alpha(m,n)$ 分布性质,有

$$F_\alpha(n,m) = \frac{1}{F_{1-\alpha}(m,n)}$$

事实上,若 $F \sim F(m,n)$,则

$$1 - \alpha = P\{F > F_{1-\alpha}(m,n)\} = P\left\{\frac{1}{F} < \frac{1}{F_{1-\alpha}(m,n)}\right\}$$

$$= 1 - P\left\{\frac{1}{F} \geqslant \frac{1}{F_{1-\alpha}(m,n)}\right\} = 1 - P\left\{\frac{1}{F} > \frac{1}{F_{1-\alpha}(m,n)}\right\}$$

于是 $P\left\{\frac{1}{F} > \frac{1}{F_{1-\alpha}(m,n)}\right\} = \alpha$ 再由 $\frac{1}{F} \sim F(n,m)$ 知 $P\left\{\frac{1}{F} > F_\alpha(n,m)\right\} = \alpha$,比较上面两式,得

$$\frac{1}{F_{1-\alpha}(m,n)} = F_\alpha(n,m)$$

例如,查表可得

$$F_{0.05}(5,12) = 3.11, \quad F_{0.1}(2,25) = 2.53, \quad F_{0.95}(6,10) = \frac{1}{F_{0.05}(10,6)} = \frac{1}{4.06} = 0.246$$

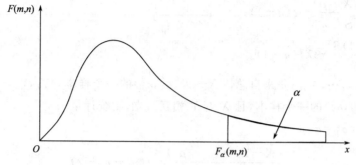

图 6.7　$F(m,n)$ 分布的上 α 分位点

关键术语

　　总体（population）　把研究对象的全体称为总体（通常为数量指标 X 可能取值的全体组成的集合）。总体中的每个元素称为个体。

　　样本（sample）　从总体中抽取的一部分元素的集合，称为样本。通常设总体 X 的分布函数为 $F(x)$，若 $X_1, X_2, \cdots, X_n$ 是来自总体 X 的具有同一分布函数 $F(x)$ 的相互独立的随机变量，则称 $(X_1, X_2, \cdots, X_n)$ 为从总体 X 中得到的容量为 n 的简单随机样本，简称样本。

　　统计量（statistic）　设 $(X_1, X_2, \cdots, X_n)$ 是来自总体 X 的一个样本，$g(X_1, X_2, \cdots, X_n)$ 是样本的函数，若 g 中不含任何未知参数，则称 $g(X_1, X_2, \cdots, X_n)$ 是一个统计量。

重要公式

　　1. χ^2 分布。设 $(X_1, X_2, \cdots, X_n)$ 是来自总体 $X \sim N(0,1)$ 的一个样本，则称统计量 $\chi^2 = \sum_{i=1}^{n} X_i^2$ 所服从的分布是自由度为 n 的 χ^2 分布，记作 $\chi^2 \sim \chi^2(n)$。

　　2. t 分布。设 $X \sim N(0,1)$，$Y \sim \chi^2(n)$，且 X 与 Y 相互独立，则称统计量 $T = X / \sqrt{\dfrac{Y}{n}}$ 所服从的分布是自由度为 n 的 t 分布，记为 $T \sim t(n)$。

　　3. F 分布。设 $X \sim \chi^2(m)$，$Y \sim \chi^2(n)$，且 X 与 Y 相互独立，则称统计量 $F = \dfrac{X/m}{Y/n}$ 服从自由度为 (m,n) 的 F 分布，记作 $F \sim F(m,n)$，其中，m 为第一自由度，n 为第二自由度。

　　4. 抽样分布定理。设 $(X_1, X_2, \cdots, X_n)$ 为来自总体 $X \sim N(\mu, \sigma^2)$ 的一个样本，μ, σ^2 为已知常数，则样本均值 $\overline{X}$ 与样本方差 S^2 相互独立，且统计量

　　（1）$\overline{X} \sim N\left(\mu, \dfrac{\sigma^2}{n}\right)$，即 $\dfrac{\overline{X} - \mu}{\dfrac{\sigma}{\sqrt{n}}} \sim N(0,1)$；

(2) $T = \dfrac{(\overline{X} - \mu)}{S/\sqrt{n}} \sim t(n-1)$；

(3) $\dfrac{(n-1)S^2}{\sigma^2} \sim \chi^2(n-1)$。

设 $(X_1, X_2, \cdots, X_{n1})$ 是来自总体 $X \sim N(\mu_1, \sigma_1^2)$ 的一个样本，$(Y_1, Y_2, \cdots, Y_{n2})$ 是来自总体 $Y \sim N(\mu_2, \sigma_2^2)$ 的一个样本，且 X 与 Y 相互独立，则统计量

4) 当 $\sigma_1^2 = \sigma_2^2 = \sigma^2$ 时，

$$\frac{(\overline{X} - \overline{Y}) - (\mu_1 - \mu_2)}{S_w \sqrt{\dfrac{1}{n_1} + \dfrac{1}{n_2}}} \sim t(n_1 + n_2 - 2)$$

其中 $S_w^2 = \dfrac{(n_1 - 1)S_1^2 + (n_2 - 1)S_2^2}{n_1 + n_2 - 2}$。

5) $F = \dfrac{S_1^2/\sigma_1^2}{S_2^2/\sigma_2^2} \sim F(n_1 - 1, n_2 - 1)$。

案例

【**案例 6.1**】　中国互联网络信息中心全国调查抽样方案设计

1. 引言

互联网时代，国家和相关企业掌握互联网使用的动态变化情况是非常重要的。本抽样设计案例采用了多阶段、分层、PPS 与等概率结合的混合抽样方法，考虑了时间和经费的限制，克服了缺少完整抽样框等困难，使抽样的科学性和可操作性得到了较好的结合，为中国互联网络信息中心（CNNIC）的全国居民上网情况提供了切实可行的抽样方案。

2. 抽样设计的基本思路

1) 总体的界定

该方案的主要目的是估计全国网民的总量、网民的构成以及上网行为。考虑到上网是有一定年龄限制的，年龄太小的孩子不可能独立上网，因此将目标总体界定为" 全国所有六岁以上的居民"。为了实施的方便，把抽样总体分为两个子总体 ：一个是"拥有住宅电话的六岁以上的居民（ 不包括住校的大学生）"，以下简称"住宅电话居民"，对抽中样本采用计算机辅助的电话调查（ CATI ）方式进行访问；另一个是"住校的高等院校的学生"，以下简称"大学生"，对抽中样本采用面访调查的方式收集数据。

2) 抽样的总思路

对于"住宅电话居民"子总体，抽样方法为分层、PPS 与等概率相结合的四阶段混合型抽样。即在每个省内，第一阶段，用 PPS 法抽取地区（此处的地区包括地级市和地区行署）；第二阶段，抽取电话局号；第三阶段，抽取电话号码；第四阶段，抽取调查对象。所获得的样本可以近似看成是自加权样本，对全省有代表性。

对于"大学生"子总体，采用的是分层、PPS 与等概率相结合的三阶段混合型抽样，即第一阶段抽学校，第二阶段抽班级，第三阶段抽住校学生。抽取的是一个代表全国的近似自加权样本，按各省大学生在各层的分配情况，可以近似推断各省的情况。

对两个子样本的结果加权处理后,可估计各省的网民人数以及上网行为;对各省结果加权处理后,可以推断全国的情况。

3) 样本量的确定

根据 CNNIC 的《第六次中国互联网络发展状况统计报告》可以近似地估算出各省的网民人数;另外从电信部门获得了各省的住宅电话数目,参考《中国统计摘要 2000》,近似估算得各省住宅电话所覆盖的六岁以上的人口数,两者相除,得到了 31 个省中,"住宅电话居民"中的网民比例,为保证各省的精度,取 1.5% 作为估计的目标比例。同时考虑到访问实施的费用和时间,在置信度为 95% 的情况下,取最大允许相对误差为 5%,设计效应假定为 2,则各省的样本量近似为 2020,为了便于各省之间进行比较,每个省都取相同的样本量。

在"大学生"总体中,网民的比例比较高,样本量按最大允许的绝对误差公式计算,综合考虑抽样设计的精度以及 CNNIC 所能承受的调查费用和调查时间,取置信度为 95%,最大允许绝对误差为 1%~8%,设计效应为 2,则总样本量为 6000。共抽取 120 所大学,每校抽取 5 个班,每班调查 10 人。

4) 抽样指标的确定

在"住宅电话居民"总体中,各阶段的抽样单元、抽样指标和抽样方法如表 6.1 所示。其中第一阶段的抽样指标各地区"住宅电话数目",是利用省一级的数据建立回归模型预测得到的。

表 6.1 住宅电话居民各阶段的抽样单元、抽样指标和抽样方法

阶段	抽样单元	抽样指标	抽样方法
第一阶段	地区	住宅电话数目	PPS
第二阶段	局号	不需要抽样指标	普查
第三阶段	电话号码	后四位数随机产生	随机抽取
第四阶段	调查对象	不需要抽样指标	方便抽样

在"大学生"总体中,各阶段的抽样单元、抽样指标和抽样方法如表 6.2 所示。

表 6.2 大学生各阶段的抽样单元、抽样指标和抽样方法

阶段	抽样单元	抽样指标	抽样方法
第一阶段	学校	普通本专科学生与研究生人数	PPS
第二阶段	班	不需要抽样指标	随机抽取
第三阶段	住校大学生	不需要抽样指标	等距抽取

5) 关于抽样框的说明

对于"住宅电话居民"总体,采用的是多重抽样框,大部分的资料来自于统计年鉴,有关省级住宅电话数目和抽中地区的局号资料,来自电信部门;地区一级的住宅电话数目是用回归模型预测的。

对于"大学生"总体,第一阶段的抽样框是按国家规定批准设置的 1022 所普通高校。

包括 15 项指标,其中有 21 所学校多项指标缺失,最终的抽样框共包括 1001 所大学。第二阶段、第三阶段的抽样框都是在访问实施过程中建立的完整抽样框。

3.“住宅电话居民”子总体的抽样

第一阶段,抽取地区。从每个省中抽取五个地区,抽样指标为地区的住宅电话数目。根据所估计的各地区“住宅电话的数目”的大小,按照 PPS 抽样法,使每个地区被抽中的概率等于该地区“住宅电话的数目”与该省“住宅电话的数目”之比。

第二阶段,抽取电话局号。对于抽中的地区,通过有关部门获得了该地区的所有电话局号资料。为使样本的代表性更强,每个地区的所有局号都被抽取。平均分配每个局号下的样本量。

第三阶段,抽取电话号码。为保证各省的样本近似于自加权样本,理论上此阶段要采取事后加权的方式,事后加权系数应由每个局号下住宅电话数目占全部有效电话号码数目的比例来确定,但实际上这个数据没有办法得到,只能利用拨打电话时获得的有关记录(如每个局号下有人接听的电话中住宅电话的比例)去估计加权系数,但这样做的误差可能很大。

第四阶段,抽取调查对象。把接听电话的人作为被访对象,先询问其家庭基本状况和个人是否上网、个人背景资料和家庭其他成员的最简要资料。如果他(她)不上网,但家中有人上网,则再随机抽取一名上网的成员来接听电话,回答有关上网的问题以及他(她)的个人基本资料,以获取尽可能多的有用信息。

4.“大学生”子总体的抽样

抽样采用分层三阶段抽样的方法。

选定可能与学生上网情况比较相关的指标,具体包括“普通本专科生人数”、“研究生人数”、“教授人数”、“副教授人数”、“博士点数目”、“硕士点数目”;分层指标标准化后,利用 SPSS 软件聚类分析,把 1001 所大学分为了六层。各层按“通本专科学生与研究生人数”所占的比例,确定各层应抽取的学校的个数。

第一级抽样单元为学校,按 PPS 方法,以“普通本专科学生与研究生人数”作为抽样指标;

第二级抽样单元为班级,按院/系和年级分层后随机抽取;

第三级抽样单元为住校学生,等距抽取。

5.总体主要目标量及其精度的估计

本调查的目标量可以分为三类:

(1)总量。比如说目标总体中网民的总数。

(2)比例。本调查的总体目标量大部分都是以比例的形式出现的,如各省中网民人数占目标总体的比例,不同性别、不同文化程度、不同年龄的人群的上网比例等。

(3)均值。比如说平均的上网时间、平均的自费上网费用等。

以下针对比例指标给出了估计公式和精度的估计式,对于总量指标和均值指标,计算方法是类似的,在此省略了。

1)“住宅电话居民”子总体各省的比例目标及其方差的估计 P

$$P = \frac{a}{n}, \quad V(P) = \frac{1-f}{n-1}p(1-p), \quad f = \frac{n}{N}$$

2）"大学生"子总体各省的比例目标及其方差的估计

$$p = \sum_{i=1}^{6} W_i p_i, \quad V(p) = \sum_{i=1}^{6} \frac{W_i^2 p_i(1-p_i)}{n_i}, \quad W_i = \frac{N_i}{N}, \quad i = 1,2,\cdots,6$$

其中 N_i 为某省第 i 层的学生数 ；N 为该省的学生总数。

3）各省目标总体的比例及其方差的估计

$$p = W_A p_A + W_B p_B, \quad W_A = \frac{N_A}{N_A + N_B}, \quad W_B = \frac{N_B}{N_A + N_B}$$

其中，p_A 表示某省"住宅电话居民"子总体具有某特征的比例；p_B 表示某省"大学生"子总体具有某特征的比例；N_A 表示某省"住宅电话居民"总数；N_B 表示某省"大学生"总数。

4）全国目标总体的比例及其方差的估计

$$p_T = \sum_{i=1}^{31} W_i p_i, \quad V(p_T) = \sum_{i=1}^{31} \frac{W_i^2 p_i(1-p_i)}{n_i}$$

其中，p_i 表示第 i 省具有某特征的比例；W_i 表示第 i 省"住宅电话居民"总数与"大学生"总数之和占全国"住宅电话居民"总数与 "大学生"总数之和的比例。

此方案已被 CCNIC 采用，在 2000 年 12 月进行了调查实施。在 2001 年 1 月公布了调查结果，得到社会各方面的认可。

习　题　6

1. 客户定制的轴承要求直径为 50.8～53.8，因此对工厂生产的轴承进行抽样检验，已知产品直径总体服从 $N(52,6.3^2)$，现从中随机抽取一样本容量为 36，求样本均值 $\overline{X}$ 满足要求的概率。

2. 设正态总体 $X \sim N(100,4)$，现从 X 中抽取两个独立样本，样本均值分别为 $\overline{X}$ 与 $\overline{Y}$，样本容量分别为 15，20. 求 $P\{|\overline{X}-\overline{Y}| > 0.2\}$。

3. 设 $X_1, X_2, \cdots, X_n$ 是来自正态总体 $N(0,9)$ 的样本，求系数 a,b,c,d 使得统计量
$$Y = aX_1^2 + b(X_2 + X_3)^2 + c(X_4 + X_5 + X_6)^2 + d(X_7 + X_8 + X_9 + X_{10})^2$$
服从 χ^2 分布，且求其自由度。

4. 设某道路交通路口一小时内经过的车流量数服从泊松分布 $\pi(\lambda)$，$X_1, X_2, \cdots, X_n$ 是来自该总体的一个样本，设样本均值为 $\overline{X}$ 和样本方差为 S^2，求 $E(\overline{X}), D(\overline{X}), E(S^2)$。

5. 设 X_1, X_2 是来自 $N(0,\sigma^2)$ 的样本，试求 $Y = \left(\frac{X_1 + X_2}{X_1 - X_2}\right)^2$ 的分布。

6. 设随机变量 $X \sim F(n,n)$，证明 $P\{X < 1\} = 0.5$。

7. 设 $X_1, X_2, \cdots, X_n$ 是来自正态总体的样本，$Y_1 = \frac{1}{6}\sum_{i=1}^{6} X_i, Y_2 = \frac{1}{3}\sum_{i=7}^{9} X_i$

$$S^2 = \frac{1}{2}\sum_{i=1}^{6}(X_i - Y_2)^2, \quad Z = \frac{\sqrt{2}(Y_1 - Y_2)}{S}$$

证明统计量 Z 服从自由度为 2 的 t 分布。

第7章 参数估计

实践中的统计

经济管理领域中,很多事件都存在随机性,表现为某个随机变量。例如,库存管理中的订货问题需要了解每期的需求量;人力资源管理中的薪酬设计问题需要掌握公司目前员工的薪资水平;安全管理中要分析特定时间内交通事故或者火灾事故发生的频数;质量管理中的质量控制需要掌握不合格品出现的次数以及质量特性符合标准的程度;市场营销中的销量分析和预测需要把握每期产品销售的数量;宏观经济中需要研究 GDP、居民收入等指标,等等。在这些问题中,需求量、薪资水平、事故发生次数、不合格品数、质量特性、销售量、GDP、收入等均表现为一个服从某种分布的随机变量,研究这些随机变量的规律和性质,特别是掌握随机变量的参数情况,对管理者进行更进一步的分析、预测和决策都具有十分重要而关键的作用。

现实情况中,上述随机变量的分布情况和参数值往往是未知的,或者它们的近似分布形式已知而参数未知,此时就需要通过统计推断方法对这些随机变量分布中的参数进行合理而有效的估计以得到参数具体的值。这就是本章的学习内容——参数估计。参数估计往往通过随机抽样或根据若干历史数据产生随机变量的样本数据,再通过相关估计方法进行参数的估计。

本章的主要内容有:点估计,借助总体的某个样本对未知参数的值给出一个明确的计算(估计)公式;估计量的评选标准,对于同一参数,用不同的估计方法求出的估计量可能会不同,这就涉及用什么样的标准来评价估计量的问题;区间估计,对于未知参数,希望估计出一个范围,并希望这个范围包含参数真值的可信程度足够高;正态总体参数区间估计,由于正态分布占有重要地位,因此详细介绍正态分布各参数的区间估计。此外还简要介绍样本量的确定方法和 0−1 分布参数的区间估计以及单侧置信区间。

7.1 点 估 计

7.1.1 点估计的概念

设总体的分布函数形式已知,但它的一个或多个参数未知,借助于总体 X 的一个样本来估计总体未知参数的值称为参数的点估计。

定义 7.1(点估计) 设总体 X 的分布函数 $F(x;\theta)$ 的形式为已知,θ 是待估参数。$X_1, X_2, \cdots, X_n$ 是 X 的一个样本,$x_1, x_2, \cdots, x_n$ 是相应的一个样本值。点估计问题就是

要构造一个适当的统计量 $\hat{\theta}(X_1, X_2, \cdots, X_n)$，用它的观察值 $\hat{\theta}(x_1, x_2, \cdots, x_n)$ 来估计未知参数 θ。称 $\hat{\theta}(X_1, X_2, \cdots, X_n)$ 为 θ 的估计量，称 $\hat{\theta}(x_1, x_2, \cdots, x_n)$ 为 θ 的估计值。在不致混淆的情况下统称估计量和估计值为估计，并都简计为 $\hat{\theta}$。由于估计量是样本的函数，因此对于不同的样本值，θ 的估计值往往是不相同的。

【例 7.1】(安全管理问题) 某高危生产企业一天内发生安全生产事故的次数 X 是随机变量，假定它服从以 $\lambda > 0$ 为参数的泊松分布，参数 λ 为未知。设有以下的样本值，试估计参数 λ。

安全事故次数 k	0	1	2	3	4	5	6	
发生 k 次安全事故的天数 n_k	75	90	54	22	6	2	1	$\Sigma = 250$

【解】 由于 $X \sim \pi(\lambda)$，故有 $\lambda = E(X)$。自然想到用样本均值来估计总体的均值 $E(X)$。由已知数据计算得到

$$\bar{x} = \frac{\sum\limits_{k=0}^{6} k n_k}{\sum\limits_{k=0}^{6} n_k} = \frac{1}{250}(0 \times 75 + 1 \times 90 + 2 \times 54 + 3 \times 22 + 4 \times 6 + 5 \times 2 + 6 \times 1) = 1.22$$

得 $E(X)$ 即 λ 的估计为 1.22。

在本例中，使用样本均值来估计总体均值。

估计量：$\hat{\lambda} = \hat{E}(X) = \dfrac{1}{n} \sum\limits_{k=1}^{n} X_k$，$\quad n = 250$

估计值：$\hat{\lambda} = \hat{E}(X) = \dfrac{1}{n} \sum\limits_{k=1}^{n} x_k = 1.22$

事实上，估计参数的方法有多种。下面介绍两种常用的构造估计量的方法：矩估计法和极大似然估计法。

7.1.2 矩估计法

矩估计法是一种简单直观的传统估计方法，它不要求已知总体分布的形式，只要未知参数可以表示成总体矩的函数，就能求出其矩估计。

1. 概念

定义 7.2(矩估计法) 设 X 为连续型随机变量，其密度函数为 $f(x; \theta_1, \theta_2, \cdots, \theta_k)$，或 X 为离散型随机变量，其分布律为 $P\{X = x\} = p(x; \theta_1, \theta_2, \cdots, \theta_k)$，其中 $\theta_1, \theta_2, \cdots, \theta_k$ 为待估参数，$X_1, X_2, \cdots, X_n$ 是来自 X 的样本，假设总体 X 的前 k 阶矩

$$m_l = E(X^l) = \int_{-\infty}^{\infty} x^l f(x; \theta_1, \theta_2, \cdots, \theta_k) \mathrm{d}x \quad (X \text{ 连续型})$$

或

$$m_l = E(X^l) = \sum_{x \in R_X} x^l p(x; \theta_1, \theta_2, \cdots, \theta_k) \quad (X \text{ 离散型}), \quad l = 1, 2, \cdots, k$$

(其中 R_X 是 x 可能取值的范围)存在。一般来说,它们是 $\theta_1, \theta_2, \cdots, \theta_k$ 的函数。

基于样本矩 $A_l = \dfrac{1}{n} \sum\limits_{i=1}^{n} X_i^l$ 依概率收敛于相应的总体矩 $m_l (l = 1, 2, \cdots, k)$,样本矩的连续函数依概率收敛于相应的总体矩的连续函数,我们就用样本矩作为相应总体矩的估计量,而以样本矩的连续函数作为相应总体矩的连续函数的估计量,这种估计方法称为矩估计法。

2. 矩估计法的步骤

(1) 在有 k 个未知参数的构造 k 个总体矩等式,每个总体矩均表达成参数的函数,因此有设

$$\begin{cases} m_1 = m_1(\theta_1, \theta_2, \cdots, \theta_k) \\ m_2 = m_2(\theta_1, \theta_2, \cdots, \theta_k) \\ \quad \cdots\cdots \\ m_k = m_k(\theta_1, \theta_2, \cdots, \theta_k) \end{cases}$$

这是一个包含 k 个未知参数 $\theta_1, \theta_2, \cdots, \theta_k$ 的联立方程组。

(2) 反解联立方程组,得出 $\theta_1, \theta_2, \cdots, \theta_k$。

$$\begin{cases} \theta_1 = \theta_1(m_1, m_2, \cdots, m_k) \\ \theta_2 = \theta_2(m_1, m_2, \cdots, m_k) \\ \quad \cdots\cdots \\ \theta_k = \theta_k(m_1, m_2, \cdots, m_k) \end{cases} \tag{7.1}$$

(3) 将上述方程组右边中的总体矩用同阶样本矩替换,即以 A_i 分别替代 m_i,这样得到的各个参数计算公式记为 $\hat{\theta}_1, \hat{\theta}_2, \cdots, \hat{\theta}_k$ 它们分别为 $\theta_1, \theta_2, \cdots, \theta_k$ 的估计量,这种估计量称为矩估计量。矩估计量的观察值称为矩估计值。

在矩估计法的第一步,等式的个数要与待估计的未知参数个数一致。但不要求一定是从低阶总体原点矩到高阶总体原点矩来逐一构造,只要是不同的总体矩形成的等式就行。有时用总体中心矩(如方差)来构造等式会很方便。因为矩估计法的这一步很灵活,因此参数的矩估计不唯一。

【例 7.2】(生产库存问题)　库存管理中,要安排合适的生产或订购数量使得公司库存成本最小化。为此首先要弄清产品需求量的分布。

设需求量 X 在 $[a, b]$ 上服从均匀分布,a, b 未知。$X_1, X_2, \cdots, X_n$ 是根据需求历史数据随机抽出的一个样本,试求 a, b 的矩估计量。

【解】　本例有两个未知参数,因此要列出两个总体矩的等式。首先,有

$$\begin{cases} m_1 = E(X) = (a + b)/2 \\ m_2 = E(X^2) = D(X) + [E(X)]^2 = (b - a)^2/12 + (a + b)^2/4 \end{cases}$$

反解此方程组得

$$\begin{cases} a = m_1 - \sqrt{3(m_2 - m_1^2)} \\ b = m_1 + \sqrt{3(m_2 - m_1^2)} \end{cases}$$

将上述方程组右边中的总体矩用同阶样本矩替换,即得 a,b 的矩估计量分别为

$$\hat{a} = A_1 - \sqrt{3(A_2 - A_1^2)} = \bar{X} - \sqrt{\frac{3}{n} \sum_{i=1}^n (X_i - \bar{X})^2} \tag{7.2}$$

$$\hat{b} = A_1 + \sqrt{3(A_2 - A_1^2)} = \bar{X} + \sqrt{\frac{3}{n} \sum_{i=1}^n (X_i - \bar{X})^2} \tag{7.3}$$

【另解】 因为有

$$\begin{cases} m_1 = E(X) = (a+b)/2 \\ \mu_2 = D(X) = (b-a)^2/12 \end{cases}$$

反解得

$$\begin{cases} m_1 = E(X) = \mu \\ m_2 = E(X^2) = D(X) + [E(X)]2 = \sigma^2 + \mu^2 \end{cases}$$

$$\begin{cases} m_1 = E(X) = \mu \\ m_2 = E(X^2) = D(X) + [E(X)]^2 = \sigma^2 + \mu^2 \end{cases}$$

用样本一阶原点矩 A_1 和样本二阶中心矩 B_2 分别替换 m_1, μ_2,得 a,b 的矩估计量为

$$\hat{a} = A_1 - \sqrt{3B_2} = \bar{X} - \sqrt{\frac{3}{n} \sum_{i=1}^n (X_i - \bar{X})^2}$$

$$\hat{b} = A_1 + \sqrt{3B_2} = \bar{X} + \sqrt{\frac{3}{n} \sum_{i=1}^n (X_i - \bar{X})^2}$$

此外,由于样本方差 S^2 也是依概率收敛于 μ_2(总体方差),因此也可以不用 B_2 而用 S^2 来替换 μ_2,于是 a,b 的矩估计量为

$$\hat{a} = A_1 - \sqrt{3S^2} = \bar{X} - \sqrt{3}S$$

$$\hat{b} = A_1 + \sqrt{3S^2} = \bar{X} + \sqrt{3}S$$

由此可见矩估计法的第一步很灵活,矩估计法的结果不唯一。

【例 7.3】(产品销量预测问题) 设某一大型机械制造企业每月的拖拉机销量为某一随机变量,X,总体的均值 μ 及方差 σ^2 都存在,且有 $\sigma^2 > 0$。但 μ, σ^2 均为未知。又设 $X_1, X_2, \cdots, X_n$ 是之前某些月份销量的统计样本。试求 μ, σ^2 的矩估计量。

【解】 本例也是有两个未知参数,因此要列出两个总体矩的等式,如

$$\begin{cases} m_1 = E(X) = \mu \\ m_2 = E(X^2) = D(X) + [E(X)]^2 = \sigma^2 + \mu^2 \end{cases}$$

反解得

$$\begin{cases} \mu = m_1 \\ \sigma^2 = m_2 - m_1^2 \end{cases}$$

用 A_1, A_2 分别替换方程组右边的 m_1, m_2，得 μ, σ^2 的矩估计量分别为

$$\hat{\mu} = A_1 = \overline{X} \tag{7.4}$$

$$\hat{\sigma}^2 = A_2 - A_1^2 = \frac{1}{n}\sum_{i=1}^{n} X_i^2 - \overline{X} = \frac{1}{n}\sum_{i=1}^{n} (X_i - \overline{X})^2 = \frac{n-1}{n}S^3 \tag{7.5}$$

由于矩估计法不要求总体分布已知，因此，不管总体服从什么分布，其均值与方差参数的矩估计量均可为

$$\hat{\mu} = \overline{X}, \quad \hat{\sigma}^2 = \frac{n-1}{n}S^2$$

7.1.3　极大似然估计法

1. 似然函数的概念

定义 7.3（似然函数）　若总体 X 属离散型，其分布律 $P\{X=x\} = p(x;\theta), \theta \in \Theta$ 的形式为已知，θ 为待估参数，Θ 是 θ 可能取值的范围。设 $X_1, X_2, \cdots, X_n$ 是来自 X 的样本，则 $X_1, X_2, \cdots, X_n$ 的联合分布律为 $\prod_{i=1}^{n} p(x_i;\theta)$。

又设 $x_1, x_2, \cdots, x_n$ 是一组样本值。易知样本 $X_1, X_2, \cdots, X_n$ 取到观察值 $x_1, x_2, \cdots, x_n$ 的概率，亦即事件 $X_1=x_1, X_2=x_2, \cdots, X_n=x_n$ 发生的概率为

$$L(\theta) = L(x_1, x_2, \cdots, x_n; \theta) = P\{X_1=x_1, X_2=x_2, \cdots, X_n=x_n\}$$
$$= \prod_{i=1}^{n} p(x_i;\theta), \quad \theta \in \Theta \tag{7.6}$$

这一概率随 θ 的取值而变化，它是 θ 的函数，$L(\theta)$ 称为样本的似然函数。

2. 极大似然估计的概念

参数估计的极大似然估计法由英国统计学家费歇尔（R.A.Fisher）提出，该方法就是固定样本观察值，在参数取值的可能范围内挑选使似然函数达到最大的参数值作为参数的估计值。

定义 7.4（极大似然估计）　对于固定样本观察值 $x_1, x_2, \cdots, x_n$，在 θ 取值的可能范围 Θ 内挑选使概率 $L(x_1, x_2, \cdots, x_n; \theta)$ 达到最大的参数 $\hat{\theta}$ 作为参数 θ 的估计值。即取

$$L(x_1, x_2, \cdots, x_n; \hat{\theta}) = \max_{\theta \in \Theta} L(x_1, x_2, \cdots, x_n; \theta) \tag{7.7}$$

这样得到的 $\hat{\theta}$ 与样本值 $x_1, x_2, \cdots, x_n$ 有关，常记为 $\hat{\theta}(x_1, x_2, \cdots, x_n)$，称为参数 θ 的极大似然估计值，而相应的统计量 $\hat{\theta}(X_1, X_2, \cdots, X_n)$ 称为 θ 的极大似然估计量。

若总体 X 属连续型，其密度函数 $f(x;\theta), \theta \in \Theta$ 的形式已知，θ 为待估参数，Θ 是 θ 可能取值的范围。设 $X_1, X_2, \cdots, X_n$ 是来自 X 的样本，则 $X_1, X_2, \cdots, X_n$ 的联合密度为 $\prod_{i=1}^{n} f(x_i, \theta)$。

设 $x_1, x_2, \cdots, x_n$ 是相应于样本 $X_1, X_2, \cdots, X_n$ 的一个样本值，则随机点 $(X_1, X_2,$

$\cdots,X_n$)落在点$(x_1,x_2,\cdots,x_n)$的邻域(边长分别为 $\mathrm{d}x_1,\mathrm{d}x_2,\cdots,\mathrm{d}x_n$ 的 n 维立方体)内的概率近似地为

$$\prod_{i=1}^{n} f(x_i,\theta)\mathrm{d}x_i \tag{7.8}$$

$\hat{\theta}$ 使概率(7.8)取到最大值,但因子 $\prod_{i=1}^{n}\mathrm{d}x_i$ 不随 θ 而变,故只需考虑函数

$$L(\theta)=L(x_1,x_2,\cdots,x_n;\theta)=\prod_{i=1}^{n}f(x_i;\theta) \tag{7.9}$$

的最大值。这里 $L(\theta)$ 称为样本的似然函数。若

$$L(x_1,x_2,\cdots,x_n;\hat{\theta})=\max_{\theta\in\Theta}L(x_1,x_2,\cdots,x_n;\theta)$$

则称 $\hat{\theta}(x_1,x_2,\cdots,x_n)$ 为 θ 的极大似然估计值,称 $\hat{\theta}(X_1,X_2,\cdots,X_n)$ 为 θ 的极大似然估计量。

3. 极大似然估计法的步骤

多数情形下,$p(x;\theta)$ 和 $f(x;\theta)$ 关于 θ 可微,这时 $\hat{\theta}$ 常可以从方程(7.6)或(7.9)解得,即通过解如下方程得到。

$$\frac{\mathrm{d}}{\mathrm{d}\theta}L(\theta)=0 \tag{7.10}$$

又因 $L(\theta)$ 与 $\ln L(\theta)$ 在同一 θ 处取得极值,因此,θ 的最大似然估计 $\hat{\theta}$ 可以从方程(7.11)求解得到。

$$\frac{\mathrm{d}}{\mathrm{d}\theta}\ln L(\theta)=0 \tag{7.11}$$

归纳起来,求极大似然估计方法的具体步骤为

(1) 由总体 X 的分布律成密度函数写出似然函数

$$L(\theta)=L(x_1,x_2,\cdots,x_n;\theta)=\prod_{i=1}^{n}p(x_i;\theta)$$

或

$$L(\theta)=L(x_1,x_2,\cdots,x_n;\theta)=\prod_{i=1}^{n}f(x_i;\theta)$$

(2) 对似然函数取对数,得到对数似然函数 $\ln L(\theta)$;

(3) 将对数似然函数关于 θ 求导,并令其等于 0,得到方程

$$\frac{\mathrm{d}\ln L(\theta)}{\mathrm{d}\theta}=0$$

在由此方程解出 θ 的极大似然估计值(量)。

极大似然估计法也适用于分布中含多个未知参数 $\theta_1,\theta_2,\cdots,\theta_k$ 的情况,这时,似然函数 L 是这些未知参数的函数。分别令

$$\frac{\partial}{\partial\theta_i}L=0,\quad i=1,2,\cdots,k$$

或令

$$\frac{\partial}{\partial\theta_i}\ln L=0,\quad i=1,2,\cdots,k \tag{7.12}$$

解上述由 k 个方程组成的方程组,即可得到各未知参数 $\theta_i(i=1,2,\cdots,k)$ 的极大似然估计值 $\hat{\theta}_i$。

【**例 7.4**】(人口管理问题)　某地区民政管理部门拟对居民年龄结构进行统计与管理,经研究发现该地区居民的寿命 X 服从指数分布 $f(x)=\begin{cases}\lambda\mathrm{e}^{-\lambda x}, & x>0 \\ 0, & x\leqslant 0\end{cases}(\lambda>0),x_1,$ $x_2,\cdots,x_n$ 为 X 的一样本值,求 λ 的极大似然估计。

【**解**】　似然函数

$$L(x_1,x_2,\cdots,x_n;\lambda)=\prod_{i=1}^{n}\lambda\mathrm{e}^{-\lambda x_i}=\lambda^n\mathrm{e}^{-\lambda\sum_{i=1}^{n}x_i}$$

则

$$\ln L=n\ln\lambda-\lambda\sum_{i=1}^{n}x_i$$

令 $\dfrac{\mathrm{d}\ln L}{\mathrm{d}\lambda}=\dfrac{n}{\lambda}-\sum_{i=1}^{n}x_i=0$ 解出

$$\lambda=\frac{n}{\sum\limits_{i=1}^{n}x_i}=\frac{1}{\bar{x}}$$

其中, $\bar{x}=\dfrac{1}{n}\sum_{i=1}^{n}x_i$,相应地有极大似然估计量为 $\hat{\lambda}=\dfrac{1}{\bar{X}}$ 。

【**例 7.5**】(服务管理问题)　某通信服务部门拟对客户的行为进行管理,研究表明客户接受服务的等待时间 X 服从泊松分布。设总体 $X\sim\pi(\lambda)$, $X_1,\cdots,X_n$ 是来自总体 X 的一个样本, $x_1,x_2,\cdots,x_n$ 为对应样本的观察值,试用极大似然估计法求参数 λ 的估计量。

【**解**】　似然函数为

$$L=\prod_{i=1}^{n}\frac{\lambda^{x_i}}{x_i!}\mathrm{e}^{-\lambda}=\mathrm{e}^{-n\lambda}\prod_{i=1}^{n}\frac{\lambda^{x_i}}{x_i!}$$

$$\ln L=-n\lambda+\sum_{i=1}^{n}[\ln\lambda^{x_i}-\ln(x_i!)]$$

令 $\dfrac{\mathrm{d}\ln L}{\mathrm{d}\lambda}=-n+\dfrac{1}{\lambda}\sum_{i=1}^{n}x_i=0$,所以

$$\lambda=\frac{1}{n}\sum_{i=1}^{n}x_i=\bar{x}\quad(\text{估计值})$$

即 λ 的估计量为

$$\hat{\lambda} = \frac{1}{n} \sum_{i=1}^{n} X_i = \overline{X}$$

【例 7.6】(薪酬设计问题) 某大型集团公司欲考察目前员工的薪酬状况,为新的薪酬设计和调整提供参考。假设该集团公司所有员工的薪酬数据服从正态分布 $X \sim N(\mu, \sigma^2)$, μ, σ^2 为未知参数,人力资源部从所有员工的薪酬档案中随机抽取 n 个个体(样品) $x_1, x_2, \cdots, x_n$。试求 μ, σ^2 的极大似然估计量。

【解】 X 的密度函数为

$$f(x; \mu, \sigma^2) = \frac{1}{\sqrt{2\pi}\sigma} \exp\left[-\frac{1}{2\sigma^2}(x-\mu)^2\right]$$

似然函数为

$$L(\mu, \sigma^2) = \prod_{i=1}^{n} \frac{1}{\sqrt{2\pi}\sigma} \exp\left[-\frac{1}{2\sigma^2}(x_i - \mu)^2\right]$$

而

$$\ln L = -\frac{n}{2}\ln(2\pi) - \frac{n}{2}\ln\sigma^2 - \frac{1}{2\sigma^2}\sum_{i=1}^{n}(x_i - \mu)^2$$

令

$$\begin{cases} \dfrac{\partial}{\partial\mu}\ln L = \dfrac{1}{\sigma^2}\left[\sum_{i=1}^{n} x_i - n\mu\right] = 0 \\[3mm] \dfrac{\partial}{\partial\sigma^2}\ln L = -\dfrac{n}{2\sigma^2} + \dfrac{1}{2(\sigma^2)^2}\sum_{i=1}^{n}(x_i - \mu)^2 = 0 \end{cases}$$

由前一式解得 $\hat{\mu} = \dfrac{1}{n}\sum_{i=1}^{n} x_i = \bar{x}$, 代入后一式得 $\hat{\sigma}^2 = \dfrac{1}{n}\sum_{i=1}^{n}(x_i - \bar{x})^2$。因此得 μ, σ^2 的极大似然估计量分别为

$$\hat{\mu} = \overline{X}, \quad \hat{\sigma}^2 = \frac{1}{n}\sum_{i=1}^{n}(X_i - \overline{X})^2$$

【例 7.7】(同例 7.2) 试求 a, b 的极大似然估计量。

【解】 记 $x_{(1)} = \min(x_1, x_2, \cdots, x_n)$, $x_{(n)} = \max(x_1, x_2, \cdots, x_n)$, X 的密度函数是

$$f(x; a, b) = \begin{cases} \dfrac{1}{b-a}, & a \leqslant x \leqslant b \\[2mm] 0, & \text{其他} \end{cases}$$

由于 $a \leqslant x_1, x_2, \cdots, x_n \leqslant b$, 这等价于 $a \leqslant x_{(1)}, x_{(n)} \leqslant b$。作为 a, b 的函数的似然函数为

$$L(a, b) = \begin{cases} \dfrac{1}{(b-a)^n}, & a \leqslant x_{(1)}, b \geqslant x_{(n)} \\[2mm] 0, & \text{其他} \end{cases}$$

于是,对于满足条件 $a \leqslant x_{(1)}, b \geqslant x_{(n)}$ 的任意 a, b 有 $L(a, b)$ 在 $a = x_{(1)}, b = x_{(n)}$ 时取到最大值 $(x_{(n)} - x_{(1)})^{-n}$。故 a, b 的极大似然估计值为

$$\hat{a} = x_{(1)} = \min_{1 \leqslant i \leqslant n} x_i, \quad \hat{b} = x_{(n)} = \max_{1 \leqslant i \leqslant n} x_i$$

a, b 极大似然估计量为

$$\hat{a} = \min_{1 \leqslant i \leqslant n} X_i, \quad \hat{b} = \max_{1 \leqslant i \leqslant n} X_i$$

此外，极大似然估计具有下述性质：设 θ 的函数 $u = u(\theta)$，$\theta \in \Theta$ 具有单值反函数 $\theta = \theta(u)$，$u \in \mathfrak{A}$，又设 $\hat{\theta}$ 是 X 的概率密度函数 $f(x; \theta)$（f 形式已知）中的参数 θ 的极大似然估计，则 $\hat{u} = u(\hat{\theta})$ 是 $u(\theta)$ 的极大似然估计。

7.2　估计量的评选标准

从前一节可以看到，对于同一参数，用不同的估计方法求出的估计量可能会不同，如上节的例 7.2 和例 7.7。因此，为了从某参数的多个估计量中选择出理想的估计量，必须要建立衡量估计量优劣的评价准则。下面介绍几个常用的评选标准。

1. 估计量的无偏性

由于估计量是随机变量，对于不同的样本值会得到不同的估计值，估计值在未知参数真值左右徘徊。人们认为一种比较理想的估计量虽然在不同样本值下计算出的参数估计值与参数真值难免有偏差，但多次计算的平均值应该能很好地反映参数的实际值，即要求估计量的数学期望等于未知参数的真值。这就是无偏性标准（一把较粗的筛子），基于此标准可以从众多的估计量中将一些较理想的估计量筛选出来。

设 $X_1, X_2, \cdots, X_n$ 是总体 X 的一个样本。$\theta \in \Theta$ 是包含在总体 X 的分布中的待估参数，这里 Θ 是 θ 的取值范围。

定义 7.5（无偏性）　若估计量 $\hat{\theta} = \hat{\theta}(X_1, X_2, \cdots, X_n)$ 的数学期望 $E(\hat{\theta})$ 存在，且对于任意 $\theta \in \Theta$ 有

$$E(\hat{\theta}) = \theta \tag{7.13}$$

则称 $\hat{\theta}$ 是 θ 的无偏估计量。

一般称 $E(\hat{\theta}) - \theta$ 为以 $\hat{\theta}$ 作为 θ 的估计的系统误差。无偏估计的实际意义就是无系统误差。

【例 7.8】　设总体 X 的 k 阶矩 $m_k = E(X^k)$（$k \geqslant 1$）存在，又设 $X_1, X_2, \cdots, X_n$ 是 X 的一个样本。试证明不论总体服从什么分布，k 阶样本矩 $A_k = \dfrac{1}{n} \sum\limits_{i=1}^{n} X_i^k$ 是 k 阶总体矩 m_k 的无偏估计。

【证】　$X_1, X_2, \cdots, X_n$ 与 X 同分布，故有

$$E(X_i^k) = E(X^k) = m_k, \quad i = 1, 2, \cdots, n$$

即有

$$E(A_k) = \frac{1}{n} \sum_{i=1}^{n} E(X_i^k) = m_k \tag{7.14}$$

特别地，不论总体 X 服从什么分布，只要它的数学期望存在，$\bar{X}$ 总是总体 X 的数学

期望 $E(X)$ 的无偏估计量。

【例 7.9】 对于均值 μ,方差 $\sigma^2 > 0$ 都存在的总体,若 μ,σ^2 均未知,则 σ^2 的估计量 $\hat{\sigma}^2 = \dfrac{1}{n}\sum\limits_{i=1}^{n}(X_i - \overline{X})^2$ 是有偏的(即不是无偏估计)。

【证】 $\hat{\sigma}^2 = \dfrac{1}{n}\sum\limits_{i=1}^{n}X_i^2 - \overline{X}^2 = A_2 - \overline{X}^2$,由 (7.5) 式知

$$E(A_2) = m_2 = \sigma^2 + \mu^2$$

又

$$E(\overline{X}^2) = D(\overline{X}) + [E(\overline{X})]^2 = \frac{\sigma^2}{n} + \mu^2$$

故

$$E(\hat{\sigma}^2) = E(A_2 - \overline{X}^2) = E(A_2) - E(\overline{X}^2) = \frac{n-1}{n}\sigma^2 \neq \sigma^2 \tag{7.15}$$

所以 $\hat{\sigma}^2$ 是有偏的。

若以 $\dfrac{n}{n-1}$ 乘以 $\hat{\sigma}^2$,所得到的估计量就是无偏的了(这种方法称为无偏化)

$$E\left(\frac{n}{n-1}\hat{\sigma}^2\right) = \frac{n}{n-1}E(\hat{\sigma}^2) = \sigma^2 \tag{7.16}$$

$\dfrac{n}{n-1}\hat{\sigma}^2$ 就是第 6 章中定义的样本方差 S^2:

$$S^2 = \frac{1}{n-1}\sum_{i=1}^{n}(X_i - \overline{X})^2$$

就是说 S^2 是 σ^2 的无偏估计,因此,一般都是取 S^2 作为方差 σ^2 的估计量。

【例 7.10】 设总体 X 服从参数为 θ 的指数分布,密度函数为

$$f(x;\theta) = \begin{cases} \dfrac{1}{\theta}\mathrm{e}^{-x/\theta}, & x > 0 \\ 0, & \text{其他} \end{cases}$$

其中参数 $\theta > 0$ 为未知,又设 $X_1, X_2, \cdots, X_n$ 是来自 X 的样本,试证 $\overline{X}$ 和 $nZ = n[\min(X_1, X_2, \cdots, X_n)]$ 都是 θ 的无偏估计量。

【证】 因为 $E(\overline{X}) = E(X) = \theta$,可见 $\overline{X}$ 是 θ 的无偏估计量。

由于样本中的个体独立同分布,于是由 3.4.2 节后的结论知,$Z = \min(X_1, X_2, \cdots, X_n)$ 的分布函数为 $F_Z(z) = 1 - [F_X(z)]^n$。考虑到参数为 θ 的指数分布的分布函数为

$$F_X(x) = \begin{cases} 1 - \mathrm{e}^{-\frac{x}{\theta}}, & x > 0 \\ 0, & \text{其他} \end{cases}$$

于是有

$$F_Z(x) = \begin{cases} 1 - \mathrm{e}^{-\frac{nz}{\theta}}, & z > 0 \\ 0, & \text{其他} \end{cases}$$

进而 Z 的密度函数为

$$f_Z(z) = \begin{cases} \dfrac{n}{\theta} e^{-nz/\theta}, & z > 0 \\ 0, & \text{其他} \end{cases}$$

可见 $Z = \min(X_1, X_2, \cdots, X_n)$ 服从参数为 θ/n 的指数分布,故知

$$E(Z) = \frac{\theta}{n}, \qquad E(nZ) = \theta$$

即 nZ 也是参数 θ 的无偏估计。

2. 估计量的有效性

由于一个参数可有多个无偏估计量,它们的估计性能自然还有差异,因此需要建立准则(一把更密的筛子)从中筛选出最好的估计量。当参数 θ 的两个无偏估计量 $\hat{\theta}_1$ 和 $\hat{\theta}_2$,如果在样本容量 n 相同的情况下,$\hat{\theta}_1$ 的观察值较 $\hat{\theta}_2$ 更密集在真值 θ 的附近,就认为 $\hat{\theta}_1$ 比 $\hat{\theta}_2$ 更好。由于方差是随机变量取值与其数学期望的偏离程度的度量,所以无偏估计以方差小者为好。这就引出了估计量的有效性这一概念。

定义 7.6(有效性) 设 $\hat{\theta}_1 = \hat{\theta}_1(X_1, X_2, \cdots, X_n)$ 与 $\hat{\theta}_2 = \hat{\theta}_2(X_1, X_2, \cdots, X_n)$ 都是 θ 的无偏估计量。若有

$$D(\hat{\theta}_1) < D(\hat{\theta}_2) \tag{7.17}$$

则称 $\hat{\theta}_1$ 较 $\hat{\theta}_2$ 有效。

【例 7.11】(续例 7.10) 试证当 $n > 1$ 时,θ 的无偏估计量 $\overline{X}$ 较 θ 的无偏估计量 nZ 有效。

【证】 由于 $D(X) = \theta^2$,故有 $D(\overline{X}) = \theta^2/n$。再者,由于 $D(Z) = \theta^2/n^2$,故有 $D(nZ) = \theta^2$。当 $n > 1$ 时,$D(nZ) > D(\overline{X})$,故 $\overline{X}$ 较 nZ 有效。

3. 估计量的一致性

无偏性与有效性都是在样本容量 n 固定的前提下提出的。自然希望随着样本容量的增大,良好估计量的值应稳定于待估参数的真值。这就是对估计量一致性的要求。

定义 7.7(一致性) 设 $\hat{\theta}(X_1, X_2, \cdots, X_n)$ 为参数 θ 的估计量,若对于任意 $\theta \in \Theta$,当 $n \to \infty$ 时 $\hat{\theta}(X_1, X_2, \cdots, X_n)$ 依概率收敛于 θ,则称 $\hat{\theta}$ 为 θ 的一致估计量。

从 6.2 节知,样本 $k(k \geqslant 1)$ 阶矩 A_k 是总体 X 的 k 阶矩 $m_k = E(X^k)$ 的一致估计量。这样,矩估计量均为相应参数的一致估计量。而极大似然估计量则是在一定条件下具有一致性,对此本书不做深入讨论。

我们希望一个估计量具有一致性,不过估计的一致性只有当样本容量相当大时,才能显示出优越性,这在实际中往往难以做到。因此,在实际问题中往往使用无偏性和有效性这两个标准。

上述无偏性、有效性、一致性是评价估计量的一些基本标准,其他的标准这里就不一一赘述。

7.3 区 间 估 计

在 7.1 节介绍的点估计是构造一个统计量来推断参数真值的大小,参数估计的结果在数轴上对应于一个点。点估计存在没有准确地估计出参数真值的风险。本节介绍另一种估计方式——区间估计,即构造两个统计量形成一个随机区间,其取值对应于数轴上的一个区间,用此区间来说明参数值的大小。区间估计有一个点估计所没有的优点,就是它能给出估计结果包含了参数真值的可信程度。

7.3.1 区间估计的定义

定义 7.8(区间估计) 设总体 X 的分布函数 $F(x;\theta)$ 含有一个未知参数 θ。对于给定值 $\alpha(0<\alpha<1)$,若由样本 $X_1,X_2,\cdots,X_n$ 确定的两个统计量 $\underline{\theta}=\underline{\theta}(X_1,X_2,\cdots,X_n)$ 和 $\bar{\theta}=\bar{\theta}(X_1,X_2,\cdots,X_n)$ 满足

$$P\{\underline{\theta}(X_1,X_2,\cdots,X_n)<\theta<\bar{\theta}(X_1,X_2,\cdots,X_n)\}=1-\alpha \qquad (7.18)$$

则称随机区间 $(\underline{\theta},\bar{\theta})$ 是 θ 的置信度为 $1-\alpha$ 的置信区间,$\underline{\theta}$ 和 $\bar{\theta}$ 分别称为置信度为 $1-\alpha$ 的双侧置信区间的置信上限和置信下限,$1-\alpha$ 称为置信度。

(7.18)式的意义如下:若反复抽样多次(各次得到样本的容量相等,都是 n)。每个样本值确定一个区间 $(\underline{\theta},\bar{\theta})$,每个这样的区间要么包含 θ 的真值,要么不包含 θ 的真值。按伯努利大数定理,在这么多的区间中,包含 θ 真值的占 $100(1-\alpha)\%$,不包含 θ 真值的占 $100\alpha\%$。例如,若 $\alpha=0.01$,反复抽样 1000 次,则得到 1000 个区间中不包含 θ 真值的约仅为 10 个(参见示意图 7.1)。

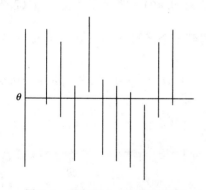
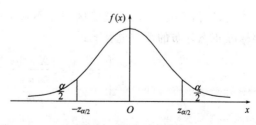

图 7.1　区间包含 θ 真值示意图　　　　图 7.2　标准正态分布

【例 7.12】(居民收入调查问题) 江苏省某发达城市统计局欲调查本市今年的居民收入平均水平,为经济形势分析和今后居民收入分配政策的制定提供依据。已知该市居民收入水平为一随机变量,服从正态分布 $X\sim N(\mu,\sigma^2)$,σ^2 为已知,μ 为未知,设 $X_1,X_2,\cdots,X_n$ 是统计局通过抽样调查来的一个样本,求居民收入月平均值 μ 的置信度为 $1-\alpha$ 的置信区间。

【解】　已知 $\overline{X}$ 是 μ 的无偏估计,并且有

$$\frac{\overline{X}-\mu}{\sigma/\sqrt{n}} \sim N(0,1) \tag{7.19}$$

$\dfrac{\overline{X}-\mu}{\sigma/\sqrt{n}}$ 所服从的分布 $N(0,1)$ 是不依赖于任何未知参数的,这种仅包含待估计的未知参数且分布已知的样本函数常称为枢轴函数。

按照标准正态分布的上 α 分位点的定义,有(图 7.2)

$$P\left\{\left|\frac{\overline{X}-\mu}{\sigma/\sqrt{n}}\right| < z_{\alpha/2}\right\} = 1-\alpha \tag{7.20}$$

即

$$P\left\{\overline{X}-\frac{\sigma}{\sqrt{n}}z_{\alpha/2} < \mu < \overline{X}+\frac{\sigma}{\sqrt{n}}z_{\alpha/2}\right\} = 1-\alpha \tag{7.21}$$

对照定义,μ 的一个置信度为 $1-\alpha$ 的置信区间为

$$\left(\overline{X}-\frac{\sigma}{\sqrt{n}}z_{\alpha/2}, \overline{X}+\frac{\sigma}{\sqrt{n}}z_{\alpha/2}\right) \tag{7.22}$$

简写成

$$\left(\overline{X}\pm\frac{\sigma}{\sqrt{n}}z_{\alpha/2}\right) \tag{7.23}$$

如果取 $\alpha=0.05$,即 $1-\alpha=0.95$,又若 $\sigma=1$ 千元,$n=16$,查表得 $z_{\alpha/2}=z_{0.025}=1.96$。于是得到一个置信度为 0.95 的置信区间

$$\left(\overline{X}\pm\frac{1}{\sqrt{16}}\times1.96\right),\text{即}(\overline{X}\pm0.49) \tag{7.24}$$

如从一个样本值算得样本均值为 $\bar{x}=5.20$,则得到一个区间 (5.20 ± 0.49),即 $(4.71, 5.69)$。

然而,置信度为 $1-\alpha$ 的置信区间并不是唯一的。以例 7.12 来说,若给定 $\alpha=0.05$,按照标准正态分布的性质也有下式:

$$P\left\{-z_{0.04} < \frac{\overline{X}-\mu}{\frac{\sigma}{\sqrt{n}}} < z_{0.01}\right\} = 0.95$$

即

$$P\left\{\overline{X}-\frac{\sigma}{\sqrt{n}}z_{0.01} < \mu < \overline{X}+\frac{\sigma}{\sqrt{n}}z_{0.04}\right\} = 0.95$$

故

$$\left(\overline{X}-\frac{\sigma}{\sqrt{n}}z_{0.01}, \overline{X}+\frac{\sigma}{\sqrt{n}}z_{0.04}\right) \tag{7.25}$$

也是 μ 的置信度为 0.95 的置信区间,将它与(7.23)中的置信度为 0.95 的置信区间相比

较,可知由(7.23)所确定的区间的长度为 $2 \times \dfrac{\sigma}{\sqrt{n}} z_{0.025} = 3.92 \times \dfrac{\sigma}{\sqrt{n}}$,这一长度要比区间

(7.25)的长度 $\dfrac{\sigma}{\sqrt{n}}(z_{0.04} + z_{0.01}) = 4.08 \times \dfrac{\sigma}{\sqrt{n}}$ 为短。置信区间短表示估计的精度高。故由

(7.23)给出的区间较(7.25)为优。易知,像 $N(0,1)$ 分布那样其密度函数的图形是单峰且对称的情况,当 n 固定时,以形如(7.23)那样的对称区间其长度为最短,自然选择用它。

在例 7.12 中,以 L 记置信区间(7.23)的长度,即有

$$L = \frac{2\sigma}{\sqrt{n}} z_{a/2} \tag{7.26}$$

解出 n 得

$$n = \left(\frac{2\sigma}{L} z_{a/2}\right)^2 \tag{7.27}$$

可见区间长度 L 随 n 的增加而减少(当 α 给定时)。若希望区间长度小,n 就必须取得大。由于 L 与 $\sqrt{n}$ 成反比,n 由 100 增至 400,L 才能减小一半。式(7.27)可用于确定样本量 n,使置信区间具有预先给定的长度。样本量具体的确定方法将在 7.6 节介绍。

7.3.2 区间估计的构造方法

求未知参数 θ 的置信区间的具体做法如下:

(1)构造枢轴函数。枢轴函数是一个样本 $X_1, X_2, \cdots, X_n$ 的函数:

$$Z = Z(X_1, X_2, \cdots, X_n; \theta)$$

它包含待估参数 θ,而不含其他未知参数,并且 Z 的分布完成已知。

(2)确定概率等式。对于给定的置信度 $1-\alpha$,按照 Z 的分布特性确定两个常数 a、b,使

$$P\{a < Z(X_1, X_2, \cdots, X_n; \theta) < b\} = 1 - \alpha$$

(3)确定置信区间。解不等式 $a < Z(X_1, X_2, \cdots, X_n; \theta) < b$,若能从 $a < Z(X_1, X_2, \cdots, X_n; \theta) < b$ 得到等价的不等式 $\underline{\theta} < \theta < \bar{\theta}$,其中

$$\underline{\theta} = \underline{\theta}(X_1, X_2, \cdots, X_n), \quad \bar{\theta} = \bar{\theta}(X_1, X_2, \cdots, X_n)$$

都是统计量,那么 $(\underline{\theta}, \bar{\theta})$ 就是 θ 的一个置信度为 $1-\alpha$ 的置信区间。

函数 $Z = Z(X_1, X_2, \cdots, X_n; \theta)$ 的构造,通常可以从 θ 的点估计着手考虑。许多常用的正态总体参数的置信区间都可以用上述步骤推得。

7.3.3 区间估计的评价

评价区间估计(或置信区间)的效果可以通过以下两个角度进行评价:

(1)置信度 $1-\alpha$,置信度 $1-\alpha$ 越大,区间估计越可靠。

(2)置信区间的长度 L,L 越小,区间估计越精确。

但上述两方面相互抵触,难以同时尽可能让人满意。一般地,首先限定置信度 $1-\alpha$,如 0.95(或 95%),再寻找长度尽可能短的置信区间。

值得注意的是:对于固定的样本容量 n,不可能同时做到估计的范围要小,又要有很高的可靠程度。如果不降低可靠性,缩小估计范围,提高估计精确性则只有增大样本容量 n,为此需花费较大的抽样代价。

7.4　正态总体均值与方差的区间估计

7.4.1　一个总体的情况

给定置信度为 $1-\alpha$,并设 $X_1,X_2,\cdots,X_n$ 为总体 $N(\mu,\sigma^2)$ 的样本。$\overline{X},S^2$ 分别是样本均值和样本方差。

1. 均值 μ 的区间估计

1) σ^2 已知

例 7.12 采用(7.19)中的数轴函数,已得到 μ 的置信度为 $1-\alpha$ 的置信区间为

$$\left(\overline{X} \pm \frac{\sigma}{\sqrt{n}}z_{\alpha/2}\right) \tag{7.28}$$

2) σ^2 未知

此时(7.19)中的样本函数不再是枢轴函数,因其中含有了待估参数之外的未知参数 σ。考虑到 S^2 是 σ^2 的无偏估计,将(7.19)中的 σ 换成 $S=\sqrt{S^2}$ 便得到一个适用的枢轴函数,此外由定理 6.3 知该函数服从 t 分布,即

$$\frac{\overline{X}-\mu}{S/\sqrt{n}} \sim t(n-1) \tag{7.29}$$

由 t 分布的特性可得(参见图 7.3)

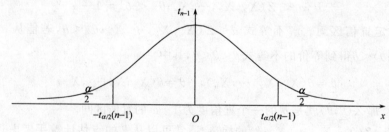

图 7.3　$t(n-1)$ 分布密度函数曲线

$$P\left\{-t_{\alpha/2}(n-1) < \frac{\overline{X}-\mu}{S/\sqrt{n}} < t_{\alpha/2}(n-1)\right\} = 1-\alpha \tag{7.30}$$

即

$$P\left\{\overline{X} - \frac{S}{\sqrt{n}}t_{\alpha/2}(n-1) < \mu < \overline{X} + \frac{S}{\sqrt{n}}t_{\alpha/2}(n-1)\right\} = 1 - \alpha$$

于是得 μ 的置信度为 $1-\alpha$ 的置信区间为

$$\left(\overline{X} \pm \frac{S}{\sqrt{n}}t_{\alpha/2}(n-1)\right) \tag{7.31}$$

注　当样本容量 $n \geqslant 45$ 时,可近似用 $Z_{\alpha/2}$ 代替 $t_{\alpha/2}(n-1)$。

【例 7.13】(工商部门质量抽查问题)　质检部门需要对某厂家生产的零件进行质量检测,现从中随机地取 16 个零件,测得的零件强度(单位:kg/mm²)如下:

　　　51.9,　53.4,　52.9,　54.3,　53.8,　52.4,　53.7,　54.0

　　　52.4,　52.5,　53.5,　51.3,　54.9,　52.8,　54.5,　52.9

设零件的强度近似地服从正态分布,试求总体均值 μ 的置信度为 0.95 的置信区间。

【解】　这里 $1-\alpha=0.95,\alpha/2=0.025,n-1=15,t_{0.025}(15)=2.1315$,由给出的数据算得 $\overline{x}=53.2,s=0.972$。由(7.31)式得均值 μ 的置信度为 0.95 的置信区间为

$$\left(53.2 \pm \frac{0.972}{\sqrt{16}} \times 2.1315\right)$$

即(52.7,53.7)。

这就是说估计该厂家生产的零件的强度的均值在 52.7 与 53.7 之间,这个估计的可信程度为 95%。

区间估计可以通过软件实现。此例的 SPSS 软件实现可以参见第 10 章。

注　在实际问题中,总体方差 σ^2 未知的情况居多,故(7.31)式较(7.28)式有更大的实用价值。

2. 方差 σ^2 的区间估计

这里仅讨论 μ 未知的情况。由于 σ^2 的无偏估计为 S^2,由定理 6.2 知枢轴函数

$$\frac{(n-1)S^2}{\sigma^2} \sim \chi^2(n-1) \tag{7.32}$$

并且上式右端的分布不依赖于任何未知参数。故有(参见图 7.4)

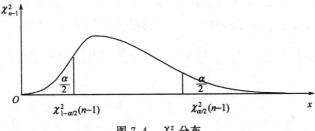

图 7.4　χ^2 分布

$$P\left\{\chi_{1-\alpha/2}^2(n-1) < \frac{(n-1)S^2}{\sigma^2} < \chi_{\alpha/2}^2(n-1)\right\} = 1-\alpha \qquad (7.33)$$

即

$$P\left\{\frac{(n-1)S^2}{\chi_{\alpha/2}^2(n-1)} < \sigma^2 < \frac{(n-1)S^2}{\chi_{1-\alpha/2}^2(n-1)}\right\} = 1-\alpha \qquad (7.34)$$

于是得到方差 σ^2 的置信度为 $1-\alpha$ 的置信区间为

$$\left(\frac{(n-1)S^2}{\chi_{\alpha/2}^2(n-1)}, \frac{(n-1)S^2}{\chi_{1-\alpha/2}^2(n-1)}\right) \qquad (7.35)$$

由(7.34)式,还容易得到标准差 σ 的一个置信度为 $1-\alpha$ 的置信区间

$$\left(\frac{\sqrt{n-1}\,S}{\sqrt{\chi_{\alpha/2}^2(n-1)}}, \frac{\sqrt{n-1}\,S}{\sqrt{\chi_{1-\alpha/2}^2(n-1)}}\right) \qquad (7.36)$$

注意,在密度函数不对称时,如 χ^2 分布和 F 分布,习惯上仍取对称的分位点(如图7.4 中的分位点)来确定置信区间。但这样确定的置信区间的长度并不最短。

【例 7.14】 求例 7.13 中总体标准差 σ 的置信度为 0.95 的置信区间。

【解】 现在 $\alpha/2 = 0.025$,又 $1-\alpha/2 = 0.975, n-1 = 15$,查表得 $\chi_{0.025}^2(15) = 27.488, \chi_{0.975}^2(15) = 6.262$,又 $s = 0.972$,由(7.36)式得所求的标准差 σ 的置信区间为 $(0.72, 1.50)$。

7.4.2 两个总体的情况

在实际中常遇到下面的问题:已知产品的某一质量指标服从正态分布,当操作人员或设备、原料、生产工艺因素改变时,会引起总体均值、总体方差有所改变。若要知道这些变化有多大,这就需要考虑两个正态总体均值差或方差比的区间估计问题。

给定置信度为 $1-\alpha$,并设 $X_1, X_2, \cdots, X_{n1}$ 是来自第一个总体的样本;$Y_1, Y_2, \cdots, Y_{n2}$ 是来自第二个总体的样本,这两个样本相互独立。且设 $\overline{X}, \overline{Y}$ 分别为第一、二样本的样本均值,S_1^2, S_2^2 分别是第一、二样本的样本方差。

1. 两个总体均值差 $\mu_1 - \mu_2$ 的区间估计

1) σ_1^2, σ_2^2 均为已知

因 $\overline{X}, \overline{Y}$ 分别为 μ_1, μ_2 的无偏估计,故 $\overline{X} - \overline{Y}$ 是 $\mu_1 - \mu_2$ 的无偏估计。由 $\overline{X}, \overline{Y}$ 的独立性以及 $\overline{X} \sim N(\mu_1, \sigma_1^2/n_1), \overline{Y} \sim N(\mu_2, \sigma_2^2/n_2)$ 得

$$\overline{X} - \overline{Y} \sim N\left(\mu_1 - \mu_2, \frac{\sigma_1^2}{n_1} + \frac{\sigma_2^2}{n_2}\right) \quad \text{或} \quad \frac{(\overline{X} - \overline{Y}) - (\mu_1 - \mu_2)}{\sqrt{\frac{\sigma_1^2}{n_1} + \frac{\sigma_2^2}{n_2}}} \sim N(0,1)$$

$$(7.37)$$

于是类似于单总体均值区间估计的分析过程可得 $\mu_1 - \mu_2$ 的置信度为 $1-\alpha$ 的置信区间为

$$\left(\overline{X} - \overline{Y} \pm z_{\alpha/2}\sqrt{\frac{\sigma_1^2}{n_1} + \frac{\sigma_2^2}{n_2}}\right) \qquad (7.38)$$

2) σ_1^2, σ_2^2 均为未知

此时,只要 n_1, n_2 都很大(实际上一般大于 50 即可),则可用

$$\left(\bar{X} - \bar{Y} \pm z_{\alpha/2} \sqrt{\frac{S_1^2}{n_1} + \frac{S_2^2}{n_2}} \right) \tag{7.39}$$

作为 $\mu_1 - \mu_2$ 的置信度为 $1-\alpha$ 的近似的置信区间。

3) $\sigma_1^2 = \sigma_2^2 = \sigma^2$,但 σ^2 为未知

此时,由定理 6.4 知枢轴函数

$$\frac{(\bar{X} - \bar{Y}) - (\mu_1 - \mu_2)}{S_\omega \sqrt{\frac{1}{n_1} + \frac{1}{n_2}}} \sim t(n_1 + n_2 - 2) \tag{7.40}$$

从而可得 $\mu_1 - \mu_2$ 的置信度为 $1-\alpha$ 的置信区间为

$$\left(\bar{X} - \bar{Y} \pm t_{\alpha/2}(n_1 + n_2 - 2) S_\omega \sqrt{\frac{1}{n_1} + \frac{1}{n_2}} \right) \tag{7.41}$$

此处

$$S_\omega^2 = \frac{(n_1 - 1)S_1^2 + (n_2 - 1)S_2^2}{n_1 + n_2 - 2}, \quad S_\omega = \sqrt{S_\omega^2} \tag{7.42}$$

【例 7.15】(质量比较问题) 两台机床生产同一型号的滚珠,从甲机床生产的滚珠中随机抽取 8 个,测得这些滚珠直径的平均值 $\bar{x}_1 = 15.05$mm,方差 $s_1^2 = 0.0457$mm^2。从乙机床生产的滚珠中抽取 9 个,测得滚珠直径的平均值 $\bar{x}_2 = 14.90$mm,方差 $s_2^2 = 0.0575$mm^2。假设两台机床生产的滚珠直径服从正态分布,且由生产过程可认为它们的方差相等。求这两台机床的滚珠直径均值差 $\mu_1 - \mu_2$ 的置信度为 0.90 的置信区间。

【解】 按实际情况,可认为分别来自两个总体的样本是相互独立的。

又因已假设两总体的方差相等,但数值未知,故可用(7.41)式求均值差的置信区间。由于 $1-\alpha = 0.90, \alpha/2 = 0.05, n_1 = 8, n_2 = 9, n_1 + n_2 - 2 = 15, t_{0.05}(15) = 1.753$。$S_\omega^2 = (7 \times 0.0457 + 8 \times 0.0575)/15, S_\omega = \sqrt{S_\omega^2} = 0.288$,故所求的两总体均值差 $\mu_1 - \mu_2$ 的置信度为 0.90 的置信区间是

$$\left(\bar{x}_1 - \bar{x}_2 \pm S_\omega \times t_{0.05}(15) \sqrt{\frac{1}{8} + \frac{1}{9}} \right) = (0.15 \pm 0.194)$$

即 $(0.044, 0.344)$。

本题中得到的置信区间的下限大于零,在实际中我们就认为 μ_1 比 μ_2 大。

【例 7.16】(实验对比问题) 某化学研究小组为了估计磷肥对某种作物的增产作用,分别做施肥和不施肥的试验,假设施肥的亩产量 X 服从正态分布,即 $X \sim N(\mu_1, \sigma^2)$,不施肥的亩产量 $Y \sim N(\mu_2, \sigma^2)$。测得如下数据:$n_1 = n_2 = 10, \bar{x} = 600, \bar{y} = 540, \sum_{i=1}^{10}(x_i - \bar{x})^2 = 6400, \sum_{i=1}^{10}(y_i - \bar{y})^2 = 2400$,取置信水平为 95%,求施肥和不施肥的平均亩产量之差 $\mu_1 - \mu_2$ 的置信区间。

【解】 由题目知道 $\bar{x}=600,\bar{y}=540$,并求

$$(n_1-1)S_1^2=\sum_{i=1}^{n_1}(x_i-\bar{x})^2=6400,\quad (n_2-1)S_2^2=\sum_{i=1}^{n_2}(y_i-\bar{y})^2=2400$$

$$S_w=\sqrt{\frac{(n_1-1)S_1^2+(n_2-1)S_2^2}{n_1+n_2-2}}=\sqrt{\frac{6400+2400}{10+10-2}}=22.11$$

由 $\alpha=0.05$,查表得 $t_{\alpha/2}(18)=2.10$。故求得的置信区间为

$$\left(\bar{x}-\bar{y}\pm\sqrt{\frac{1}{n_1}+\frac{1}{n_2}}\cdot S_w\cdot t_{\alpha/2}\right)=(60\pm20.7646)$$

即 $(39.2354,80.7646)$。

由于所得置信区间不包含零,在实际中我们就认为采用施肥和不施肥的平均亩产量是有显著差别的。

2. 两个总体方差比 σ_1^2/σ_2^2 的区间估计

仅讨论总体均值 μ_1,μ_2 为未知的情况。

由第 6 章定理 6.5 可知枢轴函数

$$F=\frac{S_1^2/\sigma_1^2}{S_2^2/\sigma_2^2}\sim F(n_1-1,n_2-1) \tag{7.43}$$

并且分布 $F(n_1-1,n_2-1)$ 不依赖任何未知参数。由此得

$$P\left\{F_{1-\alpha/2}(n_1-1,n_2-1)<\frac{S_1^2/\sigma_1^2}{S_2^2/\sigma_2^2}<F_{\alpha/2}(n_1-1,n_2-1)\right\}=1-\alpha \tag{7.44}$$

即

$$P\left\{\frac{S_1^2}{S_2^2}\frac{1}{F_{\alpha/2}(n_1-1,n_2-1)}<\frac{\sigma_1^2}{\sigma_2^2}<\frac{S_1^2}{S_2^2}\frac{1}{F_{1-\alpha/2}(n_1-1,n_2-1)}\right\}=1-\alpha \tag{7.45}$$

于是得 $\dfrac{\sigma_1^2}{\sigma_2^2}$ 的置信度为 $1-\alpha$ 的置信区间为

$$\left(\frac{S_1^2}{S_2^2}\frac{1}{F_{\alpha/2}(n_1-1,n_2-1)},\frac{S_1^2}{S_2^2}\frac{1}{F_{1-\alpha/2}(n_1-1,n_2-1)}\right) \tag{7.46}$$

【例 7.17】(环境管理问题) 环保部门要调查两家造纸厂 A,B 的污水处理情况,主要研究造纸厂 A 与造纸厂 B 污水排放中某种污染物含量的波动性。随机抽取造纸厂 A 的污水样本 18 份,测得样本方差 $S_1^2=0.34$;抽取造纸厂 B 的污水样本 13 份,测得样本方差 $S_2^2=0.29$。设两样本相互独立,且设造纸厂 A,B 污水中某种污染物含量分别服从正态分布 $N(\mu_1,\sigma_1^2),N(\mu_2,\sigma_2^2)$,这里 $\mu_i,\sigma_i^2(i=1,2)$ 均未知。试求污染物含量方差比 σ_1^2/σ_2^2 的置信度为 0.90 的置信区间。

【解】 现在 $n_1=18,S_1^2=0.34,n_2=13,S_2^2=0.29,\alpha=0.10$,则

$$F_{\alpha/2}(n_1-1,n_2-1)=F_{0.05}(17,12)=2.59$$

$$F_{1-\alpha/2}(17,12)=F_{0.95}(17,12)=\frac{1}{F_{0.05}(12,17)}=\frac{1}{2.38}$$

于是由(7.46)式得 σ_1^2/σ_2^2 的一个置信度为 0.90 的置信区间为

$$\left(\frac{0.34}{0.29}\times\frac{1}{2.59},\frac{0.34}{0.29}\times 2.38\right)$$

即(0.45,2.79)。

由于 σ_1^2/σ_2^2 的置信区间包含 1,在实际中可认为 σ_1^2,σ_2^2 没有显著差别。

7.5　总体比例与 0-1 分布参数的区间估计

7.5.1　单个总体比例的区间估计

1. 两个基本概念

1) 总体比例

总体比例是指总体中具有某种相同特征的个体所占的比例,这些特征可以是定量的数据(如一定的长度、一定的重量等),也可以是定性的数据(如合格品、满意程度、性别等)。总体比例通常用 p 表示。

例如,某班统计学课程考试及格率 p、某车间生产的一批产品的次品率 p、某大学在校生的吸烟者比率 p。

2) 样本比例

样本比例是指从一个计量变量的总体中抽取固定容量的样本 $(x_1,x_2,\cdots,x_n)$,计算其具有某种特征个体数所占的比例,即为 $\bar{p}=\dfrac{\sum\limits_{i=1}^{n}x_i}{n}$($x_i$ 的观测值只取 0,1,$x_i=0$ 表示第 i 个体无此属性;$x_i=1$ 表示第 i 个体有此属性)。

在实际工作中 p 往往是未知的,需要估计的也正是这个总体比例 p,所以就需要用样本比例 $\bar{p}$ 来推断 p 的大小。

2. 单个总体比例的区间估计公式

$np,np(1-p)$ 两者皆大于等于 5 时,$\bar{p}$ 的抽样分布近似的服从均值为 p、标准差为 $\sigma_{\bar{p}}=\sqrt{p(1-p)/n}$ 的正态分布。

当 $np\geqslant 5,n(1-p)\geqslant 5,\bar{p}\sim N(p,\sigma_{\bar{p}}^2)$ 时,p 的区间估计公式为 $\bar{p}\pm z_{\alpha/2}\sigma_{\bar{p}}$,$\sigma_{\bar{p}}$ 中有未知 p 值,用 $\bar{p}$ 估计,从而 p 的区间估计为

$$\bar{p}\pm z_{\alpha/2}\sqrt{\frac{\bar{p}(1-\bar{p})}{n}}$$

如果研究的总体是有限的,尤其当抽样比重较大时,即 $\dfrac{n}{N}\geqslant 0.05$ 时,就采用有限总体修正系数,从而 p 的区间估计公式为

$$\bar{p}\pm z_{\alpha/2}\sqrt{\bar{p}(1-\bar{p})/n}\,\sqrt{(N-n)/(N-1)} \tag{7.47}$$

【例 7.18】(人力资源管理问题)　某企业在一项关于寻找职工流动原因的研究中,研究者从该企业前职工的总体中随机抽取了 200 人组成一个样本。在对他们进行访问时,有 140 人说他们离开该企业的原因是因为他们得到的收入太低。试对由于这种原因而离开该企业的人员的真正比例构造 95% 的置信区间。

【解】　在这一问题中,要求的是总体比例 p 的区间估计。

可以求得样本比例为 $\bar{p} = 140/200 = 0.7$。

这里

$$n\bar{p} = 140 \times 0.7 = 98 > 5$$

且

$$n(1 - \bar{p}) = 140 \times (1 - 0.7) = 42 > 5$$

则 $\bar{p}$ 的抽样分布可用正态分布来逼近。从而因薪酬低而离职的离职员工比例 p 的区间估计为

$$\bar{p} \pm z_{\alpha/2} \sqrt{\frac{\bar{p}(1 - \bar{p})}{n}} = 0.7 \pm 1.96 \times \sqrt{\frac{0.7 \times (1 - 0.7)}{200}} = 0.7 \pm 0.064$$

因此,在 95% 的可靠程度下,估计总体比例在 63.6% 和 76.4% 之间。这表明公司离职员工的大约三分之二的离职原因是觉得公司给的薪酬太低。

7.5.2　两个总体比例之差的区间估计

设两个总体比例分别是 p_1、p_2,从两总体中各抽取一个样本,样本容量分别为 n_1、n_2。当 n_1、n_2 都很大时,两个样本比例之差 $\bar{p}_1 - \bar{p}_2$ 的抽样分布近似服从正态分布,标准差为

$$\sigma_{\bar{p}_1 - \bar{p}_2} = \sqrt{\frac{p_1(1 - p_1)}{n_1} + \frac{p_2(1 - p_2)}{n_2}}$$

因为 p_1、p_2 皆为未知的,所以标准差应该通过下式来估计:

$$s_{\bar{p}_1 - \bar{p}_2} = \sqrt{\frac{\bar{p}_1(1 - \bar{p}_1)}{n_1} + \frac{\bar{p}_2(1 - \bar{p}_2)}{n_2}}$$

于是在上述条件下 $p_1 - p_2$ 的置信区间为

$$(\bar{p}_1 - \bar{p}_2) \pm z_{\alpha/2} \sqrt{\frac{\bar{p}_1(1 - \bar{p}_1)}{n_1} + \frac{\bar{p}_2(1 - \bar{p}_2)}{n_2}} \tag{7.48}$$

【例 7.19】(市场调查问题)　某饮料公司对其所做的报纸广告在两个城市的效果进行了比较,他们从两个城市分别随机地调查了 1000 个成年人,其中看过该广告的比率分别为 0.18 和 0.14,试求两城市成年人中看过该广告的比例之差的 95% 的置信区间。

【解】　样本容量 $n_1 = n_2 = 1000$,属于大样本容量,$\bar{p}_1 = 0.18$,$\bar{p}_2 = 0.14$,则

$$(1 - \bar{p}_1) = 0.82, \quad (1 - \bar{p}_2) = 0.86,$$

$$z_{\alpha/2} = 1.96, \quad s_{\bar{p}_1 - \bar{p}_2} = \sqrt{\frac{\bar{p}_1(1 - \bar{p}_1)}{n_1} + \frac{\bar{p}_2(1 - \bar{p}_2)}{n_2}} = 0.0164$$

故置信区间为

$$(\bar{p}_1 - \bar{p}_2) \pm z_{\alpha/2} s_{\bar{p}_1 - \bar{p}_2} = (0.18 - 0.14) \pm 0.0164 \times 1.96$$

即 $(0.0079, 0.0721)$。

　　根据这一结果,我们有 95％ 的把握估计两城市中成年人中看过该广告的比例差在 0.79％ 到 7.21％ 之间。

7.5.3　0-1 分布参数的区间估计

1. 0-1 分布参数的区间估计公式

设有一容量 $n > 50$ 的大样本,它来自 0-1 分布的总体 X,X 的分布律为

$$f(x;p) = p^x (1-p)^{1-x}, \quad x = 0,1$$

其中 p 为未知参数。

　　p 的置信度为 $1-\alpha$ 的(近似)置信区间为

$$\left(\frac{1}{2a}(-b - \sqrt{b^2 - 4ac}), \frac{1}{2a}(-b + \sqrt{b^2 - 4ac}) \right) \tag{7.49}$$

其中

$$a = n + z_{\alpha/2}^2, \quad b = -(2n\bar{X} + z_{\alpha/2}^2), \quad c = n\bar{X}^2$$

2. p 的置信度为 $1-\alpha$ 的置信区间的推导

已知 0-1 分布的均值和方差分别为

$$\mu = p, \quad \sigma^2 = p(1-p)$$

设 $X_1, X_2, \cdots, X_n$ 是一个样本。因样本容量 n 较大,由中心极限定理,知枢轴函数

$$\frac{\sum\limits_{i=1}^{n} X_i - np}{\sqrt{np(1-p)}} = \frac{n\bar{X} - np}{\sqrt{np(1-p)}}$$

近似地服从 $N(0,1)$ 分布,于是有

$$P\left\{ -z_{\alpha/2} < \frac{n\bar{X} - np}{\sqrt{np(1-p)}} < z_{\alpha/2} \right\} \approx 1 - \alpha$$

而不等式 $-z_{\alpha/2} < \dfrac{n\bar{X} - np}{\sqrt{np(1-p)}} < z_{\alpha/2}$ 等价于

$$(n + z_{\alpha/2}^2) p^2 - (2n\bar{X} + z_{\alpha/2}^2) p + n\bar{X}^2 < 0$$

　　记

$$p_1 = \frac{1}{2a}(-b - \sqrt{b^2 - 4ac}), \quad p_2 = \frac{1}{2a}(-b + \sqrt{b^2 - 4ac})$$

此处

$$a = n + z_{\alpha/2}^2, \quad b = -(2n\bar{X} + z_{\alpha/2}^2), \quad c = n\bar{X}^2$$

于是可得 p 的置信度为 $1-\alpha$ 的近似置信区间为 (p_1, p_2)。

【例 7.20】(质量控制问题)　某企业欲调查近一段时间内生产某种产品的一级品率,以决定是否对质量状况进行改进和提高。自一大批产品中抽取 100 个样品,得一级品 60 个,求这批产品的一级品率 p 的置信度为 0.95 的置信区间。

【解】　一级品率 p 是 0-1 分布的参数,此处 $n=100$, $\bar{x}=60/100=0.6$, $1-\alpha=0.95$, $\alpha/2=0.025$, $z_{\alpha/2}=1.96$,用式(7.49)来求 p 的置信区间,首先 $a=n+z_{\alpha/2}^2=103.84$, $b=-(2n\bar{X}+z_{\alpha/2}^2)=-123.84$, $c=n\bar{X}^2=36$,进而 $p_1=0.50$, $p_2=0.69$,故得 p 的置信度为 0.95 的近似置信区间为 $(0.50, 0.69)$。

7.6　样本容量的确定

7.6.1　估计总体均值时样本容量的确定

在上节所举的例子中都是假设样本容量是已定的。在实际抽样中则要考虑应该用多大样本量的样本,如果使用一个比需要大的样本量,就会造成浪费;如果样本量太小,就不能达到分析的目的。在实际工作中往往要求估计精度不超过某一允许限就可以了,即找出在规定误差范围内最小样本容量,这样确定的样本容量就可以在保证满足误差的要求下,使得调查费用最小。

　1. 重复抽样条件下样本容量的估计

用 Δ 表示置信区间半径,常称为允许的误差,它反映了区间估计的精度。σ 表示总体标准差,设其为已知,用 $1-\alpha$ 表示置信度,则允许误差的公式可表述为下式:

$$\Delta_{\bar{x}} = z_{\alpha/2}\frac{\sigma}{\sqrt{n}}$$

对上式两端进行平方后再移项得到

$$n = \frac{z_{\alpha/2}^2\sigma^2}{\Delta_{\bar{x}}^2} \tag{7.50}$$

上式为重复抽样条件下样本容量的计算公式。当采用不重复抽样时,就要采用有限总体修正系数。

　2. 不重复抽样条件下样本容量的估计

不重复抽样时,允许误差的公式可表述为

$$\Delta_{\bar{x}} = z_{\alpha/2}\frac{\sigma}{\sqrt{n}}\sqrt{\frac{N-n}{N-1}}$$

对上式两端进行平方后再移项得到

$$n = \frac{Nz_{\alpha/2}^2\sigma^2}{(N-1)\Delta_{\bar{x}}^2 + z_{\alpha/2}^2\sigma^2} \tag{7.51}$$

这就是不重复抽样条件下样本容量的计算公式。

【例 7.21】（企业生产管理）　某生产型企业要对其所生产的某一产品采用重复抽样方式进行简单随机抽样检查,已知该产品的平均重量 $\bar{x}=70$kg,总体标准差 $\sigma=5$kg,要求可靠程度达到 95%,允许误差不超过 0.9kg。试问需要抽多少样本容量?

【解】　$\sigma=5, z_{\alpha/2}=1.96, \Delta_{\bar{x}}=0.9$,按重复抽样计算公式得

$$n = \frac{z_{\alpha/2}^2 \sigma^2}{\Delta_{\bar{x}}^2} = \frac{1.96^2 \times 5^2}{(0.9)^2} \approx 118.6 = 119(件)$$

即应抽取样本容量为 119 件。

【例 7.22】（抽样检验问题）　某企业进口某种原材料 2000 包,该企业的管理人员决定采用不重复抽样方式从中抽出一个样本来推断这批货物每包的平均质量。以往统计资料表明,其总体方差 $\sigma^2=144$kg,如果要求置信程度为 95%,误差范围不超过 3kg,那么该企业管理人员应该抽取一个多大的样本容量?

【解】　由于本例采用的是不重复抽样,故要考虑有限总体修正系数。题目已知 $N=2000, \sigma^2=144, \Delta_{\bar{x}}=3, z_{0.05/2}=1.96$,故

$$n = \frac{N z_{\alpha/2}^2 \sigma^2}{(N-1)\Delta_{\bar{x}}^2 + z_{\alpha/2}^2 \sigma^2} = \frac{2000 \times (1.96)^2 \times 144}{(2000-1) \times 3^2 + (1.96)^2 \times 144}$$

$$\approx 59.6 = 60(包)$$

即应抽取样本容量为 60 包。

7.6.2　估计总体比例时样本容量的确定

1. 重复抽样条件下样本容量的估计

在重复抽样时,允许误差的公式可表述为

$$\Delta_p = z_{\alpha/2}\sqrt{\frac{p(1-p)}{n}}$$

所以

$$n = \frac{z_{\alpha/2}^2 p(1-p)}{\Delta_p^2} \tag{7.52}$$

上式为重复抽样条件下估计总体比例样本容量的计算公式。

2. 不重复抽样条件下样本容量的估计

由于此时的允许误差为 $\Delta_p = z_{\alpha/2}\sqrt{\dfrac{p(1-p)}{n}}\sqrt{\dfrac{N-n}{N-1}}$,所以

$$n = \frac{N z_{\alpha/2}^2 p(1-p)}{(N-1)\Delta_p^2 + z_{\alpha/2}^2 p(1-p)} \tag{7.53}$$

上式为不重复抽样条件下估计总体比例样本容量的计算公式。

【例 7.23】（产品检验问题）　对某型号的彩电显像管的合格率进行检验,根据以前正常生产的数据,合格率 $p=0.9$,采用随机重复抽样,在 99.73% 的置信度下,抽样合格率误差不超过 5%,试求必要的抽样单位数。

【解】 $1-\alpha=99.73\%$，$z_{\alpha/2}=3$，$p=9$，最少抽样单位数

$$n=\frac{z_{\alpha/2}^2 p(1-p)}{\Delta_p^2}=\frac{3^2 \times 0.9 \times 0.1}{0.05^2}=324(个)$$

即应抽取 324 个显像管作为样本以保证抽样调查的准确性。

7.7　单侧置信区间

1. 概念

定义 7.9（单侧置信区间）　给定置信度 $1-\alpha(0<\alpha<1)$，若由样本 $X_1,X_2,\cdots,X_n$ 确定的统计量 $\underline{\theta}=\underline{\theta}(X_1,X_2,\cdots,X_n)$ 满足

$$P\{\theta>\underline{\theta}\}=1-\alpha \tag{7.54}$$

称随机区间$(\underline{\theta},\infty)$是 θ 的置信度为 $1-\alpha$ 的单侧置信区间，$\underline{\theta}$ 称为置信度为 $1-\alpha$ 的单侧置信下限。

若统计量 $\bar{\theta}=\bar{\theta}(X_1,X_2,\cdots,X_n)$，满足

$$P\{\theta<\bar{\theta}\}=1-\alpha \tag{7.55}$$

也称随机区间$(-\infty,\bar{\theta})$是 θ 的置信度为 $1-\alpha$ 的单侧置信区间，$\bar{\theta}$ 称为置信度为 $1-\alpha$ 的单侧置信上限。

2. 单个正态总体均值与方差的单侧置信区间

对于正态总体 X，若均值 μ，方差 σ^2 均为未知，设 $X_1,X_2,\cdots,X_n$ 是一个样本，由 $\dfrac{\bar{X}-\mu}{S/\sqrt{n}}\sim t(n-1)$有（参见图 7.5）

$$P\left\{\frac{\bar{X}-\mu}{S/\sqrt{n}}<t_\alpha(n-1)\right\}=1-\alpha$$

即

$$P\left\{\mu>\bar{X}-\frac{S}{\sqrt{n}}t_\alpha(n-1)\right\}=1-\alpha$$

于是得到 μ 的仅有置信下限的置信度为 $1-\alpha$ 的单侧置信区间为

$$\left(\bar{X}-\frac{S}{\sqrt{n}}t_\alpha(n-1),\infty\right) \tag{7.56}$$

类似可得 μ 的仅有置信上限的置信度为 $1-\alpha$ 的单侧置信区间为

$$\left(-\infty,\bar{X}+\frac{S}{\sqrt{n}}t_\alpha(n-1)\right) \tag{7.57}$$

又由枢轴函数$\dfrac{(n-1)S^2}{\sigma^2}\sim\chi^2(n-1)$，则有（图 7.6）

$$P\left\{\frac{(n-1)S^2}{\sigma^2} > \chi^2_{1-\alpha}(n-1)\right\} = 1-\alpha$$

即

$$P\left\{\sigma^2 < \frac{(n-1)S^2}{\chi^2_{1-\alpha}(n-1)}\right\} = 1-\alpha$$

于是得 σ^2 的仅有置信上限的置信度为 $1-\alpha$ 的单侧置信区间为

$$\left(0, \frac{(n-1)S^2}{\chi^2_{1-\alpha}(n-1)}\right) \tag{7.58}$$

类似可得 σ^2 的仅有置信下限的置信度为 $1-\alpha$ 的单侧置信区间为

$$\left(\frac{(n-1)S^2}{\chi^2_{\alpha}(n-1)}, \infty\right) \tag{7.59}$$

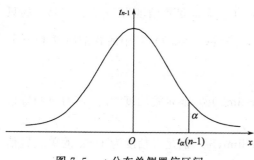

图 7.5　t 分布单侧置信区间

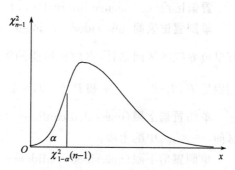

图 7.6　$\chi^2(n-1)$ 单侧置信区间

【**例 7.24**】(经济预测问题)　对宏观经济进行有效把握和预测的基础是对现有数据进行有效分析。现某省从所有行政县中随机取 5 个县得到其人均 GDP 值(单位:美元)为

$$1050, \quad 1100, \quad 1120, \quad 1250, \quad 1280$$

设行政县的人均 GDP 服从正态分布,求其置信度为 0.95 的单侧置信下限。

【**解**】　现在 $1-\alpha=0.95, n=5, t_\alpha(n-1)=t_{0.05}(4)=2.1318, \bar{x}=1160, s^2=9950$。由 (7.56)式得所求单侧置信下限为

$$\underline{\mu} = \overline{X} - \frac{S}{\sqrt{n}} t_\alpha(n-1) = 1065$$

关键术语

估计量(estimator)$\hat{\theta}(X_1, X_2, \cdots, X_n)$　指为了估计待估参数 θ 而构造的统计量。

估计值(estimate value)$\hat{\theta}(x_1, x_2, \cdots, x_n)$　指估计量的观察值。

点估计(point estimate)　指求解 θ 的估计值 $\hat{\theta}(x_1, x_2, \cdots, x_n)$ 的过程。

矩估计法(method of moment)　指用样本矩估计对应总体矩而形成的参数估计方法。

似然函数（likelihood function）$L(\theta)$　　它随 θ 的取值而变化，是 θ 的函数，指样本 $X_1,X_2,\cdots,X_n$ 取到观察值 $x_1,x_2,\cdots,x_n$ 的概率。离散型总体背景下 $L(\theta)=\prod\limits_{i=1}^{n}p(x_i;\theta)$，连续型总体背景下 $L(\theta)=\prod\limits_{i=1}^{n}f(x_i;\theta)$。

极大似然估计法（maximum likelihood estimate）　　指使似然函数达到最大而求解待估参数的方法。

无偏性（unbiasedness）　　估计量满足 $E(\hat{\theta})=\theta$。

有效性（efficiency）　　比较两个无偏估计量的方差，方差越小越有效。

相合性（一致性）（consistency）　　当 $n\to\infty$ 时估计量 $\hat{\theta}(X_1,X_2,\cdots,X_n)$ 依概率收敛于 θ，则称 $\hat{\theta}$ 为 θ 的一致估计量。

置信区间（confidence interval）$(\underline{\theta},\overline{\theta})$　　满足置信度为 $1-\alpha$ 的待估参数的区间。

单侧置信区间（one-sided confidence interval）　　是满足置信度为 $1-\alpha$ 的参数 θ 的只有单边界线的区间估计，有两种可能的形式 $(\underline{\theta},\infty)$ 或 $(-\infty,\overline{\theta})$，其中的置信限 $\underline{\theta}$ 和 $\overline{\theta}$ 分别满足 $P\{\theta>\underline{\theta}\}=1-\alpha$ 和 $P\{\theta<\overline{\theta}\}=1-\alpha$。

单侧置信上限（one-sided confidence upper limit）$\overline{\theta}$　　满足置信度为 $1-\alpha$ 的单侧置信区间 $(-\infty,\overline{\theta})$ 中的上限。

单侧置信下限（one-sided confidence lower limit）$\underline{\theta}$　　满足置信度为 $1-\alpha$ 的单侧置信区间 $(\underline{\theta},\infty)$ 中的下限。

重要公式

本章的重要公式主要为正态总体均值、方差的置信区间与单侧置信区间（置信度为 $1-\alpha$），如表 7.1 所示。

表 7.1　正态总体参数的置信区间与单侧置信限

	待估参数	其他参数	置信区间	单侧置信限
一个正态总体	μ	σ^2 已知	$\left(\overline{X}\pm\dfrac{\sigma}{\sqrt{n}}z_{\alpha/2}\right)$	$\overline{\mu}=\overline{X}+\dfrac{\sigma}{\sqrt{n}}z_\alpha$ $\underline{\mu}=\overline{X}-\dfrac{\sigma}{\sqrt{n}}z_\alpha$
	μ	σ^2 未知	$\left(\overline{X}\pm\dfrac{S}{\sqrt{n}}t_{\alpha/2}(n-1)\right)$	$\overline{\mu}=\overline{X}+\dfrac{S}{\sqrt{n}}t_\alpha(n-1)$ $\underline{\mu}=\overline{X}-\dfrac{S}{\sqrt{n}}t_\alpha(n-1)$
	σ^2	μ 未知	$\left(\dfrac{(n-1)S^2}{\chi^2_{\alpha/2}(n-1)},\dfrac{(n-1)S^2}{\chi^2_{1-\alpha/2}(n-1)}\right)$	$\overline{\sigma^2}=\dfrac{(n-1)S^2}{\chi^2_{1-\alpha}(n-1)}$ $\underline{\sigma^2}=\dfrac{(n-1)S^2}{\chi^2_\alpha(n-1)}$

续表

待估参数	其他参数	置信区间	单侧置信限
$\mu_1 - \mu_2$	σ_1^2, σ_2^2 已知	$\left(\overline{X} - \overline{Y} \pm z_{\alpha/2} \sqrt{\dfrac{\sigma_1^2}{n_1} + \dfrac{\sigma_2^2}{n_2}} \right)$	$\overline{\mu_1 - \mu_2} = \overline{X} - \overline{Y} + z_\alpha \sqrt{\dfrac{\sigma_1^2}{n_1} + \dfrac{\sigma_2^2}{n_2}}$ $\underline{\mu_1 - \mu_2} = \overline{X} - \overline{Y} - z_\alpha \sqrt{\dfrac{\sigma_1^2}{n_1} + \dfrac{\sigma_2^2}{n_2}}$
$\mu_1 - \mu_2$	$\sigma_1^2 = \sigma_2^2 = \sigma^2$ 未知	$\left(\overline{X} - \overline{Y} \pm t_{\alpha/2}(n_1+n_2-2) \right.$ $\left. S_w \sqrt{\dfrac{1}{n_1} + \dfrac{1}{n_2}} \right)$	$\overline{\mu_1 - \mu_2} = \overline{X} - \overline{Y} + t_\alpha(n_1+n_2-2)$ $S_w \sqrt{\dfrac{1}{n_1} + \dfrac{1}{n_2}}$ $\underline{\mu_1 - \mu_2} = \overline{X} - \overline{Y} - t_\alpha(n_1+n_2-2)$ $S_w \sqrt{\dfrac{1}{n_1} + \dfrac{1}{n_2}}$
$\dfrac{\sigma_1^2}{\sigma_2^2}$	μ_1, μ_2 未知	$\left(\dfrac{S_1^2}{S_2^2} \dfrac{1}{F_{\alpha/2}(n_1-1, n_2-1)}, \right.$ $\left. \dfrac{S_1^2}{S_2^2} \dfrac{1}{F_{1-\alpha/2}(n_1-1, n_2-1)} \right)$	$\overline{\left(\dfrac{\sigma_1^2}{\sigma_2^2} \right)} = \dfrac{S_1^2}{S_2^2} \dfrac{1}{F_{1-\alpha}(n_1-1, n_2-1)}$ $\underline{\left(\dfrac{\sigma_1^2}{\sigma_2^2} \right)} = \dfrac{S_1^2}{S_2^2} \dfrac{1}{F_\alpha(n_1-1, n_2-1)}$

两个正态总体

案 例 7

【案例 7.1】　环保局对某行业内生产企业的污水排放情况进行抽查,得到 A 与 B 两家企业的污水样本中总汞的含量各 30 个样本数据(单位:mg/L)如表 7.2 所示。

表 7.2　A,B 两家企业污水排放中的总汞含量

企业 A					
0.041	0.034	0.043	0.030	0.035	0.045
0.026	0.035	0.035	0.036	0.012	0.023
0.030	0.025	0.021	0.028	0.022	0.027
0.028	0.042	0.021	0.046	0.018	0.037
0.031	0.043	0.033	0.026	0.040	0.024

企业 B					
0.033	0.026	0.036	0.043	0.010	0.016
0.039	0.005	0.031	0.027	0.031	0.034
0.026	0.029	0.027	0.042	0.037	0.032
0.030	0.056	0.026	0.039	0.019	0.025
0.008	0.023	0.007	0.012	0.008	0.035

排放污水中总汞含量近似服从正态分布,求:

(1) 两家企业污水中总汞含量均值和方差的极大似然估计以及置信水平为 95% 的置信区间;

(2) 假设两家企业污水排放中总汞含量的方差相同,求总汞含量差的 95% 的置信区间;

(3) 根据国家标准,总汞的最高允许排放浓度为 0.05mg/L,低于此含量的即为达标,试求两家企业污水排放中总汞含量的达标率。

【解】 (1) 设 A 企业污水排放中的总汞含量为 X,B 企业污水排放中的总汞含量为 Y,则 X 的密度函数为

$$f(x;\mu,\sigma^2) = \frac{1}{\sqrt{2\pi}\sigma}\exp\left[-\frac{1}{2\sigma^2}(x-\mu)^2\right]$$

似然函数为

$$L(\mu,\sigma^2) = \prod_{i=1} \frac{1}{\sqrt{2\pi}\sigma}\exp\left[-\frac{1}{2\sigma^2}(x_i-\mu)^2\right]$$

而

$$\ln L = -\frac{n}{2}\ln(2\pi) - \frac{n}{2}\ln\sigma^2 - \frac{1}{2\sigma^2}\sum_{i=1}^{n}(x_i-\mu)^2$$

令

$$\begin{cases} \dfrac{\partial}{\partial\mu}\ln L = \dfrac{1}{\sigma^2}\left[\sum_{i=1}^{n}x_i - n\mu\right] = 0 \\[3mm] \dfrac{\partial}{\partial\sigma^2}\ln L = -\dfrac{n}{2\sigma^2} + \dfrac{n}{2(\sigma^2)^2}\sum_{i=1}^{n}(x_i-\mu)^2 = 0 \end{cases}$$

解得

$$\hat{\mu} = \frac{1}{n}\sum_{i=1}^{n}x_i = \bar{x}, \quad \hat{\sigma}^2 = \frac{1}{n}\sum_{i=1}^{n}(x_i-\bar{x})^2$$

因此得 μ,σ^2 的极大似然估计量分别为

$$\hat{\mu} = \bar{X}, \quad \hat{\sigma}^2 = \frac{1}{n}\sum_{i=1}^{n}(X_i-\bar{X})^2$$

将表中样本值代入上式,可得

$$\hat{\mu} = \bar{X} = 0.0312, \quad \hat{\sigma}^2 = \frac{1}{n}\sum_{i=1}^{n}(X_i-\bar{X})^2 = 7.5\times10^{-5}$$

因此 A 企业污水排放中的总汞含量均值和方差的极大似然估计分别为 0.0312 和 7.5×10^{-5}。

同理,将表 7.2 中 B 企业的样本值代入上式可得其污水排放中的总汞含量均值和方差的极大似然估计分别为 0.027 和 1.45×10^{-4}。

置信水平为 95% 的置信区间的情况:

① 求 μ 的置信度为 $1-\alpha$ 的置信区间

此时 σ^2 未知, μ 的置信度为 $1-\alpha$ 的置信区间为

$$\left(\overline{X} \pm \frac{S}{\sqrt{n}} t_{\alpha/2}(n-1)\right)$$

对于 A 企业, $\overline{X}=0.0312, S=0.0087, 1-\alpha=0.95, \alpha/2=0.025, n-1=29$, 代入上式得到 μ 的置信区间为 $(0.0279, 0.0345)$;

对于 B 企业, $\overline{Y}=0.027, S=0.012, 1-\alpha=0.95, \alpha/2=0.025, n-1=29$, 代入上式得到 μ 的置信区间为 $(0.022, 0.032)$。

② 求方差 σ^2 的置信度为 $1-\alpha$ 的置信区间。

此时 μ 未知, σ^2 的置信度为 $1-\alpha$ 的置信区间为

$$\left(\frac{(n-1)S^2}{\chi^2_{\alpha/2}(n-1)}, \frac{(n-1)S^2}{\chi^2_{1-\alpha/2}(n-1)}\right)$$

对于 A 企业 $S=0.0087, 1-\alpha=0.95, \alpha/2=0.025, n-1=29$, 代入上式得到 σ^2 的置信区间为 $(7.4\times10^{-5}, 3.2\times10^{-4})$;

对于 B 企业 $S=0.012, 1-\alpha=0.95, \alpha/2=0.025, n-1=29$, 代入上式得到 σ^2 的置信区间为 $(1.42\times10^{-4}, 6.09\times10^{-4})$。

(2) 此时 $\sigma_1^2=\sigma_2^2=\sigma^2$, 但 σ^2 为未知。A, B 两企业污水总汞含量差为置信度为 $1-\alpha$ 的置信区间

$$\left(\overline{X}-\overline{Y} \pm t_{\alpha/2}(n_1+n_2-2)S_\omega\sqrt{\frac{1}{n_1}+\frac{1}{n_2}}\right)$$

此处

$$S_\omega^2 = \frac{(n_1-1)S_1^2+(n_2-1)S_2^2}{n_1+n_2-2}, \quad S_\omega = \sqrt{S_\omega^2}$$

解得置信区间为 $(0.0041, 0.0043)$。

(3) A 企业的达标率为

$$P\{X \leqslant 0.05\} = P\left\{\frac{X-\mu}{\sigma} \leqslant \frac{0.05-\mu}{\sigma}\right\} = \Phi(2.16) = 0.9847$$

B 企业的达标率为

$$P\{Y \leqslant 0.05\} = P\left\{\frac{Y-\mu}{\sigma} \leqslant \frac{0.05-\mu}{\sigma}\right\} = \Phi(1.92) = 0.9726$$

习　题　7

1. 某公司生产一种活塞环, 为了检测活塞的直径是否符合国家标准, 公司质量部从产品中随机地取出 8 只活塞环, 测得它们的直径 (单位: mm) 为

　　74.001,　74.005,　74.003,　74.001,　74.000,　73.998,　74.006,　74.002

试求总体均值 μ 及方差 σ^2 的矩估计值, 并求样本方差 S^2。

2. 设 $X_1, X_2, \cdots, X_n$ 为总体的一个样本。求下述各总体的密度函数或分布律中的未知参数的矩估计量。

(1) $f(x)=\begin{cases}\theta c^\theta x^{-(\theta+1)}, & x>c \\ 0, & 其他\end{cases}$, 其中 $c>0$ 为已知, $\theta>1, \theta$ 为未知参数;

(2) $f(x) = \begin{cases} \sqrt{\theta} x^{\sqrt{\theta}-1}, & 0 \leqslant x \leqslant 1 \\ 0, & \text{其他} \end{cases}$，其中 $\theta > 0, \theta$ 为未知参数；

(3) $f(x) = \begin{cases} \dfrac{x}{\theta^2} e^{-x^2/(2\theta^2)}, & x > 0 \\ 0, & \text{其他} \end{cases}$，其中 $\theta > 0, \theta$ 为未知参数；

(4) $f(x) = \begin{cases} \dfrac{1}{\theta} e^{-(x-\mu)/\theta}, & x \geqslant \mu \\ 0, & \text{其他} \end{cases}$，其中 $\theta > 0, \theta, \mu$ 为未知参数；

(5) $P\{X = x\} = C_m^x p^x (1-p)^{m-x}, x = 0, 1, 2, \cdots, m, 0 < p < 1, p$ 为未知参数。

求上题中各未知参数的极大似然估计值和估计量。

3. 某旅游管理公司为调查景区游客的数量，通过问卷调查获取数据，数据分析发现游客数量服从参数为 λ 的泊松分布，设 $X_1, X_2, \cdots, X_n$ 是来自游客总体的一个样本。试求 λ 的极大似然估计量及矩估计量。

4. 某公司为了调查产品的市场覆盖率，对某地区居民进行了抽样调查，随机地自该地区取 100 个居民群体，每个群体中包含 10 位被调查对象，记录了每个群体中属使用该公司产品的人数。假设这 100 次观察相互独立，并且由过去经验知，它们都服从参数为 $n = 10, p$ 的二项分布。p 是这地区居民使用该公司产品的概率。求 p 的极大似然估计值。该公司调查所得的数据如表 7.3 所示。

表 7.3　公司市场调查数据

群体中使用该产品居民数	0	1	2	3	4	5	6	7	8	9	10
观察到使用者的群体个数	0	1	6	7	23	26	21	12	3	1	0

5.(1) 交通管理部门拟对长途汽车客运业安全管理状况展开调查，已知长途汽车出现安全故障的辆数 $X \sim \pi(\lambda)$，设 $X_1, X_2, \cdots, X_n$ 是来自总体 X 的一个样本。求 $P\{X = 0\}$ 的极大似然估计。

(2) 为了加强铁路安全管理，某铁路局对扳道员的工作进行来考核。现证实一个扳道员在五年内所引起的严重事故的次数服从泊松分布。求一个扳道员在五年内未引起严重事故的概率 p 的极大似然估计。使用下面 122 个观察值。表 7.4 中，r 表示一扳道员某五年中引起严重事故的次数，s 表示观察到的扳道员人数。

表 7.4　五年中扳道员引起严重事故的数据记录

r	0	1	2	3	4	5
s	44	42	21	9	4	2

6.(1) 某公司为检验管理信息系统的运行稳定情况，现对系统在过去三年中的使用次数与正确次数进行了分析，发现正确率 X 服从对数正态分布，即 $Z = \ln X \sim N(\mu, \sigma^2)$。验证 $E(X) = \exp\{\mu + \dfrac{1}{2}\sigma^2\}$。

(2) 设自(1)中的总体 X 取一容量为 n 的样本 $X_1, X_2, \cdots, X_n$。求 $E(X)$ 的极大似然估计。此处设 μ, σ^2 均为未知。

(3) 公司人力资源部门对员工出勤进行考核，通过对过去 3 年中员工的出勤记录进行分析，发现员工的缺勤记录近似地服从对数正态分布。设 μ, σ^2 均为未知。今随机取 20 个员工的出勤记录，这些员工的缺勤记录分别为

52,　24,　15,　67,　15,　22,　63,　26,　16,　32,　7,　33,　28,　14,　7,

29,　10,　6,　59,　30

问该公司员工缺勤均值的极大似然估计值等于多少？

7. 公司生产线为了加强生产质量管理,现对所有操作人员的次品生产情况进行考察,发现每个操作人员的生产次品数 $X \sim N(\mu, \sigma^2)$,设 $X_1, X_2, \cdots, X_n$ 是随机抽取的若干个操作人员次品数的一个样本。试确定常数 c 使 $c \sum_{i=1}^{n-1} (X_{i+1} - X_i)^2$ 为 σ^2 的无偏估计。

8. 设 $\hat{\theta}$ 是参数 θ 的无偏估计,且有 $D(\hat{\theta}) > 0$,试证 $\hat{\theta}^2 = (\hat{\theta})^2$ 不是 θ^2 的无偏估计。

9. 试证明均匀分布

$$f(x) = \begin{cases} \dfrac{1}{\theta}, & 0 < x \leqslant \theta \\ 0, & \text{其他} \end{cases}$$

中未知参数 θ 的极大似然估计量不是无偏的。

10. 为了比较两所高校的毕业生对薪酬的预期,现从这两所高校中分别抽取容量为 n_1, n_2 的两独立样本,设两个总体均值都为 μ,方差都为 $\sigma^2 > 0$。$\overline{X}_1$ 和 $\overline{X}_2$ 分别是两样本的均值。试证,对于任意常数 $a, b(a+b=1)$,$Y = a\overline{X}_1 + b\overline{X}_2$ 都是 μ 的无偏估计,并确定常数 a, b 使 $D(Y)$ 达到最小。

11. 教育管理部门开展教学评估工作,现对两所学校的学生成绩进行比较。假设学生成绩服从正态分布,现从学校一 $N(\mu_1, \sigma^2)$ 和学校二 $N(\mu_2, \sigma^2)$ 中抽取学生数为 n_1, n_2 的两独立样本。样本方差分别为 S_1^2, S_2^2。试证,对于任意常数 $a, b(a+b=1)$,$Z = aS_1^2 + bS_2^2$ 都是 σ^2 的无偏估计,并确定常数 a, b 使 $D(Z)$ 达到最小。

12. 某物流公司拟引进一种物流调配系统,市场上有 k 种类似的系统。已知用第 i 种系统进行调配时,调配时间总体的标准差为 $\sigma_i (i = 1, 2, \cdots, k)$。对这些系统独立地用在同一物流过程的调配时间 θ 各观察一次,分别得到 $X_1, X_2, \cdots, X_k$。设这些系统都没有系统误差,即 $E(X_i) = \theta (i = 1, 2, \cdots, k)$。问 $a_1, a_2, \cdots, a_k$ 应取何值,方能使用 $\hat{\theta} = \sum_{i=1}^{k} a_i X_i$ 估计 θ 时,$\hat{\theta}$ 是无偏的,并且 $D(\hat{\theta})$ 是最小的。

13. 某生产型企业为了提高员工的工作效率,分析影响员工生产效率的因素,现对员工每天生产的成品数进行调查,随机抽取了 9 个员工的生产量作为样品,其生产件数分别为

60,　57,　58,　65,　70,　63,　56,　61,　50

设生产件数总体服从正态分布 $N(\mu, \sigma^2)$。试在如下两种情况下分别求 μ 的置信度为 0.95 的置信区间：

(1) 若由以往经验知 $\sigma = 6$(件)；

(2) 若 σ 为未知。

14. 公司新购进 A,B 两套测量系统,现用这两套系统分别对同一测量对象进行重复测量,记录结果如下：

(1) A 测定观察值为 6.683, 6.681, 6.676, 6.678, 6.679, 6.672；

(2) B 测定观察值为 6.661, 6.661, 6.667, 6.667, 6.664。

设测定值总体为 $N(\mu, \sigma^2)$,μ, σ^2 均为未知。试就(1),(2)两种情况分别求 μ 的置信度为 0.9 的置信区间,并求 σ^2 的置信度为 0.9 的置信区间。

15. 某学校图书馆为了解图书资源的利用效率,对学生每天用于阅读的时间进行调查,随机地对 9 名同学进行数据搜集,得阅读时间的样本标准差 $s = 3(h)$。假设阅读时间服从正态分布。求该学校学生阅读时间的标准差 σ 的置信度为 0.95 的置信区间。

16. 在 14 题中,设用 A 和用 B 测定值总体的方差相等。求两个测定值总体均值差的置信度为 0.90 的置信区间。

17. 某电缆厂为加强生产质量控制,对两条生产线的产品特性进行比较分析。随机地从 A 生产线产品中抽取 4 根电缆,又从 B 生产线中抽取 5 根电缆,测得电阻(单位:Ω)为

　　　　A 生产线　0.143,　0.142,　0.143,　0.137
　　　　B 生产线　0.140,　0.142,　0.136,　0.138,　0.140

设测定数据分别来自分布 $N(\mu_1,\sigma^2)$ 和 $N(\mu_2,\sigma^2)$,且两样本相互独立。又 μ_1,μ_2,σ^2 均为未知。试求 $\mu_1-\mu_2$ 的置信度为 0.90 的置信区间。

18. 某国防军工企业为了改进研发,现对两种固体燃料火箭推进器的燃烧率展开研究。设两种推进器的燃烧率都服从正态分布,并且已知燃烧率的标准差均近似地为 0.05cm/s,取样本容量为 $n_1=n_2=20$,得燃烧率的样本均值分别为 $\bar{x}_1=18\text{cm/s},\bar{x}_2=24\text{cm/s}$,求两燃烧率总体均值差 $\mu_1-\mu_2$ 的置信度为 0.99 的置信区间。

19. 某公司两位调查员 A,B 对公司在某一地区进行顾客满意度调查,两人彼此独立开展工作。调查每 10 天进行一次,每人各得 10 个顾客满意度数据,两位调查员测定值的样本方差依次为 $s_A^2=0.5419,s_B^2=0.6065$。设 σ_A^2,σ_B^2 分别为 A,B 所测定的测定值总体的方差,设总体均为正态。求方差比 σ_A^2/σ_B^2 的置信度为 0.95 的置信区间。

20. 质检局在对某公司送检的一批容量为 100 的货物样本中,检验发现有 16 只次品,试求这批货物次品率的置信度为 0.95 的置信区间。

21. 某一大公司的人事处长希望知道本公司内专业不对口的职员究竟占多大比例。于是,他从 2000 名具有大专以上学历的职员中随机抽取了一个由 150 人组成的样本进行研究,结果表明,其中有 45 人说他们从事的工作与所学的专业不对口。试在 95.5% 的置信程度下构造出不对口人员所占真正比例的置信区间。

22. 某企业生产某种产品 8000 件,不重复抽样 300 件,结果有 24 件不合格,求不合格品率的置信区间(置信度 $1-\alpha=0.98$)。

23. 某企业下属有两个车间,分别用 A 和 B 表示。为了降低废品率,该企业对车间 B 的工人首先进行业务培训。3 个月后,该企业负责人对两车间的产品质量进行了检查。从车间 A 抽取了 200 件产品,从车间 B 抽取了 220 件产品。测得 A 车间废品比例为 $\bar{p}_A=15\%$,B 车间为 $\bar{p}_B=3\%$。试在 95% 的把握程度下,构造两个废品之间的置信区间。

24. 某企业从一大批产品的 1000 个样品中,得一级品 60 个,求这批产品的一级品率 p 的置信水平为 0.95 的置信区间。

25. 某地硕士研究生毕业第一年的年薪的标准差大约为 2000 元人民币。如果以 95% 的置信度估计硕士生平均年薪,并且希望允许误差分别不超过 500 元和 100 元,则样本容量各应该为多少?

26. 某企业对一批 10000 件产品进行抽样,按重复抽样方式抽取 300 件,其中不合格品为 9 件。要求:(1)试以 95% 的概率保证程度估计这批不合格率的可能范围;(2)若要求不合格率估计的最大允许误差不超过 1.5%,应抽取多少件产品?

27. 一家广告公司想要估计某类商店去年所花的平均广告费有多少。经验表明,总体方差约为 1 800 000。如果置信度取 95%,并要使估计值处在总体平均值附近 500 元的范围内,这家广告公司应取多大的样本?

28. 一家市场调查公司希望估计某地区有 29 英寸彩电的家庭所占的比例。该公司希望对 p 的估计误差不超过 0.07,置信程度 95.5%,但是没有可利用的 p 估计值。试问应该抽取多大容量的样本?

29. (1) 求 13 题中 μ 的置信度为 0.95 的单侧置信上限。

(2) 求 17 题中 $\mu_1-\mu_2$ 的置信度为 0.90 的单侧置信下限。

(3) 求 19 题中方差比 σ_A^2/σ_B^2 的置信度为 0.95 的置信上限。

30. 人力资源部门为制定新一轮的薪酬标准,现对已有薪酬进行抽样调查,以制定更为合理标准的薪酬激励制度。随机地选择同一部门 16 名员工的年度薪酬为样本。样本数据(单位:元)如下:

41 250, 40 187, 43 175, 41 010, 39 265, 41 872, 42 654, 41 387,

38 970, 40 200, 42 550, 41 095, 40 680, 43 500, 39 775, 40 400

假设这些数据来自正态总体 $N(\mu, \sigma^2)$。其中 μ, σ^2 未知,试求 μ 的置信度为 0.95 的单侧置信下限。

31. 设总体 X 服从指数分布,其密度函数为

$$f(x) = \begin{cases} \dfrac{1}{\theta} e^{-x/\theta}, & x > 0, \theta > 0 \text{ 未知} \\ 0, & \text{其他} \end{cases}$$

从总体中抽取一容量为 n 的样本 $X_1, X_2, \cdots, X_n$。

(1) 证明 $\dfrac{2n\overline{X}}{\theta} \sim \chi^2(2n)$。

(2) 求 θ 的置信度为 $1-\alpha$ 的单侧置信下限。

(3) 某服务行业对其服务质量进行调查,通过调查知道顾客的服务等待时间(单位:min)服从上述指数分布,现从顾客中抽得一容量 $n = 16$ 的样本,测得样本均值为 8.5min,试求该服务业顾客服务等待时间的置信度为 0.90 的单侧置信下限。

第8章 假设检验

实践中的统计

  某企业人事主管根据现有职工情况,制定未来两三年内人才引进发展策略,人事主管估计:企业现有高级职称职工的平均年龄为 50 岁,现从其职工资料中随机地抽取 40 份,算得其平均年龄为 44 岁。问企业人事主管的判断是否准确?

  对于这类问题,可以先设立一个假设,假设人事主管的判断是正确的,即"企业具有高级职称人员的平均年龄为 50 岁",然后检验这个假设是否成立。这就是一个假设检验(hypothesis testing)问题。类似的问题还有:检验产品的某项指标是否符合产品质量标准? 验证某一减肥药是否真的有效? 证实某项调查是否与实际相符,等等。

  假设检验是统计推断的另一类重要的问题。它和参数估计一起构成统计推断的两个组成部分,它们都是利用样本对总体进行某种推断,只是方法和角度不同,参数估计是利用样本构造样本统计量来估计总体参数;而在假设检验中,则是先对参数的值提出一个假设,然后利用样本信息去检验这个假设是否成立。

  假设检验又分为两类:一种是总体的分布函数形式已知、但不知其参数的情况下,先对研究总体的特征做出某种假设,然后通过对样本的观察来决定假设是否成立。如上例,假设企业具有高级职称人员的年龄服从正态分布,对于"具有高级职称人员的平均年龄是否为 45 岁"的假设,即是对正态总体提出均值是否等于 45 的假设,然后抽取样本,利用样本的信息对假设的正确性进行判断的过程,这种在总体分布已知的情形下,对总体参数的检验,属于参数假设检验。本章讨论的主要是这一类参数的假设检验问题。至于总体分布形式未知情形下,关于总体分布的检验和对其参数的检验均属于非参数检验问题,本章将在第 6 节和第 7 节加以介绍。

8.1 假设检验的基本问题

  下面结合上面提出的问题来说明假设检验的思想和一般步骤。

8.1.1 假设检验的基本思想

【例 8.1】(人力资源问题) 某企业人事主管估计其具有高级职称人员的平均年龄是50 岁,调查人员从现有职工中随机抽取 40 人,得到他们的年龄数据如下:

  44, 33, 55, 60, 38, 42, 47, 53, 35, 36, 42, 54, 46, 45,

  46, 36, 34, 42, 62, 39, 45, 46, 34, 45, 61, 48, 46, 38, 34,

48，57，50，54，45，36，48，38，29，32，38

试根据样本数据判断人事主管的判断是否正确？

分析：由样本数据得到 $\bar{x}=44$，从直观上看，调查得到的平均年龄 44 比人事主管的估计平均年龄 50 略低，这种差异很可能是人事主管的判断有误；但也很可能是由于抽样的随机性造成的，而事实上企业的平均年龄与人事主管的判断并无显著性差异。究竟是否存在显著性的差异，可以先假设人事主管的估计是正确的，设为 $H_0:\mu=50$，然后制定一个合理的法则，根据已知样本作出决策是接受假设 H_0 还是拒绝假设 H_0，如果作出的决策是拒绝假设 H_0，则认为 $\mu\neq50$，即具有高级职称的人员的平均年龄不等于 50，人事主管的判断有误，否则，认为人事主管的判断是正确的（图 8.1）。

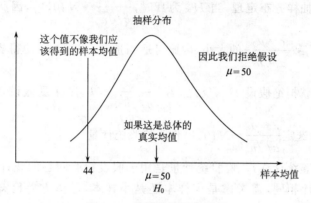

图 8.1　假设检验基本思想

8.1.2　假设检验的一般步骤

1. 提出原假设 H_0 和备择假设 H_1

仍以例 8.1 为例。

【解】　假设总体服从正态分布 $N(\mu,8^2)$，这里假设 σ 已知且 $\sigma=8$，人事主管认为其具有高级职称人员的平均年龄为 50 岁，即均值 $\mu=50$，为此提出假设

$$H_0:\mu=\mu_0=50$$

相对立的假设即为

$$H_1:\mu\neq50$$

接下来，就要收集样本，来检验到底是接受 H_0 还是接受 H_1。

定义 8.1（假设检验）　在总体分布已知的前提下，先对总体参数提出某种假设，然后利用样本信息，运用统计理论判断假设是否成立的过程，称为假设检验（hypothesis test）。

定义 8.2（原假设）　通常将所声称的或主张的假设称为原假设（null hypothesis），或称零假设，用 H_0 表示。

定义 8.3（备择假设）　所对立的假设称为备择假设（alternative hypothesis），用 H_1 表示。

注　站在质疑者(或研究者)的角度来说,备择假设 H_1 是质疑者(研究者)想搜集证据予以支持的假设,也称研究假设。

2. 确定适当的检验统计量

由于是对总体均值 μ 的检验,而样本均值 $\bar{x}$ 是总体均值 μ 的无偏估计,那样本均值 $\bar{x}$ 的大小在一定程度反映总体均值 μ 的大小,因而,如果假设 H_0 为真,样本均值 $\bar{x}$ 与 μ_0 $=50$ 的偏差 $|\bar{x}-50|$ 一般不应太大,若 $|\bar{x}-50|$ 过分大,则可以怀疑假设 H_0 的正确性而拒绝 H_0,但 $|\bar{x}-50|$ 过分大,大到多少合适呢? 这个阈值该如何选取? 由于总体标准差 σ 已知,由第 6 章抽样分布定理,当 H_0 为真时,$\dfrac{\bar{x}-\mu_0}{\sigma/\sqrt{n}} \sim N(0,1)$,因此,衡量 $|\bar{x}-50|$ 的大小,可转化为衡量 $\dfrac{|\bar{x}-\mu_0|}{\sigma/\sqrt{n}}$ 的大小,因此可适当选定一正数 k,使得当样本均值 $\bar{x}$ 满足 $\dfrac{|\bar{x}-\mu_0|}{\sigma/\sqrt{n}} \geqslant k$ 时,就拒绝假设 H_0,反之,若 $\dfrac{|\bar{x}-\mu_0|}{\sigma/\sqrt{n}} < k$,则接受假设 H_0。因此,当总体标准差 σ 已知时,选定 $\dfrac{\bar{x}-\mu_0}{\sigma/\sqrt{n}} \sim N(0,1)$ 作为检验统计量。

定义 8.4(检验统计量)　检验统计量是用于假设检验问题的统计量,选择检验统计量与前面参数估计相同,需考虑是大样本还是小样本,总体方差已知还是未知的情形等等。

3. 选取显著性水平 α,确定拒绝域

由于作出决策的依据仅仅只是一个样本(一次试验),因此,当实际上 H_0 为真时,仍有可能做出拒绝 H_0 的决策,这是一种误判,自然希望这种误判的概率不应太大,应控制在一个事先给定的概率(记为 α,称为显著性水平),或能接受的范围内,即

$$P\{当 H_0 为真时拒绝 H_0\} = P\{拒绝 H_0 | 当 H_0 为真时\} = P\left\{\frac{|\bar{x}-\mu_0|}{\sigma/\sqrt{n}} \geqslant k\right\} \leqslant \alpha$$

由于当 H_0 为真时,$\dfrac{\bar{x}-\mu_0}{\sigma/\sqrt{n}} \sim N(0,1)$,由标准正态分布双侧 α 分位点的概念,得阈值 $k=$ $z_{\alpha/2}$,若取 $\alpha=0.05$,则 $k=z_{\frac{0.05}{2}}=z_{0.025}=1.96$。则当 $\dfrac{|\bar{x}-\mu_0|}{\sigma/\sqrt{n}} \geqslant k$,即落入图 8.2 中阴影部分时,拒绝原假设,其拒绝域为

$$W = \left\{\frac{|\bar{x}-\mu_0|}{\sigma/\sqrt{n}} \geqslant z_{\alpha/2}\right\}$$

定义 8.5(显著性水平 significant level)　α 是一个概率值,是当原假设为真时,拒绝原假设的概率,即拒绝原假设所冒的风险,通常由研究者事先确定,常用的 α 值有 0.1,0.05 和 0.01。

定义 8.6(拒绝域)　如图 8.2 中阴影部分,当检验统计量的值落入阴影部分时,则拒

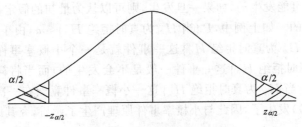

图 8.2 假设检验的拒绝域

绝原假设,拒绝域随假设的形式、检验统计量的不同而不同。

4. 计算检验统计量的值

根据样本数据计算检验统计量的值。本例中 $\bar{x}=44, n=40, \sigma=8$,即有

$$\left| \frac{\bar{x}-\mu_0}{\sigma/\sqrt{n}} \right| = 4.743$$

5. 作出统计决策

若样本观察值满足 $|z| = \left| \dfrac{\bar{x}-\mu_0}{\sigma/\sqrt{n}} \right| \geq k = z_{\alpha/2}$,落在拒绝域内,则拒绝 H_0;若 $|z| = \left| \dfrac{\bar{x}-\mu_0}{\sigma/\sqrt{n}} \right| < k = z_{\alpha/2}$,没有落在拒绝域内,则没有理由拒绝 H_0。本例中 $\left| \dfrac{\bar{x}-\mu_0}{\sigma/\sqrt{n}} \right| = 4.743 \geq k = 1.96$,因此拒绝原假设,即人事主管的判断是错误的,高级职称人员的平均年龄不等于 50。

8.1.3 假设检验的基本原理

1. 反证法思想

如前例,为检验 H_0(原假设)是否正确,通常先假定它正确,在 H_0 成立的前提下,构造检验统计量,将样本观测值代入检验统计量,如果得到一个与 H_0 应有结果明显矛盾的情况,则表示一开始的假设“H_0 成立”就是错误的,不成立的,这时应理直气壮拒绝 H_0;如果没有出现矛盾的情况,只能说明“根据目前的样本观测值,还没有足够的理由拒绝 H_0”,因此只得接受 H_0。

2. 小概率事件原理

在反证法思想中,如果最终得到一个与 H_0 应有结果明显矛盾的情况时,将拒绝原假设,这个与 H_0 应有结果明显矛盾的情况指的就是“小概率事件在一次试验当中竟然发生了”,按照小概率事件原理,“小概率事件在一次试验当中是不会发生的,”所谓小概率事件,是指该事件发生的可能性微乎其微,乃至于在一次试验当中(一组样本观测值可视为

一次试验)是不大可能发生的,如果一旦发生,则可以认为最初的假定(即认为 H_0 成立这一假定)是不成立的。如上例中,$P\{$当 H_0 为真时拒绝 $H_0\}\leqslant\alpha$,由于 α 通常是一个比较小的数,因此,$\{$当 H_0 为真时拒绝 $H_0\}$ 这一事件就是一个小概率事件,按照小概率事件原理,$\{$当 H_0 为真时拒绝 $H_0\}$ 这一事件一般是不会发生的,而当将样本观察值代入后,落入拒绝域中,即$\{$当 H_0 为真时拒绝 $H_0\}$ 这一小概率事件竟然在一次试验中(样本观察值即代表一次试验)发生了,因此与小概率事件原理产生了矛盾,究其原因,是最初的假设 H_0 为真不成立。

8.1.4　假设检验的两类错误

1. 第一类错误

当原假设 H_0 为真时,但是由于抽样的随机性使检验统计量的值落入了拒绝域,由此作出拒绝原假设的误判,称这类"弃真"的错误为第一类错误。

在例 8.1 中,假如真实的情况是具有高级职称人员的平均年龄确实为 50 岁,但由于抽取到的样本正好年龄偏小,其平均年龄只有 44 岁,按照检验规则,做出拒绝原假设 $H_0:\mu=50$ 的判断,这就犯了第一类错误。

犯这类错误的概率正好就是前面给定的显著性水平 α,正是在控制犯第一类错误的概率的前提下,使它不大于事先给定的值 α,所做的检验,因此假设检验又称为显著性检验。在产品的检验中,第一类错误 α 又称为生产方风险,这是因为由于抽样检验的随机性,将本来合格的批,误判为拒收的可能性。

2. 第二类错误

反之,当原假设 H_0 不为真时,但是由于抽样的随机性恰好使检验统计量落入了接受域,由此做出不能拒绝原假设的判断,这同样是一种误判,称为第二类错误,也称为取伪错误。

犯第二类错误的概率通常用 β 表示,即 $P\{$接受 $H_0|$ 当 H_0 不为真时$\}=\beta$,在产品的检验中,第二类错误 β 又称为使用方风险,这是因为由于抽样的随机性,将本来不合格的批,误判为接收的可能性。

注　当样本容量固定时,若减少犯第一类错误的概率,则犯第二类错误的概率往往会增大。若想同时使犯两类错误的概率都减少,除非增加样本容量。

因此假设检验中可能出现如表 8.1 所示的四种可能的结果。

表 8.1　假设检验中四种可能的结果

决策	H_0 检验	
	实际情况	
	H_0 为真	H_0 为假
接受 H_0	$1-\alpha$(正确的判断)	第二类错误(β)
拒绝 H_0	第一类错误(α)	$1-\beta$(正确的判断)

8.1.5 单侧检验

前面所讨论的情形属双边检验的情形,其原假设为 $H_0:\mu=\mu_0$,备择假设为 $H_1:\mu\neq$ μ_0 的形式,它的拒绝域位于左右两侧,有两个阈值,在双边检验中,只要 $\mu>\mu_0$ 或 $\mu<\mu_0$ 两者中有一个成立,则可以拒绝原假设。

定义 8.7 形如例 8.1、例 8.2 中备择假设中含有符号"$\neq$"的假设检验(表示可能大于也可能小于),称为双边(双侧)假设检验或双尾检验(two-tailed test)。

下面通过其他几个例子来说明建立其他类型原假设和备择假设的方法。

【例 8.2】(工业工程问题) 某企业生产一种电子元器件,采用新技术生产后,将会使产品的平均使用寿命明显延长到 1500h 以上,现研究人员为了证实事实是否果真如此,抽取了 100 件进行测量,测得其平均寿命为 1650h,问能否说明经过技术改进后,产品平均寿命确实得到了提高?

分析:这是研究人员为了证实产品的平均寿命是否在采用新技术后得到了提高所做的检验,按照备择假设的注解,其备择假设应为"采用新技术后,产品的平均寿命超过了1500h",因此,得到原假设和备择假设分别为

$H_0:\mu\leqslant 1500$ （产品平均寿命没有得到明显提高）

$H_1:\mu>1500$ （产品平均寿命得到了明显提高）

其拒绝域如图 8.3 阴影部分所示,位于右侧,且其面积为 α。

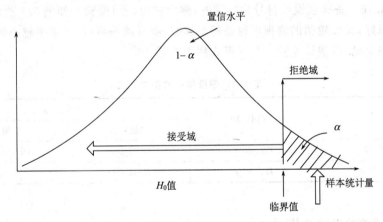

图 8.3 拒绝域落在右侧(右边检验)

【例 8.3】(社会统计问题) 某调查机构认为,目前高校学生中经常上网的比例还尚未超过 50%,为验证这一估计是否正确,该调查机构随机抽取了一个样本进行检验,得到其上网的比例为 60%,试问该调查机构的估计是否正确?

分析:显然调查人员收集数据是为了证实其估计"目前高校学生中经常上网的比例还尚未超过 50%",按照备择假设的注解,其备择假设应为"目前高校学生中经常上网的比例还尚未超过 50%",因此,得到原假设和备择假设分别为

$H_0:p\geqslant 50\%$ （上网比例已经超过 50%）

$H_1:p<50\%$　（上网比例尚未超过 50%）

其拒绝域如图 8.4 阴影部分所示,位于左侧,且其面积为 α。

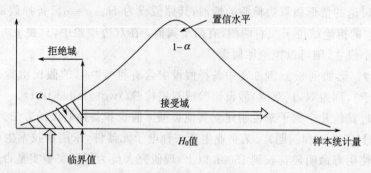

图 8.4　拒绝域落在左侧(左边检验)

注　综合以上两例发现,通常将所希望的设为假设 H_1,因为拒绝 H_0 接受 H_1 按照小概率事件原理,其理由是比较充分的。

定义 8.8　形如例 8.2、例 8.3 中备择假设中含有符号">"或"<"的假设检验,称为单边(单侧)假设检验或单尾检验(one-tailed test)。

定义 8.9　其中备择假设中符号为">"的,称为右边(侧)检验。如例 8.2 所考虑的平均寿命越大越好;又如化工生产中得率越大越好、材料的强度越大越好等。

定义 8.10　备择假设中符号为"<"的,称为左边(侧)检验。如例 8.3 所考虑的上网比例越小越好;又如轮胎的磨损率也是越小越好、噪音越小越好、误差率越小越好等。

为直观起见,将假设检验的基本形式列于表 8.2 中。

表 8.2　假设检验的基本形式

假设	双侧检验	单侧检验	
		左侧检验	右侧检验
原假设	$H_0:\mu=\mu_0$	$H_0:\mu\geqslant\mu_0$	$H_0:\mu\leqslant\mu_0$
备择假设	$H_1:\mu\neq\mu_0$	$H_1:\mu<\mu_0$	$H_1:\mu>\mu_0$

8.1.6　假设检验中的 P 值

实际应用中,多数统计软件直接给出 P 值,通过 P 值进行统计决策,而不需通过查表得到临界值的大小进行决策。

定义 8.11　P 值($P-$value)　是指在原假设 H_0 为真时,样本统计量落在检验统计量值(由样本观察值代入检验统计量计算得出)以外的概率,也称为观察到的显著性水平。其示意图如图 8.5 所示。

$$P\text{ 值}=P\left\{Z\geqslant\frac{|\bar{x}-\mu_0|}{\sigma/\sqrt{n}}\right\}+P\left\{Z\leqslant-\frac{|\bar{x}-\mu_0|}{\sigma/\sqrt{n}}\right\}=2P\left\{Z\geqslant\frac{|\bar{x}-\mu_0|}{\sigma/\sqrt{n}}\right\}$$

若 $P<\alpha$,则落入拒绝域中,拒绝原假设 H_0;

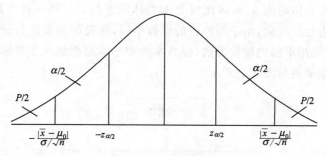

图 8.5　P 值示意图

若 $P>\alpha$，则不能拒绝原假设 H_0；

单侧假设检验可以相类似给出，现举例说明单侧假设检验 P 值的求法。

【例 8.4】（质量管理问题）　某儿童食品厂生产的某种盒装儿童食品，规定每盒的质量不低于 368g。现从某天生产的一批食品中随机抽取 25 盒进行检查，测得每盒的平均质量为 $\bar{x}=372.5$g。企业规定每盒重量的标准差 σ 为 15g。确定 P 值。

【解】　此题属右边假设检验，

$$H_0：\mu<368；\quad H_1：\mu\geqslant 368$$

计算检验统计量为

$$Z=\frac{|\bar{x}-\mu_0|}{\sigma/\sqrt{n}}=\frac{|372.5-368|}{\dfrac{15}{\sqrt{25}}}=1.5$$

P 值 $=P\{Z\geqslant 1.50\}$，其示意图如图 8.6 所示。

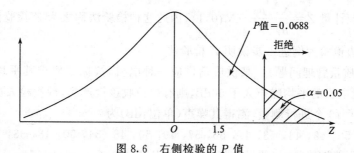

图 8.6　右侧检验的 P 值

查表求得 $P=P\{0<Z<1.5\}=0.4332$。因此，最终

$$P\ 值 =0.5000-0.4332=0.0668$$

由于 $P>\alpha=0.05$，因此，接收 H_0。

8.2　一个总体参数的假设检验

接下来的几节都将是 8.1 节的具体应用。与参数估计相类似，当研究一个总体时，要检验的参数主要有总体均值 μ、总体比例 P 和总体的方差 σ^2。每一种参数的检验又分双边假设检验和单边假设检验,由于要检验的参数不同,涉及的检验统计量也不同,由此拒绝域也不同,因此采用不同的检验方法,但其本质和基本思想如 8.1 节所述,是完全相同的。本节的内容框架图如图 8.7 所示。

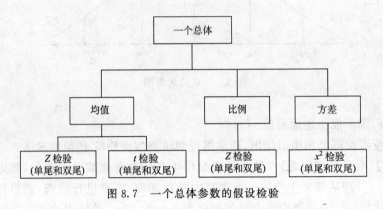

图 8.7　一个总体参数的假设检验

8.2.1　总体均值的检验

本节主要是关于总体均值的检验,是指基于单个正态总体 $N(\mu,\sigma^2)$ 下,关于均值 μ 的检验;若总体不服从正态分布,在大样本情形下,也可以用正态分布来近似。其次根据总体的方差 σ^2 是否已知,分为 Z 检验和 t 检验两种。

(1) σ^2 已知,正态总体 $N(\mu,\sigma^2)$ 均值 μ 的检验(Z 检验)

在例 8.1 中已讨论过当总体方差 σ^2 已知,正态总体 $N(\mu,\sigma^2)$ 均值 μ 的检验的问题,当时利用检验统计量 $Z=\dfrac{\overline{X}-\mu_0}{\sigma/\sqrt{n}}\sim N(0,1)$,因此这种检验法称之为 Z 检验法。

下面以单边检验为例进一步说明 Z 检验法。

【例 8.5】(质量管理问题)　某供应商供应一种电机,按标准要求其平均最大噪声 ≤ 50dB,如果某批电机的平均噪声大于 50dB,则有权拒收该批产品,现质检人员随机地从该批产品中抽取了 16 个进行测量,测得其噪声(单位:dB)为

52, 55, 43, 44, 53, 47, 56, 57, 49, 50, 48, 54, 50, 48, 53, 46

问这批产品能不能被接收?(假设电机的噪声服从 $N(50,4^2)$,$\alpha=0.05$)

【解】　假设该批产品噪声的平均值为 μ,如果 $\mu\leqslant50$ 表明这批电机符合要求,如果 $\mu>50$,则表明产品不符合要求,应拒收;因此原假设和备择假设分别为

$H_0:\mu\leqslant50$　(产品符合要求,可以接收)

$H_1:\mu>50$　(产品不符合要求,被拒收)

当 H_0 成立时,检验统计量

$$Z=\frac{\overline{X}-\mu_0}{\sigma/\sqrt{n}}\sim N(0,1)$$

右边假设检验的拒绝域为

$$W = \left\{ \frac{\bar{x} - \mu_0}{\sigma / \sqrt{n}} \geqslant z_\alpha \right\}$$

现在 $n = 16, \sigma = 4, \mu_0 = 50, z_\alpha = z_{0.05} = 1.65$，又算得 $\bar{x} = 50.3125$，即有

$$z = \frac{\bar{x} - \mu_0}{\sigma / \sqrt{n}} = 0.3125 < z_\alpha = 1.65$$

因此没有落入拒绝域内，没有理由拒绝 H_0，故接受 H_0，即认为产品符合要求，可以接收。

总结单个正态总体方差已知（或大样本情形下，方差可以未知）均值的 Z 检验法如表 8.3 所示。

表 8.3　单个正态总体方差已知均值的 Z 检验法

	双侧检验	左侧检验	右侧检验
假设形式	$H_0 : \mu = \mu_0 ; H_1 : \mu \neq \mu_0$	$H_0 : \mu \geqslant \mu_0 ; H_1 : \mu < \mu_0$	$H_0 : \mu \leqslant \mu_0 ; H_1 : \mu > \mu_0$
检验统计量	σ 已知 $: z = \dfrac{\bar{x} - \mu_0}{\dfrac{\sigma}{\sqrt{n}}}$		
拒绝域	$\lvert z \rvert > z_{\alpha/2}$	$z < -z_\alpha$	$z > z_\alpha$
P 值决策	$P < \alpha$，拒绝 H_0		

（2）σ^2 未知，正态总体 $N(\mu, \sigma^2)$ 均值 μ 的检验（t 检验）

由于 σ^2 未知，应由 S 来代替 σ，由第 6 章抽样分布定理，采用检验统计量

$$t = \frac{\bar{X} - \mu_0}{S / \sqrt{n}} \sim t(n-1)$$

故称为 t 检验法（表 8.4）。

表 8.4　单个正态总体方差未知时均值的 t 检验法

	双侧检验	左侧检验	右侧检验
假设形式	$H_0 : \mu = \mu_0 ; H_1 : \mu \neq \mu_0$	$H_0 : \mu \geqslant \mu_0 ; H_1 : \mu < \mu_0$	$H_0 : \mu \leqslant \mu_0 ; H_1 : \mu > \mu_0$
检验统计量	σ 未知 $: t = \dfrac{\bar{x} - \mu_0}{s / \sqrt{n}}$		
拒绝域	$\lvert t \rvert > t_{\alpha/2}$	$t < -t_\alpha$	$t > t_\alpha$
P 值决策	$P < \alpha$，拒绝 H_0		

【例 8.6】（供应链管理问题）　一个汽车轮胎制造商声称，某一等级的轮胎的平均寿命在一定的汽车重量和正常行驶条件下大于 40 000km，对一个由 20 个轮胎组成的随机样本作了试验，测得平均值为 41 000km，标准差为 5000km。已知轮胎寿命的公里数服从正态分布，我们能否根据这些数据作出结论，该制造商的产品同他所说的标准相符？（$\alpha = 0.05$）

【解】　$H_0 : \mu \geqslant 40\,000 ; H_1 : \mu < 40\,000$

属左边假设检验。

因 $\alpha=0.05$，　$df=20-1=19$，　临界值 $-t_\alpha(n-1)=-t_{0.05}(19)=-1.7291$，而

$$t=\frac{\bar{x}-\mu_0}{s/\sqrt{n}}=\frac{41\,000-40\,000}{\dfrac{5000}{\sqrt{20}}}=0.894>-1.7291$$

故在 $\alpha=0.05$ 的水平上，接受 H_0。即有证据表明轮胎使用寿命显著地大于 40 000km。

8.2.2　总体比例的检验

假设总体只有两类结果，与第 7 章区间估计类似，因为在大样本情形下样本比例 p 近似服从正态分布，因此将统计量

$$z=\frac{p-\pi_0}{\sqrt{\dfrac{\pi_0(1-\pi_0)}{n}}}\sim N(0,1)$$

作为总体比例检验的检验统计量。

由于仍服从正态分布，因此也称为 Z 检验法。

大样本情形下总体比例的检验的各种检验如表 8.5 所示。

表 8.5　大样本情形下单个总体比例 Z 检验法

	双侧检验	左侧检验	右侧检验
假设形式	$H_0:\pi=\pi_0;H_1:\pi\neq\pi_0$	$H_0:\pi\geq\pi_0;H_1:\pi<\pi_0$	$H_0:\pi\leq\pi_0;H_1:\pi>\pi_0$
检验统计量	$z=\dfrac{p-\pi_0}{\sqrt{\dfrac{\pi_0(1-\pi_0)}{n}}}\sim N(0,1)$		
拒绝域	$\|z\|>z_{\alpha/2}$	$z<-z_\alpha$	$z>z_\alpha$
P 值决策	$P<\alpha$，拒绝 H_0		

【例 8.7】(社会统计问题)　某研究者估计本市居民家庭的电脑拥有率为 30％。现随机抽查了 200 的家庭，其中 68 个家庭拥有电脑。试问研究者的估计是否可信？($\alpha=0.05$)

【解】　$H_0:p=0.3$；　$H_1:p\neq0.3$
而 $\alpha=0.05,n=200$，临界值：$z_{\alpha/2}=z_{0.025}=1.96$，而

$$z=\frac{\bar{p}-p_0}{\sqrt{\dfrac{p_0(1-p_0)}{n}}}=\frac{0.34-0.3}{\sqrt{\dfrac{0.3\times0.7}{200}}}=1.234<1.96$$

故在 $\alpha=0.05$ 的水平上接受 H_0，即有证据表明研究者的估计可信。

8.2.3　总体方差的检验

同样由第 6 章抽样分布定理，在正态总体前提下，关于方差的检验统计量可采用

$$\chi^2=\frac{(n-1)S^2}{\sigma_0^2}\sim\chi^2(n-1)$$

因此也称为 χ^2 检验法。

单个正态总体方差的假设检验汇总如表 8.6 所示。

表 8.6　单个正态总体方差的 χ^2 检验法

	双侧检验	左侧检验	右侧检验
假设形式	$H_0:\sigma^2=\sigma_0^2;H_1:\sigma^2\neq\sigma_0^2$ （或 $H_0:\sigma=\sigma_0;H_1:\sigma\neq\sigma_0$）	$H_0:\sigma^2\geqslant\sigma_0^2;$ $H_1:\sigma^2<\sigma_0^2$	$H_0:\sigma^2\leqslant\sigma_0^2;$ $H_1:\sigma^2>\sigma_0^2$
检验统计量	$\chi^2=\dfrac{(n-1)S^2}{\sigma_0^2}\sim\chi^2(n-1)$		
拒绝域	$\chi^2>\chi_{\alpha/2}^2(n-1)$ 或 $\chi^2<\chi_{1-\alpha/2}^2(n-1)$	$\chi^2<\chi_{1-\alpha}^2(n-1)$	$\chi^2>\chi_{\alpha}^2(n-1)$
P 值决策	$P<\alpha$，拒绝 H_0		

【例 8.8】（工业工程问题）　根据长期正常生产的资料可知,某厂所产维尼纶的纤度服从正态分布,其方差为 0.0025。现从某日产品中随机抽取 20 根,测得样本方差为 0.0042。试判断该日纤度的波动与平日有无显著差异?($\alpha=0.05$)

【解】　$H_0:\sigma^2=0.0025;\quad H_1:\sigma^2\neq0.0025$

而 $\alpha=0.05,\quad df=20-1=19,\quad$ 临界值为 $\chi_{\alpha/2}^2(n-1)=\chi_{0.025}^2(19)=32.852$，

$\chi_{1-\alpha/2}^2(n-1)=\chi_{0.975}^2(19)=8.907$

$$8.907<\chi^2=\frac{(n-1)S^2}{\sigma_0^2}=\frac{(20-1)\times0.0042}{0.0025}=31.92<32.852$$

在 $\alpha=0.05$ 的水平上接受 H_0,有证据表明该日纤度的波动比平时没有显著差异。

8.3　两个总体参数的假设检验

与第 7 章区间估计相类似,两个总体参数的假设检验包括两个总体的均值之差 $\mu_1-\mu_2$ 的检验,两个总体比例之差 p_1-p_2 的检验、两个总体方差比 σ_1^2/σ_2^2 的检验,另外在两总体的均值之差的检验中还包括配对样本的 t 检验。

本节的内容框架图如图 8.8 所示。

8.3.1　两个总体均值之差的检验

在实际应用中,经常需要对两个总体均值的差异进行检验。例如,比较两种工艺方法下,产品的质量有无差异? 比较两个地区经济发展水平是否存在差异? 健身俱乐部的减肥效果是否真的有效,等等。

与单个样本的均值检验相类似,两个总体均值之差的检验同样是指基于两个正态总 $N(\mu_1,\sigma_1^2)$ 和 $N(\mu_2,\sigma_2^2)$ 体下,关于均值之差 $\mu_1-\mu_2$ 的检验;若总体不服从正态分布,在大样本情形下,也可以用正态分布来近似。同时又根据 σ_1^2,σ_2^2 已知或未知以及样本获取方式的不同分为:σ_1^2,σ_2^2 已知的情形下的 Z 检验;σ_1^2,σ_2^2 未知的情形下的 t 检验;另外加上一

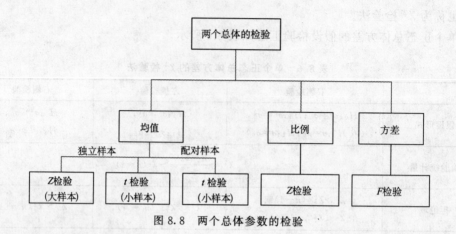

图 8.8　两个总体参数的检验

种配对样本的 t 检验的情形。

1. σ_1^2, σ_2^2 已知，或大样本的情形下两总体均值差 $\mu_1 - \mu_2$ 的检验(Z 检验)

当两个总体服从正态分布，其方差 σ_1^2, σ_2^2 已知；或两总体不服从正态分布，但在大样本情形下，也可以用正态分布来近似(表 8.7)。这时由两个总体的抽样分布定理，可采用的检验统计量为

$$z = \frac{(\bar{x}_1 - \bar{x}_2) - (\mu_1 - \mu_2)}{\sqrt{\dfrac{\sigma_1^2}{n_1} + \dfrac{\sigma_2^2}{n_2}}} \sim N(0,1)$$

表 8.7　两个正态总体方差已知均值差的 Z 检验法

	双侧检验	左侧检验	右侧检验
假设形式	$H_0: \mu_1 - \mu_2 = 0$; $H_1: \mu_1 - \mu_2 \neq 0$	$H_0: \mu_1 - \mu_2 \geqslant 0$; $H_1: \mu_1 - \mu_2 < 0$	$H_0: \mu_1 - \mu_2 \leqslant 0$; $H_1: \mu_1 - \mu_2 > 0$
检验统计量	$z = \dfrac{(\bar{x}_1 - \bar{x}_2) - (\mu_1 - \mu_2)}{\sqrt{\dfrac{\sigma_1^2}{n_1} + \dfrac{\sigma_2^2}{n_2}}} \sim N(0,1)$		
拒绝域	$\lvert z \rvert > z_{\alpha/2}$	$z < -z_\alpha$	$z > z_\alpha$
P 值决策	$P < \alpha$，拒绝 H_0		

【例 8.9】(市场营销问题)　要估计两家连锁店日平均营业额是否有差异。根据以往的资料得知，第一分店营业额的标准差为 380 元，第二分店营业额的标准差为 210 元。在第一分店抽查 50 天，得平均值为 28 360 元；第二分店抽查 60 天，得平均值为 25 680 元。问第一分店的日平均营业额是否明显高于第二分店？($\alpha = 0.05$)

【解】　$H_0: \mu_1 - \mu_2 \leqslant 0$;　$H_1: \mu_1 - \mu_2 > 0$

$\alpha = 0.05$，$n_1 = 50$，$n_2 = 60$ 临界值为：$z_\alpha = z_{0.05} = 1.65$，则

$$z = \frac{(\bar{x}_1 - \bar{x}_2) - (\mu_1 - \mu_2)}{\sqrt{\dfrac{\sigma_1^2}{n_1} + \dfrac{\sigma_2^2}{n_2}}} = \frac{28\,360 - 25\,680}{\sqrt{\dfrac{380^2}{50} + \dfrac{210^2}{60}}} = 44.5246 > 1.65$$

因此拒绝 H_0，即有充分证据表明第一分店的日平均营业额高于第二分店。

2. σ_1^2，σ_2^2 未知，且小样本的情形下两总体均值差 $\mu_1 - \mu_2$ 的检验(t 检验)

在 σ_1^2，σ_2^2 未知，且小样本的情形下两总体均值差 $\mu_1 - \mu_2$ 的检验又分以下两种情况：

(1) σ_1^2，σ_2^2 未知，但已知 $\sigma_1^2 = \sigma_2^2$。

$\sigma_1^2 = \sigma_2^2$ 这一条件的成立，往往是根据经验得到，或事先通过了方差相等性的检验。其检验统计量为

$$t = \frac{(\bar{x}_1 - \bar{x}_2) - (\mu_1 - \mu_2)}{S_w \sqrt{\dfrac{1}{n_1} + \dfrac{1}{n_2}}} \sim t(n_1 + n_2 - 2)$$

其中

$$S_w^2 = \frac{(n_1 - 1)S_1^2 + (n_2 - 1)S_2^2}{n_1 + n_2 - 2}$$

(2) σ_1^2，σ_2^2 未知，且 $\sigma_1^2 \neq \sigma_2^2$。

当 σ_1^2，σ_2^2 未知，且 $\sigma_1^2 \neq \sigma_2^2$ 时，其抽样分布已不再服从自由度为 $(n_1 + n_2 - 2)$ 的 t 分布(表 8.8)，这时需对自由度进行修正，其自由度 f 的计算公式为

$$f = \frac{\left(\dfrac{S_1^2}{n_1} + \dfrac{S_2^2}{n_2}\right)^2}{\dfrac{\left(\dfrac{S_1^2}{n_1}\right)^2}{n_1} + \dfrac{\left(\dfrac{S_2^2}{n_2}\right)^2}{n_2}}$$

其检验统计量为

$$t = \frac{(\bar{x}_1 - \bar{x}_2) - (\mu_1 - \mu_2)}{\sqrt{\dfrac{S_1^2}{n_1} + \dfrac{S_2^2}{n_2}}} \sim t(f)$$

【例 8.10】(工业工程问题)　一个车间研究用两种不同的工艺组装某种产品所用的时间是否相同。让一个组的 10 名工人用第一种工艺组装该产品，平均所需时间为 26.1min，样本标准差为 12min；另一组 8 名工人用第二种工艺组装，平均所需时间为 17.6min，样本标准差为 10.5min。已知用两种工艺组装产品所用时间服从正态分布，且 $\sigma_1^2 = \sigma_2^2$。试问能否认为用第二种方法组装比用第一种方法组装更好？($\alpha = 0.05$)

表 8.8　两个正态总体 σ_1^2, σ_2^2 未知时均值差的 t 检验法

	双侧检验	左侧检验	右侧检验
假设形式	$H_0:\mu_1-\mu_2=0;$ $H_1:\mu_1-\mu_2\neq 0$	$H_0:\mu_1-\mu_2\geqslant 0;$ $H_1:\mu_1-\mu_2<0$	$H_0:\mu_1-\mu_2\leqslant 0;$ $H_1:\mu_1-\mu_2>0$
检验统计量	σ_1^2,σ_2^2 未知,但 $\sigma_1^2=\sigma_2^2$	$t=\dfrac{(\bar{x}_1-\bar{x}_2)-(\mu_1-\mu_2)}{S_w\sqrt{\dfrac{1}{n_1}+\dfrac{1}{n_2}}}\sim t(n_1+n_2-2)$ 其中　$S_w^2=\dfrac{(n_1-1)S_1^2+(n_2-1)S_2^2}{n_1+n_2-2}$	
	σ_1^2,σ_2^2 未知,且 $\sigma_1^2\neq\sigma_2^2$	$t=\dfrac{(\bar{x}_1-\bar{x}_2)-(\mu_1-\mu_2)}{\sqrt{\dfrac{S_1^2}{n_1}+\dfrac{S_2^2}{n_2}}}\sim t(f)$ 其中　$f=\dfrac{\left(\dfrac{S_1^2}{n_1}+\dfrac{S_2^2}{n_2}\right)^2}{\dfrac{\left(\dfrac{S_1^2}{n_1}\right)^2}{n_1}+\dfrac{\left(\dfrac{S_2^2}{n_2}\right)^2}{n_2}}$	
拒绝域	$|t|>t_{\alpha/2}$	$t<-t_\alpha$	$t>t_\alpha$
P 值决策	$P<\alpha$,拒绝 H_0		

【解】　$H_0:\mu_1-\mu_2\leqslant 0;$　　$H_1:\mu_1-\mu_2>0$

而 $\alpha=0.05$, $n_1=10$, $n_2=8$,临界值为 $t_\alpha(n_1+n_2-2)=t_{0.05}(16)=1.7459$,则

$$t=\frac{(\bar{x}_1-\bar{x}_2)-(\mu_1-\mu_2)}{S_w\sqrt{\dfrac{1}{n_1}+\dfrac{1}{n_2}}}=\frac{26.1-17.6}{11.37\sqrt{\dfrac{1}{10}+\dfrac{1}{8}}}=1.576<1.7459$$

因此接受 H_0,即没有证据表明第二种方法比第一种方法组装更好。

3. 配对样本下两总体均值差 $\mu_1-\mu_2$ 的检验(t 检验)

所谓配对样本是指在相同的条件下,对同一批样本做对比试验,得到的一批成对的观察值,称为配对样本。通过对配对样本的数据进行对比,对两个总体均值差异进行比较。例如,为检验某种药物的疗效,采用两组样本做对照试验,得到的两组数据属于两个独立样本的检验,这时所提供的有关总体均值的信息可能会受到样本个体之间这些"额外"的差异的影响;而如果对同一批试验人员,通过对服药前后的对比得到的成对观察值,属于配对样本,这样可以消除样本个体之间差异的影响。

配对样本的数据结构如表 8.9 所示。

表 8.9　配对样本的数据结构

观察序号	样本 1(前)	样本 2(后)	差值
1	x_{11}	x_{21}	$D_1=x_{11}-x_{21}$
2	x_{12}	x_{22}	$D_2=x_{12}-x_{22}$

续表

观察序号	样本 1(前)	样本 2(后)	差值
$\vdots$	$\vdots$	$\vdots$	$\vdots$
i	x_{1i}	x_{2i}	$D_i = x_{1i} - x_{2i}$
$\vdots$	$\vdots$	$\vdots$	$\vdots$
n	x_{1n}	x_{2n}	$D_n = x_{1n} - x_{2n}$

接下来,转化为对类似单样本的 $\{d_i\}_{i=1}^{n}$ 序列均值是否为 0 的检验。

配对样本检验的方法是:

(1)首先求出每对观察值的差值 d_i,以及差值的均值 $\bar{d}$ 和标准差 s_d

$$\bar{d} = \frac{\sum\limits_{i=1}^{n} d_i}{n}, \quad s_d^2 = \frac{\sum\limits_{i=1}^{n}(d_i - \bar{d})^2}{n-1}$$

(2)假定两个总体均服从正态分布,则差值 d_i 也服从正态分布,检验统计量为

$$t = \frac{\bar{d} - \mu_d}{s_d / \sqrt{n}} \sim t(n-1)$$

其中 μ_d 代表总体均值差。

(3)与前面 t 检验类似,求出拒绝域、检验统计量的值并做出判断。

配对样本情形下两总体均值差的检验如表 8.10 所示。

表 8.10 配对样本情形下两总体均值差的 t 检验法

	双侧检验	左侧检验	右侧检验
假设形式	$H_0:\mu_d=0; H_1:\mu_d\neq0$	$H_0:\mu_d\geqslant0; H_1:\mu_d<0$	$H_0:\mu_d\leqslant0; H_1:\mu_d>0$
检验统计量	$t = \dfrac{\bar{d} - \mu_d}{s_d/\sqrt{n}} \sim t(n-1)$		
拒绝域	$\lvert t \rvert > t_{a/2}$	$t < -t_a$	$t > t_a$
P 值决策	$P < \alpha$,拒绝 H_0		

【例 8.11】(社会统计问题) 一个以减肥为主要目标的健美俱乐部声称,参加其训练班至少可以使减肥者平均体重减重 8.5kg 以上。为了验证该宣称是否可信,调查人员随机抽取了 10 名参加者,得到他们的体重记录如表 8.11 所示。

表 8.11 训练前后前员体重数据

训练前	94.5	101	110	103.5	97	88.5	96.5	101	104	116.5
训练后	85	89.5	101.5	96	86	80.5	87	93.5	93	102

在 $\alpha=0.05$ 的显著性水平下,调查结果是否支持该俱乐部的声称?

【解】 样品样本差值计算表如表 8.12 所示。

表 8.12　样本差值计算表

训练前	训练后	差值 D_i
94.5	85	9.5
101	89.5	11.5
110	101.5	8.5
103.5	96	7.5
97	86	11
88.5	80.5	8
96.5	87	9.5
101	93.5	7.5
104	93	11
116.5	102	14.5
合计	—	98.5

$$\bar{d} = \frac{\sum_{i=1}^{n} d_i}{n} = \frac{98.5}{10} = 9.85, \quad s_d = \sqrt{\frac{\sum_{i=1}^{n} (d_i - \bar{d})^2}{n-1}} = \sqrt{\frac{43.525}{10-1}} = 2.199$$

$$H_0 : \mu_d \geqslant 8.5; \quad H_1 : \mu_d < 8.5$$

而 $\alpha = 0.05, n = 10 - 1 = 9$，临界值为 $-t_a(n-1) = -t_{0.05}(9) = -1.833$，则

$$t = \frac{\bar{d} - \mu_d}{s_d / \sqrt{n}} = \frac{9.85 - 8.5}{2.199 / \sqrt{10}} = 1.9414 > -1.833$$

未落在拒绝域内，因此接受 H_0，即有证据表明该俱乐部的宣称是可信的。

8.3.2　两个总体比例之差的检验

与单个总体比例的检验类似，假设两个总体服从二项分布，两个样本比例之差 $p_1 - p_2$ 近似服从正态分布，选择检验统计量

$$z = \frac{(p_1 - p_2) - (\pi_1 - \pi_2)}{\sqrt{\dfrac{p_1(1-p_1)}{n_1} + \dfrac{p_2(1-p_2)}{n_2}}} \sim N(0,1)$$

作为总体比例检验的检验统计量。

由于仍服从正态分布，因此也称为 Z 检验法。

大样本情形下总体比例的检验的各种检验如表 8.13 所示。

【例 8.12】(社会统计问题)　对两个大型企业青年工人参加技术培训的情况进行调查，调查结果如下：甲厂调查 60 人，18 人参加技术培训。乙厂调查 40 人，14 人参加技术培训。能否根据以上调查结果认为乙厂工人参加技术培训的人数比例高于甲厂？($\alpha = 0.05$)

表 8.13 大样本情形下两个总体比例差 Z 检验法

	双侧检验	左侧检验	右侧检验
假设形式	$H_0:\pi_1-\pi_2=0$; $H_1:\pi_1-\pi_2\neq0$	$H_0:\pi_1-\pi_2\geq0$; $H_1:\pi_1-\pi_2<0$	$H_0:\pi_1-\pi_2\leq0$; $H_1:\pi_1-\pi_2>0$
检验统计量	$z=\dfrac{(p_1-p_2)-(\pi_1-\pi_2)}{\sqrt{\dfrac{p_1(1-p_1)}{n_1}+\dfrac{p_2(1-p_2)}{n_2}}}\sim N(0,1)$		
拒绝域	$\lvert z\rvert>z_{\alpha/2}$	$z<-z_\alpha$	$z>z_\alpha$
P 值决策	$P<\alpha$,拒绝 H_0		

【解】 $H_0:\pi_1-\pi_2\geq0$, $H_1:\pi_1-\pi_2<0$

而 $\alpha=0.05,n_1=60,n_2=40$,临界值为 $-z_\alpha=-z_{0.05}=-1.65$,则

$$z=\frac{(p_1-p_2)-(\pi_1-\pi_2)}{\sqrt{\dfrac{p_1(1-p_1)}{n_1}+\dfrac{p_2(1-p_2)}{n_2}}}=\frac{0.30-0.35-0}{\sqrt{\dfrac{0.30(1-0.30)}{60}+\dfrac{0.35(1-0.35)}{40}}}$$

$$=-0.52>-1.65$$

故在 $\alpha=0.05$ 的水平上接受 H_0,即没有证据表明乙厂工人参加技术培训的人数比例高于甲厂。

8.3.3 两个正态总体方差之比的检验

前面讨论两个总体均值之差检验时,假定两个总体方差相等,事实上,可利用两个总体方差之比的检验事先对两个总体的方差是否相等加以检验。其次在比较两批产品质量的稳定性以及两种投资方案的风险等,均需检验两个总体的方差是否相等的问题。

当两总体服从正态分布且相互独立时,由两个正态总体的抽样分布定理,选取与方差之比相关的统计量

$$F=\frac{s_1^2/\sigma_1^2}{s_2^2/\sigma_2^2}\sim F(n_1-1,n_2-1)$$

作为总体方差之比的检验统计量。

由于服从 F 分布,因此也称为 F 检验法。

两正态总体方差比的各种检验如表 8.14 所示。

表 8.14 两正态总体方差比的 F 检验法

	双侧检验	左侧检验	右侧检验
假设形式	$H_0:\dfrac{\sigma_1^2}{\sigma_2^2}=1;H_1:\dfrac{\sigma_1^2}{\sigma_2^2}\neq1$	$H_0:\dfrac{\sigma_1^2}{\sigma_2^2}\geq1;H_1:\dfrac{\sigma_1^2}{\sigma_2^2}<1$	$H_0:\dfrac{\sigma_1^2}{\sigma_2^2}\leq1;H_1:\dfrac{\sigma_1^2}{\sigma_2^2}>1$
检验统计量	在 H_0 成立时,$F=\dfrac{s_1^2}{s_2^2}\sim F(n_1-1,n_2-1)$		
拒绝域	$F>F_{\alpha/2}(n_1-1,n_2-1)$ 或 $F<F_{1-\alpha/2}(n_1-1,n_2-1)$	$F<F_{1-\alpha}(n_1-1,n_2-1)$	$F>F_\alpha(n_1-1,n_2-1)$
P 值决策	$P<\alpha$,拒绝 H_0		

【例 8.13】（质量管理问题）　生产工序中的方差是工序质量的一个重要测度,通常较大的方差就意味着要通过寻找减小工序方差的途径来改进工序。某企业获得两部机器生产的罐装饮料质量的数据(单位:g)如下,试确定这两部机器生产的罐装饮料质量的方差是否存在显著差异?（$\alpha = 0.05$）

机器 1	425	420	423	430	432	422	433	434	421	418	426	428	427
机器 2	430	426	423	442	418	420	422	431	438	424			

【解】　$H_0 : \dfrac{\sigma_1^2}{\sigma_2^2} = 1$；　$H_1 : \dfrac{\sigma_1^2}{\sigma_2^2} \neq 1$

因

$$\alpha = 0.05, \quad n_1 = 13, \quad n_2 = 10, \quad s_1 = 5.171\,4, \quad s_2 = 7.820\,2$$

临界值为

$$F_{\alpha/2}(n_1 - 1, n_2 - 1) = F_{0.025}(12, 9) = 3.87$$

$$F_{1-\alpha/2}(n_1 - 1, n_2 - 1) = F_{1-0.025}(12, 9) = \frac{1}{F_{0.025}(9, 12)} = \frac{1}{3.44} = 0.2907$$

则

$$0.2907 < F = \frac{s_1^2}{s_2^2} = \frac{5.171\,4^2}{7.820\,2^2} = 0.4373 < 3.87$$

故在 $\alpha = 0.05$ 的水平上接受 H_0。

即可以确信这两部机器生产的罐装饮料质量的方差没有存在显著差异。

8.4　置信区间与假设检验之间的关系

8.4.1　双侧检验均值的置信区间和假设检验之间的关系

以单个正态总体方差已知时,总体均值 μ 的置信区间和拒绝域为例。

从图 8.9 可以看出,单个正态总体方差已知时,总体均值 μ 的拒绝域 $W = \left\{ \dfrac{|\bar{x} - \mu_0|}{\sigma/\sqrt{n}} \geqslant z_{\alpha/2} \right\}$,而在相同情形下推导总体均值 μ 的 $1 - \alpha$ 置信区间时,也正是由于

$$P\left\{ \left| \frac{\bar{X} - \mu}{\sigma/\sqrt{n}} \right| < z_{\alpha/2} \right\} = 1 - \alpha$$

通过解不等式 $\left| \dfrac{\bar{X} - \mu}{\sigma/\sqrt{n}} \right| < z_{\alpha/2}$,从而得到总体均值 μ 的 $1 - \alpha$ 置信区间为 $\left(\bar{X} \pm z_{\alpha/2} \dfrac{\sigma}{\sqrt{n}} \right)$,因此可以看出,若当总体均值 μ 的假设值 μ_0 满足不等式 $\dfrac{|\bar{x} - \mu_0|}{\sigma/\sqrt{n}} \geqslant z_{\alpha/2}$,即总体均值 μ 的假设值 μ_0 落在置信区间 $\left(\bar{X} \pm z_{\alpha/2} \dfrac{\sigma}{\sqrt{n}} \right)$ 之外,则拒绝 H_0。

同理,当单个正态总体方差未知时,总体均值 μ 的假设值 μ_0 落在置信区间 $\left(\overline{X} \pm t_{\alpha/2}\dfrac{s}{\sqrt{n}}\right)$ 之外,则拒绝 H_0。

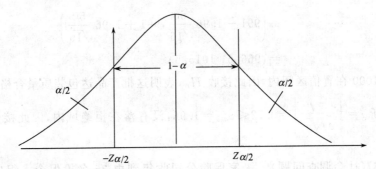

图 8.9　单个正态总体方差已知时,总体均值 μ 的拒绝域和置信区间示意图

8.4.2　单则置信区间下限和右边假设检验之间的关系

同理可以验证,当单个正态总体方差已知或未知时,其均值的单侧置信区间分别为

$$\left(\overline{X} - z_{\alpha}\frac{\sigma}{\sqrt{n}}, +\infty\right), \quad \left(\overline{X} - t_{\alpha}\frac{s}{\sqrt{n}}, +\infty\right)$$

对右边假设检验,若总体的假设值 μ_0 小于单侧置信下限,则拒绝 H_0。

8.4.3　单侧置信区间上限和左边假设检验之间的关系

同理可以验证,当单个正态总体方差已知或未知时,其均值的单侧置信区间分别为

$$\left(-\infty, \overline{X} + z_{\alpha}\frac{\sigma}{\sqrt{n}}\right), \quad \left(-\infty, \overline{X} + t_{\alpha}\frac{s}{\sqrt{n}}\right)$$

对左边假设检验,若总体的假设值 μ_0 大于单侧置信上限,则拒绝 H_0。

其他诸如方差、比例等参数的置信区间和假设检验之间的关系与此类似,这里不再一一赘述。

8.4.4　利用置信区间和假设检验的关系求解

因此由二者之间的关系,可以先求出置信区间,然后进行假设检验;反之也可以利用假设检验的接受域求参数的置信区间。

【例 8.14】(抽样检验问题)　某袋装食品每包的标准质量应为 1000g。现从生产的一批产品中随机抽取 16 袋,测得其平均质量为 991g。已知这种产品质量服从标准差为 50g 的正态分布,试确定这批产品的包装质量是否合格?($\alpha = 0.05$)

【解】　本来这是一道典型的单个正态总体方差已知时,均值的假设检验问题,完全可以仿照例 8.1 来完成,这里利用置信区间来进行假设检验。

$$H_0: \mu = \mu_0 = 1000, \quad H_1: \mu \neq 1000$$

在单个正态总体方差已知的情形下,均值 μ 的 $1-\alpha$ 置信区间为

$$\left(\overline{X} - z_{\alpha/2} \frac{\sigma}{\sqrt{n}}, \overline{X} + z_{\alpha/2} \frac{\sigma}{\sqrt{n}} \right)$$

$$= \left(991 - 1.96 \frac{50}{\sqrt{16}}, 991 + 1.96 \frac{50}{\sqrt{16}} \right)$$

$$= (966.5, 1015.5)$$

假设的 $\mu_0 = 1000$ 在置信区间内,因此接收 H_0,表明这批产品达包装质量合格。

这与判断 $z = \left| \dfrac{\overline{x} - \mu_0}{\sigma/\sqrt{n}} \right| = 0.72 < z_{\alpha/2} = 1.96$,没有落在拒绝域内,因此接受 H_0 是一致的。

【例 8.15】(社会调查问题)　一家保险公司收集到由 36 名投保个人组成的随机样本,计算得到这些投保人的平均年龄为 39.5 岁,标准差为 7.77,试问能否推断其平均年龄超过 39 岁?其接受域?并求总体均值 μ 的单侧置信下限。($\alpha = 0.10$)

【解】　$H_0 : \mu \leqslant \mu_0 = 39$;　$H_1 : \mu > 39$

在 H_0 为真时,假设检验问题的拒绝域为

$$t = \frac{\overline{x} - \mu_0}{s/\sqrt{n}} > t_{\alpha}(n-1) = 0.3062$$

$$t = \frac{\overline{x} - \mu_0}{s/\sqrt{n}} = \frac{39.5 - 39}{7.77/\sqrt{36}} = 0.3861 > 0.3062$$

因此拒绝原假设,即可以认为平均年龄超过 39 岁。

或即由 $t = \dfrac{\overline{x} - \mu_0}{s/\sqrt{n}} > t_{\alpha}(n-1) = 0.3062$ 可得到 $\mu_0 \leqslant 39.10$,于是检验问题的接受域为 $\mu_0 > 39.10$,这样就得到均值 μ 的 $1-\alpha$ 单侧置信区间为 $(39.10, \infty)$。而 $\mu_0 = 39$ 落在置信区间 $(39.10, \infty)$ 之外,因此拒绝原假设,与前面的结论一致。

8.5　样本容量的选取

在 8.1.4 节中指出,当样本容量固定时,若减少犯第一类错误的概率,则犯第二类错误的概率往往会增大。若想同时使犯两类错误的概率都减少,除非增加样本容量。在一些实际抽样调查中,除了希望控制犯第一类错误的概率外,往往还希望控制犯第二类错误的概率,如果增加样本容量,就会增加调查的费用和工作量;如果样本容量取得很小,抽样误差就会较大,抽样推断就会失去意义,因此,样本容量的确定是抽样设计中的一个重要环节。

在本节,将阐述如何选取样本的容量使得犯第二类错误的概率控制在预先给定的限度之内,为此,引入施行特征函数。

定义 8.12　若 C 是参数 θ 的某检验问题的一个检验法,

$$\beta(\theta) = P_{\theta}(\text{接受 } H_0)$$

称为检验法 C 的施行特征函数或 OC 函数,其图形称为 OC 曲线。

由定义可知:

(1) 若此检验法的显著性水平为 α,那么当 H_0 为真(即 $\theta \in H_0$)时,接受 H_0 的概率即为 $\beta(\theta)$,此时 $\beta(\theta) \geqslant 1-\alpha$;

(2) 当 H_0 不为真时,接受 H_0 的概率即为 $\beta(\theta)$ 即为犯第二类错误的概率;

(3) 当 H_0 不为真时,拒绝 H_0 的概率即为 $1-\beta(\theta)$(即 H_0 为不真时拒绝 H_0,做出正确判断的概率),函数 $1-\beta(\theta)$ 称为检验法 C 的功效函数。

本书只介绍正态总体均值的检验法的 OC 函数及其图形。

8.5.1　Z 检验法的 OC 函数

(1) 以右边检验为例。

$$H_0 : \mu \leqslant \mu_0; \quad H_1 : \mu > \mu_0$$

的 OC 函数是

$$\beta(\mu) = P_\mu\{接受 H_0\} = P_\mu\left\{\frac{\overline{X} - \mu_0}{\sigma/\sqrt{n}} < z_\alpha\right\}$$

$$= P_\mu\left\{\frac{\overline{X} - \mu}{\sigma/\sqrt{n}} < z_\alpha - \frac{\mu - \mu_0}{\sigma/\sqrt{n}}\right\} = \Phi(z_\alpha - \lambda)$$

其中 $\lambda = \dfrac{\mu - \mu_0}{\sigma/\sqrt{n}}$。

其图形如图 8.10 所示,此 OC 函数 $\beta(\mu)$。有如下性质:

(i) 它是 $\lambda = \dfrac{\mu - \mu_0}{\sigma/\sqrt{n}}$ 的单调递减连续函数;

(ii) $\lim\limits_{\mu \to \mu_0^+} \beta(\mu) = 1-\alpha, \lim\limits_{\mu \to \infty} \beta(\mu) = 0$。

这表明,无论样本容量 n 多么大,要想

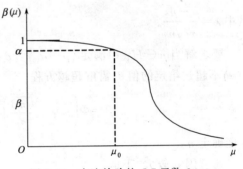

图 8.10　右边检验的 OC 函数 $\beta(\mu)$

对所有 $\mu \in H_1$,即真值为 H_1 所规定的任一点时,控制犯第二类错误的概率都很小是不可能的。但是可以使用 OC 函数 $\beta(\mu)$ 以确定样本容量 n,使当真值 $\mu \geqslant \mu_0 + \delta$ ($\delta > 0$ 为取定的值)时,犯第二类错误的概率不超过给定的 β,由于 $\beta(\mu)$ 是 μ 的递减函数,故当 $\mu \geqslant \mu_0 + \delta$ 时有

$$\beta(\mu_0 + \delta) \geqslant \beta(\mu)$$

于是只要 $\beta(\mu_0 + \delta) = \Phi(z_\alpha - \sqrt{n}\delta/\sigma) \leqslant \beta$,亦即只要 n 满足

$$z_\alpha - \frac{\sqrt{n}\delta}{\sigma} \leqslant -z_\beta$$

$$\sqrt{n} \geqslant \frac{(z_\alpha + z_\beta)\sigma}{\delta} \tag{8.1}$$

就能使当真值 $\mu \in H_1$ 且 $\mu \geqslant \mu_0 + \delta$ 时犯第二类错误的概率不超过 β。

（2）类似地，可得左边检验问题 $H_0 : \mu \geqslant \mu_0$； $H_1 : \mu < \mu_0$ 的 OC 函数为

$$\beta(\mu) = \Phi(z_a + \lambda)$$

其中 $\lambda = \dfrac{\mu - \mu_0}{\sigma / \sqrt{n}}$。

只要样本容量 n 满足

$$\sqrt{n} \geqslant \frac{(z_a + z_\beta)\sigma}{\delta} \tag{8.2}$$

就能使当 $\mu \in H_1$ 且 $\mu \leqslant \mu_0 - \delta (\delta > 0,$ 为取定的值$)$ 时，犯第二类错误的概率不超过给定的值 β。

（3）双边检验问题 $H_0 : \mu = \mu_0$；$H_1 : \mu \neq \mu_0$ 的 OC 函数是

$$
\begin{aligned}
\beta(\mu) &= P_\mu\{\text{接受 } H_0\} = P_\mu\left\{-z_{a/2} \leqslant \frac{\overline{X} - \mu_0}{\sigma / \sqrt{n}} < z_{a/2}\right\} \\
&= P_\mu\left\{-\lambda - z_{a/2} < \frac{\overline{X} - \mu}{\sigma / \sqrt{n}} < z_{a/2} - \lambda\right\} \\
&= \Phi(z_{a/2} - \lambda) - \Phi(-z_{a/2} - \lambda) \\
&= \Phi(z_{a/2} - \lambda) + \Phi(z_{a/2} + \lambda) - 1
\end{aligned}
$$

其中 $\lambda = \dfrac{\mu - \mu_0}{\sigma / \sqrt{n}}$。

要求解当 $\mu \in H_1$ 中满足 $|\mu - \mu_0| \geqslant \delta (\delta > 0,$ 为取定的值$)$ 时，犯第二类错误的概率 $\beta(\mu)$ 不超过给定的值 β，需解超越方程

$$\beta = \Phi\left(z_{a/2} - \frac{\sqrt{n}\delta}{\sigma}\right) + \Phi\left(z_{a/2} + \frac{\sqrt{n}\delta}{\sigma}\right) - 1$$

才能确定 n。

通常因 n 较大，于是

$$\Phi\left(z_{a/2} + \frac{\sqrt{n}\delta}{\sigma}\right) \approx 1$$

故

$$\beta \approx \Phi\left(z_{a/2} - \frac{\sqrt{n}\delta}{\sigma}\right)$$

因此当样本容量 n 满足

$$z_{a/2} - \frac{\sqrt{n}\delta}{\sigma} \leqslant -z_\beta$$

$$\sqrt{n} \geqslant (z_{a/2} + z_\beta) \frac{\sigma}{\delta} \tag{8.3}$$

就能使当 $\mu \in H_1$ 中满足 $|\mu - \mu_0| \geqslant \delta (\delta > 0,$ 为取定的值$)$ 时，犯第二类错误的概率 $\beta(\mu)$

不超过给定的值 β。

双边检验问题的 OC 曲线如图 8.11 所示。$\beta(\mu)$ 是 $|\lambda|$ 的严格单调下降函数。

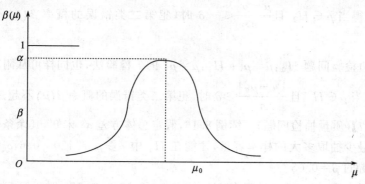

图 8.11 双边检验的 OC 函数 $\beta(\mu)$

【例 8.16】(质量抽检问题)　设某汽车供应商提供一大批汽车零配件,产品尺寸 $X\sim N(\mu,\sigma^2)$。平均尺寸 μ 越小越好,供应商方面要求所确定的验收方案对高质量的产品 $(\mu\leqslant\mu_0)$ 能以高概率 $1-\alpha$ 为买方所接受;买方则要求低质产品 $(\mu\geqslant\mu_0+\delta,\delta>0)$ 能以高概率 $1-\beta$ 被拒绝,α,β 通常由供应商和买方协商给出,并采取一次抽样以确定该批产品是否为买方所接受,问应最少抽取多大的样本容量,才能满足要求?已知规格上限 $\mu_0=120\text{mm}$,容差限 $\delta=20$,且由长期经验可知 $\sigma^2=900$,α,β 经商定均取为 0.05。

【解】　检验问题可表达为

$$H_0:\mu\leqslant\mu_0;\quad H_1:\mu>\mu_0$$

且要求当 $\mu\geqslant\mu_0+\delta$ 时能以 $1-\beta=0.95$ 的概率拒绝 H_0。由 z 检验,拒绝域为

$$\frac{\bar{x}-\mu_0}{\sigma/\sqrt{n}}\geqslant z_\alpha$$

由(8.1)式知 $\sqrt{n}\geqslant\dfrac{(z_\alpha+z_\beta)\sigma}{\delta}$,代入数据算得 $n\geqslant24.35$,故取 $n=25$,且当 $\bar{x}$ 满足

$$\frac{\bar{x}-\mu_0}{\sigma/\sqrt{n}}\geqslant z_\alpha=z_{0.05}=1.645$$

即当 $\bar{x}\geqslant129.87$ 时,买方就拒绝这批产品;而当 $\bar{x}<129.87$ 时,买方就接受这批产品。

8.5.2　t 检验法的 OC 函数

(1) 右边检验问题 $H_0:\mu\leqslant\mu_0;H_1:\mu>\mu_0$ 的 t 检验法的 OC 函数为

$$\beta(\mu)=P_\mu\{\text{接受 }H_0\}=P_\mu\left\{\frac{\bar{X}-\mu_0}{\frac{s}{\sqrt{n}}}<t_\alpha(n-1)\right\}$$

若给定 α,β 以及 $\delta>0$,可查表得所需容量 n,使得当 $\mu\in H_1$ 且 $\dfrac{\mu-\mu_0}{\sigma}\geqslant\delta$ 时,犯第二类错

误的概率 $\beta(\mu)$ 不超过给定的值 β。

（2）同理,对于左边检验问题 $H_0:\mu\geqslant\mu_0;H_1:\mu<\mu_0$ 的 t 检验法,也同样可查表得所需容量 n,使得当 $\mu\in H_1$ 且 $\dfrac{\mu-\mu_0}{\sigma}\leqslant-\delta$ 时,犯第二类错误的概率 $\beta(\mu)$ 不超过给定的值 β。

（3）双边检验问题 $H_0:\mu=\mu_0;H_1:\mu\neq\mu_0$ 的 t 检验法,也同样可从附表中查得所需容量 n,使得当 $\mu\in H_1$ 且 $\dfrac{|\mu-\mu_0|}{\sigma}\geqslant\delta$ 时,犯第二类错误的概率 $\beta(\mu)$ 不超过给定的值 β。

【例 8.17】（质量抽检问题）　续例 8.16,假定总体方差 σ^2 未知,其余条件不变,问:

（1）应最少抽取多大的样本容量,才能在 H_1 中 $\mu\geqslant\mu_1=120+0.67\sigma$ 时犯第二类错误的概率不超过 $\beta=0.05$。

（2）若样本容量为 $n=30$,问在 H_1 中 $\mu=\mu_1=120+0.75\sigma$ 时犯第二类错误的概率是多少?（已知规格上限 $\mu_0=120$mm,容差限 $\delta=20,\alpha,\beta$ 经商定均取为 0.05）

【解】　检验问题可表达为 $H_0:\mu\leqslant\mu_0;H_1:\mu>\mu_0$ 的 t 检验。

（1）此处 $\alpha=\beta=0.05,\mu_0=120$mm,$\delta=\dfrac{\mu_1-\mu_0}{\sigma}=0.67$,查附表得 $n=28$。

（2）当 $n=30,\delta=\dfrac{\mu_1-\mu_0}{\sigma}=0.75$,查附表得 $\beta=0.01$。

8.6　分布拟合检验

前面介绍的各种检验法都是在总体分布形式已知的前提下讨论的,更确切地说,很多情况下都是在假定总体服从正态分布的前提下对参数进行的假设检验,但在实际问题中,有时并不知道总体的分布情况,或并不能确定总体是否服从正态分布,这时,需要根据样本来检验关于分布的假设。本节将主要介绍 χ^2 拟合检验法和专用于检验分布是否为正态分布的偏度、峰度检验法。

8.6.1　χ^2 拟合检验法

1. 问题的提出

在总体的分布未知时,根据样本 $X_1,X_2,\cdots,X_n$ 来检验关于总体分布的假设

H_0:总体 X 的分布函数为 $F(x)$

H_1:总体 X 的分布函数不为 $F(x)$

注　如总体 X 为离散型随机变量,分布函数 $F(x)$ 可以改写为分布律 $p(x)$;如总体 X 为连续型随机变量,分布函数 $F(x)$ 可以改写为密度函数 $f(x)$。

【例 8.18】（医学统计问题）　医学家研究心脏病人猝死人数与日期的关系时发现,一周之中星期一心脏病人猝死者较多,其他日子则基本相当,每天的比例近似为 2.8∶1∶1∶1∶1∶1∶1。现收集到心脏病人死亡日期共 168 个样本数据,其中星期一至星期日的死亡人数分别依次为 55∶23∶18∶11∶26∶20∶15,现在需根据这批样本数据推断其总

体分布是否与上述理论分布相吻合？即推断心脏病人猝死人数与日期的关系是否为
2.8：1：1：1：1：1：1？

这里，变量是离散型数据，对该类变量的总体分布检验往往采用 χ^2 检验方法。

2. χ^2 拟合检验的基本思想

χ^2 检验是一种拟合性检验，通常适用于多项分类值总体分布的分析。

χ^2 检验基本理论依据是，如果从一个随机变量 X 中随机抽取若干个观察样本，这些样本落在 X 的 k 个互不相交的子集中的观察频数服从一个多项分布，这个多项分布当 k 趋于无穷大时近似服从 χ^2 分布，基于这一思想，对变量 X 总体分布的检验就可从各个观察频数的分析入手。

在零假设成立的条件下，如果变量值落在第 i 子集中的概率为 p_i（理论值），于是相应的期望频数应为 np_i，如果零假设成立，那么观察到的频数应与期望频数相差不会很大，如果相差很大，则表明零假设不成立，为此构造 χ^2 检验统计量。

典型的 χ^2 统计量为 pearson 卡方，其数学定义为

$$\chi^2 = \sum_{i=1}^{k} \frac{(f_i^0 - f_i^e)^2}{f_i^0} \tag{8.4}$$

其中，k 为子集个数，f^0 为观察频数，f^e 为期望频数。

（1）若 n 充分大（$n \geqslant 50$）时，则当 H_0 成立时，(8.4)式中 χ^2 近似地服从自由度为 $k-1$ 的 χ^2 分布；

（2）如果 H_0 中所假设的 X 的分布函数为 $F(x)$ 中包含有未知参数时，(8.4)中 χ^2 近似地服从自由度为 $k-r-1$ 的 χ^2 分布，其中 r 为被估计的参数的个数。

可见，如果 χ^2 值较大，则说明观测频数分布与期望频数分布差距较大；反之，如果 χ^2 值较小，则说明观测频数分布与期望频数分布差距较接近。

注　χ^2 拟合检验法在使用时必须注意 n 要足够大，另外 np_i 或 $n\bar{p}_i$ 不能太小。根据实践，要求样本容量 n 不小于 50，以及每一个 np_i 或 $n\bar{p}_i$ 都不小于 5，否则应适当地合并以满足此要求。

3. χ^2 拟合检验法的应用

接例 8.18 求解（见表 8.15）。

【解】　H_0：心脏病人猝死人数与日期的关系为 2.8：1：1：1：1：1：1

　　　　H_1：心脏病人猝死人数与日期的关系不为 2.8：1：1：1：1：1：1

用数学语言描述即为

H_0：心脏病人猝死时间为总体 X，其分布律为

$$p(X=1) = \frac{2.8}{8.8} = 0.318, \quad p(X=2) = p(X=3) = \cdots p(X=7) = \frac{1}{8.8} = 0.1136$$

H_1：心脏病人猝死时间 X 不服从上述分布律

表 8.15　心脏病人猝死时间的观察频数和期望频数表

星期	观察频数 f_i^0	期望频数 $f_i^e = np_i = 168p_i$	残差 $f_i^0 - f_i^e$
1	55	53.5	1.5
2	23	19.1	3.9
3	18	19.1	−1.1
4	11	19.1	−8.1
5	26	19.1	6.9
6	20	19.1	0.9
7	15	19.1	−4.1
总数	168		

因此

$$\chi^2 = \sum_{i=1}^k \frac{(f_i^0 - f_i^e)^2}{f_i^0} = 7.757$$

此处 $k = 7$，χ^2 服从自由度为 6 的 χ^2 分布，如果取 $\alpha = 0.05$，由于 $\chi^2 = 7.757 < \chi_{0.05}^2(6) = 12.592$，没落在拒绝域里，因此可以认为心脏病人猝死人数与日期的关系为 $2.8 : 1 : 1 : 1 : 1 : 1 : 1$。

【例 8.19】（人力资源问题）　为了更好地掌握公司整体营销情况，某公司对其营销部门一年的工资收入做了一次统计（表 8.16），试检验工资的分布是否服从均值为 55.03、标准差为 13.56 的正态分布？（$\alpha = 0.01$）

表 8.16　工资收入统计

工资段/千元	人数
20～30	5
30～40	21
40～50	40
50～60	45
60～70	30
70～80	17
80～90	7
合计	165

【解】

第 1 步，提出假设。

$$H_0 : 工资分布 X 服从 N(55.03, 13.56^2)$$

$$H_1 : 工资分布 X 不服从 N(55.03, 13.56^2)$$

第 2 步，计算期望频数 f^e。以 40～50 工资段为例。

在 H_0 成立的前提下，工资分布 X 服从 $N(55.03, 13.56^2)$

$$P\{40 < X < 50\} = \Phi\left(\frac{50 - 55.03}{13.56}\right) - \Phi\left(\frac{40 - 55.03}{13.56}\right) = 0.3557 - 0.1335 = 0.2222$$

期望频数 $165 \times 0.2222 = 36.663$。因此各个工资段的期望频数与残差见表 8.17。计算得到

$$\chi^2 = \sum_{i=1}^{k} \frac{(f_i^0 - f_i^e)^2}{f_i^0} = 3.942$$

注意到总体中含有两个未知参数 μ, σ^2，薪水均值 55.03 千元和标准差 13.36 千元是从最初的样本数据中得到的，因此自由度应为 $k - r - 1 = 7 - 2 - 1 = 4$，此处 $\alpha = 0.01$，由于 $\chi^2 = 3.942 < \chi^2_{0.01}(4) = 13.277$，没落在拒绝域里，因此可以认为工资数据的分布是服从正态分布的。

表 8.17　各工资段的期望频数与残差

工资段 /千元	观察频数 f_i^0	期望频数 $f_i^e = np_i = 165p_i$	残差 $f_i^0 - f_i^e$
20～30	5	4.5045	0.4955
30～40	21	16.7145	4.2855
40～50	40	36.663	3.337
50～60	45	47.619	−2.619
60～70	30	36.3	−6.3
70～80	17	16.962	0.038
80～90	7	4.6035	2.3965

8.6.2　偏度、峰度检验

由第 5 章中心极限定理已经知道正态分布随机变量广泛存在，而且正态分布是许多检验的基础，比如 F 检验、t 检验和 χ^2 检验等在总体不是正态分布是没有任何意义的，人们在研究连续总体时，往往首先考察它是否服从正态分布，因此，对一个样本是否来自正态总体的检验是至关重要的。上面介绍的 χ^2 拟合检验法虽然是检验总体分布的较一般的方法，但用它来检验总体的正态性时，犯第二类错误的概率往往较大。为此统计学家对检验正态总体的种种方法进行了比较，根据奥野忠一等在 20 世纪 70 年代进行的大量模拟计算的结果，认为正态性检验方法中，总的来说，以"偏度、峰度检验法"和"夏皮罗-威尔克法(Shapiro—Wilk)"较为有效，在这里仅介绍偏度、峰度检验法。

在利用偏度、峰度进行正态性检验之前，可以借助图示法，如直方图、P-P 图和 Q-Q 图等进行直观判断，然后再利用偏度、峰度检验法进行检验。

（1）偏度

$$\gamma = \frac{m_3}{S^3} \tag{8.5}$$

（2）峰度

$$\delta = \frac{m_4}{S^4} - 3 \tag{8.6}$$

式中

$$m_3 = \frac{1}{n} \sum_{i=1}^{n} (x_i - \bar{x})^3 \qquad (8.7)$$

$$m_4 = \frac{1}{n} \sum_{i=1}^{n} (x_i - \bar{x})^4 \qquad (8.8)$$

$$S = \sqrt{\frac{1}{n-1} \sum_{i=1}^{n} (x_i - \bar{x})^2}$$

偏度反映了分布的偏倚程度,用于检验对称性,当 $\gamma > 0$ 时,分布呈正偏态;当 $\gamma < 0$ 时,分布呈负偏态。

峰度反映了分布的陡峭程度,用于检验峰态,当 $\delta > 0$ 时,为尖峰分布;当 $\delta < 0$ 时,为扁平分布。

对正态分布,偏度和峰度均为零,即无偏无峰。

假设 $X_1, X_2, \cdots, X_n$ 是来自总体 X 的一组样本,检验假设

$H_0 : X$ 为正态总体; $H_1 : X$ 不为正态总体

由于当 H_0 为真,则可证当 n 充分大时,近似地有

$$\gamma \sim N\left(0, \frac{6(n-2)}{(n+1)(n+3)}\right), \quad \delta \sim N\left(-\frac{6}{n+1}, \frac{24n(n-2)(n-3)}{(n+1)^2(n+3)(n+5)}\right)$$

因此对 γ, δ 标准化处理后,近似地有

$$U_1 \sim N(0,1), \quad U_2 \sim N(0,1)$$

其中

$$U_1 = \frac{\gamma}{\sigma_1}, \quad U_2 = \frac{(\delta - \mu_2)}{\sigma_2}$$

$$\sigma_1 = \sqrt{\frac{6(n-2)}{(n+1)(n+3)}}, \quad \sigma_2 = \sqrt{\frac{24n(n-2)(n-3)}{(n+1)^2(n+3)(n+5)}}, \quad \mu_2 = -\frac{6}{n+1}$$

因此当取显著性水平为 α 时,得拒绝域为

$$|u_1| \geqslant z_{\frac{\alpha}{4}} \quad 或 \quad |u_2| \geqslant z_{\frac{\alpha}{4}} \qquad (8.9)$$

注 在工程上,通常只需由偏峰度临界值表查临界值 $C_s(\alpha, n)$、$C_e(\alpha, n)$ 进行判断即可。

当 $|\gamma| < C_s(\alpha, n)$ 时,可以认为 $\gamma = 0$,即无偏;当 $|\delta| < C_e(\alpha, n)$ 时,可以认为 $\delta = 0$,即无峰。

【例 8.20】(工业工程问题) 某化纤厂对切片二甘醇含量(DEG)的分布进行研究,在 5MIE 充分稳定并标准化的情况下,采集 91 个数据如下:

1.037, 1.061, 1.080, 1.082, 1.066, 1.069, 1.098, 1.076, 1.094, 1.077, 1.090,
1.068, 1.053, 1.041, 1.063, 1.040, 1.043, 1.077, 1.020, 1.018, 1.021, 0.993,
1.066, 10047, 1.065, 1.042, 1.045, 1.058, 1.020, 1.025, 1.028, 1.064, 1.087,
1.025, 1.033, 1.084, 1.059, 1.065, 1.068, 1.060, 1.049, 1.041, 1.047, 1.030,
1.057, 1.023, 1.063, 1.022, 1.034, 1.031, 1.041, 1.073, 1.035, 1.035, 1.057,
1.037, 1.057, 1.057, 1.051, 1.033, 1.036, 1.052, 1.036, 1.027, 1.037, 1.013.

1.029，1.039，1.035，1.040，1.040，1.021，1.025，1.035，1.046，1.041，1.019，
1.011，1.010，1.018，1.023，1.019，1.031，1.007，1.020，1.003，1.041，1.018，
1.038，1.007，1.015

试检验是否服从正态分布？（$\alpha = 0.05$）

【解】 H_0:样本数据来自于正态分布； H_1:样本数据不来自于正态分布

经计算,有

$$\bar{x} = 1.042\,945, \quad s = 0.022\,624, \quad m_3 = 0.000\,004, \quad m_4 = 0.000\,000\,65,$$

$$\gamma = 0.35, \quad \delta = -0.50$$

计算得

$$|u_1| = \left| \frac{\gamma}{\sigma_1} \right| = 1.4085, \quad |u_2| = \frac{|\delta - \mu_2|}{\sigma_2} = 0.918\,75$$

给定 $\alpha = 0.05, z_{\frac{\alpha}{4}} = z_{0.0125} = 2.24$,由于

$$|u_1| = 1.4085 < 2.24, \quad |u_2| = 0.918\,75 < 2.24$$

故接受 H_0,认为数据来自正态分布总体。

或者给定 $\alpha = 0.05, n = 91$,查得 $C_s(\alpha, n) = C_s(0.05, 91) = 0.41, C_e(\alpha, n) = C_e(0.05, 91) = 0.81$。由于 $|\gamma| < C_s, |\delta| < C_e$ 同时满足,所以可认为 DEG 含量服从正态分布。

8.7 秩 和 检 验

两个分布未知的总体,比较它们的均值差异或位置差异也是非参数检验的主要任务之一。非参数检验方法有多种,这里介绍一种有效的且使用方便的检验方法——秩和检验法。

【例 8.21】(工业工程) 某工厂用甲乙两种不同的工艺生产同一种产品。如果希望检验两种工艺下产品的使用寿命是否存在显著差异,可从两种工艺生产出的产品中随机抽样,得到各自的使用寿命数据(表 8.18)。

表 8.18 甲乙两工艺对应使用寿命

工艺	使用寿命样本值							
甲工艺	675	682	692	679	669	661	693	
乙工艺	662	649	672	663	650	651	646	652

对表中数据,可采用各种非参数检验方法进行检验,判断它们的分布是否存在显著差异,进而对两种工艺单优劣进行评价。在这里主要介绍秩和检验法。

秩和(sum of rank)检验法首先由威尔科克斯(F. Wilcoxon)在 1945 年提出了这种两样本秩和检验,曼(Mann)和惠特尼(Whitney)于 1947 年将此方法推广到两样本量不等的情况,所以常称为 Wilcoxon-Mann-Whitney 检验(W-M-W 检验)。

定义 8.13(秩) 设 X 为一总体,将一容量为 n 的样本观察值按自小到大的次序编

号排列成

$$x_{(1)} < x_{(2)} < \cdots < x_{(n)}$$

称 $x_{(i)}$ 的下标 i 为 $x_{(i)}$ 的秩，$i = 1, 2, \cdots, n$。

秩简单说就是变量值排序的名次。变量值有几个，对应的秩便有几个。

注　遇到数据相等（称为结（tie））时需将之改进而采用"平均"的方法，如原来两个相等数据分列第 2 名和第 3 名，平均后得到每个数据的秩都是 2.5，以此类推，如果 3 个数据或多个数据相同，则它们的共同秩是原来应有的秩的平均。

8.7.1　秩和检验法基本思想

如果将两组全部数据混合在一起，排出各数据的秩，再将各组内所有的秩相加，求出"秩和"。如果第一组平均值明显比第二组要小，则第一组的秩和肯定应该比第二组的秩和要小很多；如果第一组平均值明显比第二组要大，则第一组的秩和肯定应该比第二组的秩和要大很多；如果两组平均值相差不大，则两组的秩和应该差不多。因此可以用秩和的差别是否足够大来判别两组均值差异是否显著，即当第一组的秩和偏大或偏小都应拒绝 H_0。差异到多大才算"差异显著"，可以根据两样本的数量查临界值表得到临界值。以样本数较小的那组样本秩和与临界值相比较，如果落在临界值内，则接受零假设，即认为两组样本数据分布无显著差异；反之落在临界值以外，则拒绝零假设，即认为两组样本数据分布有显著性差异。

如果样本量之一超过 10，则可以使用近似正态检验法。

8.7.2　曼-惠特尼 U 检验

曼-惠特尼 U 检验（Mann-Whitney U 检验）可以适用于任意大小的样本量，其基本步骤是：

（1）首先，将两组样本数据 $(X_1, X_2, \cdots, X_m)$ 和 $(Y_1, Y_2, \cdots, Y_n)$ 混合并按升序排序，得到每个数据各自的秩 R_i。

（2）分别对样本 $(X_1, X_2, \cdots, X_m)$ 和 $(Y_1, Y_2, \cdots, Y_n)$ 的秩求平均，得到两个平均秩 W_X/m 和 W_Y/n，对两个平均秩的差距进行比较。如果两个平均秩 W_X/m 和 W_Y/n 相差甚远，则应是一组样本的秩普遍偏小，另一组样本的秩普遍偏大的结果，也就是一组样本的值普遍偏小，另一组样本的值普遍偏大的结果，此时零假设很可能是不成立的。

（3）计算样本 $(X_1, X_2, \cdots, X_m)$ 每个秩优先于样本 $(Y_1, Y_2, \cdots, Y_n)$ 每个秩的个数 U_1，以及样本 $(Y_1, Y_2, \cdots, Y_n)$ 每个秩优先于样本 $(X_1, X_2, \cdots, X_m)$ 每个秩的个数 U_2，对 U_1 和 U_2 进行比较，如果 U_1 和 U_2 相差较大，则应怀疑零假设的真实性。

（4）依据 U_1 和 U_2 计算 Wilcoxon W 统计量和曼-惠特尼 U 统计量。

（i）Wilcoxon W 统计量为：如果 $m < n$，则 Wilcoxon $W = W_Y$；如果 $m > n$，则 Wilcoxon $W = W_X$；如果 $m = n$，则 Wilcoxon W 为第一个变量值所在样本组的 W 值。

（ii）曼-惠特尼 U 统计量的计算方法是

$$U = W - \frac{1}{2}k(k+1) \tag{8.10}$$

其中 W 即为 Wilcoxon W，k 为 W 对应样本组的样本个数。

在小样本下，U 统计量服从曼-惠特尼分布；在大样本下，U 统计量近似服从正态分布。

$$Z = \frac{U - \frac{1}{2}mn}{\sqrt{\frac{1}{12}mn(m+n+1)}} \tag{8.11}$$

SPSS 软件和 Minitab 等软件将自动计算出 U 或 Z 统计量和其对应的 p 值。

续例 8.21 求解。

【解】　H_0：两组独立样本来自的两总体分布无明显差异

H_1：两组独立样本来自的两总体分布有明显差异

两组样本混合后排序见表 8.19。

表 8.19　两组样本混合后的排序表

混合排序后的样本数据	各组标记	秩
646	2	1
649	2	2
650	2	3
651	2	4
652	2	5
661	1	6
662	2	7
663	2	8
669	1	9
672	2	10
675	1	11
679	1	12
682	1	13
692	1	14
693	1	15

（1）秩和检验法。由第一组样本的样本数 $m=7$，第二组样本的样本数 $n=8$，查临界值表得接受域为 $(39,73)$，第一组样本量较小，其秩和为 80，落在接受域之外，因此应拒绝原假设，即认为两种工艺生产出来的产品有明显差异。

（2）曼-惠特尼检验法。第一组样本的样本数 $m=7$，秩总和 W_X 为 80，平均秩 W_X/m 为 11.43，第二组样本的样本数 $n=8$，秩总和 W_Y 为 40，平均秩 W_Y/n 为 5。W 统计量应为 W_Y，依照 (8.10) 和 (8.11) 计算得到 U，Z 统计量分别为 4，-2.777。

取 $\alpha = 0.05$，由 SPSS 软件得小样本下 U 统计量的精确概率 p 值为 0.004，小于显著性水平 α，因此拒绝零假设，即认为甲乙两种工艺下产品使用寿命的分布存在显著差异。

关键术语

假设检验（hypothesis testing）　假设检验是先对参数的值提出一个假设，然后利用样本信息去检验这个假设是否成立。

原假设（null hypothesis）　通常将所声称的或主张的假设称原假设或零假设，用 H_0 表示。

备择假设（alternative hypothesis）　所对立的假设称为备择假设，用 H_1 表示。

检验统计量（test statistic）　是用于假设检验问题的统计量。

单边假设检验（one-tailed test）　备择假设中含有符号"$>$"或"$<$"的假设检验，称为单边（单侧）假设检验或单尾检验。

双边检验（two-tailed test）　备择假设中含有符号"$\neq$"的假设检验（表示可能大于也可能小于），称为双边（双侧）假设检验或双尾检验。

显著性水平（significant level）　α 是一个概率值，是当原假设为真时，拒绝原假设的概率，即拒绝原假设所冒的风险，通常由研究者事先确定，常用的 α 值有 0.1，0.05 和 0.01。

拒绝域（rejection region）　当检验统计量的值落入此区域时，则拒绝原假设，拒绝域随假设的形式、检验统计量的不同而不同。

第一类错误（the first class error）　当原假设 H_0 为真时，但是由于抽样的随机性使检验统计量的值落入了拒绝域，由此作出拒绝原假设的误判，称这类"弃真"的错误为第一类错误。犯第一类错误的概率通常用 α 表示。

第二类错误（the second class error）　当原假设 H_0 不为真时，但是由于抽样的随机性，由此作出接受原假设的误判，称这类"取伪"的错误为第二类错误，犯第二类错误的概率通常用 β 表示。

显著性检验（significance test）　在控制犯第一类错误的概率的前提下，使它不大于事先给定的显著性水平 α，所做的检验称为显著性检验。

Z 检验法（Z testing method）　当总体方差 σ^2 已知，正态总体 $N(\mu, \sigma^2)$ 均值 μ 的检验的问题，采用的检验统计量 $Z = \dfrac{\overline{X} - \mu_0}{\sigma/\sqrt{n}} \sim N(0,1)$，因此这种检验法称之为 Z 检验法。

t 检验法（t testing method）　当总体方差 σ^2 未知，正态总体 $N(\mu, \sigma^2)$ 均值 μ 的检验的问题，采用的检验统计量 $t = \dfrac{\overline{X} - \mu_0}{S/\sqrt{n}} \sim t(n-1)$ 故称为 t 检验法。

χ^2 检验法（χ^2 testing method）　在正态总体前提下，关于方差的检验统计量采用 $\chi^2 = \dfrac{(n-1)S^2}{\sigma_0^2} \sim \chi^2(n-1)$，称为 χ^2 检验法。

F 检验法（F testing method）　当两总体服从正态分布且相互独立时，对两个正态总体方差是否相等的检验，选取统计量 $F = \dfrac{S_1^2/\sigma_1^2}{S_2^2/\sigma_2^2} \sim F(n_1-1, n_2-1)$ 称为 F 检验法。

χ^2 分布拟合检验（χ^2 fit test for distribution）　在总体分布未知的情形下，对总体分

布的检验。

偏度、峰度检验（testing method of skewness and kurtosis）　是对正态分布的拟合性检验。

秩和检验（rank sum test）　是从两个非正态总体中所得到的两个样本之间的比较，其零假设为两个样本从同一总体中抽取的。

重要公式

常见的假设检验表见表 8.20。

表 8.20　常见的假设检验表

	原假设 H_0	检验统计量	备择假设 H_1	拒绝域
1	$\mu \leqslant \mu_0$ $\mu \geqslant \mu_0$ $\mu = \mu_0$	（σ^2 已知） $Z = \dfrac{\overline{X} - \mu_0}{\sigma/\sqrt{n}} \sim N(0,1)$	$\mu > \mu_0$ $\mu < \mu_0$ $\mu \neq \mu_0$	$z \geqslant z_\alpha$ $z \leqslant -z_\alpha$ $|z| \geqslant z_{\alpha/2}$
2	$\mu \leqslant \mu_0$ $\mu \geqslant \mu_0$ $\mu = \mu_0$	（σ^2 未知） $t = \dfrac{\overline{X} - \mu_0}{\dfrac{S}{\sqrt{n}}} \sim t(n-1)$	$\mu > \mu_0$ $\mu < \mu_0$ $\mu \neq \mu_0$	$t \geqslant t_\alpha(n-1)$ $t \leqslant -t_\alpha(n-1)$ $|t| \geqslant t_{\alpha/2}(n-1)$
3	$\mu_1 - \mu_2 \leqslant \delta$ $\mu_1 - \mu_2 \geqslant \delta$ $\mu_1 - \mu_2 = \delta$ （其中 δ 为常数）	（σ_1^2, σ_2^2 已知） $z = \dfrac{(\overline{x}_1 - \overline{x}_2) - (\mu_1 - \mu_2)}{\sqrt{\dfrac{\sigma_1^2}{n_1} + \dfrac{\sigma_2^2}{n_2}}} \sim$ $N(0,1)$	$\mu_1 - \mu_2 > \delta$ $\mu_1 - \mu_2 < \delta$ $\mu_1 - \mu_2 \neq \delta$	$z \geqslant z_\alpha$ $z \leqslant -z_\alpha$ $|z| \geqslant z_{\alpha/2}$
4	$\mu_1 - \mu_2 \leqslant \delta$ $\mu_1 - \mu_2 \geqslant \delta$ $\mu_1 - \mu_2 = \delta$ （其中 δ 为常数）	（$\sigma_1^2 = \sigma_2^2 = \sigma^2$ 未知） $t = \dfrac{(\overline{x}_1 - \overline{x}_2) - (\mu_1 - \mu_2)}{S_w \sqrt{\dfrac{1}{n_1} + \dfrac{1}{n_2}}} \sim$ $t(n_1 + n_2 - 2)$ 其中 $S_w^2 = \dfrac{(n_1 - 1)S_1^2 + (n_2 - 1)S_2^2}{n_1 + n_2 - 2}$	$\mu_1 - \mu_2 > \delta$ $\mu_1 - \mu_2 < \delta$ $\mu_1 - \mu_2 \neq \delta$	$t \geqslant t_\alpha(n_1 + n_2 - 2)$ $t \leqslant -t_\alpha(n_1 + n_2 - 2)$ $|t| \leqslant t_{\alpha/2}(n_1 + n_2 - 2)$
5	$\sigma^2 \leqslant \sigma_0^2$ $\sigma^2 \geqslant \sigma_0^2$ $\sigma^2 = \sigma_0^2$ （μ 未知）	$\chi^2 = \dfrac{(n-1)S^2}{\sigma_0^2} \sim \chi^2(n-1)$	$\sigma^2 > \sigma_0^2$ $\sigma^2 < \sigma_0^2$ $\sigma^2 < \sigma_0^2$ $\sigma^2 \neq \sigma_0^2$	$\chi^2 \geqslant \chi_\alpha^2(n-1)$ $\chi^2 \leqslant \chi_{1-\alpha}^2(n-1)$ $\chi^2 \geqslant \chi_{\alpha/2}^2(n-1)$ 或 $\chi^2 \leqslant \chi_{1-\alpha/2}^2(n-1)$
6	$\sigma_1^2 \leqslant \sigma_2^2$ $\sigma_1^2 \geqslant \sigma_2^2$ $\sigma_1^2 = \sigma_2^2$ （μ_1, μ_2 未知）	$F = \dfrac{S_1^2}{S_2^2}$	$\sigma_1^2 > \sigma_2^2$ $\sigma_1^2 < \sigma_2^2$ $\sigma_1^2 \neq \sigma_2^2$	$F \geqslant F_\alpha(n_1 - 1, n_2 - 1)$ $F \leqslant F_{1-\alpha}(n_1 - 1, n_2 - 1)$ $F \geqslant F_{\alpha/2}(n_1 - 1, n_2 - 1)$ 或 $F \leqslant F_{1-\alpha/2}(n_1 - 1, n_2 - 1)$
7	$\mu_D \leqslant 0$ $\mu_D \geqslant 0$ $\mu_D = 0$ （成对数据）	$t = \dfrac{\overline{D} - 0}{S_D/\sqrt{n}}$	$\mu_D > 0$ $\mu_D < 0$ $\mu_D \neq 0$	$t \geqslant t_\alpha(n-1)$ $t \leqslant -t_\alpha(n-1)$ $|t| \geqslant t_{\alpha/2}(n-1)$

案 例 8

【案例 8.1】（产品检验问题）　测得两批电子器件的样品的电阻（单位：Ω）见表 8.21。

表 8.21　两批电子器件的样品电阻

A 批(x)	0.140	0.138	0.143	0.142	0.144	0.137
B 批(y)	0.135	0.140	0.142	0.136	0.138	0.140

设这两批器材的电阻值总体分别服从分布 $N(\mu_1, \sigma_1^2)$，$N(\mu_2, \sigma_2^2)$，且两个样本相互独立。检验两批产品的质量有无差异？（$\alpha = 0.05$）

【解】　主要从均值和方差两方面进行检验。

① 检验假设

$$H_0 : \sigma_1^2 = \sigma_2^2 ; \quad H_1 : \sigma_1^2 \neq \sigma_2^2$$

② 在①的基础上检验（$\alpha = 0.05$）

$$H'_0 : \mu_1 = \mu_2 ; \quad H'_1 : \mu_1 \neq \mu_2$$

（1）本检验问题的拒绝域为

$$F = s_1^2 / s_2^2 , \quad F \geqslant F_{\alpha/2}(n_1 - 1, n_2 - 1)$$

或

$$F \leqslant F_{1-\alpha/2}(n_1 - 1, n_2 - 1)$$

这里

$$\alpha = 0.05, \quad n_1 = n_2 = 6, \quad s_1^2 = 7.866 \times 10^{-6}, \quad s_2^2 = 7.1 \times 10^{-6},$$

$$F_{0.025}(5,5) = 7.15, \quad F_{0.975}(5,5) = \frac{1}{F_{0.025}(5,5)} = 0.139\,86$$

$$F = s_1^2 / s_2^2 = \frac{7.866 \times 10^{-6}}{7.1 \times 10^{-6}} = 1.107\,89$$

显然

$$0.139\,86 = F_{0.975}(5,5) < F = 1.107\,89 < 7.15 = F_{0.025}(5,5)$$

即在 $\alpha = 0.05$ 下，F 没有落在拒绝域中，从而接受 H_0，即在显著性水平 0.05 下认为两个正态总体的方差相等。

（2）本检验问题的拒绝域为

$$t = \frac{|\bar{x} - \bar{y}|}{\sqrt{\dfrac{(n_1 - 1)s_1^2 + (n_2 - 1)s_2^2}{n_1 + n_2 - 2}} \sqrt{\dfrac{1}{n_1} + \dfrac{1}{n_2}}} \geqslant t_{\alpha/2}(n_1 + n_2 - 2)$$

这里 $\alpha = 0.05, n_1 = n_2 = 6, \bar{x} = 0.140\,67, \bar{y} = 0.1385, t_{0.025}(10) = 2.2281$，则

$$t = \frac{|\bar{x} - \bar{y}|}{\sqrt{\dfrac{(n_1 - 1)s_1^2 + (n_2 - 1)s_2^2}{n_1 + n_2 - 2}} \sqrt{\dfrac{1}{n_1} + \dfrac{1}{n_2}}}$$

$$= \frac{|0.140\,67 - 0.1385|}{\sqrt{\dfrac{5 \times 7.866 \times 10^{-6} + 5 \times 7.1 \times 10^{-6}}{10}}\sqrt{\dfrac{1}{6} + \dfrac{1}{6}}}$$

$$= 1.374\,98 < 2.2281$$

即在 $\alpha = 0.05$ 下，t 没有落在拒绝域中，所以接受 H'_0，即在显著性水平 0.05 下认为两批器材的电阻值没有显著差异。

【案例 8.2】（医学统计问题）　为比较甲、乙两种安眠药的疗效，将 20 名患者分成两组，每组 10 人，如服药后处长的睡眠时间分别服从正态分布，其数据为（单位:h）

甲：5.5, 4.6, 4.4, 3.4, 1.9, 1.6, 1.1, 0.8, 0.1, −0.1

乙：3.7, 3.4, 2.0, 2.0, 0.8, 0.7, 0, −0.1, −0.2, −1.6

问在显著水平 $\alpha = 0.05$ 下两种药的疗效有无显著差别。

【解】　设甲药服后处长的睡眠时间 $X \sim N(\mu_1, \sigma_1^2)$，乙药用后延长睡眠时间 $Y \sim N(\mu_2, \sigma_2^2)$。其中 $\mu_1, \mu_2, \sigma_1^2, \sigma_2^2$ 均为未知，先在 μ_1, μ_2 未知的条件下检验假设 $H_0 : \sigma_1^2 = \sigma_2^2$。统计量为

$$F = \frac{s_1^2}{s_2^2}$$

由题给数据得 $n_1 = 10, n_2 = 10, \overline{X} = 2.33, \overline{Y} = 0.75, s_1^2 = 4.01, s_2^2 = 3.2$，于是

$$F = \frac{s_1^2}{s_2^2} = 1.25$$

查 $F_{0.025}(9,9) = 4.03$，　从而 $F_{0.975}(9,9) = \dfrac{1}{4.03}$，由于

$$\frac{1}{4.03} < 1.25 < 4.03$$

即样本 $(X_1, \cdots, X_{10}, Y_1, \cdots, Y_{10})$ 不在假设 $H_0 : \sigma_1^2 = \sigma_2^2$ 的拒绝域内，因此在显著性水平 $\alpha = 0.05$ 下可认为 $\sigma_1^2 = \sigma_2^2$。

其次，在 $\sigma_1^2 = \sigma_2^2$ 但其值未知的条件下，检验假设 $H'_0 : \mu_1 = \mu_2$，所用统计量为

$$T = \frac{\overline{X} - \overline{Y}}{S_w \sqrt{\dfrac{1}{n_1} + \dfrac{1}{n_2}}}$$

其中

$$S_w = \sqrt{\frac{(n_1 - 1)s_1^2 + (n_2 - 1)s_2^2}{n_1 + n_2 - 2}}$$

$$= \sqrt{\frac{9 \times 4.01 + 9 \times 3.2}{18}} = 1.899$$

计算后得

$$T = \frac{2.33 - 0.75}{1.899 \times \sqrt{\dfrac{1}{10} + \dfrac{1}{10}}} = 1.86$$

查 $t_{0.025}(18)=2.101$，由于，$|1.86|<2.101$，即样本 $(X_1,\cdots,X_{10},Y_1,\cdots,Y_{10})$ 不在假设 $H'_0:\mu_1=\mu_2$ 的拒绝域内，因此在显著水平 $\alpha=0.05$ 下可认为 $\mu_1=\mu_2$。

综合上述所讨论的结果，可以认为两种安眠药疗效无显著差异。

【案例 8.3】(市场营销问题) 某公司营销空调产品。4 月份在 3000 个销售对象中，有 40% 的销售对象提出增加空调订货计划，到了 6 月份，这一比例看来又有增加迹象。为此营销部任选 384 个销售对象作调查，其中 184 个明确提出增加订货计划。问空调订货计划有无显著增加？($\alpha=0.01$)

【解】 由题意知 4 月份空调增加订货计划的概率为 $p_0=0.40$。问 6 月份增加订货计划 p 是否有增加，即问 $p>p_0$ 是否成立。为得到有说服力的判断，可提出假设 H_0：$p\leqslant p_0$。

其次该问题是非正态总体。由于样本容量 $n=384$，可视为很大。可用大样本方法解决此问题。由棣莫弗-拉普拉斯定理可知：

当 $n>50$ 时，近似地有

$$V=\frac{m-np_0}{\sqrt{np_0(1-p_0)}}\sim N(0,1)$$

本题 $m=184,n=384,p_0=0.40$。因此

（1）提出假设 $H_0:p\leqslant p_0=0.4$；　　$H_1:p>p_0$。

（2）给定 α，由 $P\left\{\frac{m-np_0}{\sqrt{np_0(1-p_0)}}>z_\alpha\right\}\leqslant\alpha$，可知 H_0 的拒绝域为 $\frac{m-np_0}{\sqrt{np_0(1-p_0)}}>z_\alpha$。

（3）由样本值计算

$$V_0=\frac{184-384\times0.4}{\sqrt{384\times0.4\times0.6}}=3.17$$

查表知 $z_{0.01}=2.39$。

（4）根据样本值计算结果 $z_0=3.17>z_{0.01}=2.39$，所以拒绝 H_0。在显著水平 $\alpha=0.01$ 下认为 $p>0.4$。即 6 月份空调订货计划比 4 月份有明显增加。

习　题　8

1. 某纺织厂进行轻浆试验，根据长期正常生产的累积资料，知道该厂单台布机的经纱断头率(每小时平均断经根数)的数学期望为 9.73 根，均方差为 1.60 根。现在把经纱上浆率降低 20%，抽取 200 台布机进行试验，结果平均每台布机的经纱断头率为 9.89 根，如果认为上浆率降低后均方差不变，问断头率是否受到显著影响？(显著水平 $\alpha=0.05$)

2. 已知滚珠直径服从正态分布，现随机地从一批滚珠中抽取 6 个，测得其直径(单位:mm)为 14.70,15.21,14.90,14.91,15.32,15.32。假设滚珠直径总体分布的方差为 0.05，问这一批滚珠的平均直径是否为 15.25mm？($\alpha=0.05$)

3. 某厂用自动包装机装箱，在正常情况下，每箱质量服从正态分布 $N(100,\sigma^2)$。某日开工后，随机抽查 10 箱，质量(单位:斤)如下：99.3,98.9,100.5,100.1,99.9,99.7,100.0,100.2,99.5,100.9。问包装机工作是否正常，即该日每箱质量的数学期望与 100 是否有显著差异？($\alpha=0.05$)

4. 一自动车床加工零件的长度服从正态分布 $N(\mu,\sigma^2)$，车床正常时，加工零件长度的均值为 10.5，

经过一段时间生产后,要检验这车床是否工作正常,为此抽取该车床加工的 31 个零件,测得数据如表 8.22。

表 8.22　零件长度频数表

零件长度	10.1	10.3	10.6	11.2	11.5	11.8	12.0
频数	1	3	7	10	6	3	1

若加工零件长度的方差不变,问此车床工作是否正常? ($\alpha = 0.05$)

5. 某电器厂生产一种云母片,根据长期正常生产积累的资料知道云母片厚度服从正态分布,厚度的数学期望为 0.13mm。如果在某日的产品中,随机抽查 10 片,算得子样观察值的均值为 0.146mm,均方差为 0.015mm。问该日生产的云母片厚度的数学期望与往日是否有显著差异? (显著水平 $\alpha = 0.05$)

6. 某工厂厂方断言该厂生产的小型电动马达在正常负载条件下平均消耗电流不会超过 0.8A。随机抽取 16 台马达,发现它们消耗电流平均是 0.92A,而由这 16 个样本算出的样本标准差是 0.32A,假定这种马达的电流消耗 X 服从正态分布,并且检验水平 $\alpha = 0.05$。问根据这一抽样结果,能否否定厂方的断言?

7. 某维尼龙厂根据长期正常生产积累的资料知道所生产的维尼龙纤度服从正态分布,它的均方差为 0.048。某日随机抽取 5 根纤维,测得其纤度为 1.32,1.55,1.36,1.40,1.44。问该日所生产得维尼龙纤度的均方差是否有显著变化? (显著水平 $\alpha = 0.1$)

8. 某种导线的电阻服从正态分布 $N(\mu, 0.005^2)$,今从新生产的一批导线中抽取 9 根,测其电阻,得 $S = 0.008\Omega$,对于 $\alpha = 0.05$,能否认为这批导线的电阻的标准差为 0.005?

9. 某项考试要求成绩的标准为 12,先从考试成绩单中任意抽出 15 份,计算样本标准差为 16,设成绩服从正态分布,问此次考试的标准差是否符合要求? ($\alpha = 0.05$)

10. 某厂生产的一种电池,其寿命长期以来服从方差 $\sigma^2 = 5000(h^2)$ 的正态分布。现有一批这种电池,从生产的情况来看,寿命的波动性有所改变。现随机地取 26 只电池,测得寿命的样本方差 $S^2 = 9200(h^2)$,问根据这一数据能否推断这批电池寿命的波动性较以往有显著性变化? ($\alpha = 0.02$)

11. 某仪器刚使用时精度达到 $\sigma = 15(m)$,经长期使用后,用它来测一物体长 8 次得数据(单位:m):

$$3.69, 3.78, 3.75, 3.30, 3.85, 4.01, 3.72, 3.83$$

试问该仪器精度有否下降(即方差是否增大)? ($\alpha = 0.10$)

12. 某厂生产的电池,其寿命服从方差 $\sigma_0^2 = 5000(h^2)$ 的正态分布。现又生产一批这种电池,从生产情况看,其寿命的波动性有所改变。为检验这个问题,随机抽取 26 只电池,测得样本方差 $s^2 = 9200$ (h^2),试推断这批电池的寿命波动性是否比以往明显增大? ($\alpha = 0.01$)

13. 设某种型号玻璃纸的横向延伸率(单位:%) X 服从正态分布 $N(\mu, \sigma^2)$,$\mu, \sigma^2 > 0$ 均未知。按规定 X 的均值 μ 不得低于 65,否则就是不合格品,现从其中一批产品中任取 60 个,测得数据如表 8.23 所示。

表 8.23　玻璃纸的横向延伸率数据表

横向延伸率/%	47.5	49.5	51.5	53.5	55.5	57.5	59.5	61.5	67.5
频数 n_i	17	14	5	3	2	12	2	4	1

试问这批玻璃纸在 $\alpha = 0.05$ 显著水平下是否合格?

14. 为检验两架光测高温计所确定的温度读数之间有无显著差异,设计了一个试验,用两架仪器同时对一组 10 只热炽灯丝作观察,得数据如表 8.24 所示。

表 8.24　　热炽灯丝温度数据表

$X/℃$	1050	825	918	1183	1200	980	1258	1308	1420	1550
$Y/℃$	1072	820	936	1185	1211	1002	1254	1330	1425	1545

其中 X 和 Y 分别表示用第一架和第二架高温计观察的结果,假设 X 和 Y 都从正态分布,且方差相同,试根据这些数据来确定这两只高温计所确定得温度读数之间有无显著差异?($\alpha=0.05$)

15. 由累积资料知道甲、乙两煤矿的含灰率分别服从 $N(\mu_1,\sigma_1^2)$ 及 $N(\mu_2,\sigma_2^2)$。现从两矿各抽几个试件,分析其含灰率(单位:%)为

甲矿　24.3,20.8,23.7,21.3,17

乙矿　18.2,16.9,20.2,16.7

问甲、乙两矿所采煤的平均含灰率是否有显著差异?($\alpha=0.05$)

16. 在山南山北同时种下同一品种树苗,若干天后,分别抽取两个独立的苗高样本。得数据(单位:cm)如下:

山南苗高　$X=68,80,67,74,69,80,75$

山北苗高　$Y:66,64,70,58,69,70,75,72$

资料表明:山南山北苗高 X,Y 都服从正态分布且方差相等,试问是否可以认为册南苗高显著高于山北苗高?($\alpha=0.05$)

17. 某卷烟厂生产甲、乙两种香烟,分别对他们的尼古丁含量(单位:mg)作了六次测定,得子样观察值为:

甲　25,28,23,26,29,22

乙　28,23,30,25,21,27

假定这两种烟的尼古丁含量都服从正态分布,试检验它们的方差有无显著差异?(显著水平 $\alpha=0.1$)

18. 甲、乙两台机床生产同一型号的滚珠,现从这两台机床的产品中分别抽取 8 个和 9 个,测得滚珠的直径台下:

甲机床　15.0,14.5,15.2,15.5,14.8,15.1,15.2,14.8

乙机床　15.2,15.0,14.8,15.2,15.0,15.0,14.8,15.1,14.8

设滚珠直径服从正态分布,问乙机床的加工精度是否比甲机床高?($\alpha=0.05$)

19. 某一橡胶配方中,原用氧化锌 5g,现减为 1g,分别对两种配方作对比试验,测得橡胶伸长度(单位:%),用原配方是 $x_1,x_2,\cdots,x_6$,用新配方是 $y_1,y_2,\cdots,y_9$。并计算得知

$$\sum_{i=1}^{6} x_i = 204.60, \quad \sum_{i=1}^{6} x_i^2 = 6978.93$$

$$\sum_{i=1}^{9} y_i = 370.8, \quad \sum_{i=1}^{9} y_i^2 = 15\ 280.17$$

假设橡胶伸长率服从正态分布,在显著水平 $\alpha=0.05$ 下,试问两种配方的橡胶伸长率的标准差是否有显著差异?

20. 有两台机器生产零部件,分别在两台机器所生产的部件中各取容量 $n_1=60,n_2=40$ 的样本,测得部件质量(单位:kg)的样本方差分别为 $s_1^2=15.46,s_2^2=9.66$。设两样本相互独立,两总体分别服从 $N(\mu_1,\sigma_1^2),N(\mu_2,\sigma_2^2)$ 分布,$\mu_i,\sigma_i^2\ (i=1,2)$ 均未知,试在水平 $\alpha=0.05$ 下检验假设 $H_0:\sigma_1^2\leqslant\sigma_2^2,H_1:\sigma_1^2>\sigma_2^2$。

21. 设需要对一批轮胎的耐压强度进行测试。要求轮胎平均耐压强度不得低于 15kN,假设轮胎耐压强度服从正态分布,长期经验表明其方差 $\sigma^2=2.5$,为此进行假设检验 $H_0:\mu\geqslant15;H_1:\mu<15$,取 $\alpha=0.05$,若要求当 H_1 中的 $\mu\leqslant13$ 时犯第二类错误的概率不超过 $\beta=0.05$,求至少应抽取多少件轮胎进行测试?

22. 电池在货架上滞留的时间不能太长。下面给出某商店随机选取的 8 只电池的货架滞留时间（单位:天）:108,124,124,106,138,163,159,134,设数据来自正态总体 $N(\mu,\sigma^2)$,μ,σ^2 未知。

（1）试检验假设 $H_0:\mu\leqslant125;H_1:\mu>125$,取 $\alpha=0.05$。

（2）若要求在上述 H_1 中 $\dfrac{(\mu-125)}{\sigma}\geqslant1.4$ 时,犯第二类错误的概率不超过 $\beta=0.1$,求所需的样本量。

23. 每天检查 10000 支二极管,随机抽取了 100 天记录的每天二极管不合格数据,对其结果按出现不合格二极管的天数加以整理得到如表 8.25 所示的数据。

表 8.25　不合格二极管频数表

二极管不合格数	观测频数
0	14
1	20
2	34
3	22
4	5
5	3
6 以上（含）	2

在显著性水平为 $\alpha=0.05$ 下,此数据是否可以认为服从泊松分布?

24. 在一批灯泡中抽取 300 只做寿命试验,其结果如表 8.26 所示。

表 8.26　灯泡寿命试验频数表

寿命 t/h	$0\leqslant t\leqslant100$	$100<t\leqslant200$	$200<t\leqslant300$	$t>300$
灯泡数	121	78	43	58

取 $\alpha=0.05$,试检验假设 H_0:灯泡寿命服从指数分布

$$f(t)=\begin{cases}0.005\mathrm{e}^{-0.005t}, & t\geqslant0\\ 0, & t<0\end{cases}$$

25. 抽查精细面粉的包装质量,其每包质量在正常生产下服从均值为 20,标准差为 0.1 的正态分布（单位:kg）。某日在生产的产品中抽查了 16 包,其观测数据为

20.21,　19.95,　20.15,　20.07,　19.91,　19.99,　20.08,　20.06,　19.99,　20.16,　20.09,　19.97,　20.05,　20.27,　19.96,　20.06

试问该日生产是否正常（即是否仍服从正态分布）?（提示:首先进行合理的分组,画出数据的直方图）

26. 抽查两种工艺条件下生产的电容器,在固定的高电压脉冲冲击下,其寿命是产品质量的关键指标。A 组抽取 10 片,B 组抽取 8 片,记录其寿命的观测值如下（耐冲击次数,单位:千次）,试分析两种工艺条件下的电容器寿命有显著差异吗?（取 $\alpha=0.05$）

A 组　6.2,17.3,14.1,9.3,11.3,6.5,6.8,6.1,6.3,7.5

B 组　3.9,7.3,4.4,4.2,4.9,5.6,4.7,11.2

27. 下面给出两个工人五天生产同一种产品每天生产的件数:

工人 A　49,52,53,47,50

工人 B　56,48,58,46,55

设两样本独立,问能否认为工人 A、工人 B 平均每天完成的件数没有显著差异?

第9章 方差分析与回归分析

实践中的统计

方差分析与回归分析是数理统计常用的两种数据处理技术，在经济管理和工农业生产和科学研究中有着重要的应用。

在科学试验、生产实践和社会生活中，影响一个事件的因素往往很多。在农业生产中，产量的高低会受到土壤条件、气候条件、种子等多种因素及其交互的影响；在工业生产中，产品的质量往往受到原材料、设备、技术水平及员工素质、管理等因素的影响；在工作中，影响个人收入的因素也是多方面的，除了学历、专业、工作时间、性别等方面外，还受到个人能力、经历及机遇等偶然因素的影响。虽然在这众多因素中，每一个因素的改变都可能影响最终的结果，但有些因素影响较大，有些因素影响较小。故在实际问题中，就有必要找出对事件最终结果有显著影响的那些因素。方差分析的目的是通过数据分析找出对该事物有显著影响的因素，各因素之间的交互作用，以及显著影响因素的最佳水平等。方差分析也是开展试验设计、参数设计和容差设计的数学基础。

方差分析（ANOVA），又称"变异数分析"或"F 检验"，是在 1923 年由英国统计学家 R. A. Fisher 提出的，并使用到农业试验上，接下来发现这种方法在生物学、医学等方面应用十分广阔。方差分析现在已经被广泛应用于经济与管理的各个领域。

9.1 方差分析的基本原理

9.1.1 问题的提出

【例 9.1】(营销问题) 某公司设计了四种不同的营销方案。为了比较这四种方案的营销效果，公司随机地从五家分销商收集了前一段时间的采用不同方案的销售数据，如表 9.1 所示。

表 9.1 五家分销商的销售量

销售商	A 方案	B 方案	C 方案	D 方案
1	26.5	31.2	27.9	30.8
2	28.7	28.3	25.1	29.6
3	25.1	30.8	28.5	32.4
4	29.1	27.9	24.2	31.7
5	27.2	29.6	26.5	32.8

问：不同的营销方案是否对销售量产生影响？

如果假设四种方案下的销售量的分布均值分别为 $\mu_1, \mu_2, \mu_3, \mu_4$，那么要检验不同营销方案对销售量是否有影响，实际上就是要检验 $\mu_1, \mu_2, \mu_3, \mu_4$ 是否相等，若 $\mu_1, \mu_2, \mu_3, \mu_4$ 相等，则表明不同的营销方案对销售量没有影响，否则，则认为不同的营销方案对销售量的变化是有影响的。

按题意，需要检验假设：

$$H_0 : \mu_1 = \mu_2 = \mu_3 = \mu_4; \quad H_1 : \mu_1, \mu_2, \mu_3, \mu_4 \text{ 不全相等}$$

9.1.2　方差分析的基本术语和基本假设

1. 方差分析常用术语

在方差分析中，将要考察对象的某种特征称为试验指标。如例 9.1 中的销售量。而将影响试验指标的条件称为因素。因素可分为两类：一类是人们可以控制的因素（如营销方案）；另一类人们无法控制的因素（如地区差异等）。今后，所讨论的因素都是指可控因素。因素所处的状态，称为该因素的水平（如上例中的四个营销方案）。

若一个试验只有一个因素在变化，就称为单因素试验。而若一个试验有多于一个的因素在变化，就称为多因素试验。

今后，我们用大写字母 $A, B, C, \cdots$ 等表示因素，而用 $A_1, A_2, \cdots$ 等表示 A 因素的水平。

2. 方差分析的基本假设

假设：

（1）对每一个总体，试验指标都服从正态分布；

（2）每一个总体中试验指标的方差 σ^2 都相等；

（3）观察值是相互独立的。

9.1.3　方差分析的原理

从方差分析的目的来看，是要检验 $\mu_1, \mu_2, \mu_3, \mu_4$ 是否相等，而实现这个目的的手段就是进行方差的比较。从实验得到的观察值之间存在着差异，这个差异可能来自于两个方面，一方面是由因素的不同水平而引起的，如不同的销售方案带来销售量的不同，称其为因子水平的误差；另一方面是由样本的随机误差而产生的差异，如相同的方案在不同分销商市场的销量不同，称其为随机误差。两个方面所产生的差异可以用两个不同的方差表示，一个称为水平间的方差，一个称为水平内的方差。前者包含了系统性因素（水平的变动），也包括了随机性因素，而后者仅包含随机因素。如果不同的水平对试验指标没有影响，那么水平之间的差异，就仅仅有随机因素所造成的差异，那么两个方差比就接近于 1；反之，如果不同的水平对试验指标产生影响，水平之间的方差就不仅包含了随机性的差异，也包含了因子水平的方差。这时，该方差比就会远远大于水平内的方差，这两个方差比就会明显大于 1,当这个比值大到某种程度,或者说超过某一临界值时,就可以做出判断:不同的水平之间存在着显著差异。

因此,方差分析是在可比较的数组中,把数据间的总的"变差"按各指定的变差来源进行分解的一种技术。对变差的度量,采用离差平方和(方差),在试验指标总离差平方和中,如果组间离差平方和所占比例较大,则说明试验指标的变动主要是由因素水平变动所引起的,可由控制变量来解释;反之,如果组间离差平方和所占比例小,则说明试验指标的变动不是主要由控制变量所引起,不可以用控制变量(因素水平)来解释,控制变量的不同水平没有对试验指标的变动带来显著影响,试验指标的变动完全是由随机因素引起的。方差分析通过比较不同的方差,进而做出接受原假设或拒绝原假设的判断。这是方差分析的主要思想。

在方差分析中,小概率事件的实际推断原理仍是主要工具。

方差分析的基本步骤包括:提出原假设、选择检验统计量(F 统计量)、计算统计量的观测值、给出显著性水平、查表确定临界值、比较判断以做出决策。

9.2　单因素方差分析

9.2.1　单因素方差分析的数学模型

设单因素 A 具有 r 个水平,分别记为 $A_1,A_2,\cdots,A_r$,在每个水平 $A_i(i=1,2,\cdots,r)$ 下,可以将要考察的试验指标看成一个总体,故有 r 个总体,我们的任务就是要检验各个总体的均值是否相等。

设第 i 个总体的均值为 μ_i,则

原假设为　　$H_0:\mu_1=\mu_2=\cdots=\mu_r$

备选假设为　　$H_1:\mu_1,\mu_2,\cdots,\mu_r$ 不全相等

在水平 $A_i(i=1,2,\cdots,r)$ 下样本为 $X_{i1},X_{i2},\cdots,X_{in_i}$,记数据的总个数为 $n=\sum_{i=1}^{r}n_i$。

由假设有 $X_{ij}\sim N(\mu_i,\sigma^2)(\mu_i$ 和 σ^2 未知),即有 $X_{ij}-\mu_i\sim N(0,\sigma^2)$,故 $X_{ij}-\mu_i$ 可视为随机误差。记 $X_{ij}-\mu_i=\varepsilon_{ij}$,从而得到如下数学模型:

$$\begin{cases} X_{ij}=\mu_i+\varepsilon_{ij}, & i=1,2,\cdots,r,j=1,2,\cdots,n_i \\ \varepsilon_{ij}\sim N(0,\sigma^2), & \text{各 } \varepsilon_{ij} \text{ 相互独立} \end{cases} \tag{9.1}$$

其中 μ_i 和 σ^2 未知。上式称为方差分析的数学模型。

方差分析的任务:

(1) 检验该模型中 r 个总体 $N(\mu_i,\sigma^2)(i=1,2,\cdots,r)$ 的均值是否相等;

(2) 估计未知参数 $\mu_1,\mu_2,\cdots,\mu_r,\sigma^2$。

为讨论方便起见,引入记号

$$\mu=\frac{1}{n}\sum_{i=1}^{r}n_i\mu_i$$

称为各均值的加权平均,或称为总平均。其中 $n = \sum_{i=1}^{r} n_i$ 为数据总数,再引入

$$\delta_i = \mu_i - \mu, \quad i = 1, 2, \cdots, r$$

δ_i 表示在水平 A_i 下总体的均值 μ_i 与总平均 μ 的差异,称其为 A_i 的效应。显而易见,效应间有如下关系式:

$$\sum_{i=1}^{r} n_i \delta_i = \sum_{i=1}^{r} n_i(\mu_i - \mu) = 0$$

利用上述记号,前述数学模型可改写为

$$\begin{cases} X_{ij} = \mu + \delta_i + \varepsilon_{ij}, & i = 1, 2, \cdots, r, j = 1, 2, \cdots, n_r \\ \sum_{i=1}^{r} n_i \delta_i = 0 \\ \varepsilon_{ij} \sim N(0, \sigma^2), & \text{各 } \varepsilon_{ij} \text{ 相互独立} \end{cases} \tag{9.2}$$

而原检验假设问题则等价于:

$$H_0 : \delta_1 = \delta_2 = \cdots = \delta_r = 0; H_1 : \delta_1, \delta_2, \cdots, \delta_r \text{ 不全为零}$$

9.2.2　平方和分解

从(9.2)式可以看出,数据间的差异可由两方面的原因引起:一是因素水平间效应所引起的差异;二是由随机误差所引起的差异。为了将数据之间的差异定量表示出来,引入以下记号:

$$X_{i.} = \sum_{j=1}^{n_i} X_{ij}, \quad \overline{X_{i.}} = \frac{1}{n_i} \sum_{j=1}^{n_i} X_{ij}$$

它们分别表示水平 A_i 下样本总和及样本均值。

而

$$\bar{X} = \frac{1}{n} \sum_{i=1}^{r} \sum_{j=1}^{n_i} X_{ij} = \frac{1}{r} \sum_{i=1}^{r} \overline{X_{i.}}$$

表示因素 A 下所有水平的**样本总均值**。

为了分析样本之间产生差异的原因,从而确定因素 A 的影响是否显著,引入

$$S_T = \sum_{i=1}^{r} \sum_{j=1}^{n_i} (X_{ij} - \bar{X})^2 \tag{9.3}$$

S_T 能反映全部试验数据之间的差异,所以称为**总偏差平方和**。

将 S_T 表示为

$$S_T = \sum_{i=1}^{r} \sum_{j=1}^{n_i} (X_{ij} - \bar{X})^2 = \sum_{i=1}^{r} \sum_{j=1}^{n_i} [(X_{ij} - \bar{X}_{i.}) + (\bar{X}_{i.} - \bar{X})]^2$$

$$= \sum_{i=1}^{r} \sum_{j=1}^{n_i} (X_{ij} - \bar{X}_{i.})^2 + 2 \sum_{i=1}^{r} \sum_{j=1}^{n_i} (X_{ij} - \bar{X}_{i.})(\overline{X_{i.}} - \bar{X}) + \sum_{i=1}^{r} n_i (\overline{X_{i.}} - \bar{X})^2$$

由 $\overline{X_{i.}}$ 和 $\bar{X}$ 的定义知

$$\sum_{i=1}^{r} \sum_{j=1}^{n_i} (X_{ij} - \bar{X}_{i.})(\bar{X}_{i.} - \bar{X}) = 0$$

所以

$$S_T = \sum_{i=1}^{r} \sum_{j=1}^{n_i} (X_{ij} - \bar{X}_{i.})^2 + \sum_{i=1}^{r} n_i (\bar{X}_{i.} - \bar{X})^2 = S_E + S_A$$

其中

$$S_A = \sum_{i=1}^{r} n_i (\bar{X}_{i.} - \bar{X})^2, \quad S_E = \sum_{i=1}^{r} \sum_{j=1}^{n_i} (X_{ij} - \bar{X}_{i.})^2$$

上式被称为平方和分解式。

S_A 反映在每个水平下的样本均值与样本总均值的差异，它是由因素 A 取不同水平引起的，故称为因素 A 的效应平方和。

S_E 表示在水平 A_i 下样本值与该水平下的样本均值之间的差异，它是由随机误差引起的，故称为误差（偏差）平方和。

9.2.3　S_E 与 S_A 的统计特性

如果 H_0 成立，则 r 个总体间无显著差异，则所有的 X_{ij} 都服从正态分布 $N(\mu, \sigma^2)$，且相互独立，

$$S_E = \sum_{i=1}^{r} \sum_{j=1}^{n_i} (X_{ij} - \bar{X}_{i.})^2 = \sum_{j=1}^{n_1} (X_{1j} - \bar{X}_{1.})^2 + \sum_{j=1}^{n_2} (X_{2j} - \bar{X}_{2.})^2 + \cdots + \sum_{j=1}^{n_r} (X_{rj} - \bar{X}_{r.})^2$$

而根据定理 6.2，可知

$$\frac{\sum_{j=1}^{n_i} (X_{ij} - \bar{X}_{i.})^2}{\sigma^2} \sim \chi^2(n_i - 1)$$

而各 X_{ij} 相互独立，根据 χ^2 分布的可加性，知

$$\frac{S_E}{\sigma^2} \sim \chi^2 \left(\sum_{i=1}^{r} (n_i - 1) \right)$$

也即

$$\frac{S_E}{\sigma^2} \sim \chi^2(n - r)$$

且有

$$E(S_E) = (n - r)\sigma^2$$

由于

$$S_A = \sum_{i=1}^{r} n_i (\bar{X}_{i.} - \bar{X})^2 = \sum_{i=1}^{r} \left[\sqrt{n_i} (\bar{X}_{i.} - \bar{X}) \right]^2$$

而 $\sum_{i=1}^{r} \sqrt{n_i} \left[\sqrt{n_i} (\bar{X}_{i.} - \bar{X}) \right] = 0$，从而 S_A 的自由度为 $r - 1$。

再由 μ 及 $\bar{X}$ 的定义及 X_{ij} 相互独立,可知

$$\bar{X} \sim N\left(\mu, \frac{\sigma^2}{n}\right)$$

$$E(S_A) = E\left[\sum_{i=1}^{r} n_i \bar{X}_{i.}^2 - n\bar{X}^2\right] = \sum_{i=1}^{r} n_i E(\bar{X}_{i.}^2) - nE(\bar{X}^2)$$

$$= \sum_{i=1}^{r} n_i \left[\frac{\sigma^2}{n_i} + (\mu + \delta_i)^2\right] - n\left[\frac{\sigma^2}{n} + \mu^2\right]$$

$$= (r-1)\sigma^2 + 2\mu \sum_{i=1}^{r} n_i \delta_i + n\mu^2 + \sum_{i=1}^{r} n_i \delta_i^2 - n\mu^2$$

由于 $\sum_{i=1}^{r} n_i \delta_i = 0$,所以

$$E(S_A) = (r-1)\sigma^2 + \sum_{i=1}^{r} n_i \delta_i^2$$

可以证明,S_A 与 S_E 相互独立,且当 H_0 为真时

$$\frac{S_A}{\sigma^2} \sim \chi^2(r-1)$$

因而可得下列定理。

定理 9.1 在单因素方差分析模型中:

(1) $\dfrac{S_E}{\sigma^2} \sim \chi^2(n-r)$;

(2) 当 H_0 为真时,$\dfrac{S_A}{\sigma^2} \sim \chi^2(r-1)$,且 S_A 与 S_E 相互独立。

9.2.4 假设检验问题的拒绝域

在单因素方差分析模型中,由上面推导,可得

$$E(S_A) = (r-1)\sigma^2 + \sum_{i=1}^{r} n_i \delta_i^2, \quad E(S_E) = (n-r)\sigma^2$$

因此,

$$E\left(\frac{S_E}{n-r}\right) = \sigma^2, \quad E\left(\frac{S_A}{r-1}\right) = \sigma^2 + \frac{1}{r-1}\sum_{i=1}^{r} n_i \delta_i^2$$

因而,当 H_0 为真时,$E\left(\dfrac{S_A}{r-1}\right) = \sigma^2$;而当 H_0 不真时,$E\left(\dfrac{S_A}{r-1}\right) > E\left(\dfrac{S_E}{n-r}\right)$,也即,当 H_0 不真时,$\dfrac{S_A/(r-1)}{S_E/(n-r)}$ 有大于 1 的趋势。因此,检验问题的拒绝域形式为

$$\frac{S_A/(r-1)}{S_E/(n-r)} \geqslant k$$

由于 S_A 与 S_E 相互独立,当 H_0 为真时,

$$F = \frac{S_A/(r-1)}{S_E/(n-r)} \sim F(r-1, n-r)$$

因而,在显著水平 α 下,检验问题的拒绝域为

$$F = \frac{S_A/(r-1)}{S_E/(n-r)} \geqslant F_\alpha(r-1, n-r)$$

将上述结果排成表 9.2 的形式,称为方差分析表。

表 9.2 单因素方差分析表

方差来源	平方和	自由度	均方和	F 值
因素 A	S_A	$r-1$	$\bar{S}_A = \dfrac{S_A}{r-1}$	$F = \dfrac{\bar{S}_A}{\bar{S}_E}$
误差 E	S_E	$n-r$	$\bar{S}_E = \dfrac{S_E}{n-r}$	
总和 T	S_T	$n-1$		

在实际中,常采用如下简便算法和记号:

$$T_{i.} = \sum_{j=1}^{n_i} X_{ij}, i = 1, 2, \cdots, r, \quad T = \sum_{i=1}^{r}\sum_{j=1}^{n_i} X_{ij} = \sum_{i=1}^{r} X_{i.}$$

$$S_T = \sum_{i=1}^{r}\sum_{j=1}^{n_i} X_{ij}^2 - \frac{T^2}{n}, \quad S_A = \sum_{i=1}^{r} \frac{T_{i.}^2}{n_i} - \frac{T^2}{n}$$

$$S_E = S_T - S_A$$

【例 9.2】(产品检验问题) 设在例 9.2 中假设销售量的分布服从正态分布,并且有相同的方差。检验假设

$$H_0: \mu_1 = \mu_2 = \cdots = \mu_r; \quad H_1: \mu_1, \mu_2, \cdots, \mu_r \text{ 不全相等}$$

显著性水平 $\alpha = 0.05$。

【解】 该问题中 $r = 4, n_1 = n_2 = n_3 = n_4 = 5, n = 20$,则

$$S_T = \sum_{i=1}^{r}\sum_{j=1}^{n_i} X_{ij}^2 - \frac{T^2}{n} = 115.9295$$

$$S_A = \sum_{i=1}^{r} \frac{T_{i.}^2}{n_i} - \frac{T^2}{n} = 76.8455$$

$$S_E = S_T - S_A = 39.084$$

方差分析表见表 9.3。

表 9.3 方差分析表

方差来源	平方和	自由度	均方	F 值
因素	76.845 5	3	25.615 17	10.486 2
误差 E	39.084	16	2.442 75	
总和 T	115.929 5	19		

因 $F_{0.05}(3,16)=3.24<10.4862$,故在显著性水平 0.05 下拒绝 H_0,认为不同的营销方案效果是不同的。

9.2.5　未知参数的估计

从上述可知

$$E\left(\frac{S_E}{n-r}\right)=\sigma^2$$

也即 $\hat{\sigma}^2=\dfrac{S_E}{n-r}$ 为 σ^2 的无偏估计。又因

$$E(\bar{X})=\mu,\quad E(\bar{X}_{i.})=\frac{1}{n_i}\sum_{j=1}^{n_i}E(X_{ij})=\mu_i,\quad i=1,2,\cdots,r$$

故

$$\hat{\mu}=\bar{X},\quad \hat{\mu}_i=\bar{X}_{i.}=\frac{1}{n_i}\sum_{j=1}^{n_i}X_{ij}$$

分别为 μ,μ_i 的无偏估计。

若 H_0 不真,则 $\delta_i,i=1,2,\cdots,r$ 不全为零。因

$$\delta_i=\mu_i-\mu,\quad i=1,2,\cdots,r,$$

故

$$\hat{\delta}_i=\hat{\mu}_i-\hat{\mu}=\bar{X}_{i.}-\bar{X}$$

为 δ_i 的无偏估计。另有

$$\sum_{i=1}^r n_i\hat{\delta}_i=\sum_{i=1}^r n_i(\hat{\mu}_i-\hat{\mu})=\sum_{i=1}^r n_i(\bar{X}_{i.}-\bar{X})=\sum_{i=1}^r n_i\bar{X}_{i.}-n\bar{X}=0$$

当 H_0 不真时,经常需要对两个总体 $N(\mu_j,\sigma^2)$ 和 $N(\mu_k,\sigma^2)$ 的均值差作出区间估计。

由于

$$E(\bar{X}_{j.}-\bar{X}_{k.})=\mu_j-\mu_k$$

$$D(\bar{X}_{j.}-\bar{X}_{k.})=\sigma^2\left(\frac{1}{n_j}+\frac{1}{n_k}\right)$$

且 $\bar{X}_{j.}-\bar{X}_{k.}$ 与 $\hat{\sigma}^2=\dfrac{S_E}{n-r}$ 相互独立。所以

$$\frac{\bar{X}_{j.}-\bar{X}_{k.}-(\mu_j-\mu_k)}{\sqrt{\bar{S}_E\left(\dfrac{1}{n_j}+\dfrac{1}{n_k}\right)}}\sim t(n-r)$$

从而,均值差 $\mu_j-\mu_k=\delta_j-\delta_k$ 的置信度为 $1-\alpha$ 的置信区间为

$$\left(\bar{X}_{j.}-\bar{X}_{k.}-t_{\frac{\alpha}{2}}(n-r)\sqrt{\bar{S}_E\left(\frac{1}{n_j}+\frac{1}{n_k}\right)},\bar{X}_{j.}-\bar{X}_{k.}+t_{\frac{\alpha}{2}}(n-r)\sqrt{\bar{S}_E\left(\frac{1}{n_j}+\frac{1}{n_k}\right)}\right)$$

【例 9.3】　求例 9.1 未知参数 σ^2、μ_i、δ_i 的点估计及均值差的置信度为 0.95 的置信

区间。

【解】　$\hat{\sigma}^2 = \dfrac{S_E}{n-r} = 2.44275$,　　$\hat{\mu}_1 = \bar{X}_{1.} = 27.32$,　　$\hat{\mu}_2 = \bar{X}_{2.} = 29.56$

$\hat{\mu}_3 = \bar{X}_{3.} = 26.44$,　　$\hat{\mu}_4 = \bar{X}_{4.} = 31.46$,　　$\hat{\mu} = \bar{X} = 28.695$

$\hat{\delta}_1 = \hat{\mu}_1 - \hat{\mu} = -1.375$,　　$\hat{\delta}_2 = \hat{\mu}_2 - \hat{\mu} = 0.865$

$\hat{\delta}_3 = \hat{\mu}_3 - \hat{\mu} = -2.255$,　　$\hat{\delta}_4 = \hat{\mu}_3 - \hat{\mu} = 2.765$

因

$$t_{0.025}(20-4) = 2.1199$$

$$t_{\alpha/2}(n-r)\sqrt{\bar{S}_E\left(\dfrac{1}{n_j} + \dfrac{1}{n_k}\right)} = 2.1199 \times \sqrt{2.442\,75\left(\dfrac{1}{5} + \dfrac{1}{5}\right)} = 2.095\,49$$

则 $\mu_1 - \mu_2$、$\mu_1 - \mu_3$、$\mu_1 - \mu_4$、$\mu_2 - \mu_3$、$\mu_2 - \mu_4$、$\mu_3 - \mu_4$ 的置信区间分别为

$$(27.32 - 29.56 \pm 2.095\,49) = (-4.335\,49, -0.144\,51)$$

$$(27.32 - 26.44 \pm 2.095\,49) = (-1.215\,49, 2.975\,49)$$

$$(27.32 - 31.46 \pm 2.095\,49) = (-6.235\,49, -2.044\,51)$$

$$(29.56 - 26.44 \pm 2.095\,49) = (1.024\,51, 5.215\,49)$$

$$(29.56 - 31.46 \pm 2.095\,49) = (-3.995\,49, 0.195\,49)$$

$$(26.44 - 31.46 \pm 2.095\,49) = (-7.115\,49, -2.924\,51)$$

【例 9.4】(人力资源管理问题)　《小企业管理杂志》报道的一项调查断言:自雇的个体比非自雇个体的工作满意度更低。在一项研究中,工作满意度按照 18 个项目进行测定。这 18 个项目的每一项都用到克氏量表进行等级评定,每项都有 1～5 个回答选项:从"非常满意"到"非常不满意"。得分越高表明工作满意度越高。每个个体这 18 个项目的等级之和都在 18～90 用作对工作满意度的测定。假定用这种方法测定对下列职业的工作满意度:律师、理疗师、家具工人以及系统分析员。表 9.4 是从 40 个人组成的样本中获得的样本数据。

表 9.4　工作满意度调查表

律师	理疗师	家具工人	系统分析员
44	55	54	44
42	78	65	73
74	80	79	71
42	86	69	60
53	60	79	64
50	59	64	66
45	62	59	41
48	52	78	55
64	55	84	76
38	50	60	62

采用 $\alpha = 0.05$ 的显著水平,检验在这四种职业中,工作满意度存在差异吗?

【解】　设四种职业的数据分布均为正态分布,且方差相等。

本题是在 $\alpha = 0.05$ 下检验假设

$H_0 : \mu_1 = \mu_2 = \mu_3 = \mu_4 ; H_1 : \mu_1 , \mu_2 , \mu_3 , \mu_4$ 不全相等

该问题中 $r = 4 , n_1 = n_2 = n_3 = n_4 = 10 , n = 40$。

由数据表 9.5 计算。

表 9.5　不同水平下的满意度总和及平均值的计算表

观测值	水平				总和
1	44	55	54	44	
2	42	78	65	73	
3	74	80	79	71	
4	42	86	69	60	
5	53	60	79	64	
6	50	59	64	66	
7	45	62	59	41	
8	48	52	78	55	
9	64	55	84	76	
10	38	50	60	62	
$T_{i.}$	500	637	691	612	$T = 2\,440$
$\bar{X}_{i.}$	50	63.7	69.1	61.2	
$\sum\limits_{j=1}^{n_i} X_{ij}^2$	26 118	42 059	48 701	38 684	$\sum\limits_{i=1}^{r}\sum\limits_{j=1}^{n_i} X_{ij}^2 = 155\,562$

$$S_T = \sum_{i=1}^{r}\sum_{j=1}^{n_i} X_{ij}^2 - \frac{T^2}{n} = 155\,562 - \frac{2440^2}{40} = 6722$$

$$S_A = \sum_{i=1}^{r} \frac{T_{i.}^2}{n_i} - \frac{T^2}{n} = \left(\frac{500^2}{10} + \frac{637^2}{10} + \frac{691^2}{10} + \frac{612^2}{10} \right) - \frac{2440^2}{40} = 1939.4$$

$$S_E = S_T - S_A = 4782.6$$

方差分析表见表 9.6。

表 9.6　方差分析表

方差来源	平方和	自由度	均方	F 值
因素	1939.4	3	646.5	4.87
误差 E	4782.6	36	132.85	
总和 T	6722	39		

因 $F_{0.05}(3,36)=2.84<4.87$,故在显著性水平 0.05 下拒绝 H_0,认为不同的职业工作的满意度是有显著差异的。

9.3　双因素方差分析

在实际问题中,一个试验指标往往不仅受一个因素的影响。例如,产品的销售量不仅会受到营销策略的影响,还会受到产品色彩的影响。因而需要研究多因素作用的效果。本节主要介绍双因素方差分析。

9.3.1　双因素等重复试验的方差分析

设有两个因素 A,B 作用于试验指标。因素 A 有 r 个水平 $A_1,A_2,\cdots,A_r$,因素 B 有 s 个水平 $B_1,B_2,\cdots,B_s$。在 (A_i,B_j) 水平组合下各进行 t 次试验,得到指标 X_{ijk},$i=1,2,\cdots,r$,$j=1,2,\cdots,s$,$k=1,2,\cdots,t$。

1. 基本假设

假设:

(1) $X_{ijk}\sim N(\mu_{ij},\sigma^2)$,$i=1,2,\cdots,r$,$j=1,2,\cdots,s$,$k=1,2,\cdots,t$;

(2) X_{ijk} 相互独立。

2. 数学模型

由于 $X_{ijk}\sim N(\mu_{ij},\sigma^2)$,因而 X_{ijk} 可表示为

$$X_{ijk}=\mu_{ij}+\varepsilon_{ijk}$$

$$\varepsilon_{ijk}\sim N(0,\sigma^2)$$

$$\varepsilon_{ijk}\ \text{相互独立},\quad i=1,2,\cdots,r,j=1,2,\cdots,s,k=1,2,\cdots,t$$

其为双因素方差分析的数学模型。在实际问题中,每个因素除了单独对试验指标产生影响外,还与其他指标一起对试验指标产生影响,这即是因素的交互效应。

记

$$\mu=\frac{1}{rs}\sum_{i=1}^{r}\sum_{j=1}^{s}\mu_{ij}\quad(\text{称为总平均})$$

$$\mu_{i\cdot}=\frac{1}{s}\sum_{j=1}^{s}\mu_{ij},\quad i=1,2,\cdots,r$$

$$\mu_{\cdot j}=\frac{1}{r}\sum_{j=1}^{r}\mu_{ij},\quad j=1,2,\cdots,s$$

$$\alpha_i=\mu_{i\cdot}-\mu,\quad i=1,2,\cdots,r\quad(\text{称为因素 }A\text{ 的第 }i\text{ 个水平 }A_i\text{ 的效应})$$

$$\beta_j=\mu_{\cdot j}-\mu,\quad j=1,2,\cdots,s\quad(\text{称为因素 }B\text{ 的第 }j\text{ 个水平 }B_j\text{ 的效应})$$

于是,可将 μ_{ij} 表示为

$$\mu_{ij} = \mu + \alpha_i + \beta_i + (\mu_{ij} - \mu_{i.} - \mu_{.j} + \mu)$$
$$i = 1, 2, \cdots, r, \quad j = 1, 2, \cdots, s$$

记

$$\gamma_{ij} = \mu_{ij} - \mu_{i.} - \mu_{.j} + \mu$$
$$i = 1, 2, \cdots, r, \quad j = 1, 2, \cdots, s$$

这时

$$\mu_{ij} = \mu + \alpha_i + \beta_i + \gamma_{ij}$$

γ_{ij} 称为水平 A_i 与水平 B_j 的交互效应,其是由 A_i 与 B_j 共同作用的结果。显然,有

$$\sum_{i=1}^{r} \gamma_{ij} = 0, \quad j = 1, 2, \cdots, s$$
$$\sum_{j=1}^{s} \gamma_{ij} = 0, \quad i = 1, 2, \cdots, r$$

因而,双因素方差分析的数学模型可以表达为

$$\begin{cases} X_{ijk} = \mu + \alpha_i + \beta_j + \gamma_{ij} + \varepsilon_{ijk} \\ \varepsilon_{ijk} \sim N(0, \sigma^2) \\ \varepsilon_{ijk} \text{ 相互独立} \\ \sum_{i=1}^{r} \alpha_i = 0, \sum_{j=1}^{s} \beta_j = 0, \sum_{i=1}^{r} \gamma_{ij} = \sum_{j=1}^{s} \gamma_{ij} = 0 \\ i = 1, 2, \cdots, r, j = 1, 2, \cdots, s, k = 1, 2, \cdots, t \end{cases}$$

其中 $\mu, \alpha_i, \beta_j, \gamma_{ij}$ 及 σ^2 都是未知参数。

上式便是我们要研究的双因素方差分析的数学模型。

3. 双因素方差分析的假设

对双因素方差分析的数学模型,提出下列假设:

$$H_{01} : \alpha_1 = \alpha_2 = \cdots = \alpha_r = 0$$
$$H_{11} : \alpha_1, \alpha_2, \cdots, \alpha_r \text{ 不全为零}$$
$$H_{02} : \beta_1 = \beta_2 = \cdots = \beta_s = 0$$
$$H_{12} : \beta_1, \beta_2, \cdots, \beta_s \text{ 不全为零}$$
$$H_{03} : \gamma_{11} = \gamma_{12} = \cdots = \gamma_{rs} = 0$$
$$H_{13} : \gamma_{11}, \gamma_{12}, \cdots, \gamma_{rs} \text{ 不全为零}$$

4. 平方和分解

记

$$T = \sum_{i=1}^{r} \sum_{j=1}^{s} \sum_{k=1}^{t} X_{ijk}$$

$$\bar{X} = \frac{1}{rst} \sum_{i=1}^{r} \sum_{j=1}^{s} \sum_{k=1}^{t} X_{ijk}$$

$$T_{ij.} = \sum_{k=1}^{t} X_{ijk}, \quad i = 1, 2, \cdots, r, j = 1, 2, \cdots, s$$

$$\bar{X}_{ij.} = \frac{1}{t} \sum_{k=1}^{t} X_{ijk}, \quad i = 1, 2, \cdots, r, j = 1, 2, \cdots, s$$

$$T_{i..} = \sum_{j=1}^{s} \sum_{k=1}^{t} X_{ijk}, \quad i = 1, 2, \cdots, r$$

$$\bar{X}_{i..} = \frac{1}{st} \sum_{j=1}^{s} \sum_{k=1}^{t} X_{ijk}, \quad i = 1, 2, \cdots, r$$

$$T_{.j.} = \sum_{i=1}^{r} \sum_{k=1}^{t} X_{ijk}, \quad j = 1, 2, \cdots, s$$

$$\bar{X}_{.j.} = \frac{1}{rt} \sum_{i=1}^{r} \sum_{k=1}^{t} X_{ijk}, \quad j = 1, 2, \cdots, s$$

$$S_T = \sum_{i=1}^{r} \sum_{j=1}^{s} \sum_{k=1}^{t} (X_{ijk} - \bar{X})^2$$

$$= \sum_{i=1}^{r} \sum_{j=1}^{s} \sum_{k=1}^{t} [(X_{ijk} - \bar{X}_{ij.}) + (\bar{X}_{i..} - \bar{X}) + (\bar{X}_{.j.} - \bar{X}) + (\bar{X}_{ij.} - \bar{X}_{i..} - \bar{X}_{.j.} + \bar{X})]^2$$

$$= \sum_{i=1}^{r} \sum_{j=1}^{s} \sum_{k=1}^{t} (X_{ijk} - \bar{X}_{ij.})^2 + st \sum_{i=1}^{r} (\bar{X}_{i..} - \bar{X})^2 + rt \sum_{j=1}^{s} (\bar{X}_{.j.} - \bar{X})^2$$

$$+ t \sum_{i=1}^{r} \sum_{j=1}^{s} (\bar{X}_{ij.} - \bar{X}_{i..} - \bar{X}_{.j.} + \bar{X})^2$$

从而,得平方和的分解式

$$S_T = S_E + S_A + S_B + S_{A \times B}$$

其中,

$$S_E = \sum_{i=1}^{r} \sum_{j=1}^{s} \sum_{k=1}^{t} (X_{ijk} - \bar{X}_{ij.})^2 \qquad \text{(误差平方和)}$$

$$S_A = st \sum_{i=1}^{r} (\bar{X}_{i..} - \bar{X})^2 \qquad \text{(因素 } A \text{ 效应平方和)}$$

$$S_B = rt \sum_{j=1}^{s} (\bar{X}_{.j.} - \bar{X})^2 \qquad \text{(因素 } B \text{ 效应平方和)}$$

$$S_{A \times B} = t \sum_{i=1}^{r} \sum_{j=1}^{s} (\bar{X}_{ij.} - \bar{X}_{i..} - \bar{X}_{.j.} + \bar{X})^2 \qquad (A \text{、} B \text{ 交互效应平方和)}$$

可以证明,$S_T, S_E, S_A, S_B, S_{A \times B}$ 的自由度分别为 $rst-1, rs(t-1), r-1, s-1$ 和 $(r-1)(s-1)$,并且

$$E\left(\frac{S_E}{rs(t-1)}\right)=\sigma^2$$

$$E\left(\frac{S_A}{r-1}\right)=\sigma^2+\frac{st\sum_{i=1}^{r}\alpha_i^2}{r-1}$$

$$E\left(\frac{S_B}{s-1}\right)=\sigma^2+\frac{rt\sum_{j=1}^{s}\beta_j^2}{s-1}$$

$$E\left(\frac{S_{A\times B}}{(r-1)(s-1)}\right)=\sigma^2+\frac{t\sum_{i=1}^{r}\sum_{j=1}^{s}\gamma_{ij}^2}{(r-1)(s-1)}$$

5. 假设检验问题的拒绝域

定理 9.2　在方差分析模型下

(1) $\dfrac{S_E}{\sigma^2}\sim\chi^2(rs(t-1))$；

(2) H_{01} 为真时，$\dfrac{S_A}{\sigma^2}\sim\chi^2(r-1)$；

(3) H_{02} 为真时，$\dfrac{S_B}{\sigma^2}\sim\chi^2(s-1)$；

(4) H_{03} 为真时，$\dfrac{S_{A\times B}}{\sigma^2}\sim\chi^2((r-1)(s-1))$；

(5) $S_E,S_A,S_B,S_{A\times B}$ 相互独立。

根据 F 分布的定义，可知：

当 H_{01} 为真时，

$$F_A=\frac{S_A/(r-1)}{S_E/rs(t-1)}=\frac{\bar{S}_A}{\bar{S}_E}\sim F(r-1,rs(t-1))$$

当 H_{02} 为真时，

$$F_B=\frac{S_B/(s-1)}{S_E/rs(t-1)}=\frac{\bar{S}_B}{\bar{S}_E}\sim F(s-1,rs(t-1))$$

当 H_{03} 为真时，

$$F_{A\times B}=\frac{S_{A\times B}/(r-1)(s-1)}{S_E/rs(t-1)}=\frac{\bar{S}_{A\times B}}{\bar{S}_E}\sim F((r-1)(s-1),rs(t-1))$$

因为当 H_{01}、H_{02}、H_{03} 不真时，F_A，F_B，$F_{A\times B}$ 有趋大趋势，因而在显著性水平 α 下，它们的拒绝域分别为

$$F_A\geqslant F_\alpha(r-1,rs(t-1))$$

$$F_B\geqslant F_\alpha(s-1,rs(t-1))$$

$$F_{A \times B} \geqslant F_a((r-1)(s-1), rs(t-1))$$

上述分析结果可以用方差分析表表示（表 9.7）。

表 9.7　双因素试验的方差分析表

方差来源	平方和	自由度	均方	F 比
因素 A	S_A	$r-1$	$\bar{S}_A = \dfrac{S_A}{r-1}$	$F_A = \dfrac{\bar{S}_A}{\bar{S}_E}$
因素 B	S_B	$s-1$	$\bar{S}_B = \dfrac{S_B}{s-1}$	$F_B = \dfrac{\bar{S}_B}{\bar{S}_E}$
交互作用	$S_{A \times B}$	$(r-1)(s-1)$	$\bar{S}_{A \times B} = \dfrac{S_{A \times B}}{(r-1)(s-1)}$	$F_{A \times B} = \dfrac{\bar{S}_{A \times B}}{\bar{S}_E}$
误差	S_E	$rs(t-1)$	$\bar{S}_E = \dfrac{S_E}{rs(t-1)}$	
总和	S_T	$rst-1$		

令

$$T = \sum_{i=1}^{r} \sum_{j=1}^{s} \sum_{k=1}^{t} X_{ijk}$$

$$T_{ij.} = \sum_{j=1}^{s} X_{ijk}, \quad i=1,2,\cdots,r, j=1,2,\cdots,s$$

$$T_{i..} = \sum_{j=1}^{s} \sum_{k=1}^{t} X_{ijk}, \quad i=1,2,\cdots,r$$

$$T_{.j.} = \sum_{i=1}^{r} \sum_{k=1}^{t} X_{ijk}, \quad j=1,2,\cdots,s$$

从而

$$S_T = \sum_{i=1}^{r} \sum_{j=1}^{s} \sum_{k=1}^{t} X_{ijk}^2 - \frac{T^2}{rst}$$

$$S_A = \frac{1}{st} \sum_{i=1}^{r} T_{i..}^2 - \frac{T^2}{rst}$$

$$S_B = \frac{1}{rt} \sum_{i=1}^{r} T_{.j.}^2 - \frac{T^2}{rst}$$

$$S_{A \times B} = \left(\frac{1}{t} \sum_{i=1}^{r} \sum_{j=1}^{s} T_{ij.}^2 - \frac{T^2}{rst} \right) - S_A - S_B$$

$$S_E = S_T - S_A - S_B - S_{A \times B}$$

【例 9.5】（生产运作管理问题）　下面记录了三位操作工分别在四台不同机器上操作三天的日产量（表 9.8）。

表 9.8　三位操作工操在四种不同机器下的日产量

| 机器 | 操 作 工 | | | | | | | | |
	甲			乙			丙		
A_1	15	15	17	19	19	16	16	18	21
A_2	17	17	17	15	15	15	19	22	22
A_3	15	17	16	18	17	16	18	18	18
A_4	18	20	22	15	16	17	17	17	17

在显著水平 $\alpha = 0.05$ 下检验操作工人之间的差异是否显著？机器之间差异是否显著？交互影响是否显著？

【解】　设 $\alpha_1, \alpha_2, \alpha_3, \alpha_4$ 分别表示四台不同机器的效应，$\beta_1, \beta_2, \beta_3$ 分别表示三位不同操作工的效应，以 $\gamma_{ij}, i=1,2,3,4; j=1,2,3$ 表示交互效应，本问题是在显著性水平 $\alpha = 0.05$ 下检验假设：

$H_{01}: \alpha_1 = \alpha_2 = \alpha_3 = \alpha_4 = 0$

$H_{11}: \alpha_1, \alpha_2, \alpha_3, \alpha_4$ 不全为零

$H_{02}: \beta_1 = \beta_2 = \beta_3 = 0$

$H_{12}: \beta_1, \beta_2, \beta_3$ 不全为零

$H_{03}: \gamma_{ij} = 0, i=1,2,3,4; j=1,2,3$

$H_{13}: \gamma_{ij}$ 不全为零，$i=1,2,3,4; j=1,2,3$

表 9.9　不同水平不同因素数据和及和的平方计算表

| 机器 | 操 作 工 | | | | | | | | | $T_{i..}$ | $T_{i..}^2$ |
	甲			乙			丙				
A_1	15	15	17	19	19	16	16	18	21	156	24 336
A_2	17	17	17	15	15	15	19	22	22	159	25 281
A_3	15	17	16	18	17	16	18	18	18	153	23 409
A_4	18	20	22	15	16	17	17	17	17	159	25 281
$T_{.j.}$	206			198			223				
$T_{.j.}^2$	42 436			39 204			49 729				

由表 9.9 可以得到，

$$r = 4, \quad s = 3, \quad t = 3$$

$$T_{11.} = 47, \quad T_{12.} = 54, \quad T_{13.} = 55$$

$$T_{21.} = 51, \quad T_{22.} = 45, \quad T_{23.} = 63$$

$$T_{31.} = 48, \quad T_{32.} = 51, \quad T_{33.} = 54$$

$$T_{41.} = 60, \quad T_{42.} = 48, \quad T_{43.} = 51$$

$T = 627$

$$S_T = \sum_{i=1}^{r} \sum_{j=1}^{s} \sum_{k=1}^{t} X_{ijk}^2 - \frac{T^2}{rst} = 11065 - \frac{627^2}{4 \times 3 \times 3} = 144.75$$

$$S_A = \frac{1}{st} \sum_{i=1}^{r} T_{i..}^2 - \frac{T^2}{rst} = \frac{1}{3 \times 3}(24336 + 25281 + 23409 + 25281) - \frac{627^2}{36} = 2.75$$

$$S_B = \frac{1}{rt} \sum_{i=1}^{r} T_{.j.}^2 - \frac{T^2}{rst} = \frac{1}{4 \times 3}(42436 + 39204 + 49729) - \frac{627^2}{36} = 27.17$$

$$S_{A \times B} = \left(\frac{1}{t} \sum_{i=1}^{r} \sum_{j=1}^{s} T_{ij.}^2 - \frac{T^2}{rst} \right) - S_A - S_B$$

$$= \frac{1}{3}(47^2 + 54^2 + \cdots + 51^2) - \frac{627^2}{36} - 2.75 - 27.17 = 73.50$$

$$S_E = S_T - S_A - S_B - S_{A \times B} = 144.75 - 2.75 - 27.17 - 73.50 = 41.33$$

表 9.10　方差分析表

方差来源	平方和	自由度	均方	F 比
机器(A)	2.75	3	$\bar{S}_A = 0.92$	$F_A = \dfrac{\bar{S}_A}{\bar{S}_E} = 0.534$
操作工(B)	27.17	2	$\bar{S}_B = 13.585$	$F_B = \dfrac{\bar{S}_B}{\bar{S}_E} = 7.889$
交互作用 $A \times B$	73.50	6	$\bar{S}_{A \times B} = 12.25$	$F_{A \times B} = \dfrac{\bar{S}_{A*B}}{\bar{S}_E} = 7.114$
误差 E	41.33	24	$\bar{S}_E = 1.722$	
总和 T	144.75	35		

查 F 分布表,得临界值

$$F_{0.05}(3,24) = 3.01, \quad F_{0.05}(2,24) = 3.40, \quad F_{0.05}(6,24) = 2.51$$

由表 9.10 可以看出,$F_A < F_{0.05}(3,24)$,接受 H_{01},即认为四台机器间无显著差异;$F_B >$ $F_{0.05}(3,24)$,拒绝 H_{02},即认为三位操作工间有显著差异;$F_{A \times B} > F_{0.05}(6,24)$,拒绝 H_{03},即认为交互交用有显著差异。

9.3.2　双因素无重复试验的方差分析

在 9.3.1 节的双因素方差分析中,已经考虑了因素 A 与 B 的交互作用。如果在实际问题中,已经知道不存在交互作用,或通过检验知道交互作用对试验的指标影响很小,就可以不考虑交互作用。这时对于两个因素的每一组合只作一次试验,所得结果如下表9.11 所示。

表 9.11　试验数据表

因素 A ＼ 因素 B	B_1	B_2	...	B_s
A_1	X_{11}	X_{12}	...	X_{1s}
A_2	X_{21}	X_{22}	...	X_{2s}
⋮	⋮	⋮		⋮
A_r	X_{r1}	X_{r2}	...	X_{rs}

1. 数学模型

设 $X_{ij} \sim N(\mu_{ij}, \sigma^2)$，且各 X_{ij} 相互独立，$i = 1, 2, \cdots, r$，$j = 1, 2, \cdots, s$，其中 μ_{ij}, σ^2 为未知参数。则 X_{ij} 可写为

$$X_{ij} = \mu_{ij} + \varepsilon_{ij}, \quad i = 1, 2, \cdots, r, j = 1, 2, \cdots, s$$

$$\varepsilon_{ij} \sim N(0, \sigma^2)，且各 \varepsilon_{ij} 相互独立$$

记

$$\mu = \frac{1}{rs} \sum_{i=1}^{r} \sum_{j=1}^{s} \mu_{ij} \quad （称为总平均）$$

$$\mu_{i.} = \frac{1}{s} \sum_{j=1}^{s} \mu_{ij}, \quad i = 1, 2, \cdots, r$$

$$\mu_{.j} = \frac{1}{r} \sum_{j=1}^{r} \mu_{ij}, \quad j = 1, 2, \cdots, s$$

$$\alpha_i = \mu_{i.} - \mu, \quad i = 1, 2, \cdots, r \quad （称为因素 A 的第 i 个水平 A_i 的效应）$$

$$\beta_j = \mu_{.j} - \mu, \quad j = 1, 2, \cdots, s \quad （称为因素 B 的第 j 个水平 B_j 的效应）$$

则有

$$\sum_{i=1}^{r} \alpha_i = 0, \quad \sum_{j=1}^{s} \beta_j = 0$$

由于不存在交互作用，因此

$$\mu_{ij} = \mu + \alpha_i + \beta_j$$

从而上述模型化为

$$\begin{cases} X_{ij} = \mu + \alpha_i + \beta_j + \varepsilon_{ij}, \quad i = 1, 2, \cdots, r, j = 1, 2, \cdots, s \\ \varepsilon_{ij} \sim N(0, \sigma^2), \qquad 且各 \varepsilon_{ij} 相互独立 \\ \sum_{i=1}^{r} \alpha_i = 0, \sum_{j=1}^{s} \beta_j = 0 \end{cases}$$

其便为要研究问题的方差分析的数学模型。

2. 方差分析的假设

我们的任务是要检验假设：

$H_{01}: \alpha_1 = \alpha_2 = \cdots = \alpha_r = 0$

$H_{11}: \alpha_1, \alpha_2, \cdots, \alpha_r$ 不全为零

$H_{02}: \beta_1 = \beta_2 = \cdots = \beta_s = 0$

$H_{12}: \beta_1, \beta_2, \cdots, \beta_s$ 不全为零

3. 平方和分解

记

$$T = \sum_{i=1}^{r} \sum_{j=1}^{s} X_{ij}$$

$$\bar{X} = \frac{1}{rs} \sum_{i=1}^{r} \sum_{j=1}^{s} X_{ij}$$

$$T_{i.} = \sum_{j=1}^{s} X_{ij}, \quad i = 1, 2, \cdots, r$$

$$\bar{X}_{i.} = \frac{1}{s} \sum_{j=1}^{s} X_{ij}, \quad i = 1, 2, \cdots, r$$

$$T_{.j} = \sum_{i=1}^{r} X_{ij}, \quad j = 1, 2, \cdots, s$$

$$\bar{X}_{.j} = \frac{1}{r} \sum_{i=1}^{r} X_{ij}, \quad j = 1, 2, \cdots, s$$

$$S_T = \sum_{i=1}^{r} \sum_{j=1}^{s} (X_{ij} - \bar{X})^2$$

$$= \sum_{i=1}^{r} \sum_{j=1}^{s} \left[((\bar{X}_{i.} - \bar{X}) + (\bar{X}_{.j} - \bar{X}) + (X_{ij} - \bar{X}_{i.} - \bar{X}_{.j} + \bar{X}) \right]^2$$

$$= s \sum_{i=1}^{r} (\bar{X}_{i.} - \bar{X})^2 + r \sum_{j=1}^{s} (\bar{X}_{.j} - \bar{X})^2 + \sum_{i=1}^{r} \sum_{j=1}^{s} (\bar{X}_{ij.} - \bar{X}_{i..} - \bar{X}_{.j.} + \bar{X})^2$$

从而，得平方和的分解式：

$$S_T = S_E + S_A + S_B$$

其中，

$$S_E = \sum_{i=1}^{r} \sum_{j=1}^{s} (\bar{X}_{ij.} - \bar{X}_{i..} - \bar{X}_{.j.} + \bar{X})^2 \qquad \text{（误差平方和）}$$

$$S_A = s \sum_{i=1}^{r} (\bar{X}_{i.} - \bar{X})^2 \qquad \text{（因素 A 效应平方和）}$$

$$S_B = r \sum_{j=1}^{s} (\bar{X}_{.j} - \bar{X})^2 \qquad \text{（因素 B 效应平方和）}$$

4. 检验统计量及其分布

定理 9.3　在上述数学模型下,有

(1) $\dfrac{S_E}{\sigma^2} \sim \chi^2((r-1)(s-1))$;

(2) H_{01} 为真时,$\dfrac{S_A}{\sigma^2} \sim \chi^2(r-1)$;

(3) H_{02} 为真时,$\dfrac{S_B}{\sigma^2} \sim \chi^2(s-1)$;

(4) S_E,S_A,S_B 相互独立。

由上述定理及 F 分布的定义,得

当 H_{01} 为真时,

$$F_A = \frac{S_A/(r-1)}{S_E/(r-1)(s-1)} = \frac{\bar{S}_A}{\bar{S}_E} \sim F(r-1,(r-1)(s-1))$$

当 H_{02} 为真时,

$$F_B = \frac{S_B/(s-1)}{S_E/(r-1)(s-1)} = \frac{\bar{S}_B}{\bar{S}_E} \sim F(s-1,(r-1)(s-1))$$

5. 假设检验问题的拒绝域

对于给定的显著性水平 α,原假设 H_{01} 的拒绝域为

$$F_A > F_\alpha(r-1,(r-1)(s-1))$$

原假设 H_{02} 的拒绝域为

$$F_B > F_\alpha(s-1,(r-1)(s-1))$$

将上述过程用方差分析表来表示(表 9.12)。

表 9.12　双因素无重复试验的方差分析表

方差来源	平方和	自由度	均方	F 比
因素 A	S_A	$r-1$	$\bar{S}_A = \dfrac{S_A}{r-1}$	$F_A = \dfrac{\bar{S}_A}{\bar{S}_E}$
因素 B	S_B	$s-1$	$\bar{S}_B = \dfrac{S_B}{s-1}$	$F_B = \dfrac{\bar{S}_B}{\bar{S}_E}$
误差	S_E	$(r-1)(s-1)$	$\bar{S}_E = \dfrac{S_E}{(r-1)(s-1)}$	
总和	S_T	$rs-1$		

6. 方差分析的计算

$$S_T = \sum_{i=1}^{r} \sum_{j=1}^{s} X_{ij}^2 - \frac{T^2}{rs}$$

$$S_A = \frac{1}{s} \sum_{i=1}^{r} T_{i.}^2 - \frac{T^2}{rs}$$

$$S_B = \frac{1}{r} \sum_{j=1}^{s} T_{.j}^2 - \frac{T^2}{rs}$$

$$S_E = S_T - S_A - S_B$$

【例 9.6】(营销问题)　为了试验不同的包装方式及不同地区对工艺产品销售量是否有影响,特抽取 24 家规模相同的百货商店,试验四种不同包装方式。经过两个月的试验,每月销售量统计如表 9.13 所示。

表 9.13　不同包装方式及不同地区工艺品销售量表　　　　　　　单位:件

	商业中心	居民区	郊区
A	4587	4672	3554
B	3260	4853	3268
C	3764	3660	3441
D	4245	4032	2735

试检验四种不同的包装方式和三类不同地区对销售量是否有显著影响。($\alpha = 0.05$)?

【解】　由题目可知,$r = 4, s = 3$,需检验

$H_{01} : \alpha_1 = \alpha_2 = \alpha_3 = \alpha_4 = 0$

$H_{11} : \alpha_1, \alpha_2, \alpha_3, \alpha_4$ 不全为零

$H_{02} : \beta_1 = \beta_2 = \beta_3 = 0$

$H_{12} : \beta_1, \beta_2, \beta_3$ 不全为零

表 9.14　不同因素不同水平数据和的计算表　　　　　　　单位:件

	商业中心	居民区	郊区	$T_{i.}$
A	4 587	4 672	3 554	12 813
B	3 260	4 853	3 268	11 381
C	3 764	3 660	3 441	10 865
D	4 245	4 032	2 735	11 012
$T_{.j}$	15 856	17 217	12 998	

由表 9.14 可以得到,

$$T = 46\ 071$$

$$S_T = 181\ 519\ 153 - \frac{46\ 071^2}{4 \times 3} = 4\ 641\ 066.25$$

$$S_A = \frac{1}{3}(12\ 813^2 + 11\ 381^2 + 10\ 865^2 + 11\ 012^2) - \frac{46\ 071^2}{12} = 792\ 746.25$$

$$S_B = \frac{1}{4}(15\ 856^2 + 17\ 217^2 + 12\ 998^2) - \frac{46\ 071^2}{12} = 2\ 318\ 370.5$$

$$S_E = S_T - S_A - S_B = 4\ 641\ 066.25 - 792\ 746.25 - 2\ 318\ 370.5 = 1\ 529\ 949.5$$

因而,方差分析表见表 9.15。

表 9.15　方差分析表

方差来源	平方和	自由度	均方	F 比
因素 A	792 746.25	3	264 248.75	$F_A = 1.036$
因素 B	2 318 370.5	2	1 159 185.25	$F_B = 4.546$
误差	1 529 949.5	6	254 991.58	
总和	4 641 066.25	11		

查 F 分布表,得两个临界值为

$$F_{0.05}(3,6) = 4.76, \quad F_{0.05}(2,6) = 5.14$$

由于 $F_A < F_{0.05}(3,6)$,$F_B < F_{0.05}(2,6)$,故不能拒绝原假设,实验数据与原假设没有显著差异。

9.4　一元线性回归

"回归"一词来源于 19 世纪英国生物学家兼统计学家高尔顿。高尔顿和他的学生、现代统计学家的奠基者之一皮尔逊在研究父母身高与其子女身高的遗传问题时,发现成年儿子的身高与父母亲的平均身高近似有下列关系式:

$$y = 33.73 + 0.516x$$

其中,x 表示父母亲平均身高;y 表示成年儿子的身高(单位:英寸,1 英寸 = 2.54 厘米)。这表明子代的平均高度有向中心回归的意思。之后回归分析的思想渗透到了数理统计的其他分支中。

经济与管理问题中,经常会研究一个或多个变量之间的联系。例如,国家的经济发展与投资之间有一定的关系,如果知道了两者之间的关系,只要确定今年的投资额便可知道今年的经济增长率有多大。广告支出与销售收入有一定关系,因而每年销售经理可能根据当年的广告预算支出推测出当年的销售收入。产品的质量与顾客满意度之间有因果关系,因此可以根据产品的质量特性推断出客户的满意度。汽车的重量与耗油量之间的关系……

在实际问题中,变量之间的关系有两种:一是确定性关系,即自变量给定后,因变量的值就唯一确定了;另一种关系称为相关关系,即自变量与因变量之间呈不确定的关系。

回归分析就是研究变量间相关关系的一门学科。它通过对客观事物中变量的大量观察或试验获得的数据,去寻找隐藏在数据背后的相关关系,给出它们的表达形式——回归函数的估计。

设随机变量 Y 与变量 x 之间存在某种关系,其中 x 是可控变量,如加工工艺参数、投资额、汽车的重量、广告支出等。而 Y 为随机变量,其随着自变量 x 的变化而发生变化。由于 Y 是随机变量,因而对 x 的确定值,Y 的取值有一定的分布,设其为 $f(y|x)$。我们关心的是 $E(Y|x)$ 的取值情况。

从数学期望的定义,知道

$$E(Y\mid x)=\int_{-\infty}^{+\infty} yf(y\mid x)\mathrm{d}y$$

这就是我们要求的条件期望——称为 Y 关于 x 的理论回归函数。将这个条件期望记为 $\mu_{Y|x}$,或 $\mu(x)$。

若随机变量 Y 和一般变量 x 之间有关系式:

$$Y=\alpha+\beta x+\varepsilon$$

其中,ε 为随机变量,且 $\varepsilon \sim N(0,\sigma^2)$。那么 $E(Y|x)=\mu(x)=\alpha+\beta x$,则称其为 Y 对于 x 的一元线性回归,β 称为回归系数。

1. α、β 系数的估计

取 x 的 n 个不同的观察值 $x_1,x_2,\cdots,x_n$,对应得到随机变量 Y 的 n 个不同的值 Y_1,$Y_2,\cdots,Y_n$,称 $\{(x_1,Y_1),(x_2,Y_2),\cdots,(x_n,Y_n)\}$ 是一个样本,且有

$$Y_i=\alpha+\beta x_i+\varepsilon_i$$

且 $\varepsilon_i \sim N(0,\sigma^2)$。假设各 ε_i 相互独立。对应的样本观察值为 $\{(x_1,y_1),(x_2,y_2),\cdots,(x_n,y_n)\}$。

根据样本观察值给出未知参数 α、β 的估计值为 $\hat{\alpha}$、$\hat{\beta}$,$\hat{Y}$ 为条件期望 $E(Y|x)$ 的点估计,则有

$$\hat{Y}=\hat{\alpha}+\hat{\beta}x$$

称上式为 Y 关于 x 的一元线性经验回归方程;并称 $\hat{\alpha}$、$\hat{\beta}$ 为一元线性经验回归方程式的回归系数。

对每一个 x_i 值,由回归方程式可以确定 Y 的一个回归值 $\hat{y}_i$,即

$$\hat{y}_i=\hat{\alpha}+\hat{\beta}x_i, \quad i=1,2,\cdots,n$$

用最小二乘法来估计回归方程 $\hat{Y}=\hat{\alpha}+\hat{\beta}x$ 中的未知参数 α 和 β。即使

$$Q_E(\hat{\alpha},\hat{\beta})=\sum_{i=1}^{n}(y_i-\hat{y}_i)^2$$

达到最小。即使 Y 的实际观察值与回归值之差 $y_i-\hat{y}_i$(残差)之间的偏离程度达到最小。显然,Q_E 值越小,则说明回归直线的拟合程度越好。

将 Q_E 分别对 $\hat{\alpha}$ 和 $\hat{\beta}$ 求偏导,并令它们等于 0,得

$$\frac{\partial Q_E}{\partial \hat{\alpha}}=-2\sum_{i=1}^{n}(y_i-\hat{\alpha}-\hat{\beta}x_i)=0$$

$$\frac{\partial Q_E}{\partial \hat{\beta}} = -2\sum_{i=1}^{n}(y_i - \hat{\alpha} - \hat{\beta}x_i)x_i = 0$$

这组方程称为正规方程组,经过整理,可得

$$n\hat{\alpha} + n\bar{x}\hat{\beta} = n\bar{y}$$

$$n\bar{x}\hat{\alpha} + \sum_{i=1}^{n}x_i^2\hat{\beta} = \sum_{i=1}^{n}x_iy_i$$

从而,有

$$\hat{\beta} = \frac{S_{xy}}{S_{xx}}, \quad \hat{\alpha} = \bar{y} - \bar{x}\hat{\beta}$$

其中

$$\bar{x} = \frac{1}{n}\sum_{i=1}^{n}x_i, \bar{y} = \frac{1}{n}\sum_{i=1}^{n}y_i$$

$$S_{xx} = \sum_{i=1}^{n}(x_i - \bar{x})^2 = \sum_{i=1}^{n}x_i^2 - \frac{1}{n}\left(\sum_{i=1}^{n}x_i\right)^2$$

$$S_{xy} = \sum_{i=1}^{n}(x_i - \bar{x})(y_i - \bar{y}) = \sum_{i=1}^{n}x_iy_i - \frac{1}{n}\sum_{i=1}^{n}x_i\sum_{i=1}^{n}y_i$$

记

$$S_{yy} = \sum_{i=1}^{n}(y_i - \bar{y})^2 = \sum_{i=1}^{n}y_i^2 - \frac{1}{n}\left(\sum_{i=1}^{n}y_i\right)^2$$

这就是参数 α、β 的最小二乘估计,也称为普通最小二乘估计,记为 OLSE(ordinary least square estimator)。

α、β 的最小二乘估计量为

$$\hat{\beta} = \frac{\sum_{i=1}^{n}(x_i - \bar{x})(Y_i - \bar{Y})}{\sum_{i=1}^{n}(x_i - \bar{x})^2} = \frac{\sum_{i=1}^{n}(x_i - \bar{x})Y_i}{\sum_{i=1}^{n}(x_i - \bar{x})^2}$$

$$\hat{\alpha} = \bar{Y} - \bar{x}\hat{\beta}$$

2. 最小二乘估计$\hat{\alpha}$、$\hat{\beta}$的性质

定理 9.4 (1) $\hat{\alpha} \sim N\left(\alpha, \sigma^2\left[\frac{1}{n} + \frac{\bar{x}^2}{\sum_{i=1}^{n}(x_i - \bar{x})^2}\right]\right)$

$$\hat{\beta} \sim N\left(\beta, \frac{\sigma^2}{\sum_{i=1}^{n}(x_i - \bar{x})^2}\right)$$

(2) $\text{Cov}(\hat{\alpha}, \hat{\beta}) = -\frac{\bar{x}}{S_{xx}}\sigma^2$;

(3) 在给定 x_0 条件下,

$$\hat{y}_0 = \hat{\alpha} + \hat{\beta} x_0 \sim N\left(\alpha + \beta x_0, \left[\frac{1}{n} + \frac{(x_0 - \bar{x})^2}{\sum\limits_{i=1}^{n}(x_i - \bar{x})^2}\right]\sigma^2\right)$$

(4) $\dfrac{Q_E}{\sigma^2} \sim \chi^2(n-2)$;

(5) $\bar{Y}, \hat{\beta}, Q_E$ 相互独立。

3. σ^2 的估计

由定理 9.1 可知

$$\frac{Q_E}{\sigma^2} \sim \chi^2(n-2)$$

所以

$$E\left(\frac{Q_E}{\sigma^2}\right) = n - 2$$

因而,σ^2 的无偏估计为

$$\hat{\sigma}^2 = \frac{Q_E}{n-2}$$

其中

$$
\begin{aligned}
Q_E &= \sum_{i=1}^{n}(y_i - \hat{y}_i)^2 = \sum_{i=1}^{n}(y_i - \bar{y} + \bar{y} - \hat{y}_i)^2 \\
&= \sum_{i=1}^{n}[y_i - \bar{y} - \hat{\beta}(x_i - \bar{x})]^2 \\
&= \sum_{i=1}^{n}(y_i - \bar{y})^2 - 2\hat{\beta}\sum_{i=1}^{n}(x_i - \bar{x})((y_i - \bar{y}) + \hat{\beta}^2\sum_{i=1}^{n}(x_i - \bar{x})^2 \\
&= S_{yy} - 2\hat{\beta}S_{xy} + \hat{\beta}^2 S_{xx} \\
&= S_{yy} - \hat{\beta}S_{xy}
\end{aligned}
$$

4. 线性相关性的检验

在使用回归方程作进一步的分析以前,首先应对回归方程是否有意义进行判断。

如果 $\beta = 0$,那么不管 x 如何变化,$E(Y|x)$ 将不随 x 的变化作线性变化,那么这时求得的一元线性回归方程就没有意义,称回归方程不显著。如果 $\beta \neq 0$,则 $E(Y|x)$ 随 x 的变化而线性变化,称回归方程是显著的。

综上,对回归方程是否有意义作判断就是要作如下的假设检验:

$$H_0: \beta = 0; \quad H_1: \beta \neq 0$$

根据定理 1 可知,当 H_0 为真时,

$$t = \frac{\hat{\beta}}{\hat{\sigma}}\sqrt{S_{xx}} \sim t(n-2)$$

给定显著性水平 α 时，H_0 的拒绝域为

$$\mid t \mid = \mid \frac{\hat{\beta}}{\hat{\sigma}} \sqrt{S_{xx}} \mid > t_{\alpha/2}(n-2)$$

当拒绝 H_0 时，认为回归效果是显著的，反之就认为回归效果不显著。这是 t 检验法。

线性相关的检验还可以用 F 检验法。当 H_0 为真时，统计量

$$F = \frac{U}{Q_E/(n-2)} \sim F(1, n-2)$$

其中

$$U = \hat{\beta} S_{xy} = \frac{S_{xy}^2}{S_{xx}}$$

对于给定的显著性水平 α，H_0 的拒绝域为

$$F = \frac{U}{Q_E/(n-2)} > F_\alpha(1, n-2)$$

当拒绝 H_0 时，则认为回归效果是显著的，否则认为不存在线性关系。

5. 系数 β 的置信区间

当回归效果显著时，经常要对 β 进行区间估计。β 的置信度为 $1-\alpha$ 的置信区间为

$$\left(\hat{\beta} \pm t_{\alpha/2}(n-2) \frac{\hat{\sigma}}{\sqrt{S_{xx}}} \right)$$

6. 回归函数的点估计和区间估计

当回归效果经检验是显著后，就可用来做估计和预测。回归函数的点估计就是要估计当 $x = x_0$ 时，$E(Y_0) = \alpha + \beta x_0$ 的点估计与区间估计。

在 $x = x_0$ 时，其对应的因变量 Y_0 是一个随机变量，有一个分布，我们经常需要对该分布的均值给出估计。由于 $E(Y_0) = \alpha + \beta x_0$，一个直观的点估计应为 $E(Y_0) = \hat{\alpha} + \hat{\beta} x_0$。

通常，将上述估计记为 $\hat{y}_0$。由于 $\hat{\alpha}$，$\hat{\beta}$ 分别是 α，β 的无偏估计，因此，$\hat{y}_0$ 也是 $E(Y_0)$ 的无偏估计。

又由定理 9.1

$$\hat{Y}_0 = \hat{\alpha} + \hat{\beta} x_0 \sim N\left(\alpha + \beta x_0, \left[\frac{1}{n} + \frac{(x_0 - \bar{x})^2}{\sum_{i=1}^{n}(x_i - \bar{x})^2} \right] \sigma^2 \right)$$

可得

$$\frac{\hat{Y}_0 - (\alpha + \beta x_0)}{\sqrt{\left[\frac{1}{n} + \frac{(x_0 - \bar{x})^2}{\sum_{i=1}^{n}(x_i - \bar{x})^2} \right] \sigma^2}} \sim N(0, 1)$$

从而

$$\frac{\hat{Y}_0 - (\alpha + \beta x_0)}{\hat{\sigma} \sqrt{\dfrac{1}{n} + \dfrac{(x_0 - \bar{x})^2}{\displaystyle\sum_{i=1}^{n}(x_i - \bar{x})^2}}} \sim t(n-2)$$

故当 $x = x_0$ 时，$E(Y|x_0) = \alpha + \beta x_0$ 的置信度为 $1-\alpha$ 的置信区间为

$$\left(\hat{Y}_0 \pm t_{\frac{\alpha}{2}}(n-2)\,\hat{\sigma}\,\sqrt{\frac{1}{n} + \frac{(x_0 - \bar{x})^2}{\displaystyle\sum_{i=1}^{n}(x_i - \bar{x})^2}} \right)$$

7. Y 的观察值的点估计和预测区间

当 $x = x_0$ 时，Y_0 的观察值在什么范围内？由于 Y_0 是随机变量，为此只能求一个区间，使 Y_0 落在这一区间的概率为 $1-\alpha$，即要求 δ，使 $P\{|Y_0 - \hat{y}_0| < \delta\} = 1-\alpha$，称区间 $(\hat{y}_0 - \delta, \hat{y}_0 + \delta)$ 为 Y_0 置信度为 $1-\alpha$ 的预测区间。

由于 Y_0 与 $Y_1, Y_2, \cdots, Y_n$ 相互独立，且 $\hat{\beta}$ 是 $Y_1, Y_2, \cdots, Y_n$ 的线性组合，而

$$\hat{Y}_0 = \hat{\alpha} + \hat{\beta} x_0 = \bar{Y} - \hat{\beta}\,\bar{x} + \hat{\beta} x_0 = \bar{Y} + \hat{\beta}(x_0 - \bar{x})$$

因此 Y_0 与 $\hat{Y}_0$ 相互独立。从而

$$\hat{Y}_0 - Y_0 \sim N\left(0, \left[1 + \frac{1}{n} + \frac{(x_0 - \bar{x})^2}{S_{xx}} \right]\sigma^2 \right)$$

即

$$\frac{\hat{Y}_0 - Y_0}{\sigma \sqrt{1 + \dfrac{1}{n} + \dfrac{(x_0 - \bar{x})^2}{S_{xx}}}} \sim N(0,1)$$

再由 $Y_0, \hat{Y}_0$ 与 Q_E 的独立性及 t 分布的构造，得

$$\frac{\dfrac{\hat{Y}_0 - Y_0}{\sigma \sqrt{1 + \dfrac{1}{n} + \dfrac{(x_0 - \bar{x})^2}{S_{xx}}}}}{\sqrt{\dfrac{(n-2)\hat{\sigma}^2}{\sigma^2} / (n-2)}} \sim t(n-2)$$

即

$$\frac{\hat{Y}_0 - Y_0}{\hat{\sigma} \sqrt{1 + \dfrac{1}{n} + \dfrac{(x_0 - \bar{x})^2}{S_{xx}}}} \sim t(n-2)$$

从而，给定置信度为 $1-\alpha$ 时，Y_0 的置信区间为

$$\left(\hat{Y}_0 \pm t_{\frac{\alpha}{2}}(n-2)\,\hat{\sigma}\sqrt{1+\frac{1}{n}+\frac{(x_0-\bar{x})^2}{S_{xx}}}\,\right)$$

【例 9.7】（经济学问题）　表 9.16 是 2003 年我国 31 个省、市、自治区的人均可支配收入与人均消费支出的数据。建立一个估计回归方程，并预测当人均可支配收入为 20000 元时，人均年消费支出的估计。

表 9.16　2003 年我国 31 个省市自治区人均消费支出和人均可支配收入数据表

地区	人均消费支出/元	人均可支配收入/元	地区	人均消费支出/元	人均可支配收入/元
北京	11 123.84	13 882.62	湖北	5 963.25	7 321.98
天津	7 867.53	10 312.91	湖南	6 082.62	7 674.20
河北	5 439.77	7 239.06	广东	9 636.27	12 380.43
山西	5 105.38	7 005.30	广西	5 763.50	7 785.04
内蒙古	5 419.14	7 012.90	海南	5 502.43	7 259.25
辽宁	6 077.92	7 240.58	重庆	7 118.06	8 093.67
吉林	5 492.10	7 005.17	四川	5 759.21	7 041.87
黑龙江	5 015.19	6 678.90	贵州	4 948.98	6 569.23
上海	11 040.34	14 867.49	云南	6 023.56	7 643.57
江苏	6 708.58	9 262.46	西藏	8 045.34	8 765.45
浙江	9 712.89	13 179.53	陕西	5 666.54	6 806.35
安徽	5 064.34	6 778.03	甘肃	5 298.91	6 657.24
福建	7 356.26	9 999.54	青海	5 400.24	6 745.32
江西	4 914.55	6 901.42	宁夏	5 330.34	6 530.48
山东	6 069.35	8 399.91	新疆	5 540.61	7 173.54
河南	4 941.60	6 926.12			

【解】　通过画散点图，可以看出人均消费支出与人均可支配收入呈线性关系，且从经济理论分析，人均消费支出应随人均可支配收入的增加而增加。

设 x 表示人均可支配收入，y 表示人均消费支出。根据表格数据可知，$n=31$，

$$\sum x_i = 257\,139.6,\quad \sum y_i = 199\,428.6$$

$$\sum x_i^2 = 2\,291\,317\,756,\quad \sum y_i^2 = 1\,376\,034\,072,\quad \sum x_i y_i = 1\,772\,514\,217$$

$$S_{xx} = 2\,291\,317\,756 - \frac{1}{31} \times 257\,139.56^2 = 158\,390\,229.65$$

$$S_{xy} = 1\,772\,514\,217 - \frac{1}{31} \times 257\,139.56 \times 199\,428.64 = 118\,288\,644.71$$

$$S_{yy} = 1\,376\,034\,072 - \frac{1}{31} \times 199\,428.64^2 = 93\,075\,547.73$$

$$\hat{\beta} = \frac{S_{xy}}{S_{xx}} = 0.7468, \quad \bar{\alpha} = \bar{y} - \hat{\beta}\,\bar{x} = \frac{199\ 428.6}{31} - 0.7468 \times \frac{257\ 139.6}{31} = 238.61$$

因此,回归方程为

$$\hat{y} = 238.61 + 0.7468x$$

下面对回归方程的显著性进行检验。首先估计方差

$$\hat{\sigma}^2 = \frac{Q_E}{n-2} = \frac{S_{yy} - \hat{\beta} S_{xy}}{n-2} = \frac{93\ 075\ 547.73 - 0.7468 \times 118\ 288\ 644.71}{29} = 163\ 365.10$$

检验假设:

$$H_0 : \beta = 0; \quad H_1 : \beta \neq 0$$

计算

$$t = \frac{\hat{\beta}}{\hat{\sigma}} \sqrt{S_{xx}} = \frac{0.7468}{\sqrt{163\ 365.10}} \times \sqrt{158\ 390\ 229.65} = 23.254$$

查表得临界值 $t_{0.025}(31-2) = 2.045$,因为 $|t| = 23.254 > t_{0.025}(29) = 2.045$,因而在 $\alpha = 0.05$ 下,回归效果是显著的。

系数 β 的 95% 置信区间为

$$\left(\hat{\beta} \pm t_{\alpha/2}(n-2)\,\frac{\hat{\sigma}}{\sqrt{S_{xx}}}\right) = \left(0.7468 \pm 2.045 \times \frac{\sqrt{163\ 365.10}}{\sqrt{158\ 390\ 229.65}}\right) = (0.6811, 0.8125)$$

当 $x = 20\ 000$ 时,y 的点估计为

$$\hat{y} = 238.61 + 0.7468x = 238.61 + 0.7468 \times 20\ 000 = 15\ 174.61$$

当 $x = 20000$ 时,y 的 95% 的置信区间是

$$\left(\hat{Y}_0 \pm t_{\frac{\alpha}{2}}(n-2)\,\hat{\sigma}\,\sqrt{1 + \frac{1}{n} + \frac{(x_0 - \bar{x})^2}{\sum\limits_{i=1}^{n}(x_i - \bar{x})^2}}\right)$$

$$= \left(15\ 174.61 \pm 2.045 \times \sqrt{163\ 365.10} \times \sqrt{1 + \frac{1}{31} + \frac{(20\ 000 - \frac{257\ 139.6}{31})^2}{158\ 390\ 229.65}}\right)$$

$$= (13\ 606.17, 16\ 743.05)$$

9.5　多元线性回归

由于社会经济现象是复杂的,因变量往往不只受到一个因素的影响,而是受两个及两个以上的因素所影响。例如,经济的增长会受到外贸、投资的消费的影响;储蓄额会受到个人可支配收入、利率、物价指数等因素的影响。如果这些因素对因变量的影响是线性的,就需要用多元线性回归。

1. 多元线性回归模型

如果随机变量 Y 与一般变量 $x_1, x_2, \cdots, x_p$ 之间有一定关系式,对于给定的 $x_1, x_2,$

$\cdots, x_p$ 的一组值，Y 是一个随机变量，其有一定的分布。我们经常关心的是其均值 $E(Y \mid x_1, x_2, \cdots, x_p)$ 是多少。将其记为 $\mu(x_1, x_2, \cdots, x_p)$，称为 Y 关于 $x_1, x_2, \cdots, x_p$ 的回归函数。若 $\mu(x_1, x_2, \cdots, x_p)$ 是自变量的线性函数，则称 Y 是关于 $x_1, x_2, \cdots, x_p$ 的多元线性回归函数。设

$$Y = \beta_0 + \beta_1 x_1 + \beta_2 x_2 + \cdots + \beta_p x_p + \varepsilon, \quad \varepsilon \sim N(0, \sigma^2)$$

上式为多元线性回归的数学模型。

设第 i 次试验所得的样本数据为 $(Y_i; x_{i1}, x_{i2}, \cdots, x_{ip})$，$i = 1, 2, \cdots, n$，则多元线性回归方程有如下结构：

$$Y_i = \beta_0 + \beta_1 x_{i1} + \beta_2 x_{i2} + \cdots + \beta_p x_{ip} + \varepsilon_i$$

$$\varepsilon_i \sim N(0, \sigma^2)，且相互独立，\quad i = 1, 2, \cdots, n$$

为了使记号简单和处理方便起见，我们用矩阵表示上述模型。记

$$Y = \begin{bmatrix} Y_1 \\ Y_2 \\ \vdots \\ Y_n \end{bmatrix}, \quad X = \begin{bmatrix} 1 & x_{11} & x_{12} & \cdots & x_{1p} \\ 1 & x_{21} & x_{22} & \cdots & x_{2p} \\ \vdots & \vdots & \vdots & & \vdots \\ 1 & x_{n1} & x_{n2} & \cdots & x_{np} \end{bmatrix}, \quad \boldsymbol{\beta} = \begin{bmatrix} \beta_1 \\ \beta_2 \\ \vdots \\ \beta_p \end{bmatrix}, \quad \boldsymbol{\varepsilon} = \begin{bmatrix} \varepsilon_1 \\ \varepsilon_2 \\ \vdots \\ \varepsilon_p \end{bmatrix}$$

则上述模型可写成

$$Y = X\boldsymbol{\beta} + \boldsymbol{\varepsilon}$$

2. 参数的估计

仍然采用最小二乘法对未知参数 β 进行估计。

由最小二乘估计的基本原理，未知参数 β 的估计 $\hat{\beta}$ 应使全部离差平方和达到最小。即要使

$$Q = \sum_{i=1}^{n} (y_i - \hat{y}_i)^2 = \sum_{i=1}^{n} [y_i - (\hat{\beta}_0 + \hat{\beta}_1 x_{i1} + \hat{\beta}_2 x_{i2} + \cdots + \hat{\beta}_p x_{ip})]^2$$

达到最小。

根据高等数学中求最小值的方法，$\hat{\beta}$ 应满足下列正规方程组

$$\frac{\partial Q}{\partial \hat{\beta}_0} = -2 \sum_{i=1}^{n} [y_i - (\hat{\beta}_0 + \hat{\beta}_1 x_{i1} + \hat{\beta}_2 x_{i2} + \cdots + \hat{\beta}_p x_{ip})] = 0$$

$$\frac{\partial Q}{\partial \hat{\beta}_1} = -2 \sum_{i=1}^{n} [y_i - (\hat{\beta}_0 + \hat{\beta}_1 x_{i1} + \hat{\beta}_2 x_{i2} + \cdots + \hat{\beta}_p x_{ip})] x_{i1} = 0$$

$$\frac{\partial Q}{\partial \hat{\beta}_2} = -2 \sum_{i=1}^{n} [y_i - (\hat{\beta}_0 + \hat{\beta}_1 x_{i1} + \hat{\beta}_2 x_{i2} + \cdots + \hat{\beta}_p x_{ip})] x_{i2} = 0$$

$$\cdots\cdots$$

$$\frac{\partial Q}{\partial \hat{\beta}_p} = -2 \sum_{i=1}^{n} [y_i - (\hat{\beta}_0 + \hat{\beta}_1 x_{i1} + \hat{\beta}_2 x_{i2} + \cdots + \hat{\beta}_p x_{ip})] x_{ip} = 0$$

将此方程组改写为

$$n\hat{\beta}_0 + (\sum_{i=1}^{n} x_{i1})\hat{\beta}_1 + (\sum_{i=1}^{n} x_{i2})\hat{\beta}_2 + \cdots + (\sum_{i=1}^{n} x_{ip})\hat{\beta}_p = \sum_{i=1}^{n} y_i$$

$$(\sum_{i=1}^{n} x_{i1})\hat{\beta}_0 + (\sum_{i=1}^{n} x_{i1}^2)\hat{\beta}_1 + (\sum_{i=1}^{n} x_{i2} x_{i1})\hat{\beta}_2 \cdots + (\sum_{i=1}^{n} x_{ip} x_{i1})\hat{\beta}_p = \sum_{i=1}^{n} y_i x_{i1}$$

$$(\sum_{i=1}^{n} x_{i2})\hat{\beta}_0 + (\sum_{i=1}^{n} x_{i1} x_{i2})\hat{\beta}_1 + (\sum_{i=1}^{n} x_{i2}^2)\hat{\beta}_2 \cdots + (\sum_{i=1}^{n} x_{ip} x_{i2})\hat{\beta}_p = \sum_{i=1}^{n} y_i x_{i2}$$

$$\cdots\cdots$$

$$(\sum_{i=1}^{n} x_{ip})\hat{\beta}_0 + (\sum_{i=1}^{n} x_{i1} x_{ip})\hat{\beta}_1 + (\sum_{i=1}^{n} x_{i2} x_{ip})\hat{\beta}_2 \cdots + (\sum_{i=1}^{n} x_{ip}^2)\hat{\beta}_p = \sum_{i=1}^{n} y_i x_{ip}$$

用矩阵形式,该方程组可写为

$$(\boldsymbol{X}^{\mathrm{T}}\boldsymbol{X})\hat{\boldsymbol{\beta}} = \boldsymbol{X}^{\mathrm{T}}\boldsymbol{Y}$$

其中 $\boldsymbol{X}^{\mathrm{T}}$ 为 $\boldsymbol{X}$ 的转置矩阵。

若 $\boldsymbol{X}^{\mathrm{T}}\boldsymbol{X}$ 满秩,则可解得

$$\hat{\boldsymbol{\beta}} = (\boldsymbol{X}^{\mathrm{T}}\boldsymbol{X})^{-1}\boldsymbol{X}^{\mathrm{T}}\boldsymbol{Y}$$

这便是未知参数的估计。

3. 多元线性回归方程的显著性检验

如果变量 Y 与变量 $x_1, x_2, \cdots, x_p$ 并不存在线性关系,那么回归模型中的系数均应为零。因此要检验的假设检验问题为

$$H_0: \beta_1 = \beta_2 = \cdots = \beta_p = 0; \quad H_1: \beta_1, \beta_2, \cdots, \beta_p \text{ 不全为零}$$

首先进行平方和分解,总的偏差平方和 S_T 可以分解为

$$S_T = \sum_{i=1}^{n} (y_i - \bar{y})^2 = \sum_{i=1}^{n} (y_i - \hat{y}_i)^2 + \sum_{i=1}^{n} (\hat{y}_i - \bar{y})^2 = S_E + S_R$$

其中 $S_R = \sum_{i=1}^{n} (\hat{y}_i - \bar{y})^2$ 为回归平方和, $S_E = \sum_{i=1}^{n} (y_i - \hat{y}_i)^2$ 为残差平方和。

可以证明,当 H_0 为真时,

$$F = \frac{S_R/p}{S_E/(n-p-1)} \sim F(p, n-p-1)$$

因此,在给定显著性水平 α 下, H_0 的拒绝域为

$$F > F_\alpha(p, n-p-1)$$

这时回归效果是显著的;反之,则称回归方程无显著意义。

4. 回归系数的显著性检验

回归方程的显著性检验解决了是否所有的系数不全为零的问题,但是否每一个变量都对因变量起作用的问题并没有解决。如果某一个变量 x_k 对因变量的作用不明显,那

么系数 β_k 就应当为零。故检验 x_k 的作用是否明显就是要检验下列假设：

$$H_{0k}:\beta_k=0,k=1,2,\cdots,p;\quad H_{1k}:\beta_k\neq0,k=1,2,\cdots,p$$

可以证明，当 H_{0k} 为真时，统计量

$$T_k=\frac{\hat{\beta}_k}{\sqrt{b_{k+1,k+1}S_E/(n-p-1)}}\sim t(n-p-1)$$

其中 $b_{k+1,k+1}$ 是 $(\boldsymbol{X}^{\mathrm{T}}\boldsymbol{X})^{-1}$ 对角线上的第 $k+1$ 个元素。

当给定显著性水平 α 时，H_{0k} 的拒绝域为

$$|T_k|>t_{\alpha/2}(n-p-1)$$

5. 预测

当给出自变量的一组值 $(x_{01},x_{02},\cdots,x_{0p})$ 时，由回归方程，我们可以得到 Y 的一个回归值

$$\hat{Y}_0=\hat{\beta}_0+\hat{\beta}_1x_{01}+\hat{\beta}_2x_{02}+\cdots+\hat{\beta}_px_{0p}$$

其是 Y_0 的点估计。

可以证明

$$Y_0-\hat{Y}_0\sim N\left(0,\sigma^2\left(1+\frac{1}{n}+\sum_{i=1}^{p}\sum_{j=1}^{p}b_{ij}(x_{0i}-\bar{x}_i)(x_{0j}-\bar{x}_j)\right)\right)$$

若记

$$\delta_0=\sqrt{1+\frac{1}{n}+\sum_{i=1}^{p}\sum_{j=1}^{p}b_{ij}(x_{0i}-\bar{x}_i)(x_{0j}-\bar{x}_j)}$$

则统计量

$$U=\frac{Y_0-\hat{Y}_0}{\sigma\delta_0}\sim N(0,1)$$

而 $\dfrac{S_E}{\sigma^2}\sim\chi^2(n-p-1)$，因此 $\hat{\sigma}^2=\dfrac{S_E}{n-p-1}$ 为 σ^2 的无偏估计。且 $Y_0-\hat{Y}_0$ 与 $\hat{\sigma}^2$ 相互独立，从而根据 t 分布的定义

$$T=\frac{Y_0-\hat{Y}_0}{\hat{\sigma}\delta_0}\sim t(n-p-1)$$

从而，Y_0 的置信度为 $1-\alpha$ 的置信区间为

$$(\hat{Y}_0\pm t_{\alpha/2}(n-p-1)\hat{\sigma}\delta_0)$$

【例 9.8】(规划问题)　已知电话线缆销售量(单位：m)与 GDP(单位：10^9 元)、新迁住宅(单位：千户)、失业率(单位：%)、半年期最低利率、话费收益率(单位：%)相关。表 9.17 给出了 16 年的统计数据，试

(1) 建立估计的回归方程。

(2) 对模型的显著性进行检验。($\alpha=0.05$)

(3) 对各变量的显著性进行检验。($\alpha=0.05$)

表 9.17　电话线缆销售量、GDP、新迁住宅、失业率、半年期最低利率和话费收益率数据表

时间	电话线缆销售量/m	GDP/10^9 元	新迁住宅/千户	失业率/%	半年期最低利率	话费收益率/%
1	5873	1051.8	1053.6	3.6	5.8	5.9
2	7852	1078.8	1486.7	3.5	6.7	4.5
3	8189	1075.3	1434.8	5.0	8.4	4.2
4	7479	1107.5	2035.6	6.0	6.2	4.2
5	8534	1171.1	2360.8	5.6	5.4	4.9
6	8688	1235.0	2043.9	4.9	5.9	5.0
7	7270	1217.8	1331.9	5.6	9.4	4.1
8	5020	1202.3	1160.0	8.5	9.4	3.4
9	6035	1271.0	1535.0	7.7	7.2	4.2
10	7425	1332.7	1961.8	7.0	6.6	4.5
11	9400	1399.2	2009.3	6.0	7.6	3.9
12	9350	1431.6	1721.9	6.0	10.6	4.4
13	6540	1480.7	1298.0	7.2	14.9	3.9
14	7675	1510.3	1100.0	7.6	16.6	3.1
15	7419	1492.2	1039.0	9.2	17.5	0.6
16	7923	1535.4	1200.0	8.8	16.0	1.5

【解】　设电话线缆销售量为因变量 Y，GDP 为 x_1，新迁住宅为 x_2，失业率 x_3，半年期最低利率为 x_4，话费收益率为 x_5。并设销售量与其他变量之间的关系为

$$Y = \alpha + \beta_1 x_1 + \beta_2 x_2 + \beta_3 x_3 + \beta_4 x_4 + \beta_5 x_5 + \varepsilon, \quad \varepsilon \sim N(0, \sigma^2)$$

（1）确定回归方程的系数。据题目中所给数据，得

$$\alpha = 6204.04, \quad \beta_1 = 4.416, \quad \beta_2 = 2.262, \quad \beta_3 = -840.607, \quad \beta_4 = 40.701, \quad \beta_5 = -737.493$$

因而经验回归方程为

$$\hat{Y} = 6204.04 + 4.416 x_1 + 2.262 x_2 - 840.607 x_3 + 40.701 x_4 - 737.493 x_5$$

（2）由于

$$S_R = 19\,400\,667, \quad S_E = 2\,823\,169, \quad S_T = 22\,223\,836$$

$$F = \frac{S_R/5}{S_E/(16-5-1)} = 13.744$$

查表得 $F_{0.05}(5, 10) = 3.33$。由于 $F > F_{0.05}(5, 10)$，故总体回归效果显著。

（3）由数据计算，可得

$$t_1 = 2.130, \quad t_2 = 3.852, \quad t_3 = -5.377, \quad t_4 = 0.341, \quad t_5 = -2.917$$

而 $t_{0.025}(10) = 2.2281$，由于 $|t_2|$、$|t_3|$、$|t_5|$ 均大于 $t_{0.025}(10)$，故新迁住宅、失业率、话费收益率对电话线缆销售量有显著影响。而 GDP、半年期最低利率对电话线缆销售量影响不显著。

6. 可化为线性回归的例子

(1) 模型 $Y = \alpha + \beta \sin t + \varepsilon, \varepsilon \sim N(0, \sigma^2)$, 只要令 $x = \sin t$, 即为 $Y = \alpha + \beta x + \varepsilon$。

(2) 模型 $\dfrac{1}{Z} = \alpha + \beta \dfrac{1}{t} + \varepsilon, \varepsilon \sim N(0, \sigma^2)$, 可令 $\dfrac{1}{Z} = Y, \dfrac{1}{t} = x$, 即为 $Y = \alpha + \beta x + \varepsilon$。

(3) 模型 $Y = \alpha + \beta_1 t + \beta_2 t^2 + \varepsilon, \varepsilon \sim N(0, \sigma^2)$, 可令 $x_1 = t, x_2 = t^2$ 即为 $Y = \alpha + \beta_1 x_1 + \beta_2 x_2 + \varepsilon$。

(4) 模型 $Z = A e^{\beta x} \varepsilon', \ln \varepsilon' \sim N(0, \sigma^2)$, 可取对数 $\ln Z = \ln A + \beta x + \ln \varepsilon'$。令 $Y = \ln Z$, $\alpha = \ln A, \varepsilon = \ln \varepsilon'$, 即为 $Y = \alpha + \beta x + \varepsilon$。

(5) 模型 $Z = A e^{\frac{\beta}{t}} \varepsilon', \ln \varepsilon' \sim N(0, \sigma^2)$, 可取对数 $\ln Z = \ln A + \dfrac{\beta}{t} + \ln \varepsilon'$, 令 $Y = \ln Z, \alpha = \ln A, x = \dfrac{1}{t}, \varepsilon = \ln \varepsilon'$, 即为 $Y = \alpha + \beta x + \varepsilon$。

关键术语

方差分析(analysis of variance, ANOVA)　检验多个总体均值是否相等的统计方法。

单因素方差分析(one-way analysis of variance)　方差分析中只涉及一个分类型自变量。

双因素方差分析(two-way analysis of variance)　方差分析中涉及两个分类型自变量。

回归方程(regression equation)　描述因变量 y 如何依赖于自变量 x 的方程。

重要公式

1. 单因素方差分析表

表 9.18　单因素方差分析表

方差来源	平方和	自由度	均方和	F 值
因素 A	S_A	$r-1$	$\bar{S}_A = \dfrac{S_A}{r-1}$	$F = \dfrac{\bar{S}_A}{\bar{S}_E}$
误差 E	S_E	$n-r$	$\bar{S}_E = \dfrac{S_E}{n-r}$	
总和 T	S_T	$n-1$		

其中

$$T_{i\cdot} = \sum_{j=1}^{n_i} X_{ij}, \quad i = 1, 2, \cdots, r, \quad T = \sum_{i=1}^{r} \sum_{j=1}^{n_i} X_{ij} = \sum_{i=1}^{r} X_{i\cdot}.$$

$$S_T = \sum_{i=1}^{r} \sum_{j=1}^{n_i} X_{ij}^2 - \frac{T^2}{n}, \quad S_A = \sum_{i=1}^{r} \frac{T_{i.}^2}{n_i} - \frac{T^2}{n},$$

$$S_E = S_T - S_A$$

2. 双因素方差分析平方和的分解式

$$S_T = S_E + S_A + S_B + S_{A \times B}$$

其中，

$$S_E = \sum_{i=1}^{r} \sum_{j=1}^{s} \sum_{k=1}^{t} (X_{ijk} - \bar{X}_{ij.})^2 \qquad \text{（误差平方和）}$$

$$S_A = st \sum_{i=1}^{r} (\bar{X}_{i..} - \bar{X})^2 \qquad \text{（因素 A 效应平方和）}$$

$$S_B = rt \sum_{j=1}^{s} (\bar{X}_{.j.} - \bar{X})^2 \qquad \text{（因素 B 效应平方和）}$$

$$S_{A \times B} = t \sum_{i=1}^{r} \sum_{j=1}^{s} (\bar{X}_{ij.} - \bar{X}_{i..} - \bar{X}_{.j.} + \bar{X})^2 \qquad \text{（A、B 交互效应平方和）}$$

3. 一元线性回归。若随机变量 Y 和一般变量 x 之间有关系式

$$Y = \alpha + \beta x + \varepsilon$$

其中 ε 为随机变量，且 $\varepsilon \sim N(0, \sigma^2)$，则称其为 Y 对于 x 的一元线性回归，β 称为回归系数。

4. Y 的观察值的点估计和预测区间。Y_0 的点估计

$$\hat{Y}_0 = \hat{\alpha} + \hat{\beta} x_0 = \bar{Y} - \hat{\beta} \bar{x} + \hat{\beta} x_0 = \bar{Y} + \hat{\beta}(x_0 - \bar{x})$$

给定置信度为 $1-\alpha$ 时，Y_0 的置信区间为

$$\left(\hat{Y}_0 \pm t_{\alpha/2}(n-2) \hat{\sigma} \sqrt{1 + \frac{1}{n} + \frac{(x_0 - \bar{x})^2}{S_{xx}}} \right)$$

5. 多元线性回归。设随机变量 Y 和一般变量 $x_1, x_2, \cdots, x_p$ 之间有关系式

$$Y = \beta_0 + \beta_1 x_1 + \beta_2 x_2 + \cdots + \beta_p x_p + \varepsilon, \varepsilon \sim N(0, \sigma^2)$$

上式为多元线性回归的数学模型。

案 例 9

【案例 9.1】(宏观经济问题)　CPI 即居民消费价格指数，是反映一定时期内居民所消费的商品和服务价格变动的指针，它是政府进行宏观经济和决策的重要指标，同时它与老百姓的生活息息相关。以下是 2000～2007 年间每个月的 CPI 指数(表 9.19)。通过方差分析研究月份对 CPI 是否有显著影响？($\alpha = 0.05$)

表 9.19　2000～2007 年每月的 CPI 指数

月份\年份	2000	2001	2002	2003	2004	2005	2006	2007
1	99.8	101.2	99.0	100.4	103.2	101.9	101.9	102.2
2	100.7	100.0	100.0	100.2	102.1	103.9	100.9	102.7
3	99.8	100.8	99.2	100.9	103.0	102.7	100.8	103.3
4	99.7	101.6	98.7	101.0	103.8	101.8	101.2	103.0
5	100.1	101.7	98.9	100.7	104.4	101.8	101.4	103.4
6	100.5	101.4	99.2	100.3	105.0	101.6	101.5	104.4
7	100.5	101.5	99.1	100.5	105.3	101.8	101.0	105.6
8	100.3	101.0	99.3	100.9	105.3	101.3	101.3	106.5
9	100.0	99.9	99.3	101.1	105.2	100.9	101.5	106.2
10	100.0	100.2	99.2	101.8	104.3	101.2	101.4	106.5
11	101.3	99.7	99.3	103.0	102.8	101.3	101.9	106.9
12	101.5	99.7	99.6	103.2	102.4	101.6	102.8	106.5

【解】　本题是在 $\alpha = 0.05$ 下检验假设

$$H_0 : \mu_1 = \mu_2 = \mu_3 = \mu_4 ; \quad H_1 : \mu_1, \mu_2, \mu_3, \mu_4 \text{ 不全相等}$$

该问题中 $r = 12$，$n_1 = n_2 = \cdots = n_{12} = 8$，$n = 96$。由数据表 9.20 计算。

表 9.20　CPI 数据分析表

月份	年份								T_i	$\overline{X_i}$	$\sum_{j=1}^{n_i} X_{ij}^2$
	2000	2001	2002	2003	2004	2005	2006	2007			
1	99.8	101.2	99.0	100.4	103.2	101.9	101.9	102.2	809.6	101.2	81 944.9
2	100.7	100.0	100.0	100.2	102.1	103.9	100.9	102.7	810.5	101.3	82 128.3
3	99.8	100.8	99.2	100.9	103.0	102.7	100.8	103.3	810.5	101.3	82 130.0
4	99.7	101.6	98.7	101.0	103.8	101.8	101.2	103.0	810.8	101.4	82 193.5
5	100.1	101.7	98.9	100.7	104.4	101.8	101.4	103.4	812.4	101.6	82 520.7
6	100.5	101.4	99.2	100.3	105.0	101.6	101.5	104.4	813.9	101.7	82 832.1
7	100.5	101.5	99.1	100.5	105.3	101.8	101.0	105.6	815.3	101.9	83 127.3
8	100.3	101.0	99.3	100.9	105.3	101.3	101.3	106.5	815.9	102.0	83 256.1
9	100.0	99.9	99.3	101.1	105.2	100.9	101.5	106.2	814.1	101.8	82 890.3
10	100.0	100.2	99.2	101.8	104.3	101.2	101.4	106.5	814.6	101.8	82 988.1
11	101.3	99.7	99.3	103.0	102.8	101.3	101.9	106.9	816.2	102.0	83 312.0
12	101.5	99.7	99.6	103.2	102.4	101.6	102.8	106.5	817.3	102.2	83 531.2
总和									9 761.1		992 854.3

$$\sum_{i=1}^{r}\sum_{j=1}^{n_i} X_{ij}^2 = 992\,854.3$$

$$S_T = \sum_{i=1}^{r}\sum_{j=1}^{n_i} X_{ij}^2 - \frac{T^2}{n} = 992\,854.3 - \frac{9761.1^2}{98} = 364$$

$$S_A = \sum_{i=1}^{r} \frac{T_{i.}^2}{n_i} - \frac{T^2}{n}$$

$$= \left(\frac{809.6^2}{8} + \frac{810.5^2}{8} + \frac{810.5^2}{8} + \frac{810.8^2}{8} + \frac{812.4^2}{8} + \frac{813.9^2}{8} + \frac{815.3^2}{8} + \frac{815.9^2}{8} \right.$$

$$\left. + \frac{814.1^2}{8} + \frac{814.6^2}{8} + \frac{816.2^2}{8} + \frac{817.3^2}{8} \right) - \frac{9761.1^2}{96} = 992\,499.6 - 992\,490.3 = 9.3$$

$$S_E = S_T - S_A = 364 - 9.3 = 354.7$$

表 9.21　方差分析表

方差来源	平方和	自由度	均方	F 值
因素	9.3	11	0.85	0.202
误差 E	354.7	84	4.2	
总和 T	364	95		

$F(11,84) = 1.93 > 0.202$，故在显著性水平 0.05 下接受 H_0，所以认为月份对 CPI 没有影响。

【案例 9.2】(营销管理问题)　某苹果汁厂家开发了一种新产品——浓缩苹果汁，一包该果汁和水混合后可配出 1L 的普通苹果汁。该产品有一些吸引消费者的特性：首先，它比目前市场上销售的罐装苹果汁方便饮用；其次，由于市场上的罐装苹果汁事实上也是通过浓缩果汁造成的，因此新产品的质量至少不会差于罐装果汁。最后，新产品的生产成本略低于罐装苹果汁。经营经理需要决定的是如何宣传这种新产品，她可以强调产品的便利性、高品质或价格优势的广告来推销。除了营销策略不同之外，厂商还决定用两种媒体中的一种来刊登广告：电视和报纸。于是，试验按照如下的方法来进行：选择 6 个不同的小城市：在城市 1 中，营销的重点是便利性，广告采用电视形式；在城市 2 中，营销的重点仍然是便利性，但广告采用报纸形式；在城市 3，营销的重点是质量，广告采用电视形式；在城市 4，营销的重点仍然是质量，但广告采用报纸形式；城市 5 和城市 6 的营销重点都是价格，但城市 5 采用电视形式，而城市 6 采用报纸形式，记录下每个城市 10 周中每周的销售情况，数据如表 9.22 所示。

试问：营销策略和媒体分别对销售量有无显著影响？两者对销售量有无显著交互作用？($\alpha = 0.05$)

表 9. 22　营销策略与媒体对销售量影响情况表

因素 B:媒体	因素 A:策略		
	便利性	质量	价格
电视	491	677	575
	712	627	614
	558	590	706
	447	632	484
	479	683	478
	624	760	650
	546	690	583
	444	548	536
	582	579	579
	672	644	795
报纸	464	689	803
	559	650	584
	759	704	525
	557	652	498
	528	576	812
	670	836	565
	534	628	708
	657	798	546
	557	497	616
	474	841	587

【解】　通过计算得到

$$S_A = sk \sum_{i=1}^{r} (X_{i\cdot\cdot} - X)^2 = 98\ 839, \quad r-1=2, \quad MS_A = \frac{S_A}{r-1} = 49\ 419$$

$$S_{AB} = rk \sum_{ji=1}^{s} (X_{\cdot j\cdot} - X)^2 = 13\ 172, \quad s-1=1, \quad MS_B = \frac{S_b}{s-1} = 13\ 172$$

$$S_I = k \sum_{i=1}^{r} \sum_{j=1}^{s} (X_{ij\cdot} - X_{i\cdot\cdot} - X_{\cdot j\cdot} + X)^2 = 1610, (r-1)(S-1)=2,$$

$$MS_I = \frac{S_I}{(r-1)(S-1)} = 805$$

$$S_e = \sum_{i=1}^{r} \sum_{j=1}^{s} \sum_{l=1}^{k} (X_{ijl} - X_{ij\cdot})^2 = 614\ 758, \quad rsk-1=59$$

$$F_A = \frac{MS_A}{MS_e} = 5.33, \quad F_B = \frac{MS_B}{MS_e} = 1.42, \quad F_I = \frac{MS_I}{MS_e} = 0.09$$

上述结果可以列成方差分析表(表 9.23)。

表 9.23　多因素方差分析表

方差来源	平方和	自由度	均方	F 值
因素 A	98839	2	49149	5.33
因素 B	13172	1	13172	1.42
交互作用 I	1610	2	805	0.09
随机误差 e	501137	54	9280	
总和	614758	59		

$F_{0.05}(2,54)=3.15$，$F_{0.05}(1,54)=4.00$，由于 $F_A>3.15$，$F_B<4.00$，$F_I<3.15$，所以，营销策略对销售量有显著影响，媒体对销售量无显著影响，而营销策略和媒体对销售量无显著的交互作用。

【案例 9.3】（宏观经济问题）　为了研究城镇居民储蓄率的影响因素，建立以下模型

$$Y=\beta_1+\beta_2X_1+\beta_3X_2+\beta_4X_3+\beta_5X_4+u,$$

其中 Y 代表城镇居民储蓄率；X_1 代表城镇居民收入增长率；X_2 代表一年期储蓄利率；X_3 代表通货膨胀率；X_4 代表城镇居民基尼系数，表 9.24 是 1988~2002 年的各变量数据。

表 9.24　1988~2002 年城镇居民储蓄率、收入增长率、一年期储蓄利率、通货膨胀率与基尼系数

年份	Y	X_1	X_2	X_3	X_4
1988	0.1786	0.2197	7.68	0.1853	0.23
1989	0.2721	0.1998	11.12	0.1778	0.23
1990	0.3276	0.1236	9.92	0.0211	0.24
1991	0.3103	0.1637	7.92	0.0289	0.25
1992	0.3017	0.2288	7.56	0.0538	0.27
1993	0.3199	0.3112	9.26	0.1319	0.3
1994	0.4249	0.3972	10.98	0.2169	0.28
1995	0.4490	0.2611	10.98	0.1480	0.28
1996	0.4090	0.1982	9.21	0.0609	0.29
1997	0.3094	0.1277	7.17	0.0079	0.3
1998	0.2123	0.1346	5.02	−0.026	0.295
1999	0.2123	0.1346	2.89	−0.0299	0.3
2000	0.1239	0.1257	2.25	−0.0150	0.32
2001	0.2516	0.1436	2.25	−0.0079	0.33
2002	0.2990	0.1731	2.03	−0.0131	0.319

【解】　对数据进行计算分析，得到结果如下：

$$Y=-0.3273+0.5215X_1+0.0318X_2-0.6599X_3+1.1863X_4$$

可以看出,个人可支配收入率变动 1‰时,储蓄增长率的变动 0.5215%。当利率变动一个单位,储蓄的增量的变动 0.0318 个单位。当通货膨胀率变动一个单位时,储蓄量向相反方向变动 0.6599 个单位。基尼系数变动一个单位,储蓄率变动 1.1863 个单位。

习 题 9

1. 为了对几个行业的服务质量进行评价,消费者协会在 4 个行业分别抽取了不同的企业作为样本。最近一年中消费者对总共 23 家企业投诉的次数如表 9.25 所示。分析 4 个行业之间的服务质量是否有显著差异?(取显著性水平 $\alpha = 0.05$)

表 9.25　4 个行业服务质量调查表

	零售业	旅游业	航空公司	家电制造业
	57	68	31	44
	66	39	49	51
投	49	29	21	65
诉	40	45	34	77
次	34	56	40	58
数	53	51		
	44			

2. 现举行料理大赛,分别有中国料理、日本料理和法国料理参加,共有 10 个评委打分,结果如表 9.26 所示。取 $\alpha = 0.05$,检验上述三种料理得分是否有差异。

表 9.26　三种不同料理得分表

评审	中国料理	日本料理	法国料理
1	85	65	80
2	55	60	75
3	50	45	50
4	65	60	75
5	85	80	75
6	85	65	85
7	75	70	75
8	90	55	70
9	85	60	70
10	65	60	75

3. (投资问题)某人将资金投资了 3 种投资组合,表 9.27 是随机抽取连续 20 天这 3 种投资组合的收益率,根据表格中数据计算在 $\alpha = 0.05$ 时,以下三个组合收益率是否无差异。

表 9.27　三种组合的收益率

	投资组合 1	投资组合 2	投资组合 3
1	−0.007	−0.011	−0.011
2	0.013	0.017	0.014
3	0.013	0.017	0.015
4	−0.003	−0.004	−0.003
5	0.012	0.012	0.013
6	−0.005	−0.003	−0.004
7	0.008	0.005	0.007
8	−0.024	−0.024	−0.026
9	0.003	0.002	0.003
10	0.007	0.008	0.008
11	0.005	0.006	0.006
12	−0.007	−0.009	−0.008
13	0.001	−0.002	−0.001
14	−0.012	−0.016	−0.013
15	−0.012	−0.022	−0.016
16	0.005	0.004	0.007
17	0.019	0.024	0.022
18	−0.001	0.001	−0.002
19	0.007	0.010	0.008
20	0.002	−0.002	0.003

4. 一工厂用三种不同的工艺生产某类型电池。从各个工艺生产的电池中分别抽取样本并测得样本的寿命（使用时间）如下：（单位：h）

　　　　工艺 1　40，46，38，42，44

　　　　工艺 2　26，34，30，28，32

　　　　工艺 3　39，40，43，48，50

试分析三种不同的工艺有没有显著性差异？

5. 通过方差分析研究以下两个航运运价指数：国际波罗的海综合运费指数（baltic dry index，BDI）和中国航运市场选取中国沿海散货综合运价指数（China coastal bulk freight index，CCBFI）在金融危机之后走势是否有差异。表 9.28 为 2008 年 3 月～2009 年 3 月的 BDI 数据和 CCBFI。

表 9.28　2008 年 3 月～2009 年 3 月 BDI 和 CCBFI 数据表

月 份	BDI	CCBFI
2008 年 3 月	7 917	2 372
2008 年 4 月	8 341	2 247
2008 年 5 月	10 795	2 609

月份	BDI	CCBFI
2008 年 6 月	10 117	2 757
2008 年 7 月	8 880	2 194
2008 年 8 月	7 590	1 977
2008 年 9 月	4 857	1 761
2008 年 10 月	1 903	1 489
2008 年 11 月	823	1 244
2008 年 12 月	746	1 217
2009 年 1 月	891	1 228
2009 年 2 月	1 768	1 112
2009 年 3 月	2 061	923

6. 某消费报收集到的关于热狗卡路里的数据,其中包含了 63 种品牌的热狗卡路里含量,见表 9.29。($\alpha = 0.05$)

表 9.29 不同类型热狗卡路里含量表

类型	卡路里含量
牛肉	186,181,176,149,184,190,158,139,175,148,152,111,141,153,190,157,131,149,135,132
猪肉	173,191,182,190,172,147,146,139,175,136,179,153,107,195,135,140,139
禽肉	129,132,102,106,94,102,87,99,107,113,135,142,86,143,152,146,144
特色	155,170,114,191,162,146,140,187,180

试分析四种热狗的卡路里含量是否有显著性差异?

7. 为了测试新试制的汽船的性能,在规定里程内测量 3 种不同的风浪的条件下汽船航行的时间 (单位:min),数据如下:

无风浪   26, 19, 16, 22
稍有风浪   25, 27, 25, 20, 18, 23
大风大浪   23, 25, 28, 31, 16

试用这些数据检验航行条件对航行时间有无影响。($\alpha = 0.05$)

8. 有两种品牌的软饮料拟在三个地区进行销售,为了分析饮料的品牌("品牌"因素)和销售地区 ("地区"因素)对销售量的影响,对每种品牌在各地区的销售量取得以下数据,见表 9.30。

表 9.30 不同品牌、不同地区饮料销售表

品牌因素	地区因素		
	地区 1	地区 2	地区 3
品牌 1	558	627	484
品牌 2	464	528	616

试分析品牌和销售地区对饮料的销售量是否有影响?($\alpha = 0.05$)

9. 成衣工厂生产部门的工程师研究某种新的人造纤维的张力强度的影响是来自于棉花的成分的多寡,而我们将棉花占的比例分成 15%、20%、25%、30%、35% 五种,分别来看人造纤维的张力强度,如表 9.31 所示。

表 9.31　人造纤维的张力强度与棉花所含比例表

棉花所占比例/%	观察到的张力/(lbf/in²)				
	1	2	3	4	5
15	7	7	15	11	9
20	12	17	12	18	18
25	14	18	18	19	19
30	19	25	22	19	23
35	7	10	11	15	11

注:1lbf/in² = 6.89476 × 10³ Pa。

由上表运用方差分析方法确定人造纤维中棉花占有的比例是否会影响其平均的张力强度。

10. 2010 年 1 月 12 日中国人民银行公布提高存款准备金,表 9.32 为公布前与公布后 10 个交易日上证指数的对数收益率,利用方差分析研究提高存款准备金对上证指数收益率是否有影响。($F = 6.12 > F(1, 18) = 4.41$,有影响)

表 9.32　存款准备金与上证指数收益率表

提高前	收益率	提高后	收益率
1	0.007 181	1	−0.029 7
2	0.015 705	2	0.002 222
3	0.004 447	3	−0.009 63
4	−0.010 24	4	−0.010 99
5	0.011 775	5	−0.024 54
6	−0.008 56	6	−0.010 92
7	−0.019 06	7	0.002 518
8	0.001 008	8	−0.001 62
9	0.005 227	9	−0.016 16
10	0.018 876	10	−0.002 26

11.(生产方法问题)某企业准备用三种方法组装一种新的产品,为确定哪种方法 1h 生产的产品数量最多,随机抽取了 30 名工人,并制定每个人使用其中的一种方法。通过对每个工人生产的产品数进行方差分析得到结果,见表 9.33。

表 9.33　方差分析表

误差来源	平方和	自由度	平均误差平方和	F	临界值
组间误差	?	?	210	?	3.354
组内误差	3836	?	?	—	—
总和	?	29	—	—	—

(1) 完成上面的方差分析表；

(2) 若显著性水平 $\alpha=0.05$，验三种方法组装的产品数量之间是否存在显著差异？

表 9.34　方差分析表

误差来源	平方和	自由度	平均误差平方和	F	临界值
组间误差	420	2	210	1.478	3.354
组内误差	3836	27	142.07	—	—
总和	4256	29	—	—	—

12. 在一个小麦种植试验中，考察 4 种不同的肥料(因素 A)与 3 种不同的品种(因素 B)，选择 12 块形状大小条件尽量一致的地块，每块上施加 $4\times3=12$ 种处理之一，试验结果如表 9.35 所示。

表 9.35　不同肥料、不同小麦品种产量表

		因素 B(小麦品种)			
		1	2	3	T_i
因素 A	1	164	175	174	510
(施肥种类)	2	155	157	147	459
	3	159	166	158	483
	4	158	157	153	468
	Q_j	636	652	632	1920

给定显著性水平 $\alpha=0.05$，检验假设：(1)使用不同肥料小麦平均产量有无差异；(2)使用不同品种的小麦平均产量有无差异。

13. 粮食加工厂实验 5 种储藏方法，检验它们对粮食含水率是否有显著影响。在储藏前这些粮食的含水率几乎没有差别，储藏后含水率如表 9.36 所示。问不同的储藏方法对含水率的影响是否有明显差异？ ($\alpha=0.05$)

表 9.36　不同储藏方式对含水率影响表

含水率/%		试验批号				
		1	2	3	4	5
	A1	7.3	8.3	7.6	8.4	8.3
因素 A	A2	5.4	7.4	7.1		
(储藏方法)	A3	8.1	6.4			
	A4	7.9	9.5	10.0		
	A5	7.1				

14. (质量检验问题)有某型号的电池三批，它们分别是 A、B、C 三个工厂生产的，为评比其质量，各随机抽取 5 只电池为样本，经试验得其寿命形式如表 9.37 所示，试在显著性水平 0.05 下，检验电池的平均寿命有无显著的差异，若差异显著，试求均值差 $\mu_A-\mu_B,\mu_A-\mu_C,\mu_B-\mu_C$ 的置信度为 95% 的置信区间，设各个工厂生产的电池的寿命服从同方差的正态分布。

表 9.37　不同工厂样本电池寿命表

A	B	C
40	26	39
48	34	40
38	30	43
42	28	50
45	32	50

15. 酿造厂有化验员 3 名,担任发酵粉的颗粒检验,今有 3 位化验员每天从该厂所产的发酵粉中抽样一次,连续 10 天,每天检验其中所含颗粒的百分率,结果如表 9.38 所示,设 $\alpha=0.05$,试分析 3 名化验员的化验技术之间与每日所抽取样本之间有无显著差异?

表 9.38　发酵粉颗粒百分比表

因素 A(化验员)　＼　因素 B(化验时间)	B_1	B_2	B_3	B_4	B_5	B_6	B_7	B_8	B_9	B_{10}
A_1	10.1	4.7	3.1	3.0	7.8	8.2	7.8	6.0	4.9	3.4
A_2	10.0	4.9	3.1	3.2	7.8	8.2	7.7	6.2	5.1	3.4
A_3	10.2	4.8	3.0	3.0	7.8	8.4	7.8	6.1	5.0	3.3

16. 为了研究金属管的防腐蚀的功能,考虑了 4 种不同的涂料涂层,将金属管埋没在 3 种不同性质的土壤中,经历了一定的时间,测得金属管腐蚀的最大深度如表 9.39 所示,试在 $\alpha=0.05$ 水平下检验在不同图层下腐蚀的最大深度的平均值有无显著差异,在不同土壤下腐蚀的最大深度的平均值有无显著差异? 设两因素间没有交互作用效应。(两种因素的影响均不显著)

表 9.39　不同土壤、不同涂层下金属管腐蚀的最大深度表

涂层(因素 A)　＼　土壤类型(因素 B)	1	2	3
A_1	1.63	1.35	1.27
A_2	1.34	1.30	1.22
A_3	1.19	1.14	1.27
A_4	1.30	1.09	1.32

17. 在某种金属材料的生产过程中,对热处理温度(因素 B)与时间(因素 A)各取两个水平,产品强度的测定结果(相对值)如表 9.40 所示。

表 9.40　热处理温度、时间下产品强度数据表

A　＼　B	B_1	B_2	$T_{i..}$
A_1	38.0	47.0	168.4
	38.6	44.8	

续表

A　　B	B_1	B_2	$T_{i..}$
A_2	45.0	42.4	172
	43.8	40.8	
$T_{.j.}$	165.4	175	340.4

在同一条件下每个试验重复两次,设个水平搭配下强度的总体服从正态分布且方差相同,各样本独立,问热处理温度、时间以及这两者的交互作用对产品强度是否有显著的影响?($\alpha=0.05$)

18. 考察合成纤维中对纤维弹性有影响的两个因素:收缩率 A 和总拉伸倍数 B。A 和 B 各取四种水平,整个实验重复两次,结果如表 9.41 所示。

表 9.41　不同收缩率与拉伸倍数下纤维弹性数据表

因素 A　　因素 B	$460(B_1)$	$520(B_2)$	$580(B_3)$	$640(B_4)$
$0(A_1)$	71,73	72,73	75,73	77,75
$4(A_2)$	73,75	76,74	78,77	74,74
$8(A_3)$	76,73	79,77	74,75	74,73
$12(A_4)$	75,73	73,72	70,71	69,69

试问:收缩率和总拉伸倍数分别对纤维弹性有无显著影响?两者对纤维弹性有无显著交互作用?($\alpha=0.05$)

19. 表 9.42 为某地区 1987～2006 年的 GDP 与旅游收入统计表,已知 GDP 与旅游收入线性相关。

(1)建立估计的回归方程。

(2)对模型的显著性进行检验。($\alpha=0.05$)

(3)对各变量的显著性进行检验。($\alpha=0.05$)($y=47.1858+6.6417x$)

表 9.42　1987～2006 年某地区 GDP 与旅游收入统计表

年份	GDP/亿元	旅游收入/亿元	年份	GDP/亿元	旅游收入/亿元
1987	57.28	1.14	1997	411.16	61.67
1988	77.00	2.87	1998	442.13	66.96
1989	91.30	3.14	1999	476.67	72.46
1990	102.42	4.09	2000	526.82	78.56
1991	120.52	5.17	2001	579.17	87.89
1992	184.92	9.44	2002	642.73	95.38
1993	260.41	37.74	2003	713.96	93.55
1994	331.98	47.99	2004	819.66	111.01
1995	363.25	52.39	2005	905.03	125.05
1996	389.68	57.23	2006	1052.85	141.43

20. 影响房地产的因素众多,考虑到一些因素无法量化,取以下 4 个影响因素对房地产销售进行分析,分别为全国房地产均价、人均可支配收入、国内生产总值、城镇化水平。表 9.43 是 1991～2007 年间我国以上五个变量的统计量,根据表 9.43

(1) 进行多元线性回归分析,得出房地产销售面积(y)与均价(x_1)、人均可支配收入(x_2)、国内生产总值(x_3)及城镇化水平(x_4)的回归方程式

(2) 对回归结果进行显著性检验。($\alpha=0.05$)

(3) 对各变量进行显著性检验。($\alpha=0.05$)

表 9.43　1991～2007 年房地产销售面积、均价、人均可支配收入、国内生产总值、城镇化水平数据表

年份	销售面积/万平方	均价/元	人均可支配收入/元	国内生产总值/亿元	城镇化水平/%
1991	3 025	786	1 570	19 580	26.94
1992	4 289	995	1 826	23 938	27.64
1993	6 688	1 291	2 577	31 380	27.99
1994	7 230	1 409	3 496	43 800	28.51
1995	7 906	1 591	4 284	57 733	29.04
1996	7 900	1 806	4 839	67 795	30.48
1997	9 010	1 997	5 160	74 772	31.91
1998	12 185	2 063	5 425	79 553	33.35
1999	14 557	2 053	5 854	82 054	34.78
2000	18 637	2 112	6 280	89 404	36.22
2001	22 412	2 170	6 860	95 933	37.66
2002	26 808	2 250	7 703	102 398	39.09
2003	33 718	2 359	8 472	116 694	40.53
2004	38 232	2 778	9 422	136 515	41.76
2005	55 486	3 168	10 493	182 321	42.99
2006	60 628	3 342	11 759	209 407	43.9
2007	76 193	3 885	13 786	246 619	44.9

21. 为了研究农村居民消费需求的影响因素,建立如下回归方程:

$$C_t = \beta_0 + \beta_1 P_t + \beta_2 R_t + \beta_3 D_i + \varepsilon$$

其中 C_t 为农村居民消费水平;P_t 为农村居民家庭平均每人纯收入中家庭经营纯收入的比重;R_t 为国家财政支出增长率;D_i 为反映预期的虚拟变量,以能够反映需求对收入变动灵敏度的"消费收入弹性"作为赋值标准。消费收入弹性小于 1 时令 D_i 等于 1,反之等于 0。表 9.44 为 1998～2007 年的数据,根据表中数据计算回归方程。

表 9.44　1998～2007 年的农村居民消费水平、家庭经营纯收入比重、财政支出增长率、消费收入弹性表

年份	农村居民消费水平 /元	家庭经营纯收入 的比重/%	财政支出增长率 /%	消费收入弹性
1998	1730	67.81	16.9	0.14

续表

年份	农村居民消费水平 /元	家庭经营纯收入 的比重/%	财政支出增长率 /%	消费收入弹性
1999	1766	65.53	22.1	0.93
2000	1860	63.34	20.5	2.64
2001	1969	61.68	19.0	1.16
2002	2062	60.05	16.7	1.02
2003	2103	58.78	11.8	0.35
2004	2301	59.45	15.6	0.80
2005	2560	56.67	19.1	1.03
2006	2847	53.83	19.1	1.09
2007	3265	52.98	23.2	0.96

22. 通过如下的方程

$$Y = a_0 + a_1 X_1 + a_2 X_1^2 + a_3 X_2 + \varepsilon$$

研究投资额与 GDP 及财政收入的关系，Y 为投资额；X_1、X_2 分别表示 GDP 与财政收入。表 9.45 为 1991～2008 年的数据（单位：亿元）。

(1) 对其进行回归分析，得出回归方程式。

(2) 对回归结果进行显著性检验。$(\alpha = 0.05)$ $(Y = 54.64 + 0.14 X_1 + 7.35 \times 10^{-7} X_1^2 + 1.08 X_2)$

表 9.45　1991～2008 年的投资额、GDP 与财政收入数据表

年份	投资额 /亿元	GDP /亿元	财政收入 /亿元	年份	投资额 /亿元	GDP /亿元	财政收入 /亿元
1991	5 594	21 781	3 149	2000	32 917	99 214	13 395
1992	8 080	26 923	3 483	2001	37 213	109 655	16 386
1993	13 072	35 333	4 348	2002	43 499	120 332	18 903
1994	17 042	48 197	5 218	2003	55 566	135 822	21 715
1995	20 019	60 793	6 242	2004	70 477	159 878	26 396
1996	22 913	71 176	7 407	2005	88 773	183 217	31 469
1997	24941	78 973	8 651	2006	109 998	211 923	38 760
1998	28 406	84402	9 875	2007	137 323	249 529	51 321
1999	29 854	89 677	11 444	2008	172 291	300 670	61 316

第 10 章　统计分析软件 SPSS 简介

SPSS 的全称是 Statistical Program for Social Sciences，即社会科学统计程序。该软件是公认的最优秀的统计分析软件包之一。SPSS 原是为大型计算机开发的，其版本为 SPSSx. SPSS 是著名的综合性统计软件，SPSS 软件面向行业应用人员，软件设计突出统计方法的成熟、实用、易用性、界面易操作性及与文字处理软件等的交互性上。

10.1　SPSS 主要功能

1) 数据编辑功能

在 SPSS 数据编辑器中，不仅可以对数据文件进行增加、删除、复制等常规操作，还可以对数据文件中的数据进行排序、转置、拆分、聚合、加权等操作。对多个数据文件可以根据变量或个案进行合并。可以根据需要把要分析的变量集中到一个集合中，打开时指定打开该集合，而不必打开整个数据文件。

2) 表格生成和编辑

利用 SPSS 可以生成数十种风格的表格，利用专门的编辑窗体或直接在查看器中可以编辑所生成的表格。

3) 图形的生成和编辑

可以生成数十种基本图和交互图，基本图包括条形图、线图、面积图、P-P 概率图、序列图和时间序列图等，有的基本图还可以细分。交互图比基本图更漂亮可以有不同风格的二维、三维图。交互图包括条形交互图、点形交互图、散点交互图等。图形还可以进行编辑。

4) 与其他软件的衔接

SPSS 能打开 Excel、Debase、Foxbase、Lotus1-2-3、Access、文本编辑器等生成的数据文件。SPSS 生成的图片可以保存为多种图形文件格式。

5) SPSS 的统计功能

SPSS 的统计功能是 SPSS 的核心部分。其基本功能包括：样本数据的描述和预处理、假设检验、方差分析、列联表分析、相关分析、回归分析、聚类分析、判别分析、因子分析、时间序列分析、可靠性分析。

6) 二次开发功能

利用 SPSS 自带的 SaxBasic 语言，结合 COM 技术，可以实现二次开发。

10.2　数据文件的建立与操作

10.2.1　数据文件的建立与保存

启动 SPSS 后，出现的界面是数据编辑器窗口，它的底部有两个标签：Data View（数据视图)和 Variable View(变量视图),它们提供了一种类似于电子表格的方法,用以产生和编辑 SPSS 数据文件。[Data View] 用于查看、录入和修改数据,[Variable View]用来定义和修改变量的定义。

10.2.2　数据文件的编辑

在 SPSS 中,数据文件的编辑、整理等功能被集中在了 Data 和 Transform 两个菜单项中,这两个菜单的内容如图 10.1 所示。

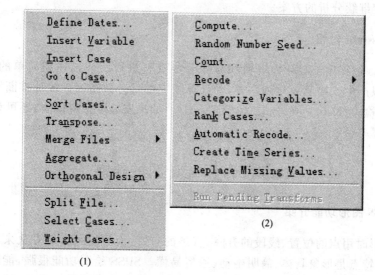

图 10.1　Data 菜单项(1)和 Transform 菜单项(2)

10.2.3　文件的保存

原始数据文件以"Sav"为扩展名进行保存,SPSS 语句文件以"sps"为扩展名进行保存,数据、图形输出文件以"spo"扩展名进行保存。

10.3　描述性统计分析功能的软件实现

10.3.1　Frequencies 过程

频数分布表是描述性统计中最常用的方法之一,Frequencies 过程就是专门为产生频数表而设计的。它不仅可以产生详细的频数表,还可以按要求给出某百分位点的数值,以及常用的条图、圆图等统计图。

10.3.2　Descriptives 过程

Descriptives 过程是连续资料统计描述应用最多的一个过程,他可对变量进行描述性统计分析,计算并列出一系列相应的统计指标。这和其他过程相比并无不同。但该过程还有个特殊功能就是可将原始数据转换成标准正态评分值并以变量的形式存入数据库供以后分析。

10.3.3　Explore 过程

Explore 过程可对变量进行更为深入详尽的描述性统计分析,主要用于对资料的性质、分布特点等完全不清楚时,故又称为探索性分析。它在一般描述性统计指标的基础上,增加有关数据其他特征的文字与图形描述,如枝叶图、箱图等,显得更加详细、全面,有助于用户制定继续分析的方案。

10.3.4　Crosstabs 过程

Crosstabs 过程用于对计数资料和有序分类资料进行统计描述和简单的统计推断。在分析时可以产生二维至 n 维列联表,并计算相应的百分数指标。统计推断则包括了我们常用的 χ^2 检验、Kappa 值,分层 X2(X2M-H)。如果安装了相应模块,还可计算 n 维列联表的确切概率(Fisher's exact test)值。

10.4　常用统计图的绘制

10.4.1　SPSS 图形功能介绍

统计图形时用点的位置、线段的升降、直条的长短、面积的大小等方法来表达统计资料的形式,其特点是形象具体、简明生动、通俗易懂。SPSS 绘图功能很强,能绘制许多种统计图形,具有很强的图形表达能力,大步提升统计报表的可读性与赏心悦目程度,而达到以简御繁的超效率。

在 SPSS 中,主要运用 Graphs 菜单中的选项来创建图形(有的程序在执行时也会产生图形),所以 Graphs 菜单是 SPSS 中专门用于统计绘图的菜单。

主菜单 Graph 中的各菜单项所具有的功能:

(1) Gallery 汇总了全部的统计图类型;

(2) Interactive 生成交互式图形的菜单项;

(3) Bar 生成条形图,包括简单条形图、分组条形图和分段条形图;

(4) Line 生成线图,包括单线图、多线图和垂线图;

(5) Area 生成面积图,包括简单面积图和堆栈面积图;

(6) Pie 生成饼图;

(7) High-Low 生成高-低-收盘图、极差图和距限图;

(8) Pareto 生成帕累托图;

(9) Control 生成常见的工序控制图;

(10) Boxplot 生成探查数据的箱线图;

(11) Error Bar 生成探查数据的误差条图;

(12) Histogram 生成直方图;

(13) Scatter 生成散点图,包括简单散点图、重叠散点图、矩阵散点图和三维散点图;

（14）P-P 生成变量分布累积比对正态分布累积比的图形；

（15）Q-Q 生成变量分布的分位数对正态分布的分位数的图形；

（16）Sequence 生成时间系列图；

（17）ROC Curve 生成 ROC 曲线（受试者操作特征曲线）；

（18）Time Series 生成自相关图、偏自相关图和互相关图。

SPSS 有一个介绍并帮助创建各种统计图形的图库（Mail Chart Gallery），用户通过它可以对 SPSS 中所有的图形作全面的了解。选择 Graphs 菜单，单击 Gallery 按钮，打开 Mail Chart Gallery 图库，可以逐步了解图形创建和编辑的过程；可以查找到要了解的帮助内容；单击 Mail Chart Gallery 图库中某种类型图形对应的图标，显示相关图形的有关信息。

10.4.2　条形图

条形图（Bar Charts）是用户经常见到和用到的一种图形，他用宽度等条带的长短来表示各类数据的大小，给人的感觉简洁明快。

10.4.3　线形图

线形图（Line Charts）常常用于表达两个因素之间的关系，或者说，当一个因素变化时，另一个因素对应的变化情况。根据不同的图标和反映数据的不同，线图可以分为九种类型：个案分组的单线图、单个变量的单线图、个案取值的单线图、个案分组的多线图、单个变量的多线图、个案取值的多线图、个案分组的垂线图、单个变量的垂线图、个案取值的垂线图。

10.4.4　散点图

散点图又称散布图或相关图，它是以点的分布反映变量之间相关情况的统计图形。根据图中的各点分布走向和密集程度，大致可以判断变量之间协变关系的类型。

在主菜单中单击"Graphs"展开下拉菜单，从下拉菜单中选择 Scatter，打开 Scatterplot 主对话框。对话框中包含四种散点图示选择项：

（1）Simple 简单散点图，只能显示一对相关变量。

（2）Overlay 重叠散点图，可以显示多对相关变量。

（3）Matrix 矩阵散点图，在矩阵中显示多个相关变量之间的散点图。

（4）3-D 三维散点图，显示三个相关变量之间的散点图。

10.4.5　直方图

直方图（Histogram）表示数据的频率分布特征，它与条形图之间有类似之处，都是用矩形长度来表示数据特征，但直方图中的条形之间没有间隔的。

在 Graphs 菜单中，单击 Histogram 选项，打开 Histogram 对话框。在 Variable 输入框中输入变量名称，确定对该变量名称对应变量的数据做直方图。选择 Display Normal Curve 复选框，将直方图中显示常态曲线（Normal Curve），否则不显示，单击 OK 按钮，生成直方图。

10.5　区间估计与假设检验方法的软件实现

10.5.1　区间估计

区间估计可以求出在参数在一定置信水平下的取值范围即置信区间。SPSS 可以通过多种方法求得均值的区间估计：

(1) 利用数据探索过程做均值的区间估计；

(2) 利用假设检验过程做均值的区间估计。

如用 SPSS 软件求解例 7.13。

(1) 在数据输入区域输入需要进行描述性统计分析的数据，如图 10.2 所示。

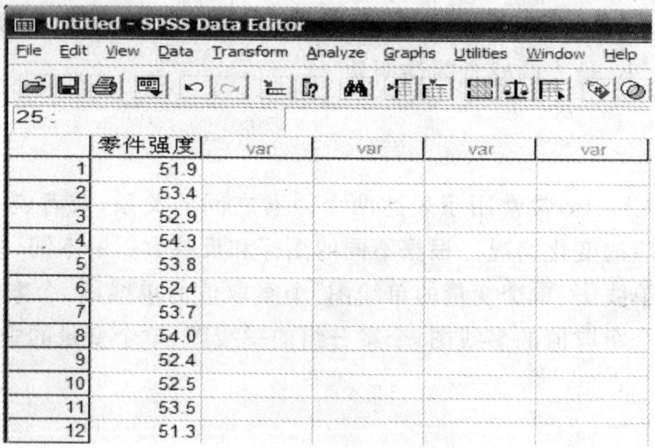

图 10.2　例 7.13 数据表

(2) 选择菜单 Analyze→Discription Statistics→Explore，(图 10.3)并在左侧选择需要进行区间估计的"零件强度"参数进入右侧的"Dependent List"，同时在"Statistics"选项中设定置信水平为 95%(图 10.4)。

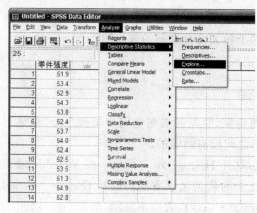

图 10.3　描述性统计操作步骤图

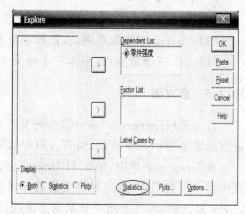

图 10.4　探索性分析操作图

3. 点击"OK",SPSS 的输出结果如图 10.5 所示。

Descriptives

			Statistic	Std. Error
零件强度	Mean		53.200	.2465
	95% Confidence Interval for Mean	Lower Bound	52.675	
		Upper Bound	53.725	
	5% Trimmed Mean		53.211	
	Median		53.150	
	Variance		.972	
	Std. Deviation		.9859	
	Minimum		51.3	
	Maximum		54.9	
	Range		3.6	
	Interquartile Range		1.5	
	Skewness		-.096	.564
	Kurtosis		-.516	1.091

图 10.5 描述性统计分析输出结果

由图 10.5 可知,均值 μ 的置信度为 0.95 的置信区间为(52.675,53.725)与手算结果保持一致。

10.5.2 假设检验

(1) One Sample T Test 过程。主要功能:调用此功能可用于在单总体 σ^2 未知的情况对总体均值的检验。

(2) Independent-Samples T Test 过程。主要功能:调用此功能可完成两样本均值差别的显著性检验,即通常所说的两组资料的 t 检验。

(3) Paired-Samples T Test 过程。主要功能:调用此过程可完成配对资料的显著性检验,即配对 t 检验。例如,在医学领域中,主要的配对资料包括:同对(年龄、性别、体重、病况等非处理因素相同或相似者)或同一研究对象分别给予两种不同处理的效果比较,以及同一研究对象处理前后的效果比较。前者推断两种效果有无差别;后者推断某种处理是否有效。

(4) 方差一致性检验。方差一致性检验可以通过多种方法。

① 有的过程在运行过程中自动进行方差齐性检验,并给出检验结果,如前面的独立样本 t 检验。

② 利用数据探索过程进行检验。在"Explore:options"对话框中的"Spread vs Level with Levene Test"。

③ 利用 One-Way ANOVA。

(5) 正态总体的独立性检验。

10.6 相关分析方法的软件实现

对数据对象之间关系将揭示其内部的变化规律。描述事物变化的关系通常使用统计关系和函数关系两种类型。相关分析是研究数据对象之间联系的密切程度的统计分析，也就是一种统计关系的描述；而回归分析将研究因变量与引起其变化的自变量之间的变化的函数关系的符合程度，即找出事物之间的函数关系。

相关分析通过相关系数来衡量变量之间的紧密程度。相关系数介于−1至1之间，当大于0时称为正相关，表示变量 A 随变量 B 的增大而增大。相关系数小于0时称为负相关，表示变量 A 随变量 B 的增大而减小。常用的相关系数为 Pearson 系数，另外还有 Kendall 偏秩相关系数和 Spearman 秩相关系数。

SPSS 中相关分析的实现步骤如下：

步骤1　在数据编辑器中输入数据。在"Analyze"主菜单中指向"Correlate"选项，然后在打开的子菜单中单击"Bivariate"选项，打开对话框，在该对话框中设置选项，进行变量两两之间的相关分析。

步骤2　在"Variables"列表框：用箭头按钮从左边列表框中将需要分析的变量转移到该列表框中。然后运行过程，生成表格。表中列出了变量两两之间的 Pearson 相关系数（Pearson Correlation）、双侧显著性检验概率（Sig. (2-tailed)）和数据组数（N）。脚注内容显示相关分析结果在0.01的水平上显著。双侧检验的显著性概率均小于0.01时，否定零假设，认为相关系数不为0，变量之间具有相关性。

此外，在步骤2中的"Options"选项的对话框中，选择"Statistics"方框内的两个复选框，单击"Continue"按钮，运行过程，可以生成描述统计量表（包含均值、标准离差和数据个数）和添加了叉积平方和（Sum of Squares and Cross-products）和协方差（Covariance）的相关分析表。

10.7　回归分析方法的软件实现

10.7.1　一元线性回归

其软件实现步骤如下：

步骤1　打开 SPSS 软件，输入数据。

步骤2　用散点交互图分析。按以下顺序打开"Create Scatterplot"对话框：Graphs→Interactive→Scatterplot。然后在此对话框中的"Assign Variable"选项卡中单击二维坐标系按钮，分别在纵轴输入框和横轴输入框中输入变量；在"Fit"选项卡中的"Method"方框内的下拉式列表框中选择"Regression"选项；其他均为默认选项。单击"OK"按钮。生成的图中添加了回归直线，并且给出了该直线的一元一次回归方程和相关系数的平方值，而且绘出了代表概率为0.95的预测区间的直线。

步骤3　用 Linear Regression 过程分析。在"Analyze"主菜单中用鼠标指向"Regression"选项，然后在打开的子菜单中单击"Linear"选项，打开"Linear Regression"对话框。在该对话框及其次级对话框中进行设置，可以进行数据的线性回归。简要介绍对话框中各选项的意义：

Dependent 输入框：输入因变量。

Independent 列表框：输入自变量。进行一元回归时，在该列表框中输入一个变量名；

进行多元回归时,输入多个。

Next 和 Previous 按钮:单击这两个按钮,可以在自变量输入框中输入新的或显示前一套自变量集合,以便同时研究不同自变量集合与因变量之间的关系。

其他的按钮各有它们的含义,可以根据需要去选择,在这里不再介绍。

因变量和自变量输好以后,其他均用系统默认的选择,然后点击"OK"。

10.7.2　多元线性回归

根据多元回归时自变量同选择的不同,可以有多种不同的计算方法,如全回归法、向前法、向后法、逐步回归法等,这里只介绍如何用 SPSS 进行全回归法,其他方法的做法是一样的,在 SPSS 中可以选择。

利用 SPSS 过程进行多元线性回归仍然采用 Linear Regression 过程,与一元线性回归不同的是,进行多元线性回归,需要在"Independents"列表框中输入多个变量名。

步骤 1　打开 SPSS 软件,输入数据。

步骤 2　用 Linear Regression 过程分析。在"Linear Regression"对话框中选择"Method"下拉式列表框中的"Enter"选项,将应该全回归方法进行多元回归。

主要参考文献

陈希孺. 2009. 概率论与数理统计. 合肥：中国科学技术大学出版社

何晓群等. 2011. 应用回归分析(第3版). 北京：中国人民大学出版社

贾俊平等. 2012. 统计学(第5版). 北京：中国人民大学出版社

柯惠新，沈洁. 2005. 调查研究中的统计分析法(第2版). 北京：中国传媒大学出版社

李金林，赵中秋. 2011. 管理统计学(第2版). 北京：清华大学出版社

刘力维等. 2010. 概率论与数理统计. 北京：高等教育出版社

盛骤，谢式千，潘承毅. 2010. 概率论与数理统计(第4版). 北京：高等教育出版社

盛骤，谢式千，潘承毅. 2010. 概率论与数理统计习题全解指南(第4版). 北京：高等教育出版社

孙炎，陈平，孙长国. 2010. 应用统计学. 北京：机械工业出版社

王东红. 2005. 大数定律和中心极限定理在保险业中的重要应用. 数学的实践与认识，23(10)：

肖明，柯惠新. 2001. "网民知多少?"——中国互联网络信息中心全国调查抽样方案设计. 数理统计与管理，20(5)：
　　50～55

徐国祥. 2007. 统计学. 上海：上海人民出版社

薛薇. 2011. 统计软件分析与SPSS的应用(第3版). 北京：中国人民大学出版社

叶慈南，刘锡平. 2009. 概率论与数理统计. 北京：科学出版社

曾五一，朱建平. 2011. 统计学. 上海：上海财经大学出版社

周誓达. 2012. 概率论与数理统计(经济类与管理类)(第3版). 北京：中国人民大学出版社

DeGroot M H, Schervish M J. 2011. Probability and Statistics(4th Edition). Addison-Wesley Publishing Company

Keller G. 2011. Statistics for Management and Economics. South-Western Cengage Learning

附录　常用数理统计表

附表 1　标准正态分布表

$$\Phi(\lambda) = \frac{1}{\sqrt{2\pi}} \int_{-\infty}^{\lambda} e^{-\frac{x^2}{2}} \, dx \quad (\lambda > 0)$$

λ	0.00	0.01	0.02	0.03	0.04	0.05	0.06	0.07	0.08	0.09
0.0	0.500 0	0.504 0	0.508 0	0.512 0	0.516 0	0.519 9	0.523 9	0.527 9	0.531 9	0.535 9
0.1	0.539 8	0.543 8	0.547 8	0.551 7	0.555 7	0.559 6	0.563 6	0.567 5	0.571 4	0.575 3
0.2	0.579 3	0.583 2	0.587 1	0.591 0	0.594 8	0.598 7	0.602 6	0.606 4	0.610 3	0.614 1
0.3	0.617 9	0.621 7	0.625 5	0.629 3	0.633 1	0.636 8	0.640 6	0.644 3	0.648 0	0.651 7
0.4	0.655 4	0.659 1	0.662 8	0.666 4	0.670 0	0.673 6	0.677 2	0.680 8	0.684 4	0.687 9
0.5	0.691 5	0.695 0	0.698 5	0.701 9	0.705 4	0.708 8	0.712 3	0.715 7	0.719 0	0.722 4
0.6	0.725 7	0.729 1	0.732 4	0.735 7	0.738 9	0.742 2	0.745 4	0.748 6	0.751 7	0.754 9
0.7	0.758 0	0.761 1	0.764 2	0.767 3	0.770 4	0.773 4	0.776 4	0.779 4	0.782 3	0.785 2
0.8	0.788 1	0.791 0	0.793 9	0.796 7	0.799 5	0.802 3	0.805 1	0.807 8	0.810 6	0.813 3
0.9	0.815 9	0.818 6	0.821 2	0.823 8	0.826 4	0.828 9	0.831 5	0.834 0	0.836 5	0.838 9
1.0	0.841 3	0.843 8	0.846 1	0.848 5	0.850 8	0.853 1	0.855 4	0.857 7	0.859 9	0.862 1
1.1	0.864 3	0.866 5	0.868 6	0.870 8	0.872 9	0.874 9	0.877 0	0.879 0	0.881 0	0.883 0
1.2	0.884 9	0.886 9	0.888 8	0.890 7	0.892 5	0.894 4	0.896 2	0.898 0	0.899 7	0.901 5
1.3	0.903 20	0.904 90	0.906 58	0.908 24	0.909 88	0.911 49	0.913 09	0.914 66	0.916 21	0.917 74
1.4	0.919 24	0.920 73	0.922 20	0.923 64	0.925 07	0.926 47	0.927 85	0.929 22	0.930 56	0.931 89
1.5	0.933 19	0.934 48	0.935 74	0.936 99	0.938 22	0.939 43	0.940 62	0.941 79	0.942 95	0.944 08
1.6	0.945 20	0.946 30	0.947 38	0.948 45	0.949 50	0.950 53	0.951 54	0.952 54	0.953 52	0.954 49
1.7	0.955 43	0.956 37	0.957 28	0.958 18	0.959 07	0.959 94	0.960 80	0.961 64	0.962 46	0.963 27
1.8	0.964 07	0.964 85	0.965 62	0.966 38	0.967 12	0.967 84	0.968 56	0.969 26	0.969 95	0.970 62
1.9	0.971 28	0.971 93	0.972 57	0.973 20	0.973 81	0.974 41	0.975 00	0.975 58	0.976 15	0.976 70
2.0	0.977 25	0.977 78	0.978 31	0.978 82	0.979 32	0.979 82	0.980 30	0.980 77	0.981 24	0.981 69
2.1	0.982 14	0.982 57	0.983 00	0.983 41	0.983 82	0.984 22	0.984 61	0.985 00	0.985 37	0.985 74
2.2	0.986 10	0.986 45	0.986 79	0.987 13	0.987 45	0.987 78	0.988 09	0.988 40	0.988 70	0.988 99
2.3	0.989 28	0.989 56	0.989 83	0.990 10	0.990 36	0.990 61	0.990 86	0.991 11	0.991 34	0.991 58
2.4	0.991 80	0.992 02	0.992 24	0.992 45	0.992 66	0.992 86	0.993 05	0.993 24	0.993 43	0.993 61
2.5	0.993 79	0.993 96	0.994 13	0.994 30	0.994 46	0.994 61	0.994 77	0.994 92	0.995 06	0.995 20
2.6	0.995 34	0.995 47	0.995 60	0.995 73	0.995 85	0.995 98	0.996 09	0.996 21	0.996 32	0.996 43
2.7	0.996 53	0.996 64	0.996 74	0.996 83	0.996 93	0.997 02	0.997 11	0.997 20	0.997 28	0.997 36
2.8	0.997 44	0.997 52	0.997 60	0.997 67	0.997 74	0.997 81	0.997 88	0.997 95	0.998 01	0.998 07
2.9	0.998 13	0.998 19	0.998 25	0.998 31	0.998 36	0.998 41	0.998 46	0.998 51	0.998 56	0.998 61
3.0	0.998 65	0.998 69	0.998 74	0.998 78	0.998 82	0.998 86	0.998 89	0.998 93	0.998 96	0.999 00
3.1	0.999 03	0.999 06	0.999 10	0.999 13	0.999 16	0.999 18	0.999 21	0.999 24	0.999 26	0.999 29
3.2	0.999 31	0.999 34	0.999 36	0.999 38	0.999 40	0.999 42	0.999 44	0.999 46	0.999 48	0.999 50
3.3	0.999 52	0.999 53	0.999 55	0.999 57	0.999 58	0.999 60	0.999 61	0.999 62	0.999 64	0.999 65
3.4	0.999 66	0.999 68	0.999 69	0.999 70	0.999 71	0.999 72	0.999 73	0.999 74	0.999 75	0.999 76
3.5	0.999 77	0.999 78	0.999 78	0.999 79	0.999 80	0.999 81	0.999 81	0.999 82	0.999 83	0.999 83
3.6	0.999 841	0.999 847	0.999 853	0.999 858	0.999 864	0.999 869	0.999 874	0.999 879	0.999 883	0.999 888
3.7	0.999 892	0.999 896	0.999 900	0.999 904	0.999 908	0.999 912	0.999 915	0.999 918	0.999 922	0.999 925
3.8	0.999 928	0.999 931	0.999 933	0.999 936	0.999 938	0.999 941	0.999 943	0.999 946	0.999 948	0.999 950
3.9	0.999 952	0.999 954	0.999 956	0.999 958	0.999 959	0.999 961	0.999 963	0.999 964	0.999 966	0.999 967
4.0	0.999 968	0.999 970	0.999 971	0.999 972	0.999 973	0.999 974	0.999 975	0.999 976	0.999 977	0.999 978

附表 2　t 分布上侧分位数表

$$P(t(n) > t_a(n)) = \alpha$$

自由度 n	$\alpha = 0.25$	0.1	0.05	0.025	0.01	0.005
1	1.0000	3.0777	6.3138	12.7062	31.8205	63.6567
2	0.8165	1.8856	2.9200	4.3027	6.9646	9.9248
3	0.7649	1.6377	2.3534	3.1824	4.5407	5.8409
4	0.7407	1.5332	2.1318	2.7764	3.7469	4.6041
5	0.7267	1.4759	2.0150	2.5706	3.3649	4.0321
6	0.7176	1.4398	1.9432	2.4469	3.1427	3.7074
7	0.7111	1.4149	1.8946	2.3646	2.9980	3.4995
8	0.7064	1.3968	1.8595	2.3060	2.8965	3.3554
9	0.7027	1.3830	1.8331	2.2622	2.8214	3.2498
10	0.6998	1.3722	1.8125	2.2281	2.7638	3.1693
11	0.6974	1.3634	1.7959	2.2010	2.7181	3.1058
12	0.6955	1.3562	1.7823	2.1788	2.6810	3.0545
13	0.6938	1.3502	1.7709	2.1604	2.6503	3.0123
14	0.6924	1.3450	1.7613	2.1448	2.6245	2.9768
15	0.6912	1.3406	1.7531	2.1314	2.6025	2.9467
16	0.6901	1.3368	1.7459	2.1199	2.5835	2.9208
17	0.6892	1.3334	1.7396	2.1098	2.5669	2.8982
18	0.6884	1.3304	1.7341	2.1009	2.5524	2.8784
19	0.6876	1.3277	1.7291	2.0930	2.5395	2.8609
20	0.6870	1.3253	1.7247	2.0860	2.5280	2.8453
21	0.6864	1.3232	1.7207	2.0796	2.5176	2.8314
22	0.6858	1.3212	1.7171	2.0739	2.5083	2.8188
23	0.6853	1.3195	1.7139	2.0687	2.4999	2.8073
24	0.6848	1.3178	1.7109	2.0639	2.4922	2.7969
25	0.6844	1.3163	1.7081	2.0595	2.4851	2.7874
26	0.6840	1.3150	1.7056	2.0555	2.4786	2.7787
27	0.6837	1.3137	1.7033	2.0518	2.4727	2.7707
28	0.6834	1.3125	1.7011	2.0484	2.4671	2.7633
29	0.6830	1.3114	1.6991	2.0452	2.4620	2.7564
30	0.6828	1.3104	1.6973	2.0423	2.4573	2.7500
31	0.6825	1.3095	1.6955	2.0395	2.4528	2.7440
32	0.6822	1.3086	1.6939	2.0369	2.4487	2.7385
33	0.6820	1.3077	1.6924	2.0345	2.4448	2.7333
34	0.6818	1.3070	1.6909	2.0322	2.4411	2.7284
35	0.6816	1.3062	1.6896	2.0301	2.4377	2.7238
36	0.6814	1.3055	1.6883	2.0281	2.4345	2.7195
37	0.6812	1.3049	1.6871	2.0262	2.4314	2.7154
38	0.6810	1.3042	1.6860	2.0244	2.4286	2.7116
39	0.6808	1.3036	1.6849	2.0227	2.4258	2.7079
40	0.6807	1.3031	1.6839	2.0211	2.4233	2.7045
41	0.6805	1.3025	1.6829	2.0195	2.4208	2.7012
42	0.6804	1.3020	1.6820	2.0181	2.4185	2.6981
43	0.6802	1.3016	1.6811	2.0167	2.4163	2.6951
44	0.6801	1.3011	1.6802	2.0154	2.4141	2.6923
45	0.6800	1.3006	1.6794	2.0141	2.4121	2.6896

附表 3 χ^2 分布临界值表

$$P(\chi^2 \geqslant \chi_\alpha^2(n)) = \alpha$$

n	$\alpha = 0.995$	0.99	0.975	0.95	0.9	0.75
1	0.00004	0.0002	0.0010	0.0039	0.0158	0.1015
2	0.010	0.020	0.051	0.103	0.211	0.575
3	0.072	0.115	0.216	0.352	0.584	1.213
4	0.207	0.297	0.484	0.711	1.064	1.923
5	0.412	0.554	0.831	1.145	1.610	2.675
6	0.676	0.872	1.237	1.635	2.204	3.455
7	0.989	1.239	1.690	2.167	2.833	4.255
8	1.34	1.65	2.18	2.73	3.49	5.07
9	1.73	2.09	2.70	3.33	4.17	5.90
10	2.16	2.56	3.25	3.94	4.87	6.74
11	2.60	3.05	3.82	4.57	5.58	7.58
12	3.07	3.57	4.40	5.23	6.30	8.44
13	3.57	4.11	5.01	5.89	7.04	9.30
14	4.07	4.66	5.63	6.57	7.79	10.17
15	4.60	5.23	6.26	7.26	8.55	11.04
16	5.14	5.81	6.91	7.96	9.31	11.91
17	5.70	6.41	7.56	8.67	10.09	12.79
18	6.26	7.01	8.23	9.39	10.86	13.68
19	6.84	7.63	8.91	10.12	11.65	14.56
20	7.43	8.26	9.59	10.85	12.44	15.45
21	8.03	8.90	10.28	11.59	13.24	16.34
22	8.64	9.54	10.98	12.34	14.04	17.24
23	9.26	10.20	11.69	13.09	14.85	18.14
24	9.89	10.86	12.40	13.85	15.66	19.04
25	10.52	11.52	13.12	14.61	16.47	19.94
26	11.16	12.20	13.84	15.38	17.29	20.84
27	11.81	12.88	14.57	16.15	18.11	21.75
28	12.46	13.56	15.31	16.93	18.94	22.66
29	13.12	14.26	16.05	17.71	19.77	23.57
30	13.79	14.95	16.79	18.49	20.60	24.48
40	20.7	22.2	24.4	26.5	29.1	33.7
50	28.0	29.7	32.4	34.8	37.7	42.9
60	35.5	37.5	40.5	43.2	46.5	52.3

续表

n	$\alpha=0.5$	0.25	0.1	0.05	0.025	0.01	0.005
1	0.4549	1.3233	2.7055	3.8415	5.0239	6.6349	7.8794
2	1.386	2.773	4.605	5.991	7.378	9.210	10.597
3	2.366	4.108	6.251	7.815	9.348	11.345	12.838
4	3.357	5.385	7.779	9.488	11.143	13.277	14.860
5	4.351	6.626	9.236	11.070	12.833	15.086	16.750
6	5.348	7.841	10.645	12.592	14.449	16.812	18.548
7	6.346	9.037	12.017	14.067	16.013	18.475	20.278
8	7.34	10.22	13.36	15.51	17.53	20.09	21.95
9	8.34	11.39	14.68	16.92	19.02	21.67	23.59
10	9.34	12.55	15.99	18.31	20.48	23.21	25.19
11	10.34	13.70	17.28	19.68	21.92	24.72	26.76
12	11.34	14.85	18.55	21.03	23.34	26.22	28.30
13	12.34	15.98	19.81	22.36	24.74	27.69	29.82
14	13.34	17.12	21.06	23.68	26.12	29.14	31.32
15	14.34	18.25	22.31	25.00	27.49	30.58	32.80
16	15.34	19.37	23.54	26.30	28.85	32.00	34.27
17	16.34	20.49	24.77	27.59	30.19	33.41	35.72
18	17.34	21.60	25.99	28.87	31.53	34.81	37.16
19	18.34	22.72	27.20	30.14	32.85	36.19	38.58
20	19.34	23.83	28.41	31.41	34.17	37.57	40.00
21	20.34	24.93	29.62	32.67	35.48	38.93	41.40
22	21.34	26.04	30.81	33.92	36.78	40.29	42.80
23	22.34	27.14	32.01	35.17	38.08	41.64	44.18
24	23.34	28.24	33.20	36.42	39.36	42.98	45.56
25	24.34	29.34	34.38	37.65	40.65	44.31	46.93
26	25.34	30.43	35.56	38.89	41.92	45.64	48.29
27	26.34	31.53	36.74	40.11	43.19	46.96	49.64
28	27.34	32.62	37.92	41.34	44.46	48.28	50.99
29	28.34	33.71	39.09	42.56	45.72	49.59	52.34
30	29.34	34.80	40.26	43.77	46.98	50.89	53.67
40	39.3	45.6	51.8	55.8	59.3	63.7	66.8
50	49.3	56.3	63.2	67.5	71.4	76.2	79.5
60	59.3	67.0	74.4	79.1	83.3	88.4	92.0

附表 4 F 分布临界值表（α＝0.05）

$$P\{F(n_1,n_2) > F_\alpha(n_1,n_2)\} = \alpha$$

n_2 \ n_1	1	2	3	4	5	6	7	8
1	161.4	199.5	215.7	224.6	230.2	234.0	236.8	238.9
2	18.5	19.0	19.2	19.2	19.3	19.3	19.4	19.4
3	10.1	9.6	9.3	9.1	9.0	8.9	8.9	8.8
4	7.71	6.94	6.59	6.39	6.26	6.16	6.09	6.04
5	6.61	5.79	5.41	5.19	5.05	4.95	4.88	4.82
6	5.99	5.14	4.76	4.53	4.39	4.28	4.21	4.15
7	5.59	4.74	4.35	4.12	3.97	3.87	3.79	3.73
8	5.32	4.46	4.07	3.84	3.69	3.58	3.50	3.44
9	5.12	4.26	3.86	3.63	3.48	3.37	3.29	3.23
10	4.96	4.10	3.71	3.48	3.33	3.22	3.14	3.07
11	4.84	3.98	3.59	3.36	3.20	3.09	3.01	2.95
12	4.75	3.89	3.49	3.26	3.11	3.00	2.91	2.85
13	4.67	3.81	3.41	3.18	3.03	2.92	2.83	2.77
14	4.60	3.74	3.34	3.11	2.96	2.85	2.76	2.70
15	4.54	3.68	3.29	3.06	2.90	2.79	2.71	2.64
16	4.49	3.63	3.24	3.01	2.85	2.74	2.66	2.59
17	4.45	3.59	3.20	2.96	2.81	2.70	2.61	2.55
18	4.41	3.55	3.16	2.93	2.77	2.66	2.58	2.51
19	4.38	3.52	3.13	2.90	2.74	2.63	2.54	2.48
20	4.35	3.49	3.10	2.87	2.71	2.60	2.51	2.45
21	4.32	3.47	3.07	2.84	2.68	2.57	2.49	2.42
22	4.30	3.44	3.05	2.82	2.66	2.55	2.46	2.40
23	4.28	3.42	3.03	2.80	2.64	2.53	2.44	2.37
24	4.26	3.40	3.01	2.78	2.62	2.51	2.42	2.36
25	4.24	3.39	2.99	2.76	2.60	2.49	2.40	2.34
26	4.23	3.37	2.98	2.74	2.59	2.47	2.39	2.32
27	4.21	3.35	2.96	2.73	2.57	2.46	2.37	2.31
28	4.20	3.34	2.95	2.71	2.56	2.45	2.36	2.29
29	4.18	3.33	2.93	2.70	2.55	2.43	2.35	2.28
30	4.17	3.32	2.92	2.69	2.53	2.42	2.33	2.27

n_2 \ n_1	9	10	12	14	16	18	20
1	240.5	241.9	243.9	245.4	246.5	247.3	248.0
2	19.4	19.4	19.4	19.4	19.4	19.4	19.4
3	8.8	8.8	8.7	8.7	8.7	8.7	8.7
4	6.00	5.96	5.91	5.87	5.84	5.82	5.80
5	4.77	4.74	4.68	4.64	4.60	4.58	4.56
6	4.10	4.06	4.00	3.96	3.92	3.90	3.87
7	3.68	3.64	3.57	3.53	3.49	3.47	3.44
8	3.39	3.35	3.28	3.24	3.20	3.17	3.15
9	3.18	3.14	3.07	3.03	2.99	2.96	2.94
10	3.02	2.98	2.91	2.86	2.83	2.80	2.77
11	2.90	2.85	2.79	2.74	2.70	2.67	2.65
12	2.80	2.75	2.69	2.64	2.60	2.57	2.54
13	2.71	2.67	2.60	2.55	2.51	2.48	2.46
14	2.65	2.60	2.53	2.48	2.44	2.41	2.39
15	2.59	2.54	2.48	2.42	2.38	2.35	2.33
16	2.54	2.49	2.42	2.37	2.33	2.30	2.28
17	2.49	2.45	2.38	2.33	2.29	2.26	2.23
18	2.46	2.41	2.34	2.29	2.25	2.22	2.19
19	2.42	2.38	2.31	2.26	2.21	2.18	2.16
20	2.39	2.35	2.28	2.22	2.18	2.15	2.12
21	2.37	2.32	2.25	2.20	2.16	2.12	2.10
22	2.34	2.30	2.23	2.17	2.13	2.10	2.07
23	2.32	2.27	2.20	2.15	2.11	2.08	2.05
24	2.30	2.25	2.18	2.13	2.09	2.05	2.03
25	2.28	2.24	2.16	2.11	2.07	2.04	2.01
26	2.27	2.22	2.15	2.09	2.05	2.02	1.99
27	2.25	2.20	2.13	2.08	2.04	2.00	1.97
28	2.24	2.19	2.12	2.06	2.02	1.99	1.96
29	2.22	2.18	2.10	2.05	2.01	1.97	1.94
30	2.21	2.16	2.09	2.04	1.99	1.96	1.93

F 分布临界值表（α＝0.025）

n_2 ╲ n_1	1	2	3	4	5	6	7	8
1	647.8	799.5	864.2	899.6	921.8	937.1	948.2	956.7
2	38.51	39.00	39.17	39.25	39.30	39.33	39.36	39.37
3	17.44	16.04	15.44	15.10	14.88	14.73	14.62	14.54
4	12.22	10.65	9.98	9.60	9.36	9.20	9.07	8.98
5	10.01	8.43	7.76	7.39	7.15	6.98	6.85	6.76
6	8.81	7.26	6.60	6.23	5.99	5.82	5.70	5.60
7	8.07	6.54	5.89	5.52	5.29	5.12	4.99	4.90
8	7.57	6.06	5.42	5.05	4.82	4.65	4.53	4.43
9	7.21	5.71	5.08	4.72	4.48	4.32	4.20	4.10
10	6.94	5.46	4.83	4.47	4.24	4.07	3.95	3.85
11	6.72	5.26	4.63	4.28	4.04	3.88	3.76	3.66
12	6.55	5.10	4.47	4.12	3.89	3.73	3.61	3.51
13	6.41	4.97	4.35	4.00	3.77	3.60	3.48	3.39
14	6.30	4.86	4.24	3.89	3.66	3.50	3.38	3.29
15	6.20	4.77	4.15	3.80	3.58	3.41	3.29	3.20
16	6.12	4.69	4.08	3.73	3.50	3.34	3.22	3.12
17	6.04	4.62	4.01	3.66	3.44	3.28	3.16	3.06
18	5.98	4.56	3.95	3.61	3.38	3.22	3.10	3.01
19	5.92	4.51	3.90	3.56	3.33	3.17	3.05	2.96
20	5.87	4.46	3.86	3.51	3.29	3.13	3.01	2.91
21	5.83	4.42	3.82	3.48	3.25	3.09	2.97	2.87
22	5.79	4.38	3.78	3.44	3.22	3.05	2.93	2.84
23	5.75	4.35	3.75	3.41	3.18	3.02	2.90	2.81
24	5.72	4.32	3.72	3.38	3.15	2.99	2.87	2.78
25	5.69	4.29	3.69	3.35	3.13	2.97	2.85	2.75
26	5.66	4.27	3.67	3.33	3.10	2.94	2.82	2.73
27	5.63	4.24	3.65	3.31	3.08	2.92	2.80	2.71
28	5.61	4.22	3.63	3.29	3.06	2.90	2.78	2.69
29	5.59	4.20	3.61	3.27	3.04	2.88	2.76	2.67
30	5.57	4.18	3.59	3.25	3.03	2.87	2.75	2.65

续表

n_1 n_2	9	10	12	14	16	18	20
1	963.3	968.6	976.7	982.5	986.9	990.3	993.1
2	39.39	39.40	39.41	39.43	39.44	39.44	39.45
3	14.47	14.42	14.34	14.28	14.23	14.20	14.17
4	8.90	8.84	8.75	8.68	8.63	8.59	8.56
5	6.68	6.62	6.52	6.46	6.40	6.36	6.33
6	5.52	5.46	5.37	5.30	5.24	5.20	5.17
7	4.82	4.76	4.67	4.60	4.54	4.50	4.47
8	4.36	4.30	4.20	4.13	4.08	4.03	4.00
9	4.03	3.96	3.87	3.80	3.74	3.70	3.67
10	3.78	3.72	3.62	3.55	3.50	3.45	3.42
11	3.59	3.53	3.43	3.36	3.30	3.26	3.23
12	3.44	3.37	3.28	3.21	3.15	3.11	3.07
13	3.31	3.25	3.15	3.08	3.03	2.98	2.95
14	3.21	3.15	3.05	2.98	2.92	2.88	2.84
15	3.12	3.06	2.96	2.89	2.84	2.79	2.76
16	3.05	2.99	2.89	2.82	2.76	2.72	2.68
17	2.98	2.92	2.82	2.75	2.70	2.65	2.62
18	2.93	2.87	2.77	2.70	2.64	2.60	2.56
19	2.88	2.82	2.72	2.65	2.59	2.55	2.51
20	2.84	2.77	2.68	2.60	2.55	2.50	2.46
21	2.80	2.73	2.64	2.56	2.51	2.46	2.42
22	2.76	2.70	2.60	2.53	2.47	2.43	2.39
23	2.73	2.67	2.57	2.50	2.44	2.39	2.36
24	2.70	2.64	2.54	2.47	2.41	2.36	2.33
25	2.68	2.61	2.51	2.44	2.38	2.34	2.30
26	2.65	2.59	2.49	2.42	2.36	2.31	2.28
27	2.63	2.57	2.47	2.39	2.34	2.29	2.25
28	2.61	2.55	2.45	2.37	2.32	2.27	2.23
29	2.59	2.53	2.43	2.36	2.30	2.25	2.21
30	2.57	2.51	2.41	2.34	2.28	2.23	2.20

F 分布临界值表($\alpha=0.1$)

n_2 \ n_1	1	2	3	4	5	6	7	8
1	39.9	49.5	53.6	55.8	57.2	58.2	58.9	59.4
2	8.53	9.00	9.16	9.24	9.29	9.33	9.35	9.37
3	5.54	5.46	5.39	5.34	5.31	5.28	5.27	5.25
4	4.54	4.32	4.19	4.11	4.05	4.01	3.98	3.95
5	4.06	3.78	3.62	3.52	3.45	3.40	3.37	3.34
6	3.78	3.46	3.29	3.18	3.11	3.05	3.01	2.98
7	3.59	3.26	3.07	2.96	2.88	2.83	2.78	2.75
8	3.46	3.11	2.92	2.81	2.73	2.67	2.62	2.59
9	3.36	3.01	2.81	2.69	2.61	2.55	2.51	2.47
10	3.29	2.92	2.73	2.61	2.52	2.46	2.41	2.38
11	3.23	2.86	2.66	2.54	2.45	2.39	2.34	2.30
12	3.18	2.81	2.61	2.48	2.39	2.33	2.28	2.24
13	3.14	2.76	2.56	2.43	2.35	2.28	2.23	2.20
14	3.10	2.73	2.52	2.39	2.31	2.24	2.19	2.15
15	3.07	2.70	2.49	2.36	2.27	2.21	2.16	2.12
16	3.05	2.67	2.46	2.33	2.24	2.18	2.13	2.09
17	3.03	2.64	2.44	2.31	2.22	2.15	2.10	2.06
18	3.01	2.62	2.42	2.29	2.20	2.13	2.08	2.04
19	2.99	2.61	2.40	2.27	2.18	2.11	2.06	2.02
20	2.97	2.59	2.38	2.25	2.16	2.09	2.04	2.00
21	2.96	2.57	2.36	2.23	2.14	2.08	2.02	1.98
22	2.95	2.56	2.35	2.22	2.13	2.06	2.01	1.97
23	2.94	2.55	2.34	2.21	2.11	2.05	1.99	1.95
24	2.93	2.54	2.33	2.19	2.10	2.04	1.98	1.94
25	2.92	2.53	2.32	2.18	2.09	2.02	1.97	1.93
26	2.91	2.52	2.31	2.17	2.08	2.01	1.96	1.92
27	2.90	2.51	2.30	2.17	2.07	2.00	1.95	1.91
28	2.89	2.50	2.29	2.16	2.06	2.00	1.94	1.90
29	2.89	2.50	2.28	2.15	2.06	1.99	1.93	1.89
30	2.88	2.49	2.28	2.14	2.05	1.98	1.93	1.88

续表

n_1 / n_2	9	10	12	14	16	18	20
1	59.9	60.2	60.7	61.1	61.3	61.6	61.7
2	9.38	9.39	9.41	9.42	9.43	9.44	9.44
3	5.24	5.23	5.22	5.20	5.20	5.19	5.18
4	3.94	3.92	3.90	3.88	3.86	3.85	3.84
5	3.32	3.30	3.27	3.25	3.23	3.22	3.21
6	2.96	2.94	2.90	2.88	2.86	2.85	2.84
7	2.72	2.70	2.67	2.64	2.62	2.61	2.59
8	2.56	2.54	2.50	2.48	2.45	2.44	2.42
9	2.44	2.42	2.38	2.35	2.33	2.31	2.30
10	2.35	2.32	2.28	2.26	2.23	2.22	2.20
11	2.27	2.25	2.21	2.18	2.16	2.14	2.12
12	2.21	2.19	2.15	2.12	2.09	2.08	2.06
13	2.16	2.14	2.10	2.07	2.04	2.02	2.01
14	2.12	2.10	2.05	2.02	2.00	1.98	1.96
15	2.09	2.06	2.02	1.99	1.96	1.94	1.92
16	2.06	2.03	1.99	1.95	1.93	1.91	1.89
17	2.03	2.00	1.96	1.93	1.90	1.88	1.86
18	2.00	1.98	1.93	1.90	1.87	1.85	1.84
19	1.98	1.96	1.91	1.88	1.85	1.83	1.81
20	1.96	1.94	1.89	1.86	1.83	1.81	1.79
21	1.95	1.92	1.87	1.84	1.81	1.79	1.78
22	1.93	1.90	1.86	1.83	1.80	1.78	1.76
23	1.92	1.89	1.84	1.81	1.78	1.76	1.74
24	1.91	1.88	1.83	1.80	1.77	1.75	1.73
25	1.89	1.87	1.82	1.79	1.76	1.74	1.72
26	1.88	1.86	1.81	1.77	1.75	1.72	1.71
27	1.87	1.85	1.80	1.76	1.74	1.71	1.70
28	1.87	1.84	1.79	1.75	1.73	1.70	1.69
29	1.86	1.83	1.78	1.75	1.72	1.69	1.68
30	1.85	1.82	1.77	1.74	1.71	1.69	1.67

(C-0597.0101)

管 理 统 计

➤ **系统性**：系统论述管理统计的基本理论、方法和概率论及统计方法在经济管理领域中的应用；

➤ **新颖性**：在每章的开头引入实践中的统计，以真实的案例、浅显易懂的语言，激发读者的兴趣；

➤ **先进性**：以经济管理案例为主，每章加入案例分析环节，摒弃晦涩难懂的统计公式推导；

➤ **实践性**：全程以案例辅助理解，强化实际应用能力，做到学以致用，同时以软件应用为支撑，强化解决问题的能力。

本书配备多媒体教学课件，选用本教材的教师可通过以下联系方式与出版社取得联系，以获得教学课件及相关教学支持

www.sciencep.com

ISBN 978-7-03-037773-9

9 787030 377739 >

经济管理法律分社
联系电话：010-64012800
E-mail：jingguanfa@mail.sciencep.com

定价：38.00 元